工业互联网

——一场顺势而为的制造革命

丛力群　著

北　京
冶　金　工　业　出　版　社
2023

内 容 提 要

本书以“企业信息化—工业互联网—智慧型制造”为主线，突出工业互联网承上启下的作用和意义，从理论和实践结合出发，对工业互联网、大数据、工业软件等热门话题展开讨论，重点聚焦在实践过程中的一些问题的思考和讨论。具体为前半部分是面向技术的讨论，不限定特定的业务领域；最后两章以钢铁行业为例，介绍应用案例和具体思考。

本书适用于企业管理者和工程技术人员阅读，也可供相关领域师生参考。

图书在版编目(CIP)数据

工业互联网：一场顺势而为的制造革命/丛力群著．—北京：冶金工业出版社，2023.3

ISBN 978-7-5024-9394-3

Ⅰ.①工…　Ⅱ.①丛…　Ⅲ.①互联网络—应用—制造工业—产业革命—研究—世界　Ⅳ.①F416.4-39

中国国家版本馆 CIP 数据核字(2023)第 024554 号

工业互联网　——一场顺势而为的制造革命

出版发行	冶金工业出版社	**电　　话**	(010)64027926
地　　址	北京市东城区嵩祝院北巷 39 号	**邮　　编**	100009
网　　址	www.mip1953.com	**电子信箱**	service@mip1953.com

责任编辑　卢　敏　姜恺宁　美术编辑　吕欣童　版式设计　郑小利

责任校对　王永欣　李　娜　责任印制　窦　唯

北京捷迅佳彩印刷有限公司印刷

2023 年 3 月第 1 版，2023 年 3 月第 1 次印刷

710mm×1000mm　1/16；25.75 印张；501 千字；393 页

定价 128.00 元

投稿电话　(010)64027932　投稿信箱　tougao@cnmip.com.cn

营销中心电话　(010)64044283

冶金工业出版社天猫旗舰店　yjgycbs.tmall.com

(本书如有印装质量问题，本社营销中心负责退换)

自　序

近年来我一直从事与工业互联网相关的工作，这完全是出于自愿，兴趣使然。一个原因是自 2014 年 4 月远离企业管理岗位之后，我对自己做了一个明确的定位：既不管人，也不管项目，专注于技术，做一点儿自己感兴趣的事。另一个重要原因应该是与 20 世纪 90 年代我在国外学习期间接触到互联网所留下深刻烙印相关。

20 世纪 80 年代末，在国家改革开放的大潮中，我也搭上了出国学习深造的“班列”，受太原机械学院（现中北大学）所属主管部委原兵器工业部派遣到英国 Salford University（索尔福德大学）做一年期访问学者。完成访问研修后，我获得全额助学金进入位于苏格兰东部小城丹迪的 Dundee Institute of Technology（丹迪理工学院）开始博士学位的研究生课程。我的博士研究课题是关于控制理论方面的，题目是：具有不确定因素的非线性系统的鲁棒控制[1,2]，与互联网并没有任何关联。

互联网给我留下的深刻印象，完全来自日常学习和交往过程。当时，国内尚未接入国际互联网，传统的通信方式使得人们获取信息和交互信息的效率极为低下。在留学期间，我与导师、朋友间交互信息采用电子邮件，因此对互联网为工作和生活所带来的便捷性印象极为深刻，尽管那时所用的互联网还是主机+字符终端的方式，与当今不可同日而语。

1994年学成回国，恰逢中国正式接入国际互联网的元年，其划时代意义是多年之后才真正感受到的。大约在1995年9月，宝钢领导和人才开发处领导决策：为1993年、1994年加入宝钢建设的留学回国人员专门配置笔记本电脑（AST Ascentia 910N），并可以通过Modem接入互联网。对本人而言，时隔一年多，互联网应用再次融入我的工作中，为资料查询、交互信息带来了极大的方便，而其背后的真正场景是中国互联网真正开始了腾飞的步伐。

首次接触到物联网的概念是在2009年。2008年，我主持了上海市科委的重大技术创新项目《基于射频识别的工业环境下跨行业供应链系统关键技术研究及其应用示范》（课题编号：08dz1500200），对RFID应用有了比较深刻的认识和体会，开始接触到物联网的概念，并参加了当时浦东新区领导召开的物联网产业发展研讨会。2012年，因工作之需，受市经信委主管领导推荐，担任上海市物联网行业协会首任会长，至今，物联网仍然是我感兴趣的技术领域之一。

2011年5月，我代表公司接待工业和信息化部相关司局领导和信通院相关人员来访调研，首次探讨工业互联网概念。尽管当时对工业互联网的认识还非常模糊甚至有较大的认知误差，但工业互联网已在我头脑中打下了深深的烙印。

我对工业互联网的直观理解是“基于互联网的工业应用”。至今，我一直保留着这一朴素的理解，并沿着这一思路不断深化对其本质的认识。工业互联网最初由美国GE提出，算是舶来品，但经过几年的不断研磨、锤炼，其内涵已经与中国制造业、互联网融为一体，真正呈现出“制造业规模优势与互联网应用优势”的深度融合，体现出“互联网+先进制造业”的国家战略。工业互联网已经成为国内全社会的共识，即：作为新型基础设施，工业互联网是中国制造业转型发展的重要突破口。

实际上，工业互联网不是孤立的，无论是讨论工业互联网的内涵，还是将工业互联网落地，都离不开对现状的清醒认识。所以，我一直坚持的论点是：以“企业信息化—工业互联网—智慧型制造”为主线来认识工业互联网，对三者逻辑关系的正确把握，有助于企业理性地面对工业互联网建设实践中诸多实际问题，既要“兼前”——基于企业信息化建设的实际，又要“顾后”——理解智慧型制造的复杂性和长期性，“兼前顾后”是工业互联网推进的理性选择和最佳策略。

本书以《工业互联网　——一场顺势而为的制造革命》为名，并不是蹭“工业互联网”之热点，仅仅谈论工业互联网的建设，而是意在强调工业互联网对制造业转型发展的突出重要性，要抓住工业互联网带来的机遇期，顺“中国制造业转型”之势，作“工业互联网奋发”之为，实现一场顺势而为的制造革命。

对本书有启发思考的材料均在参考文献中列出，但是也不排除部分来自互联网空间，由于时间久远、来源分散，无从完整地复原出这些观点的出处，因此也就无法在参考文献一一列出。在此，对交流讨论中认识或不认识的业界朋友一并表示感谢。

丛力群

2022年7月于上海

前　言

世界制造业正处在剧烈变革中，每个国家都强烈意识到：制造业不仅仅是解决就业的重要途径，更是国家实力的底气和象征，尤其是高端制造业是全球竞争中赖以生存的资本和保障。

中国制造已经深度融入国际分工体系，并靠自身努力奋斗占据了一个非常重要的位置，虽获益良多，但也问题多多。中国体量不同国体不同，基于中国制造业的巨量规模以及国家安全和避免中等收入陷阱的考量，仅依托成本比较优势，幻想在国际低端产业分工中分一杯羹，将使经济发展难以为继。大国不能没有完整的、体系化的制造，中国制造业产业结构的转型升级是必然的趋势，走向高端是迟早的事，是中国制造有所作为的正常之举。

2020 年 8 月 19 日，习近平总书记亲临中国宝武马钢集团视察，殷切期望中国宝武“老大”要变“强大”。这不仅是对中国宝武的要求，也是对中国钢铁行业乃至中国制造业的殷切期望。

技术发展是制造业转型变革的重要驱动力之一。工业革命以来，制造工艺技术的发展突飞猛进，催生了现代化的装备和生产管理制度、形成了现代化的制造过程，极大地提高了生产效率，解决了产能不足的问题。同时，物理学规律在一定程度上发挥到了极致，需要另辟蹊径，基于数据来解决制造过程的问题。

中国政府随势而为，引领行业开始了转型发展的路径探索。从两化深度融合，到互联网+制造，乃至应运而生的工业互联网，都需要充分发挥我国在互联网产业的后发优势和制造产业的规模优势，适应我国的产业特点和发展水平，应对需求个性化、多样化、实时性等所带来的挑战，提高制造资源的配置效率。

工业互联网的核心是互通融合、数据赋能、存量增效、增量创新，在全面连接工业经济全要素、全产业链、全价值链中担纲大任。它是推动中国制造业转型升级、高质量发展的重要引擎。

本书共分为8章。第1章：踔厉求变的中国制造——制造业升级，全球在行动。主要是在百年未有之大变局背景下，对中国制造业优势和劣势的分析和理解，以及对中国制造生存之道的思考。第2章：承上启下的发展逻辑——企业信息化、工业互联网、智慧型制造。重点阐述对“企业信息化—工业互联网—智慧型制造”三者逻辑关系的理解。第3章：高深莫测的工业智能——赋智工业，对人类智能的模仿。从对人类智慧的理解来发现和总结工业系统智能的特征，展现工业智能发展的技术和路径。第4章：风生水起的工业互联网——平台之于工业，恰似心脏之于人体。用拟人化的方式描述其作为工业系统“生命体”的重要价值，讨论构建工业互联网的一系列问题。第5章：见仁见智的工业大数据——数据之于工业，犹如血液之于人体。思考重点在于大数据思维方式的转变和大数据应用模式的创新。第6章：一言难尽的工业软件——软件之于工业，如同神经之于人体。基于工业软件特殊重要性的认识，对工业软件发展进行专门的讨论。第7章：积极作为的钢铁实践——智能制造，中国钢铁顺势而为。钢铁行业是本人最熟悉的一个行业，也是智能制造蓬勃发展的领域，除了介绍框架性的方案外，还列举了数个具体的实施案例概况，以供参考。第8章：场景驱动的创新探索——中国宝武智慧制造战略与视角。主要从场景驱动的视角，介绍对宝武智慧制造战略推进中具体场景内涵的理解。

本书以“企业信息化—工业互联网—智慧型制造”作为主线来展开各章节的讨论，突出工业互联网承上启下的作用和意义，强调三者既不能割裂开来，也不能完全混为一谈，明确三者分属三个不同发展阶段和三个不同发展水平，阐述三者内涵和外延上彼此的关联和差异，差异性有助于工业互联网构建时聚焦重点，关联性表征的是发展的规律性和趋势性。

面对全球制造业格局的大调整，全社会都需要思考：如何向“满足个性化需求、交付高品质产品、提供快速响应服务”的制造模式转型。要抓住工业互联网的机遇期，顺“中国制造业转型”之势，作“工业互联网奋发”之为，实现一场顺势而为的制造革命。

本书参考了部分资料文献，在此向有关作者表示感谢。

由于作者水平所限，书中不妥之处，敬请广大读者批评指正。

丛力群

2022年7月于上海

目　录

1 踔厉求变的中国制造

——制造业升级，全球在行动

1.1 百年未有之大变局

世界处于百年未有之大变局。这是以习近平同志为核心的党中央基于对世界大势的敏锐洞察和深刻分析做出的重大判断。

1.1.1 新一轮科技革命和产业革命加快重塑世界

大变局意味着大调整、大变革、大发展

党的十九届五中全会指出，世界百年未有之大变局，决不是一时一事、一国一域之变，而是世界之变、时代之变、历史之变。深刻认识这一“变局”的丰富内涵，对于应对大变局的不确定性、把握变局带来的重大机遇至关重要。大变局过程伴随着国际体系和国际秩序深度调整、全球治理体系的深刻变革、世界经济重心的加快转移，大国战略博弈全面加剧，中国的崛起是目前全球百年未有之大变局中最积极的因素。

新一轮科技革命和产业变革正在重塑世界是大变局的重要特征之一

科学技术的发展和产业的兴起是推动人类文明持续进步和世界不断前行的不竭动力。回顾近代以来的世界历史进程，每一次科技和产业革命都深刻改变了世界的发展面貌和基本格局。16 世纪以来，人类社会进入前所未有的创新活跃期，几百年里取得的科技创新成果超过过去几千年科技创新成果的总和。特别是 18 世纪以来，世界发生了几次重大科技革命。在科技革命的推动下，世界经济发生多次产业革命，使社会生产力实现大解放和人们生活水平实现大跃升，从根本上改变了人类历史的发展轨迹。

进入 21 世纪以来，人类社会进入又一个前所未有的创新活跃期，新一轮科技和产业革命蓄势待发，其主要特点是：多种重大颠覆性技术不断涌现，科技成果转化速度明显加快，产业组织形式和产业链条更具垄断性。这对全球创新版图的重构和全球经济结构的重塑作用将更加突出，并给世界带来无限发展的潜力和前所未有的不确定性。

科技发展带有显著的民族特征

创新是美国的信仰和优势。为了重塑美国制造业的全球竞争优势，美国政府推出了一系列制造业振兴计划（智慧制造优先行动计划），依托新一代信息技术、新材料、新能源等创新技术，加快发展技术密集型的先进制造业。作为先进制造业的重要组成，以先进传感器、工业机器人、先进制造测试设备等为代表的智能制造，得到了美国政府、企业各层面的高度重视，科技创新始终是美国参与全球竞争的国本和利器。2022 年 10 月，美国政府又发布了《先进制造业国家战

略》，明确提出："引领智能制造未来"。

严谨是德国的性格特征。德国政府为了发挥本国制造的固有优势，基于传统制造业进行革命性的变革，于 2013 年制定并大力推进工业 4.0，将其作为德国《高技术战略 2020》确定的十大未来项目之一，并已上升为国家战略。学术界和产业界认为，工业 4.0 概念即是以智慧制造为主导的第四次工业革命。

勤奋好学是中华民族的品质。经过 40 多年的发展，中国制造业成功实现了跨越，这不仅体现在规模、水平、产品的质与量上，还体现在中国制造业在全球制造业中所处的举足轻重的地位，规模大、体系完整是巨大的优势。虽然，面对来自外部前后夹击的竞争格局，内部摆脱高损耗和低效率的困局，挑战无处不在，但中华民族的勤劳和坚韧终究会为国运昌盛带来无限的生机。

1.1.2 工业 4.0 与逆全球化的趋势

大规模工业化催生了全球化分工

大规模、标准化生产极大提高了生产效率，降低了制造成本，使得诸如汽车、家电等这类复杂工业制品能够以可接受的成本进入寻常百姓家。这是人类工业发展史的巨大进步，也是工业 1.0、2.0、3.0 所极力追求的生产模式。

经济全球化将复杂度较低的低端劳动分包形成的国际化合作分工，面向全球配置供应链资源，不仅进一步强化了规模经济对成本控制的能力，而且催生了经济全球化的浪潮。

工业 4.0 最明显特征是个性化

新一轮变革的核心在于工业、产品和服务的全面交叉渗透。可以借助软件，通过在物联网和互联网上完成产品和服务的网络化来实现。以个性化为主要特征的新型产品和服务将伴随这一变革而产生，从而改变整个人类生活、工作和生产方式[3]。要满足用户的极致个性化需求，制造过程就要更具柔性和灵活性，这需要更加高效、快速、可控、尽量减小不确定性因素的供应链支撑。这与工业 3.0 以来形成的全球化产生了一定的不协调性。因此在"大规模、标准化"生产所带来的成本优势与日益增长的"个性化、柔性化"用户需求之间寻求平衡，就成为实现工业 4.0 制造模式的一大课题。

近年来，我国产业结构正在发生重大变革，处于从劳动密集型产业向技术与资本密集产业升级的关键时期。我国制造业结构升级与发达国家再工业化战略处于同一窗口期，我国产业升级转型的努力，令发达国家感受到了竞争压力，这突出体现在美国施行的"再工业化"战略，将市场经济竞争上升到国家安全战略层面，以吸引制造业回流为重要抓手，试图提早布局以维系业已形成数百年的垄断格局，逆全球化思潮的泛起已成为不争的事实。因此，"打铁还需自身硬"是应对百年未有之大变局的根本举措，要坚持"双循环"战略，采取多种措施推动技术突破和价值链升级，实现我国制造业的升级换代。

逆全球化的兴起无形中与工业 4.0 的目标形成了默契

以往数百年工业化的发展都是源自对规模经济的追求，以“大规模、标准化”为特征的规模化经济会产生不同的分工与贸易模式的经济发展结构，强化以专业化分工为特征的全球化经济，在全球范围内构筑资源优化配置的供应链体系，为链上企业带来成本降低和效益增加。

工业 4.0 为应对个性化制造而生，主张柔性化、分散化生产来满足用户的个性化需求，倡导“即使生产一件也能够获利”的制造理念。这将催生与以往大规模、标准化迥然不同的制造模式。随着新技术的不断发展成熟，以智能工厂、智能生产、智能物流等为特征的工业 4.0 逐步落地。

以美国为代表的发达国家出于自身利益考虑，出台了一系列与全球化相背离的举措，这与工业 4.0 在落脚点和时间点上产生了重合，以智能化为特征的工业 4.0，在客观上为逆全球化战略提供了使能支持。

1.1.3 顺应世界制造业转型发展的大趋势

日益激烈的全球市场竞争，或多或少都会与中国相关联

中国经过 40 多年的发展，深深地融入了国际经济体系，并利用现有国际经济秩序的全球化分工所带来的发展机遇，深深嵌入国际制造链、供应链和价值链的各个环节，成为其中核心的、至关重要的组成部分。这种变化也深刻改变了国际经济的态势和格局。

在经济发展初级阶段，中国作为初级制品的提供商，利用庞大的低成本劳动力供给优势和中国人民勤劳奋斗的民族品质，求得了生存发展的空间。随着中国制造业的产业升级，美欧日等发达国家纷纷制定了“再工业化”、工业 4.0 等战略（图 1-1），既是着眼于提升自身产业能级战略，也是为了应对日益感受到的

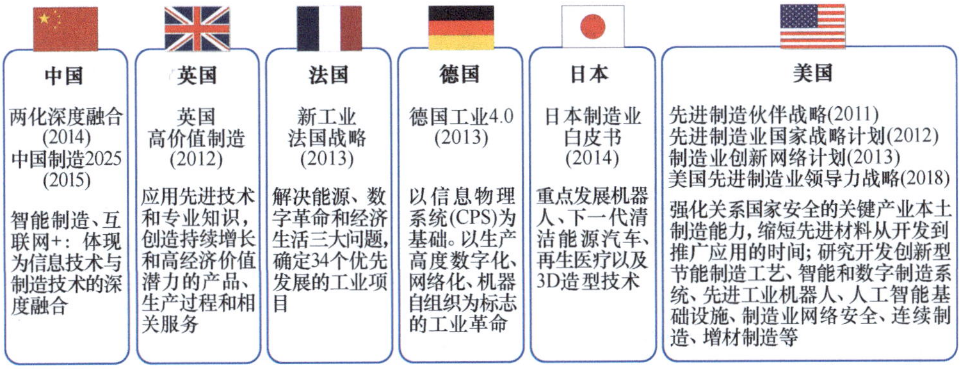

图 1-1 百年之大变局中的全球制造业转型

来自中国制造业的竞争压力；而一些新兴发展中国家在借鉴中国发展模式和经验的同时，也看到产业升级可能带来的潜在机会，试图将中国探索成功的发展模式复制并嫁接到本国的工业发展中。

可以说：这一轮世界范围的制造业转型发展大势，部分的围绕中国展开，既是由中国引发，又为了应对中国，由此中国制造业面临来自发达国家先发优势和发展中国家后发优势的双重压力，转型窗口狭窄，非常有限。

大国不能没有制造

制造业是国民经济的主体，是国家综合实力的象征，是立国之本、兴国之器、强国之基，是在全球化中赖以生存的资本和保障。

过去几十年的全球化进程充分释放了发展潜能和民族智慧，中国制造业不断壮大，影响力不断增加。中国幅员辽阔、人口众多，与靠自然禀赋吃饭，可以被动或主动接受国际分工，偏安一隅的小国不同，无论从人民群众安居乐业、经济良性循环持续发展来看，还是从维护国家安全角度来看，中国都必须建立相对完整、成体系、健康均衡的产业系统与经济生态。

随着信息技术、新能源、新材料等重要领域和前沿方向的飞速发展，新一轮的产业变革正在世界范围内悄然兴起，对全球制造业产生着颠覆性的影响。纵观美欧等发达国家的强国之路可以看出，具备规模雄厚、结构优化、技术创新能力强、发展质量好、产业链国际主导地位突出的制造业是国民经济持续发展、繁荣及国家安全的基础，见表 1-1。

表 1-1 全球主要工业大国在“工业 4.0”相关领域的比较[4]

国家	制造业优势	优势领域	数字经济优势	数字经济优势产业
美国	前沿阶级、产品研发设计、核心零部件、精密仪器、先进装备、品牌、制造业“空心化”	汽车、电子、化工、新材料、制药、精密仪器、航空航天	前沿数字技术、商业模式、大型平台企业、独角兽企业、创业活跃	云计算、人工智能算法、芯片、智能传感器、商业模式、智能终端
德国	高效创新体系、优越创新环境、高质量产业技术团队、大量隐形冠军	传统机械、汽车、机器人、化工、制药、新能源、环保	借助传统制造业未来转型的切实需求、数字赋能拥有广阔前景	工业软件、制造机器人、系统集成
日本	产品高附加值、差异化创新、工匠精神；产业政策差异化扶持；国际化水平高；知识产权保护水平高	半导体、精密仪器、光学仪器、汽车、制药、新材料、数控机床、电气设备	亮点较少	电子零件与设备、通信材料、芯片制造、软件
中国	制造业门类齐全、体系完备、规模巨大；终端消费市场购买力巨大、应用场景丰富；劳动力价格相对低廉	纺织、玩具、服装、电子制造、工程机械、高铁、特高压输电、航天	丰富应用场景、互联网普及率、互联网支付、基础设施健全、独角兽企业、电商	电子商务、共享经济、人工智能、5G、智能手机

1.2 中国制造当前之处境

这一轮世界范围的制造业转型发展大势，在相当大程度上，既是由中国引发，又为了应对中国。由此中国制造业面临来自发达国家先发优势和发展中国家后发优势的双重压力，转型窗口狭窄，非常有限。

1.2.1 中国制造业既有的独特优势

中国制造业不仅规模巨大，而且门类齐全

中国深深嵌入国际工业制造链、供应链、价值链的各个环节，成为国际供应链中不可或缺的关键组成部分，甚至是难以撼动的重要来源。这是因为中国是全世界唯一拥有联合国产业分类中所列全部工业门类的国家，共拥有 41 个工业大类、207 个工业中类、666 个工业小类[5]。产业门类齐全，基础设施完善，各个行业的上中下游产业形成聚合优势，形成了一个举世无双、行业齐全的工业体系，加上中国拥有世界上最大规模的科技和专业技能人才队伍优势，因此中国成了全球制造基地，成就了“中国制造”，中国在全球产品供应链中的地位有目共睹。

中国制造业转型发展空间巨大

虽然人力资源成本的不断提升，对国内低端制品产业带来了不小的成本压力，但在人工成本高启之前，中国已经基本完成了基础设施、产业链、产业配套能力的建设，中国制造业价值链、供应链和产业链业已形成的综合优势，为低端制造业升级提供了“转圜”空间，或利用智能制造技术来降低劳动力成本，或创新核心技术提升产业能级。我国在国际分工中的角色也在发生积极变化，在全球供应链中的地位从最初的廉价外包目的地转变为全球供应链的重要中心，与发达国家间正在由传统纵向分工向纵横交错、互补与并存方向发展。

相当数量的企业尚停留在工业 3.0、2.0 阶段，看似是一个极大劣势，但同样也存在巨大的发展空间。未来智能设备应用必定是全球之最，中国制造业要抓住转型发展的良好机遇，利用成熟的信息化、数字化技术，借鉴成功的探索经验，特别是充分发挥中国制造业装备门类多、数据量大的独特优势，利用数据这一全新生产要素，提升生产力能级和水平。

韧性和规模始终是中国制造业的独有优势

中国制造为全球提供无数的工业制品，小到针头线脑，大到港口机械，低到塑料玩具，高到核电、高铁等国家名片，无所不包、无奇不有。作为世界工厂，中国制造业门类齐全、规模巨大意味着中国自身拥有全球最大的机器、设备市场（图 1-2），这是独特的优势，体现在如下方面。

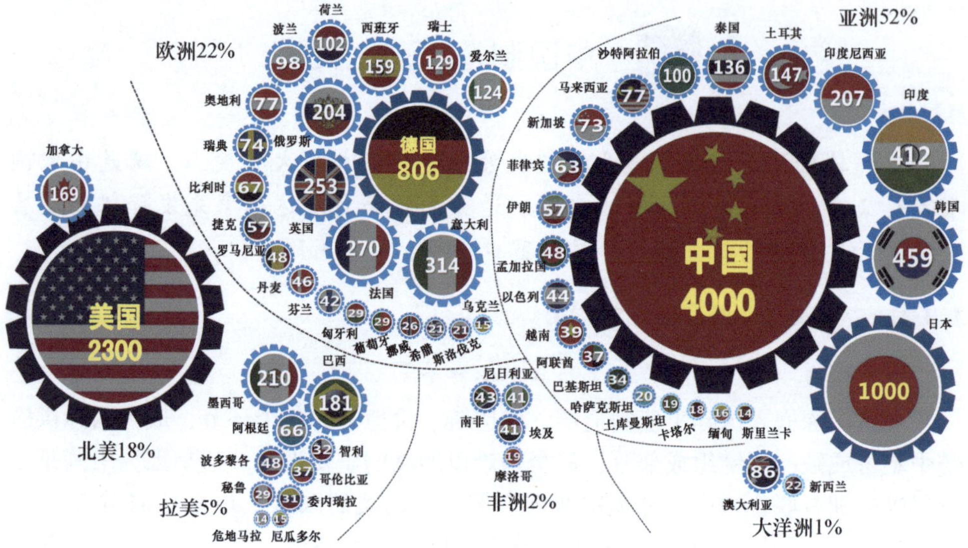

图 1-2　世界制造业产出地图

（资料来源：howmuch. net）

（1）极具韧性的中国制造业，面对全球经济放缓、生产成本上升、资源环境约束以及发达国家意欲重组全球供应链的企图，产业增值链条不断延伸，迈向高端，向深加工和核心技术领域扩展，并有针对性地着力强基础补短板、锻长板，抓紧攻克“卡脖子”技术和高端装备，持续强化和完善我国在国际产业链中的地位，这反映了自身的比较优势。

（2）场景异常丰富，多种品牌门类的设备、不同发展水平阶段的制造过程以及各种各样的现实需求，提供了近乎无限的应用环境和巨大的提升空间。这些场景的价值在于既可以验证技术，也可以尝试业务模式创新，通过“繁星点点”的成功实践，衍生出具有普世价值的解决方案，带动全行业的发展。

（3）制造过程会不间断地产生海量大数据，如同社交和消费互联网发展中的流量经济模式一样。中国目前有 10.67 亿多网民，规模大、接入的终端数量多，极大地支撑了消费互联网的规模优势。而这种规模优势背后的本质是网络接入所产生的海量数据，从而催生了丰富多彩的 APP 应用。同样，在工业领域，可接入工业互联网的设备终端数量规模是一个关键的优势指标，破解这些大数据是中国在新一轮制造革命中赢得竞争力的钥匙。

（4）多年来，中国一直被认为是西方的工作台。现在，中国制造业已经具备了强大的基础，形成了特有的自我生存能力，不再仅仅是拼装汽车或手机。

2022 年 1 月，ASMLCEO 温彼得针对中国能否制造顶尖的光刻技术问题时评价说："我的意思并不是绝对不可能，因为中国的物理定律和我们这里是一样的。永远别那么绝对，他们肯定会尝试的。"

1.2.2 知识积累和技能形成是明显软肋

中国制造业所面临的最大短板是积累不足

与先进制造技术相适应的知识和技能的形成和积累，是企业自身的最大竞争力。中国企业经过几十年的快速发展完成了发达国家数百年的发展历程，堪称"跳跃"，迅速拉近了与发达国家的差距，使得我们可以"望其项背"，但是否也会产生"并驾齐驱"的虚幻景象。

实际上，中国企业的快速发展很多都是在引进、模仿的基础上进行细微的改变、局部的优化。这在发展初期无可厚非，因为引进可以快速上台阶，可以借鉴别人成功的技术成果和经验，不再重复别人以往花大量精力探索和突破的事情。尽快上台阶客观上能够使中国企业尽快进入欧美国家事先为我们设定的承担低端产业转移"角色"，可以尽快融入国际制造体系。但是这一过程来得太快，中国企业在适应过程中有些迷茫，体现在得益于引进配套和分销而分得的一点点利润，满足于这样的角色定位，却忽略了对制造过程细节的领悟、人类经验的分享和自我价值的提升，非常多的企业或忙于来自市场的订单而无暇顾及，或缺少对知识积累的重视和作为。

没有积累就没有自我，没有自我就没有自主，就没有提升的基础和竞争的资本。中国制造业亟须对制造过程有更多、更深的认识，它是一个再提升的过程：企业积累不是留存在员工个体头脑里或个别专用的计算机或系统中的碎片化的知识，而应该成为企业资产的组成部分，并且随时可以被用于新的资产的再造。

国外企业利用先发优势，游刃有余

长期以来，国外知名企业形成的先进制造技术使其占据了巨大的领先优势。任何产品都不是单纯的技术，而是技术和品牌双重要素构成的复合体。国外企业将长期积累的技术成果和运营经验浓缩在一个具有号召力、影响力、感召力和亲和力的商业品牌之下，从而为产品赢得了巨大的利润空间。当为之配套的企业能够按照约定成俗的方式为其提供低成本的廉价产品时，彼此的合作是"愉快"且顺畅的，但如果任何人不满足于已有的角色安排，触碰到已经清晰界定的边界，试图触碰别人已经分割到手的"奶酪"时，情况就会发生改变，一个最为残酷的现实是打压和扼杀。

由于国外企业长期处于垄断地位，巨额的利润空间，使得其有资本在维持"可接受成本"的基础上，针对快速变化的市场需求，提供较后来者产品种类更丰富、功能更齐全、性能更稳定、使用更人性化、环境更友好的产品。

1.2.3 劳动力结构和成本变化是一个巨大变量

人口红利削弱，成本上升

中国制造起家所依托的人口红利已经释放殆尽。一方面，改革开放发展成就惠及各阶层劳动者，极大改善了人民的生活质量和水平，也带来了劳动力成本在不断上升，这是发展的必然结果。另一方面，中国尚未完全完成工业化过程的同时，出现了人口年龄结构的迅速变化。中央财经大学人力资本与劳动经济研究中心发布的《中国人力资本报告2020》显示，1985～2018年，我国劳动力人口（包括学生）的平均年龄从32.2岁上升到38.39岁。劳动力人口逐步走向老龄化，势必对制造业年轻劳动力长远供给带来消极影响，目前已经显现出制造业对年轻劳动力的吸引力在下降，人口红利逐渐削弱。

制造业日益复杂，对高品质劳动力需求日益提高

制造业转型过程中，智能型机器的运用更加普及，在一些肮脏、危险、重复（俗称3D：Dirty、Danger、Duplicate）的岗位推广机器人，并进而向难度（Difficult）较大的岗位延伸，这极大地改善了员工的工作环境，并从替代人的体力向替代人的部分脑力的方面进展。

用机器（机器人）来替代人工完成更加复杂而困难的岗位职责，可以使员工从刚性的生产线机旁解放出来，做一些更具技术和技能特征的工作，这对人的能力结构提出了新的要求。供给侧减少，要求提高，使得年轻劳动力对从事制造相关工作更兴趣索然。社会的理念发生变化，招聘工人越来越难、成本越来越高，特别是技能型人才缺乏，成本高企，将是中国制造的巨大挑战。

后低廉劳力时代的成本问题

对企业而言，成本是一个永恒的、无法回避的主题。中国制造业起家于低廉的劳动力成本，在残酷市场竞争中获得来之不易的地位源自民族的勤劳和低廉的成本，虽然具有了规模优势，但大多仍处于低端，以数十万件衬衫换取一架波音飞机的事实说明：发达国家为后来者分配的岗位角色就是低端制造，低成本竞争是一片“红海”，是一定要被盘剥到“骨头”里的，如果你不满足于这种角色，就随时可能安排另一个预留的同类竞争者替代，目前美国推动的“印太经济框架”就是如此。

对于企业来说，做任何事情，从产品设计、技术创新到加工制造，首先要问个问题：成本如何？企业决策的一个非常重要的考量是：是否增加成本？能够降成本吗？如何降低或控制成本？如果不能够降成本，为什么要做？在依靠低廉劳动力成本竞争成为过去时之后，企业控制成本就失去了一个最熟悉、最有效的抓手。企业转型发展的一个重要内容就是要从以低人力成本的经营转向面向效率的经营。

人力成本低不是永恒意义上的优势，效率才是。效率不仅是成本，更是“做一件也能盈利”的能力。中国人工资的提高，并不必然就等同于竞争力下降，需要关注劳动生产率的提升程度和速度，将“更好而不是更便宜”作为变革的机会和基准，将提高效率作为控制成本的根本途径。

设计、工艺、供应链的配置效率尤为重要。人们对中国“世界工厂”称号有不同的解读和认知。从乐观的角度，这是中国制造业门类齐全的例证；但从另外的角度解读，说明中国企业大多还处于外来代工的低端层级，在产品工艺设计方面还存在着巨大的能力短板，在供应链的配置效率上，还有巨大的提升空间。

紧缺的资源、能源要求企业提高资源效率。资源的减少，要求制造业提高资源和能源使用效率，降低能耗，保护环境。随着“两碳”战略从虚向实，深入推进，资源和能源效率将从企业内部能源和环保的叙事框架中跳出，上升为国家和产业战略的话题。当每一件工业制品的碳足迹和碳排放数据成为产品标配参数时，其市场竞争力就多了一个可量化评测的指标，门槛更高。

1.3 中国制造业的生存之道

从传统制造和互联网+两个维度来思考企业的核心竞争要素，会得到四个方面的认知。

1.3.1 四维认知与二维思考

产品是企业最核心的利益

产品是承载需方的诉求和供方的服务的载体，连接供需双方的劳动和利益关系的纽带。

对于一个制造企业而言，无论处于哪个行业领域，无论是面向最终消费者还是面向生产资料的制造商，无论是国企还是民企，也无论企业规模大小，其市场竞争力的核心要素体现在产品质量与制造成本、个性化需求与快速响应四个方面[7]。

从传统工业制造角度来看，产品质量和制造成本是企业永恒的话题，需要持续付出努力，而个性化需求与快速响应则来自“互联网+”的视角，或借鉴互联网理念，或依托互联网技术，个性化需求是用户对产品和服务的质量标准、性能、外形、速度的差异化要求，以及亲自参与产品全生命周期过程的体验。

目前，消费者的偏好从注重质量、价格（成本）的双要素向注重质量、性价比、需求个性化、响应速度的四要素转变。对企业而言，对产品和服务的快速响应成为竞争力的突出特点，快速响应有时比单纯降低成本更重要。

持续提升核心竞争力的二维思考

（1）从制造企业的维度。持续优化提升全流程的精益制造水平，生产高品质的产品（图 1-3），包括高价值、高质量、绿色环保；通过提升效率控制成本，而不是简单地降成本，包括提高资源与能源利用效率、保证产品质量的一致性、消除产品质量瑕疵等一切可能的重复、无效工作环节。这是企业提升能力的要求，是永恒的主题。同时，随着两化融合（信息化、工业化）的深入，要为传统制造全过程各个环节深度嵌入信息能力，形成从产品设计、制造到服务全生命周期满足用户个性化需求的柔性生产组织能力、快速交货能力，由生产型制造走向服务型制造；从满足用户的超前需求以及更下游的用户需求着手，通过对企业数据信息价值的充分发掘与应用，提升整体智慧化水平，基于高价值的产品和灵活快速的服务响应，创造新的增值服务。这体现为企业自身转型发展的要求。

（2）从用户的维度。获得质量一致、功能适配且具有市场竞争力的价格水准的产品，是用户市场生存的基本保障，这里要求的不一定是最便宜，但一定是

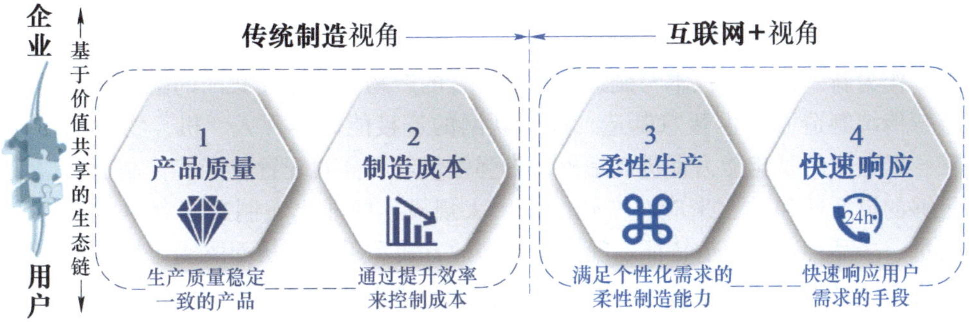

图 1-3 持续提升核心竞争力的二维思考

功能适配、价格有竞争力。用户个性化需求得以满足，并可以随时获得及时快速的服务，包括交货周期缩短、现场服务灵活快速等，有助于用户实现创新的实践，形成差异化的产品，获得增值发展的市场机会，这体现为用户的增值需求。

1.3.2 顺“制造业转型”之势，作“工业互联网奋发”之为

个性化制造本质上是一种服务型制造

对企业而言，制造是服务的延伸载体，服务是制造的价值外溢。服务型制造的基础保障恰恰来自高水平的制造。没有高质量的产品、为社会广为接受的品牌，何以谈服务？

个性化制造本质上是对创新活动的一种褒奖。鼓励差异化的市场竞争，规避同质化的恶性竞争，可以在一定程度上减少仿制、抄袭、假冒、伪造等恶劣市场行为的发生，有利于创新型企业取得竞争优势。

服务型制造不是抛弃制造转而做服务，而是通过服务创造新的增值机会和空间，高水平制造的最大挑战来自与先进制造技术相适应的知识和技能的形成和积累。从产业的角度来看，制造和服务是相辅相成的。服务业比重增加是由于制造业的发展为社会生活领域提供了技术支持，创造了需求。同时，制造业劳动生产率的提高和技术进步也为劳动力向服务业转移提供了可能，间接支持了服务业的发展。

“以信息化之巧，补工业化之拙”——两化融合的意涵

工业化生产的优势在于通过量的拓展摊销成本，生产组织不应因频繁变化而出现波动，制造过程持续稳定有助于保证产品质量。而以“多品种、小批量”为特征的按单生产模式易导致小批量（甚至单品）个性化定制、多品种并行、资源共享出现瓶颈。

对诸如钢铁这种以大批量、标准化为特征的流程型行业，“小批量、多品种”订单会增加计划排程的复杂性，订单变化会造成订单执行进度监控的困难，

品种变更导致物料需求多变会直接影响采购和物流的效率，这些都给生产周期和交期带来不确定性。

作为新一代信息技术与制造业深度融合的产物，工业互联网的融合特性足以重塑传统制造而催生智慧制造，以互联网的连接能力实现人、机、物的泛在连接，以数据的赋能能力促进制造资源的弹性供给和高效配置，能够让制造业增加足够的灵活性和柔性来应对变化，是“大规模、标准化”制造固有本质和“小批量、多品种”新需求特征之间实现平衡的方式和手段，从而既满足用户的个性化需求，又可以使制造企业获利，在价值链上公平地共享价值。

2 承上启下的发展逻辑

——企业信息化、工业互联网、智慧型制造

2.1 企业信息化

我国企业信息化建设大致可以分为起步阶段（1980—2000）和发展阶段（2000—2010）。企业信息化建设的高潮已经过去，随着企业运营需求的变化和技术的进步，企业信息化还有很多需要补课和完善之处。

2.1.1 企业信息化的浪潮

企业信息化（Enterprises Informatization）实质上是将企业的生产过程、物料移动、事务处理、现金流动、采购销售等业务流程过程数字化，通过计算机网络系统加工生成新的信息资源，供企业各级管理者了解各类动态业务信息，以做出有利于生产要素组合优化的决策，使企业资源合理配置，求得最大的经济效益。显然，企业信息化有两个核心要义：一是业务流程“跑”在系统上以形成标准可重复的业务流程，二是改善业务流程过程中的运作效率。

企业信息化建设的浪潮遍及各制造行业领域

20 世纪 90 年代中后期，伴随着我国改革开放，国际知名咨询公司将在西方企业中流行的业务流程重组（Business Process Reengineering，BPR）的管理理念引入中国，在基于信息技术的基础上对业务进行重组，通过对业务流程的设计和组织架构的重构，来提升企业的管理效率。

这一趋势吸引了各行各业参与其中，企业管理者结合企业自身实际，投入大量的人力物力资源，历时数载，多数企业都构建了符合自身需求的企业级资源管理系统（ERP），相当多企业都部署了具有行业特征、符合企业需求的制造执行系统（MES）。这标志着企业基本完成了信息化建设过程，企业从以人工凭经验粗放式管理迈进了以信息化手段进行企业标准化量化管理的阶段，实现了企业运营行为的数字化。

以宝钢为例，企业信息化系统建设作为“一把手”工程，持续推进了数十年。早期的产销系统借鉴了台湾中钢的管理思想，基于 IBM390 系列两台 9672 大型机开发，在管理方式上采用“集中、一贯”❶ 的管理方式，自行组织信息化队伍，历时三年精心打造的，简称为“9672 系统”，之后经过持续不断完善、补建，形成了完整的 ERP、MES、供应链管理系统等，包括标准财务系统、销售及

---

❶ 集中——指管理功能的集中，即企业的主要管理业务集中到公司的相应职能管理部门，不由车间性的生产厂去做；一贯——指对生产管理的一贯，即企业从接到合同开始到合同完成为止，从原燃料进厂到产品出厂为止的所有工序的管理业务，统一由公司的职能管理部门负责。

物流管控系统、采购供应链系统等共 17 个系统，全面覆盖了企业运营管理的方方面面，实现了基于横向分段、纵向分层的企业业务管理系统（图 2-1）。

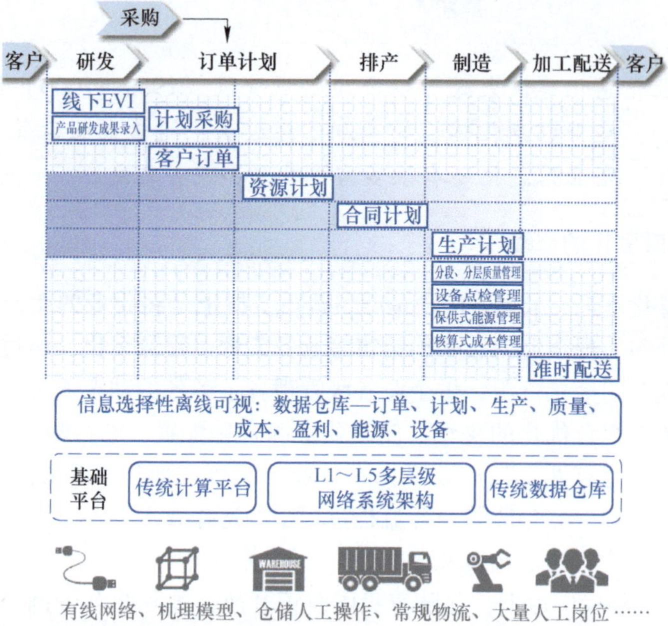

图 2-1　钢铁企业信息化系统现状——基于横向分段、纵向分层的企业业务运营

以汽车、电子为代表的离散制造业和以钢铁、石化为代表的流程制造业，走在了各行各业的前头，配合较高的自动化装备控制水平，信息化系统使得企业管理效率获得了显著提升，表现在：大幅度提升了产品质量，加快了产品交期，有效地控制了制造成本，赢得了市场竞争优势，并为产业升级打下了良好的基础。

借助国内制造业企业信息化巨大需求的释放，企业以各种方式开展信息化建设，如企业自行组建信息化队伍、委托专业的信息化公司、采购国外成熟的套装软件产品定制改造等。国内涌现出一批工业软件供应商，以定制化开发模式为用户提供信息化管理功能的咨询、规划、设计、开发和投运、保驾工作。“工业软件”反复出现在政府和行业政策支持的范畴，中国工业软件产业也由此迎来了一波 20 年的大发展。

多层次的系统架构在企业信息化系统中被广泛采用

企业信息化系统是由面向装备的自动化控制系统和面向管理的信息化管理系统两部分构成的完整的架构体系。传统上，企业信息化系统在架构上必然会形成一个多系统层级的架构形式（图 2-2），即：由基础自动化和过程计算机构成的面向产线的控制系统、面向制造管理的制造执行系统（MES）和企业运营管理（ERP 等）的产销一体化系统，以及部分领先企业部署的数据仓库系统（也称为商务智能 BI）。

通常，制造企业都拥有多个、不同时期建设、采用不同的技术和标准、由不同软件公司提供的软件形态。这些软件都有自己独特的理念、青睐的供方以及专门的系统，系统之间相互独立是自然的结果。这既是受到当时技术发展水平和企业管理理念的限制，也是因为系统是分步实施、长期持续演进建设的结果。为了不影响在线系统运营，建设新系统功能的最简单办法是：在多个低层级系统之上（或多个系统之外）构筑一个新系统，将所有低层级系统的数据按照既定的需求处理后上传，以应对新功能对数据的需求，或开发跨系统的应用功能。这是导致系统层次不断增多、架构复杂的重要原因，而架构的复杂性使得数据的共享变得异常困难。经过多年的演进，中国几乎所有的规模化钢铁企业都遵循5层系统架构来部署业务功能（图2-2），尽管业务功能分担的细节会有所不同，但这一5层系统架构已经成为中国钢铁行业的事实标准。

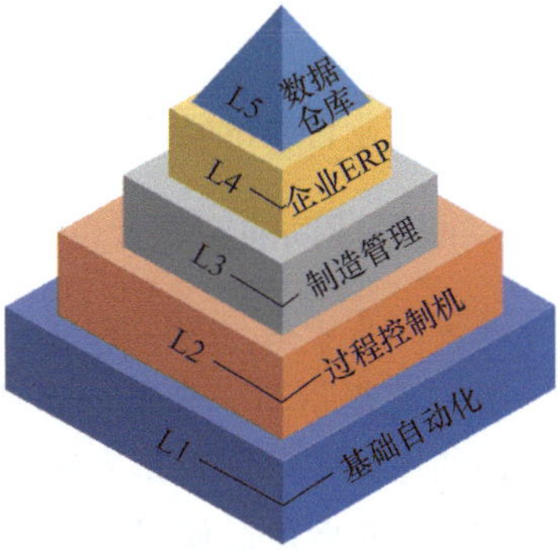

图 2-2 钢铁行业信息化系统架构

信息化成为企业运营的重要抓手和平台

在漫长的企业信息化建设过程中，关于 ERP 失败的言论不绝于耳，有文献给出“成功率还不到 10%”的惊人结论[8]。对于失败原因的分析也多种多样，如用户需求不明确、过于理想不接地气的实施规划、企业组织流程再造未实施、企业资源投入不足、高层管理者未投入足够的精力、供应商技术水平和产品不完善、不适用于企业管理模式等。

企业信息化成败并没有统一的评判标准，即使建设前经过反复周密的系统策划，也仍然不能完全避免投运后持续优化改进的需求。通常，信息化系统上线后未能达到理想的预期，是大概率事件，但真正上线后不能运行而后被彻底放弃的案例并不多见，所以，企业信息化失败结论本身就是一个“伪命题”。

目前，任何一个具有一定规模、采用现代企业管理理念的企业，尚未建设自身的信息化系统是难以想象的。面向制造装备的自动化系统配置达到了较高水平，与之配套的过程计算机系统覆盖了绝大部分产线，以保障控制模型的运行和制造过程的跟踪（PCS）；制造执行系统（MES）作为生产组织的核心普遍受到重视，其功能的复杂度、覆盖制造管理的深度等都极具特色，成为制造管理的核心业务系统；顶层的企业资源计划（ERP）涉及的范围非常广泛，包括大宗商品采购、产品销售、财务成本、仓储物流等。

功能完善的信息化系统强调“纵到底、横到边”。所谓纵到底，是指从最底层的生产设备、生产线及物料控制系统，一直向上延伸到企业的最高决策层；所谓横到边，是指覆盖供应、生产、销售、设备维护、人力资源、财务管理、项目管理等业务环节。显然，信息化功能在实现和部署方式上，有行业自身的特点，既反映了行业自身的特定需求，也体现了行业发展的历史轨迹和时代烙印。

2.1.2 流程驱动的实现合理性

以流程为中心（或流程驱动）是企业信息化的典型特征

用“流程驱动”来形容企业信息化系统建设是非常贴切的，它既体现了开发建设的思路顺序，也是实现系统功能的目标要求。

对应于企业产品研发、生产、管理和市场等环节，按照轻重缓急顺序（或企业投资安排、或企业运营管理迫切性要求）引入了PLM、MES、ERP 和 CRM 等多种应用软件。这些业务管理软件系统都是面向业务流程进行设计开发的，用于满足专项业务管理需求，故称之为以流程为中心。以业务流程为中心是基于部门业务逻辑，等同于面向企业职能管理业务的开发。

流程驱动的信息化体现出管理思维。企业信息化是通过专项业务需求驱动、业主（业务系统的使用者）负责制来设计开发的，指导思想就是通过这一套管理工具实现对业务各个环节的管控，因此建设了多个垂直、专业、有明显业务边界的管理系统，如采购、销售、物流、制造等，涉及进销存、相关岗位的动作都能管起来，目标是线上管、规范管、严格管、量化管、精细管。

瀑布式开发与竖井式系统

专项业务系统划定了清晰的边界，解决边界范围内的业务需求是系统设计开发的全部目标。从企业的整体视角，这种由“业主”主导决策而非企业顶层设计的方式是自下而上的，所形成的企业信息化系统则是由若干个不同时期规划、由各个不同的“业主”主导、大概率由不同的设计开发方提供的多个业务功能“拼图”而成的系统。流程驱动的系统建设决定了其设计开发方法是类似于“瀑布式”的项目化、工程化的开发建设方式，首先将业务流程化，然后代码化，每一个业务板块都将自身的业务流程固化，用计算机代码予以实现，系统开发完成后，一旦投运，不再做频繁的调整。

这种设计开发方法所产生的结果是若干个业务边界清晰、管理功能明确、彼此相互独立的专业系统——俗称“竖井”或“烟囱”式，伴随而生的是数据采集、存储和使用均局限于本系统内。这就是人们最常提及的数据孤岛，体现出两个特征：与流程段相对应的数据链和有限数据样本。

面对不断涌现的数据交互需求，企业不断重新审视系统，并努力尝试通过有限的改造（补丁式修改）实现数据交互，满足需求。尽管很多补救工作一直在进行中，试图打通各专业系统“竖井”，使数据互通，但基于固有系统架构的补救措施，实难获得理想的结果，其情景如同“竖井”之间增设了一些配有“控制阀门”的“管道”，看似在井之间水可以流动，但其实却是一种受到人为控制的流动而非数据的自由流动。虽然工序和专业系统之间的管理数据链基本打通，但仍然无法形成完整的数据样本以准确及时地反映企业运营的信息全貌。

正视“竖井”式业务系统的弊端

企业信息化实现了企业运营行为的数字化，信息化系统成为企业运营管理不可或缺的重要抓手。与之相伴，对多层级系统架构和“竖井式”业务系统所带来问题的讨论也越来越多。

与流程驱动相对应的是数据驱动。数据驱动就是以数据为中心来考虑设计、开发和运营。关注“数据”，即关注：如何建立完整的数据链，如何构建数据自由流动的机制，如何培育数据增值的能力等。这些与数据相关的问题都统统归结为数据环境的构建，包括数据持续汇聚和数据敏捷应用的环境是工业互联网构建要达成的目标。

当我们从工业互联网的视角突出强调信息化系统所谓“竖井式”弊端时，并不是否定企业信息化的价值，也不是否定“流程驱动”方法的有效性，而是对因数据孤岛所导致的数据流通效率不高、数据应用环境不佳之困扰的反思意识，以及如何逐步改进“竖井式”业务系统以提高数据应用价值的启发思考，所以，“数据驱动”就被提到了突出的议程上来。

尽管一段时间以来，业界有一些观点：认为工业互联网建设是“流程+数据驱动”。从根本上而言，是企业流程优化对数据提出了新的需求，从解决需求的角度，利用数据来优化流程，仍然是开展“以数据为核心”的设计，究其本质仍然是“数据驱动”。

2.1.3 流程型业务与数据型业务

在此，我们提出一个不被重视或可能存在争议的话题来做一番讨论：流程管理型业务（流程业务）和数据服务类业务（数据业务）的适度“分离”再“合一”问题。

流程业务和数据业务对数据的追求有显著差异

流程管理型业务系统建设的一个突出特点是：通过软件形式，将管理流程固化下来，其功能是传递数据，按照约定的流程顺序和既定的规则、方法、目标对数据进行处理，并将处理结果在流程环节之间进行传递。对于一个端到端集成的流程而言，从起始端开始对每一个环节的数据做规定的处理，依次传递到终端，就完成了一个流程的操作。在这类业务中，虽然也是操作数据，但却是按照特定的流程顺序、依据固定的方法、达到特定的目标，如：制造数据—成本归集—财务核算—企业 KPI 等。

与之不同的还有一类业务，不是按照一个流程，而是对一组或多组数据形成的集合进行处理操作，数据处理的方法是不完全确定的，要达到的目标也不是完全确定的。这类业务的一个突出特点是：试图从数据中寻找未知的东西，即发现价值，以不完全确定的规则、方法、过程，发现事先并不完全确定的目标。这类业务的作用或价值体现在知识的发现，可以是一组参数、一条规则、一条趋势曲线、一个经验公式甚至是一个相关性证据等，皆为知识，称之为数据业务，如：基于大量数据建立数据模型，或从大量数据中发现影响产品成本的关键要素，等等。

在已经建设的信息系统中，受限于技术、管理、认识等多种因素，往往不区分两类业务，除了实现流程业务之外，也有大量的数据应用业务融于其中，彼此紧密交织在一起。这种方式有其特定的优点，即：实时性，在有限数据样本情况下，可以满足特定的计算需求；其不足在于数据样本选择是事先确定的，而且是固化在程序中，无法灵活方便地进行调整。

企业数据仓库是大数据系统的原点

部分领先企业业已建成的数据仓库系统可以视为是数据业务的一种初步形式。通过数据仓库的建设，开发相应的 BI 业务，形成管理者驾驶舱等。

企业数据仓库并不是一个理想的大数据系统，其在系统结构、数据结构、数据治理方法等方面都存在差异，因此，企业大数据系统会基于数据仓库发展，但不是原有系统的简单扩容。数据仓库的数据来源是按照既定目标，对所采集数据进行特定处理后，筛选上传的，数据仅用于特定的功能实现，而不具备多频次、多目标、多场景应用的空间，这是与大数据系统显而易见的差异。

数据仓库可以视作企业大数据中心系统建设的原点，因为数据仓库承载的都是数据型应用。一旦工业互联网建设取得进展，将数据仓库业务从存量系统剥离出来，迁移部署到新的工业互联网数据系统是一件相对容易实现的优先选项，可以使数据系统尽早产生价值。基于数据仓库的 BI 业务迁移也需要一个过程，因数据仓库系统作为一个在线运行的系统，无法简单的废止或替换，要过渡和迁移到大数据平台应从以下两个方面开展工作：一是以缓解现有数据仓库系统的瓶颈为切入点，逐步替代原有功能；二是通过数据仓库功能的逐步迁移和新领域应用的逐步构建，最终实现企业分析应用从数据仓库架构向大数据架构整体转换。

随着对数据价值重要性认识的不断深入，人们对建设一个具备更强数据应用能力的平台充满了期待，要汇聚更多类型、更大规模、更快速率的数据，就应配置功能更强、使用更便捷的算法工具，从而可以更加方便快捷地进行数据的存储、检索、分析、挖掘、展示等，其目的不外乎是“从数据中寻找和发现更多的价值”。

2.2 智慧型制造

关于智能制造和智慧制造内涵差异的讨论经常见诸各种场合。作为舶来品，在英语词汇中的确存在 IM（Intelligent Manufacturing）和 SM（Smart Manufacturing）之分，中文的“慧”和“能”也有区别。

2.2.1 智能制造的定义和理解

“智慧”与“智能”一字之差，到底有何差异？见仁见智。如同 Intelligent 和 Smart 存在区别一样，中文的“慧”和“能”也有区别。“慧”更加隐性、虚拟，体现在更难地认识问题和发现问题；而“能”则是做事情、解决问题，所以“慧”比“能”更深奥，更高级。因此一种比较被接受的观点认为：智能制造主要是面向装备；而智慧制造则是面向管理，与人的因素紧密相关，需要处理的问题也更加复杂。其潜台词是说智慧制造比智能制造更加高级和复杂。

但是，给出一个严格的内涵定义以区分两者并不容易。所以，在非常多的实际工作场景中，并不刻意区分智能制造和智慧制造，但智能制造的使用频度更高，也被人们普遍认可和接受。

智能制造的起源

关于智能制造概念的起源，有三种不同的说法。

（1）20 世纪 80 年代，首本智能制造研究领域专著《制造智能》[9]（图 2-3）在美国出版。其指出：通过集成知识工程、制造软件系统、机器人视觉和机器人控制来对制造技工们的技能与专家知识进行建模，以使智能机器能够在没有人工干预的情况下进行小批量生产。

图 2-3 《制造智能》

（2）1990 年日本倡导“智能制造系统（IMS）”国际合作研究计划，定义智能制造为：一种由智能机器和人类专家共同组成的人机一体化智能系统，它在制造过程中能进行智能活动，如分析、推理、判断、构思和决策等。通过人与智能机器的合作共事，扩大、延伸和部分地取代人类专家在制造过程中的脑力劳动。

（3）2009 年，IBM“智慧地球”理念中提出智慧工厂，智能制造属于 IBM“智慧地球”理念在制造业的应用实践。随着智能化成为各国制造业的发展方向，企业管理方式、个人生活理念和国际竞争格局也发生了巨变，智能制造建设得到前所未有的重视，有望成为未来制造业的新模式。

显然，在1956年提出人工智能概念30多年之后，人们才将智能与制造联系起来。

美国在智能制造方面无疑处于领先地位

来自美国的智能制造相关定义很多。

《制造智能》认为：智能制造技术是指在制造系统生产与管理的各个环节中，以计算机为工具，并借助人工智能技术来模拟专家智能（分析、判断、推理、构思、决策等）的各种制造和管理技术的总称。

美国国家标准技术局（NIST）从市场供求关系来阐述智能制造的本质：SM（Smart Manufacture）是智能制造发展的更高级阶段，是完全集成的协同制造系统，能够实时响应企业、供应链和客户中需求及条件的变化。NIST指出：智能制造解决三个基本问题，即差异性更大的定制化服务、更小的生产批量、不可预知的供应链变更。

美国智能制造领导力联盟（SMLC）认为：通过高级智能系统的深度应用，实现新产品的快速制造、产品需求的动态响应、生产和供应链网络的实时优化。

美国智能制造创新研究院认为：智能制造是先进传感、仪器、监测、控制和过程优化的技术和实践的组合，它们将信息和通信技术与制造环境融合在一起，实现工厂和企业中能量、生产率、成本的实时管理。

作为发达国家的德国、日本在智能制造上不遗余力

德国《工业4.0》对中国制造业转型发展有着较大的影响。其认为工业4.0的内涵是“数字化、智能化、人性化、绿色化，满足客户个性化订制的需求，使单件小批量生产能够达到大批量生产同样的效率和成本，需要构建可以生产高精密、高质量、个性化智能产品的智能工厂。”

1990年日本倡导“智能制造系统（IMS）”国际合作研究计划，之后又对智能制造做出修正性阐述：智能制造技术是指利用计算机模拟制造专家的分析、判断、推理、构思和决策等智能活动，并将这些智能活动与智能机器有机地融合起来，将其贯穿应用于整个制造企业的各个子系统（如经营决策、采购、产品设计、生产计划、制造、装配、质量保证和市场销售等），以实现整个制造企业经营运作的高度柔性化和集成化，从而取代或延伸制造环境中专家的部分脑力劳动，并对制造业专家的智能信息进行收集、存储、完善、共享、继承和发展的一种极大地提高生产效率的先进制造技术。

中国对智能制造的理解有自身特色

《智能制造科技发展“十二五”专项规划》将智能制造定义为：面向产品全生命周期，实现泛在感知条件下的信息化制造，是在现代传感技术、网络技术、自动化技术、拟人化智能技术等先进技术的基础上，通过智能化的感知、人机交互、决策和执行技术，实现设计过程智能化、制造过程智能化和制造装备智能

化等。

工业和信息化部《智能制造发展规划（2016—2020年）》则指出：智能制造是基于新一代信息通信技术与先进制造技术深度融合，贯穿于设计、生产、管理、服务等制造活动的各个环节，具有自感知、自学习、自决策、自执行、自适应等功能的新型生产方式。

来自民间和学术类组织的定义

IEC TR 63283-1：2022认为：智能制造是通过集成化和智能化使用网络、物理实体和人员各维度的过程和资源来生成和提供产品与服务，以提升制造性能，同时与企业价值链中的其他环节进行协作的制造模式。其中，性能包括敏捷、效率、功能安全、信息安全、可持续，或企业指定的其他性能指标。制造业之外的其他环节包括工程设计、物流、市场推广、采购、销售或企业指定的其他方面。

百度百科对智能制造的表述是："面向产品全生命周期，实现泛在感知条件下的信息化制造。智能制造技术是在现代传感技术、网络技术、自动化技术、拟人化智能技术等先进技术的基础上，通过智能化的感知、人机交互、决策和执行技术，实现设计过程、制造过程和制造装备智能化，是信息技术、智能技术与装备制造技术的深度融合与集成""是信息化与工业化深度融合的大趋势"。

百度文库中有文献认为："智能制造是一项综合系统工程，以传统管理技术和标准化为基础，突出人的核心作用，将互联网技术、设备联网技术、云计算和大数据信息化技术广泛应用于生产设施、控制、操作、制造执行、企业运营、分析决策、商业模式、协同创新过程；实现自动识别、自动记录、自主分析、自主判断、自主决策、自主优化，并通过设备联网、智能运营模式、协同创新，对传统制造业进行改造升级，实现企业管理过程的智能化、柔性化、集成化。制造过程的时间、安全、质量、效率、交期、成本、服务等依然是智能制造管理目标的主题。"

e-works智能制造研究院《智能制造应用白皮书（2018）》[10]：智能制造融合了新一代信息技术，将其贯穿到产品的全生命周期，并具有实时感知、自主学习、自主决策、自主执行与优化提升的能力，是信息技术、智能技术、制造技术等的深度融合与集成。

理解智能制造内涵的不同视角

智能制造可以划分为经济类视角和技术类视角。

经济类视角强调制造活动和效益，如：把机器智能融合于制造的各种活动中，以满足企业相应的目标；基于科学（模型化）的制造，提供产品全生命周期的互联网服务，通过客户化定制和协同获取最大利润；解决差异性更大的定制化服务、更小的生产批量和不可预知的供应链变更；小批量、多品种、个性化定制化的创新产品提供高效率、大规模的生产方式；以数据的自动流动解决复杂系统的不确定性、多样性，提高资源配置效率等。

技术类视角则针对信息技术应用所带来的系统自主特征，如：将物联网、大数据、云计算等新一代信息技术与先进自动化技术、传感技术、控制技术、数字制造技术结合，实现工厂与企业内部、企业之间和产品生命周期的实时管理以及优化的新型制造系统；基于新一代信息通信技术与先进制造技术深度融合，贯穿于设计、生产、管理、服务等制造活动的各个环节，具有自感知、自学习、自决策、自执行、自适应等功能的新型生产方式；在整个工厂上下使用非常强大的机器学习和人工智能工具，对足够的历史数据进行分析以识别预测模式，所有事件都是可预测的，不存在所谓的“随机事件”。

2.2.2 以信息化之“巧”补工业化之“拙”

有一种提法：两化融合是“以信息化之‘巧’补工业化之‘拙’”。含义很直白，但易引发误解。这里的“拙”是指工业化是物理过程，进行变更调整不像信息化技术那样快捷方便，“补拙”就是利用信息技术的参数可配置、过程可定义，使传统制造变得具有柔性，打造灵活的制造系统，这就是智能制造。

最通俗的理解是“把智能技术用于制造中所形成的新模式”

智能制造就是以数据的自动流动解决复杂系统的不确定性、多样性问题，提高资源配置效率，对当前的制造企业来说，就是由于个性化定制所带来的制造本身的复杂性、不确定性和多样性。

“以信息化之‘巧’补工业化之‘拙’”既表明了“两化融合”的内涵，也明确界定了两者的关系，即：工业化是根本、是目的，而信息化是工具，切不可本末倒置。智慧型制造要解决的根本问题是提高社会生产力的效率，无论是提高商品交换效率（比如电商平台），还是提高信息交换效率（比如搜索引擎），又或者是提高人和机器、机器和机器的沟通效率（比如物联网和工业 4.0）等，都是面向生产力效率的提升。

工业互联网是实现智慧型制造的关键基础和技术引擎

智能制造的实现主要依托两方面基础能力：一是工业制造技术，包括先进装备、先进材料和先进工艺等，是决定制造边界与制造能力的根本；二是以工业互联网为代表的新一代信息技术，包括智能传感、控制软硬件、新型工业网络、工业大数据平台等技术要素，以充分发挥工业装备工艺和材料潜能，是提高生产效率，优化资源配置效率，创造差异化产品和实现服务增值的关键。

从上述多个关于智能制造的定义中，可以找到一些共性的特征：

(1) 工业系统追求一种自主的状态而非完全依赖人的（经验）干预，这需要工业系统具有（被嵌入）相当的洞察预测和自我决策能力（信息能力）；

(2) 这种自主能力的形成是来自数据应用的赋能，以工业互联网为代表的新一代信息技术是主要的技术支撑。

工业过程全要素、全产业链、全价值链的连接可以通过实现人、机、物的全面互联来实现。呈现这种连接的载体就是流动的数据。工业互联网为数据流动搭建了一个机制，通过数据的倍增、放大、催化作用，为工业过程赋能、赋智，促进制造资源泛在连接、弹性供给和高效配置，是新工业革命的关键支撑和智能制造的重要基石。随着大量实践成果不断显现，工业互联网重塑传统制造业态已显端倪。

2.2.3 关于智能制造发展范式的讨论

由上述智能制造的诸多定义可以看出：智能制造是各种各样新型制造模式的一种泛在概念的表述，它的具体内涵不是僵化的、固定不变的，在不同的场景、面向不同的对象，即使是不同的人来做同一件事情，会呈现出丰富多彩的实现方式。对智能制造的深入研究，可以产生各种不同的范式❶。

中国工程院“三个范式”

2017 年 9 月，本人受邀参加了中国工程院《中国智能制造发展研究战略报告》研讨会，报告中首次提出了智能制造三个范式：数字化、网络化、智能化，认为智能制造从发展规律上体现出从数字化开始，逐步提升进入“数字化+网络化”，进而上升到“数字化+网络化+智能化”，如图 2-4 所示。

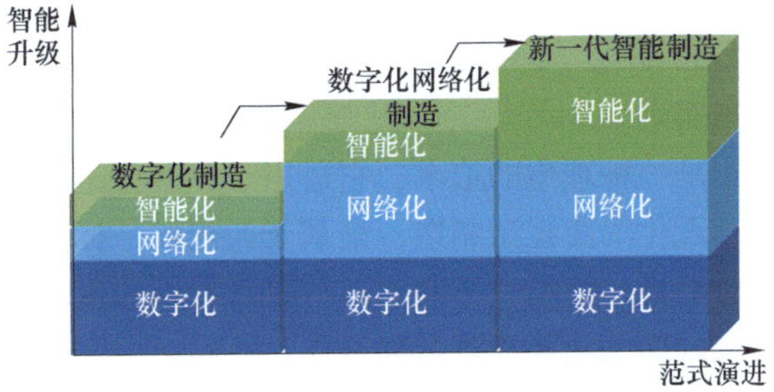

图 2-4 智能制造基本范式的演进

数字化是起点、是基础，是利用计算机解决问题，其本质上是重新划定人机分工的一种技术手段，让计算机做更多、更擅长的事，将人从重复性劳动（包括体力和脑力）中解放出来；网络化使得专业分工基础上的信息共享成为可能，减少分工交接界面信息不对称的出错概率，显著降低“协调成本”，从而促进工作协同；协同工作不仅保证了专业分工的合理性，也避免了分工界面的盲区，提高了协同解决复杂问题的能力，进而实现智能化制造。“三个范式”对于理清发展规律、理解不同发展阶段的重点有极高的指导意义。

❶ 范式通过一个具体的科学理论为范例，表示一个科学发展阶段的模式。

2019年12月，工业互联网产业联盟第十二次工作组年会在贵阳召开。本人受邀作了《工业互联网平台的本质是数据生态的建设》的报告，对智能制造未来模式进行憧憬，首次提出了两种极致的智能制造范式理念，即超级自动化和极致柔性。

两种极致的智能制造范式

在此，对智能制造未来模式做一些憧憬，它会有超级自动化与极致柔性两种极致范式。

（1）超级自动化。这是一种与传统自动化控制有着本质差异的制造范式。

传统自动化系统主要是按照人预先设计的流程和控制策略来达到人希望达到的目标，只要边界和约束条件未超出设计时所设定的范围，系统就会自动可靠的运行。而超级自动化模式要比此类系统复杂得多，不仅表现在系统在整个制造过程不需要人为干预，更体现在系统具有一定的能力自动应对和及时处理可能出现的随机事件或异常因素的干扰，这些随机和异常并不能在系统设计时就给出完整的认知和控制策略。因此这需要为系统赋予一些智能，使得系统可以视情况自主地制定应对策略，以保证系统仍然能够顺畅的、符合逻辑的运行下去。

巧合的是：Gartner将超级自动化视为2022年重要战略技术趋势之一，并将其定义为“一种规范且业务驱动的方法，可以快速识别、审查和自动执行尽可能多的业务和IT流程。”Gartner认为：超级自动化需要通过协调AI、传感器、机器学习、机器人流程自动化（RPA）、低代码开发平台和业务流程管理（BPM）工具等技术的使用来实现。

超级自动化模式是一种理想的追求，它适用于一些特定行业领域的复杂业务场景，例如：钢铁、石化等流程型制造，是基于大规模、标准化、低成本、高效率的制造过程，其对平稳、持续、不间断运行有着特别的追求，需要将任何潜在异常和不确定性造成的影响消除或降低到最小。

（2）极致柔性。这是与超级自动化相对应的另一种范式。

柔性是智能的同义词，在现有的制造过程中，人的干预和介入固然保证了“智能”的要素，但却达不到极致，且带有极大的不确定性。极致柔性的制造范式要求系统要有足够的自主智能，可以预测、告警、决策，灵活地应对各种个性化需求所带来的变化和不确定性，应变过程是自动的，无须人的不断介入。这种极致的柔性制造范式适用于对小批量、多品种、个性化、高效率要求极高的产品制造领域。家电、汽车是典型的对个性化制造需求极高的行业，需要打造极致柔性的制造模式。

比较超级自动化和极致柔性这两种极端的制造模式，其共同点是“智能”，即：系统都具有一定的自我处置的能力来应对不确定性，这可以通过将人类经验提前嵌入系统（如经验规则+规则引擎），或设置某种具有自主判定思考的计算引擎来实现，不同点是：前者强调系统的鲁棒性，鲁棒到足以抗衡一些随机的异动而不影响系统的正常过程，而后者则要求系统的敏感性，对各种变化的个性化需求非常敏感，灵活应对。

诚然，这是两种极端的制造范式，所谓极端是处于一个坐标轴的两端。在具体实践中，会根据具体的场景需求采用某些折中妥协的方案或两者兼而有之。系统能够接替人工任务并使运营过程变得更加透明，可以将重复但关键的工作流程交给自动化技术，使员工解放出来完成更复杂的任务。

2.3 工业互联网

工业互联网的初心和使命源于对数据的追求，而对数据的新需求则来自企业信息化系统的先天不足和智慧型制造的未来趋势。工业互联网就是要重构系统，目标是让多口业务“竖井”之“水”汇聚成湖自由流动。

2.3.1 工业互联网承上启下的逻辑

企业信息化、工业互联网和智慧型制造是三个具有不同时空内涵的概念，建立三者相互关系的逻辑认知，有助于正确理解当前工业互联网建设的必要性、紧迫性和必然性。

一个基本的逻辑认知

企业信息化是由 IT 技术支撑的企业管理思想，本质是把生产操作和管理流程通过软硬件系统的方式予以固化，从而建立垂直制造体系，实现业务流程抽象和基础数据积累，保证企业在结构化的框架下准确高效运行。企业信息化将企业所有实物资产（包括设备、产品、资源、过程中的人以及运营管理流程等）全面数字化，为工业互联网提供了可接入的数据来源。

工业互联网目标是构建完整的企业数据生态环境，通过数据价值的挖掘，赋智业务功能，对传统信息化进行拓展创新，为实现企业管理运营决策的智能化提供数据支撑。

智慧型制造是现有传统制造基础上的更高质量的制造，智能来源于数据，多源异构数据的融合，有利于全要素分析、全流程建模、全维度决策，工艺经验技术积累与数据知识相结合，打通企业生产、销售、运营、供应、管理等各个业务环节和流程，通过全产业链、全价值链的资源要素连接，推动跨领域资源灵活配置与内外部协同能力提升，并催生商业模式和生产组织方式的变革甚至重构。这些都是传统企业信息化所无法达到的，这也正是工业互联网发展的重要意义所在。

在“企业信息化—工业互联网—智慧型制造”这条发展主脉络上，三者在空间内涵和时间顺序上都有着紧密的逻辑关系。空间内涵表明：信息化是企业运营行为的数字化，为实现互联互通做好了数据源准备；工业互联网通过数据流动，实现全产业链、全价值链、全要素连接，是为实现智慧型制造先行构建基础设施；而智慧型制造则是目标，是在工业互联网所汇聚数据加持下制造模式的转型和发展质量的提升。三者处于不同的发展阶段，解决不同时期企业面临的不同问题。空间内涵不同决定了彼此的时间顺序逻辑：企业信息化发生在 20 世纪末到 21 世纪初的二十年，基本上是完成时；工业互联网从提出至今不到十年，正在大力推进中，是进行时；而智慧型制造则更多的是未来时，是目标和目的。特别需要强调的是：工业互联网在三者之间起着承前启后的作用（图 2-5）。

图 2-5　企业信息化、工业互联网和智慧型制造的时空逻辑关系

需要说明的是：三者的时间逻辑顺序并不意味着三者是严格串行去做的，工业互联网构建与智慧型制造实践相伴相随，互为驱动，是当前企业工作的一种典型模式。但是，在企业数据生态环境建设尚未取得成功，数据大规模、高水平应用尚不具备条件时，所有见诸报端的关于智能制造、智能工厂建设的实践经验和解决方案，都还仅仅是点状的探索实践。

“此业务”非“彼业务”——螺旋式上升

另外一个维度，即在空间内涵轴上是一个什么逻辑。企业信息化关注业务流程，诸如：流程设计是否合理，流程在部门之间是否能够有效流转，如何设计系统，使人的干预成为流程中的一个合理环节，人的干预如何随时有效地插入流程，还有哪些流程环节需要修改和调整，流程与组织结构设计的关系等问题都是从业务流程的角度思考解决业务流程的顺畅化问题。智慧型制造更是关注业务问题，如流程自动化的实现、各环节衔接的精准性、关键决策环节的智能化等。而工业互联网则不然，它以数据为中心来思考问题，即：工业互联网源于对数据的关注，设计过程以数据为中心，以数据赋能、赋智来思考和开发应用。

从“业务”到“数据”，再回到“业务”形成了一个逻辑轮回，看似是业务的重复，但却不是简单的重复，而是螺旋形上升的过程（图 2-6），遵循“否定之否定”的哲学定律，智慧型制造所涉及的“此业务”与企业信息化所面对的“彼业务”不可同日而语。在智慧型制造阶段，已经不再就流程谈流程，而是在数据的加持下，经过数据赋智而形成的更加优化的业务流程，是基于模型驱动的业务组织和运营过程，是真正意义的智慧型制造范式。显然，经过工业互联网的洗礼，智慧型制造在业务范式、驱动要素、数据和系统特征，以及技术、场景和设计方法等方面，都已经发生了质的变化。表 2-1 罗列了三者多要素特征差异的对比说明。

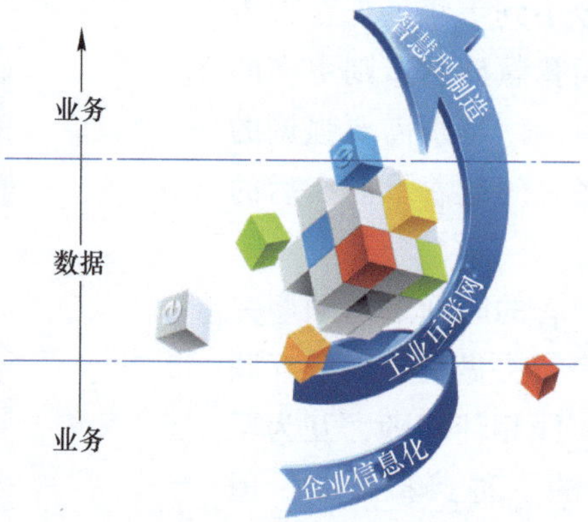

图 2-6　螺旋式上升的发展逻辑

表 2-1　“企业信息化—工业互联网—智慧型制造”的特征

对比项目	时间特征	核心内涵	驱动要素	数据特征	系统特征	技术融合	场景应用	设计方法
智慧型制造	将来时	智能化	模型驱动	机理与数据模型结合的数字孪生体	数据和业务融合、互动优化的完整数字孪生，基于模型的虚拟制造	IT 技术与工业知识（模型、规则、算法等）融合	知识图谱、机理和数据模型、虚拟仿真和制造、趋势预测和动态决策	综合利用数据，针对业务点进行优化，开展设计
工业互联网	进行时	数字化	数据驱动	泛在连接下全流程接入、全样本采集、全要素分析	存量业务系统重构并与增量数据系统逐步融合，基于数据的价值挖掘	IT 技术与制造和运营数据融合	感知与物联、云边协同计算、大数据、软件微服务、工业 APP 技术等	有数据驱动、以数据为核心、顶层统筹设计实施
企业信息化	完成时	数据化	流程驱动	有限数据样本在多层级系统中逐级选择性上传	面向业务的专业管理系统，多个专业管理系统并列（竖井式）	IT 技术与企业管理业务流程结合	计算机集群技术、网络技术（以太网）、传统 BI 和工业软件技术	针对业务流程，分步设计开发

2.3.2 数据流动效率是架构设计的核心

为什么对智能制造有这么高的关注？传统制造与智能制造的区别是什么？之所以谈智能制造，一个重要的因素是：数据成为新的生产要素。随着信息技术的发展，云计算可以提供强大的算力、5G 等网络技术使数据传输不再是极大的瓶颈、各种智能感知设备提供了更多的数据形式等，这些使得大数据应用成为一种可能。

打通“竖井”，充分释放数据价值

信息化系统“竖井”问题突出，功能设置重叠，信息数据冗余，数据不同源、不一致是数据使用的大忌；专业系统按部门、产线配置的“竖井”模式，导致各区域业务人员仅仅掌握自己本区域的信息，无法掌控全局信息；由于专业系统的分割，管理流程是“段到段”的，为了将业务流程“由段到线”，只能靠构筑更上层次的系统实现跨不同专业系统流程“段到段”的衔接，而数据必须逐级流转，因此执行效率不高；当需要对业务流程进行优化调整时，业务流程变更导致的业务功能调整，必须进行相关分层系统功能的同步修改，工作量增大，项目管理异常复杂；由于系统层次多，数据接口关系繁多复杂，难以实现数据交互的标准化，增加了大量的数据对接和开发工作量。

传统的数据应用中，数据使用者（或受托的应用开发者）需要从数据收集做起，对采集数据进行串接、补偿、剔除异点等，通常需要耗费大量的时间精力（30%~50%）来准备数据，数据众多但无关联、难以形成完整数据样本、获取数据的渠道不畅、有数据但缺少工具和方法等，这些都是一线工程技术人员刻骨铭心的感受。一方面大量被采集的制造过程数据被闲置甚至废弃，另一方面又缺少基本的数据环境来解决企业运营管理中所存在的问题，这是企业管理者需要有人回答的问题。工业互联网平台的 PaaS 层（平台即服务或称中台）就是技术解决方案的探索，是应对数据应用敏捷化迫切需求的有益尝试。

从纯技术视角，需要对企业现存的众多专业管理系统，在技术架构、数据架构、通信标准等方面进行统一，以降低开发及运维成本；从业务视角，要求实现全流程、全工序、全要素的信息融合共享，充分挖掘释放大容量数据的价值，以数据赋能业务，不断提高制造柔性及运营效率，满足业务发展需求。

扁平化架构是以数据为中心设计的外在特征

架构设计的核心点是面向数据交互的。与金字塔形多层级架构不同，工业互联网强调以数据为中心，采用以“云、边、端”构成的扁平化架构形式，显而易见，系统纵向层次越少，数据自下而上和自上而下的传输越方便快捷，效率越高；而且，层级越少，越容易实现横向集成，有助于数据在一个工作平台上的充分共享。

系统参考架构就是与数据标准化表达相关的一系列技术，采用开放性标准是扁平化架构设计的重要原则。数据表达方式的标准化便于数据无障碍地交互和流动：系统互联互通，需要标准化的接口；数据彼此交互，需要通信协议的标准化；将时空特征的数据集成到企业中，需要移动互联接入；应用功能模块之间数据交互便利透明，需要软总线型的交互技术等。

一个经过良好设计的系统，其架构层次应该尽可能少，是相对扁平的。扁平化系统数据流转的效率高，有助于数据流动的自动化、数据使用的透明化，实现由自下而上的信息流和自上而下的决策流构成的管控闭环。

当然，扁平化是一个相对的、与时俱进的概念。系统扁平化受企业组织结构的约束，追求系统扁平化是一个过程，需要技术进步提供支撑。伴随着设计者和使用者认识的不断深入，对存量系统不断的优化和改进始终在持续中，而其结果的一个重要外在特征就是系统更加扁平化。

扁平化系统架构可以有效解决当前系统中的诸多问题

分层设计的系统之间，功能设置重叠、信息数据冗余且存在不一致性；信息系统按部门、产线进行“竖井式”管理，各区域业务人员仅仅掌握自己本区域的信息，无法掌控全局信息；由于专业系统的分割，管理业务需要跨不同系统层次逐级流转，管理流程是“段到段”的，难以做到顺畅的、从头流到尾的“端到端”集成，执行效率不高；业务流程变更导致的业务功能调整，必须进行相关分层系统功能的同步修改。

扁平化架构的系统，由于层次减少，数据接口关系相对简单，有助于数据交互规范，通信规约更能聚焦到一些开放的标准上来，实现数据交互的标准化，减少大量的数据对接和开发工作，具备统一的技术架构、数据架构和通信标准，更高集成度和开放性的架构式平台技术应运而生。由此带来的价值是：在使用效率提高的同时，开发和运维成本大幅下降，信息系统间数据流充分打通，实现全厂的信息可视化。目前业界比较流行的集控中心建设就是基于扁平化架构构建，有利于数据高效流动、便于应用。

“数据+算法”背后的支撑：数据的自动流动

决策革命是基于“数据+算法”，那支撑“数据+算法”的是什么？是数据的自动流动，即正确的数据在正确的时间以正确的方式传递给正确的人和机器。

当面对一个定制化生产的时候，系统变得极其复杂，需要非常多的决策，每时每刻、每个人所面对的加工对象、工艺、方法都会发生变化。定制化生产的核心在于，能够把数据在正确的时间以正确的方式传递给正确的人，以数据的自动流动化解复杂系统的不确定性。

数据驱动需要在两方面的创新思考

一方面，工业互联网需要顶层规划。企业信息化的业务功能是业主负责，有多少个主责部门就产生多少个专业系统，但对整个企业而言，工业互联网要构建的数据环境只有一个，这意味着必须是自上而下地整体规划布局来进行建设。另一方面，与企业信息化“瀑布式”开发的模式不同，数据应用更多的是敏捷性开发与应用，需要一个环境（平台），使得数据使用者（多数情况下是用户）可以随时随地、随事随意使用数据进行分析和挖掘，诸如：一条曲线的拟合、一组数据的聚类、一个报表项的获取、一项逻辑规则的形成等，以解决手头迫切的制造和管理问题。不难想象：用定制化委托开发方式是难以有效的满足此类需求的。

因此，有理由相信：企业信息系统建设从以流程为中心逐步转向以数据为中心，系统架构的设计也将适应这种转变，越来越多地采用以数据为中心的体系结构。在当前推进智能制造战略过程中，优先事项是利用最先进的信息技术，对工业互联网顶层框架自上而下进行统一规划，然后在统一框架的指导下，将任务分解成项目，将项目加载到场景，由局部到整体、由浅入深地布局和推进建设工作。同时，要重新审视现有的信息化系统架构，思考信息化系统的重构事宜。

从流程驱动到数据驱动的必然性

未来，世界万物互联意味着：万物都以数据的形式描述和表达，一切皆数据，体现在工业系统各层级，系统互联、数据交互和应用都会随着技术发展而日益成熟（图 2-7）。数据不再只是一个 IT 概念，而是装备、是流程、是业务、是应用，甚至企业每一个岗位员工都可以用基于数据的全息视图来表达。

图 2-7　企业互联互通、数据赋能成熟度

例如：建立企业内部面向全体员工的个人工作日志平台，构成工作环境的数字化表达，为员工本人提供服务；将员工在工作环境中留下的工作足迹进行聚合和挖掘，形成企业内各种不同岗位员工的全息视图，帮助企业管理者对员工的

选、育、用、留提供支撑，对社交网络信息中反映的群体性和独特性的状态进行情绪感知，并开展针对性的人文关怀。

随着大数据的概念日益被接受，大数据相关技术也日臻成熟，这就为打造专注数据的业务单元提供了技术的保障，使得在一个专门的大数据平台上更多地运用数据成为可能。方便地获取数据、灵活地使用算法工具，甚至“天马行空”式地在数据中耕耘，有助于企业知识的积累，也使企业可能通过大量、多源时空数据发现更多的价值。

构建数据系统不仅是技术问题，更是破解业务需求的重要突破口。企业不再仅满足于提高自动化水平或降低管理成本，基于清晰业务流程的企业运营遇到了天花板，对制造过程和市场的不确定性无能为力，希望能够对未来做出一定程度的预测并决策，在执行过程中具有某种柔性并自主协调，这才是智能制造的要义所在。伴随着企业数据系统的构建，“如何将汇聚的大量数据及时转化为有价值的可用数据”就成为工业互联网建设的优先议题。企业大数据的真正价值就在于：基于数据的知识积累和自我学习，在具有约束条件下，由知识型的人主导并做到人机协作。这不仅是对数据能力结构的挑战，也是对业务模式创新的挑战。

2.3.3 工业互联网建设进行时

工业互联网“起承转合”发展逻辑

如果说工业互联网是在做一篇宏大文章的话，其“起承转合”的文章结构可以直白地理解为：工业互联网“起”源于对数据的迫切需求，“承”接从“流程驱动”到“数据驱动”的要素汇聚，是企业信息化“转”型到智慧型制造的枢纽和桥梁，最后数据与业务“合体与合一”，达成数据为业务赋能的深度融“合”。要讲好工业互联网的故事，做好工业互联网这篇大文章，就要深刻理解工业互联网发展的逻辑，找到从存量（企业信息化）到增量（智慧型制造）的可行路径。

工业互联网从叠加模式到融合模式的过渡

将流程业务与数据业务适度剥离分拆，在各自的平台上运行就成为一个现实的选择。流程业务仍然运行在已经存在的多层系统架构上，数据业务则先行迁移到新构建的工业互联网架构下。迁移既包括数据仓库业务的直接迁移，也包括从业务系统“剥离”数据业务后的迁移。这样数据业务可以充分发挥工业互联网数据量大面广、环境良好的优势，使用更多、更细、更广、更泛的数据，产生更大的价值。这个阶段称之为工业互联网的叠加模式。

叠加模式是工业互联网构建过程中的一个“插曲”，是权宜性的、暂时的、过渡性的形态，即将多层级系统架构上运行的流程业务与在工业互联网“云边端”架构上部署的数据业务相互叠加聚合，构成一体。这个叠加始终是通过数据的贯通来实现的，但由于流程业务和数据业务分别“跑”在两个不同的系统上，数据流通的效率会打折扣。

叠加模式[11]并不是最理想的方式，也不是最终的目标。一旦工业互联网建设取得足够进展，那么逐步将其他业务系统应用迁移到一个数据条件更好的平台上是一个必然的选择，其使得流程业务与数据业务在工业互联网数据环境下深度融合，称之为工业互联网的融合模式。融合模式真正做到数据同源，流程型业务可以使用更多、更细、更准、更泛的数据，数据型业务则可以利用海量历史数据发掘价值，分析结果不断用于流程业务的优化和改进。

从叠加模式到融合模式（图 2-8），需要一个较长过程，因为数据仓库系统作为一个在线运行的系统，原有数据仓库向大数据平台迁移时，无法简单的废止或替换，要过渡和迁移到大数据平台应从以下两个方面开展工作：一是以缓解现有数据仓库系统的瓶颈为切入点，逐步替代原有功能；二是通过数据仓库功能的逐步迁移和新领域应用的逐步构建，最终实现企业分析应用从数据仓库架构向大数据架构整体转换。伴随着工业互联网平台的不断完善，以及对企业信息化系统重构的开展，将所有的业务功能迁移到工业互联网平台上将是水到渠成的结果。

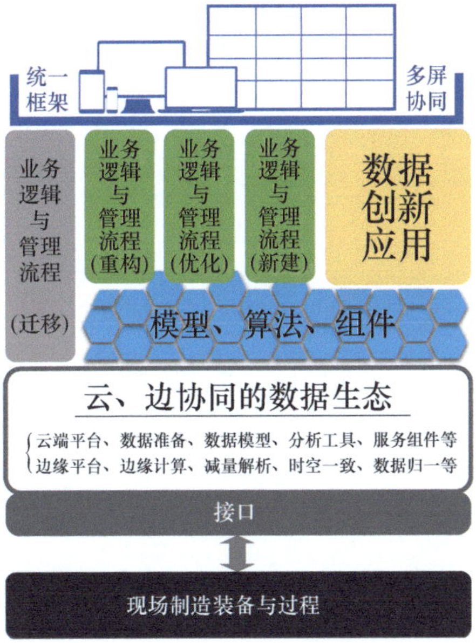

图 2-8　工业互联网融合模式

3 高深莫测的工业智能

——赋智工业，对人类智能的模仿

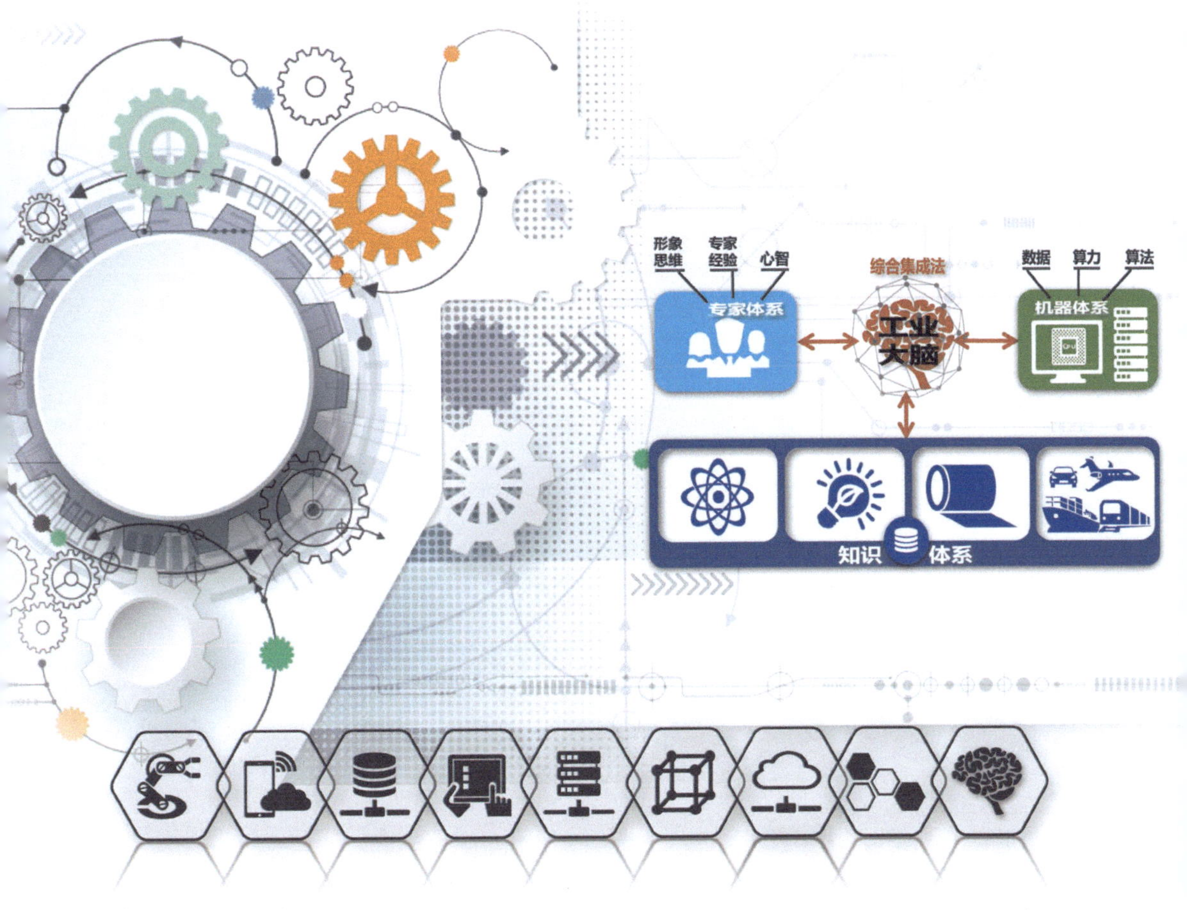

3.1 智能——从人类说起

人类智慧是人类为了实现生存发展的目的，运用已有知识去发现问题、定义问题和解决问题的能力。

3.1.1 人类智能是最高级最复杂的自然智能

人类具有高度发展的智能，是万物之灵

人类智能是最高级最复杂的自然智能。人类的劳动、学习和语言交往等活动都是“智”和“能”的统一，是人类独有的智能活动。思维是人类智能的核心。有了思维，人类才能发明各种技术，突破自己认识和行动器官的限制，大大提高改造世界的能力。

所谓“见多识广”“读万卷书，行万里路”都是在展现人的学习能力特征，通过观察以前的信息得出规律，再运用规律推测未来的情况，通过不断学习提高智能水平，主动适应环境提高自己生存的能力，是人类智慧远高于其他任何生物体和物理系统的表现。

因此，人类自然科学研究通常是在给定问题、约束、目标的条件下，有针对性地获取相关信息，从中提取必要的知识、生成正确的策略、成功解决问题、满足给定约束、达到预期目标。

人类智慧有隐智慧和显智慧之分

为了实现生存发展的目的，人类运用已有知识去发现问题、定义问题和解决问题的能力称为人类智慧。人类智慧由隐智慧和显智慧两部分构成。

所谓隐智慧是指发现和定义问题的能力，顾名思义，隐智慧是一种抽象的、看不见摸不着的、隐性存在的能力，如“目的、知识、直觉、想象力、灵感、顿悟、审美”等，人类要发现和定义问题，需要知识、灵感和想象等能力的支持。相较于上述隐性存在的能力，人类必须具有解决具体问题的能力，需要诸如“获取信息、提炼知识、创生智能”等显性能力的支持。解决问题的过程是外显的，看得见感觉得到，带有操作性，故称此能力为显性的智慧，即显智慧[12]。

隐智慧和显智慧构成了人类智慧能力的整体，不仅能发现和定义问题，还能解决问题，解决老问题又发现新问题，再定义新问题加以解决，周而复始，互相促进，相辅相成，不断进步。

人类的显智慧也称为人类智能，是人类智慧的一部分，是最高级、最复杂的自然智能，由人类的物质系统❶支持。1983年哈佛大学心理学教授加德纳在其著作《智能的结构》中提出了多元智能理论（图3-1），并指出：智能是多元的，支撑多元智能理论的是个体身上相对独立存在着的、与特定的认知领域和知识领域相联系的八种智能，即语言、音乐、空间、逻辑、运动、人际交往、自我认识以及认识自然的智能（图3-1）。

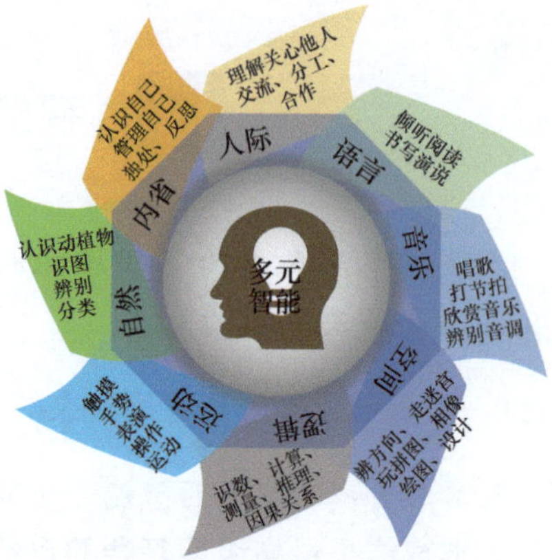

图3-1 多元智能理论

人类智能的能力特征

（1）复杂多变的环境感知能力。人对所在环境的感知能力非常智能，感知信息极为丰富、及时、准确，这得益于人对客观物理实体的感知方式是多种多样的，如视觉、听觉、嗅觉、味觉、触觉、平衡觉。人可以通过不同的感知方式获取更加丰富的对象信息，而综合利用感知信息来认知外部环境是人类智能更为突出的特征。

（2）身体器官的灵活控制能力。人可以灵活地控制每个身体器官，包括手脚等身体各部位；也可以综合协调利用各种器官，完成特定功能，如各手指之间的配合、左右手协作、手脚协调等。感知器官与身体协调（如手眼协同）是最精密的反馈控制系统。

（3）基于信息的快速决策能力。人能感知客观环境信息，对获得的信息进行思考和加工处理，并对外界的刺激做出反应来传递信息。人感知外界变化并做出反应是异常迅速的，是基于多重感知信息的决策能力的体现。人类智慧突出的特征在于：基于想象和以往经验做出判断和预测，是在不完全感知信息的情况下快速进行决策。

（4）外界知识的学习思考能力。人具有学习和思考能力是有别于其他生命体的最根本特征。大脑的功能就在于依据后天的大量外部环境信息的刺激，归纳总结出事物的变化规律，并运用这些规律提高人类自身的生存能力。依据后天的信息意味着学习能力，人可以终生学习，通过学习不断积累知识、增长才干、发现规律，根据规律主动适应和改造外部环境，改善生存空间。

人工智能是机器对“人类智能”的模仿、模拟、借鉴乃至超越

人工智能（Artificial Intelligence，AI）是研究开发用于模拟、延伸和扩展人的智能的理论、方法、技术及应用系统的一门新的技术科学，实际上是一种“人

❶ 人类的物质系统是指由人的各类身体器官组成的完整生命体。

造智能”。人工智能不是刻板模拟人类的物质结构，而是试图了解人类智能的本质，模拟人类智能的抽象工作机理，并生产出一种全新的、能够以人类智能相似的方式做出反应的智能机器。人工智能的任务是“理解自然智能的工作机制，研究具有智能水平的机器，为人类提供智能服务”。

目前，人工智能技术主要是模仿和借鉴，目标是替代人类体力劳动和极小部分的脑力劳动，其水平远未达到人类智能程度。但是，得益于强大的机器算力，在某些特定的环节和应用场景，如计算智能领域，在一些有固定数学优化模型、需要大量计算的场景，对海量数据的处理能力等，工业智能强于人类智能已经是现实存在。

3.1.2 人类认识客观世界的方法论

人类认识客观世界的方法

随着技术的进步，人类认识客观世界的手段和方法更加丰富、效率更高、认识更深。截至现在，人类认识客观世界的方法经历了四个阶段：

（1）理论推理（观察—抽象—数学）。

在过往的数百年间，科学家通过对客观世界各种现象的观察、分析，不断对外部事物变化信息中反复出现的模式，进行归纳推理形成规律性认识，并将这些规律通过演绎推理运用到新的信息处理中。人类将这些固化的规律，用不同的术语（方式）去表述，形成公式、函数、映射关系、群结构等，将变化前后状态的关系直接描述出来，使人类发现及认识客观规律取得巨大进步。

（2）实验验证（假设—实验—归纳）。

通过大量的试验不断试错，既发明新的产品，又形成认识世界的新的方法论，形成一系列表述客观想象的成果，如程序结构、电路结构、神经网络结构、机械结构等，同样表征出事物输入与输出之间的变换规律。即便在科学技术高度发展的今天，实验验证方法论仍然是我们认识世界的重要方法之一。

（3）模拟择优（样本数据—机理模型）。

利用工具模拟物理对象，获得最优结果，在数字化世界中还原、优化物理世界所发生的事情。IoT、5G、人工智能等新技术，特别是软件工具在今天认识客观世界中发挥着不可替代的作用，它使得人类可以不再局限于事事面对物理模型去设计开发，只需要在虚拟的环境中借助工具就可以使物理对象的变化规律一目了然，借此进行反复的还原、优化物理世界所发生的事情，并形成模型化的普适表达。

（4）数据分析（海量数据—科学建模分析）。

模拟择优主要是一种基于机理模型的分析，包括利用现代软件工具模拟验证、仿真分析等。而大数据更多是基于相关性的分析，利用海量的数据，采用

“数据+算法”的模式，发掘出事物之间的内在关联和动态规律，从而可以对未来做出预测、告警、辅助决策，最终达到干预的目的。

认识方法的丰富对智能制造至关重要

智能制造是为工业系统赋能的一种努力，工程技术人员基于前人科学技术活动所积累的知识，采用简捷有效的方法开展设计，加深对物理世界的认识，从而设计出相应的系统功能，使工业系统可以自动承担人所赋予的工作任务，其基础是对客观世界变化规律的认识，所发现的规律、获得的知识要足够简单以便在可接受的时间内计算出结果，要足够抽象以便解决更多问题。

毋庸置疑，理论推理方法仍然是解释客观世界本质的最好方法，但是当物理定律遇到极限无法迅速取得突破，而人类又需要新的方法来解决迫切问题时，大数据分析就成为一个可供选择的有效方法。

对客观事物认识方法的进步使得表述智能制造对象的手段更加多维、不再单一、更有效率、成本更低。这有可能通过多种方法的互补，进行更加准确、直观、简捷的表达，验证表达的准确性和一致性；对于大量机理极为复杂、难以全面表征特征的制造过程，可以通过间接的方法，由表及里地间接表达，或仅对趋势变化的关键核心特征做使能表达。

3.1.3 人工智能将深刻改变我们的生活

人工智能的起源

人工智能缘起于 1956 年 8 月在美国东北部汉诺斯小镇达特茅斯学院（Dartmouth）召开的夏季研讨会，由东道主约翰·麦卡锡（John McCarthy）联合马文·闵斯基（Marvin Minsky，人工智能与认知学专家）、克劳德·香农（Claude Shannon，信息论的创始人）、艾伦·纽厄尔（Allen Newell，计算机科学家）、赫伯特·西蒙（Herbert Simon，诺贝尔经济学奖得主）等 4 人发起，首次提出人工智能的概念，并定义了需要研究的七个领域：自动计算机、编程语言、神经网络、计算规模的理论、自我学习、抽象能力、顿悟与创新。其后由于研究角度的不同，人工智能形成了不同的研究学派。

深度学习是人工智能发展进展较大的领域分支

深度学习（Deep Learning，DL）是机器学习（ Machine Learning，ML）领域中一个重要研究方向，图 3-2 简述了深度学习理论和技术的发展过程。通过学习样本数据的内在规律和表示层次，识别数据中的复杂模式，找到特征和任务之间的关联，提取更加复杂的特征信息，从而使机器形成模仿视听和思考等人类活动的能力。深度学习在搜索技术、数据挖掘、机器学习、机器翻译、自然语言处理、多媒体学习、语音、推荐和个性化技术，以及其他相关领域都取得了很多成果，是目前进展较大、被广泛应用的人工智能技术。

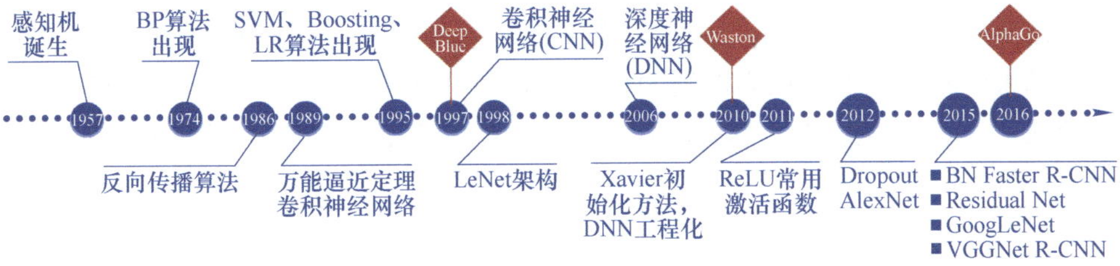

图 3-2　深度学习的技术发展历程

从“三次人机对弈”看人工智能的发展

三次棋类人机对弈是人工智能技术发展不同阶段最为经典的案例，代表着人工智能发展的当期水平[13]，如图 3-3 所示。

图 3-3　历史上三次人机棋类对弈中人工智能技术发展的不同阶段

1962 年，当时就职于 IBM 的阿瑟·萨缪尔（Arthur Samuel）在内存仅为 32k 的 IBM7090 晶体管计算机上开发了西洋跳棋 AI 程序，在与全美最强的西洋棋选手之一的罗伯特·尼雷对弈中取胜，引发了轰动效益。阿瑟·萨缪尔首次提出了“机器学习”的概念，被称为机器学习之父。

1997 年 5 月，IBM 超级计算机——深蓝创造了人工智能发展史上的又一个里程碑，战胜了人类国际象棋世界冠军加里·卡斯帕罗夫。IBM 深蓝计算机 AI 程序汇聚了诸多人类国际象棋大师的知识与智慧，采用了知识库结合搜索的方法，被认为是知识工程在计算机棋类博弈的经典应用。

2016 年 3 月，谷歌旗下的 DeepMind 公司的 AlphaGo 围棋 AI 战胜了韩国围棋世界冠军九段棋手李世石，再一次掀起了人工智能的浪潮。相较于西洋跳棋和国际象棋，中国围棋的复杂性更高，是经典博弈中最具挑战的棋类。AlphaGo 围棋的核心技术是将深度学习、强化学习和蒙特卡洛树搜索有机整合起来，使其不仅具有围棋的局部战斗能力，更重要的是还具备了围棋的全局观。

AlphaGo 在围棋领域战胜李世石等一众高手，颠覆了人们对棋类人机对弈的传统认知，引发了基于大数据的机器学习的潜力和未来的不确定性的广泛讨论。人们由此联想：将 AlphaGo 围棋 AI 的核心思想和技术应用于其他领域，会发生什么结果？具有优异特征学习能力的深度神经网络和“逐层预训练”方法，是否会在“不完全信息博弈”方面代替人来进行决策，并达到可以与人类匹敌的水平？

人工智能的“奇点”，“强”“弱”之争

强人工智能观点认为：有可能制造出有知觉、有自我意识、真正能推理（Reasoning）和解决问题（Problem Solving）的智能机器。强人工智能要求程序有自己的思维，能够理解外部的事物并自主做出决策乃至行动，它举止像人类一样，甚至还有可能比人类更加聪明。强人工智能可以有两类：一是类人的人工智能，即机器的思考和推理就像人的思维一样；二是非类人的人工智能，即机器产生了和人完全不一样的知觉和意识，使用与人完全不同的推理方式。在围棋对弈中多次战胜围棋高手的 AlphaGo 可以被视为在这一领域具备了强人工智能；历史上首位获得公民身份的机器人——索菲亚也是最为突出的产品。但是强人工智能的研究存在着非常多的障碍。

相比之下，弱人工智能的应用就要广泛得多。具有弱人工智能的机器，是针对特定情况，按照人预先做出的方案，由机器去判断是否符合条件并加以执行，其一举一动都是按照程序设计者的程序所驱动，并无丝毫自主意识。目前人类大量研究并在网络和生活中获得广泛应用的人工智能技术——从购物、出行到网上订餐等——大部分都属于弱人工智能范畴；主要是在语言识别、图像识别、无人驾驶等方面的技术突破上，人工智能无处不在，在很多方面表现优异，人类一比就相形见绌了，但并不能说其无所不能。有些看起来很“高大上”的人工智能实际上都处于非常原始的弱人工智能阶段。

弱人工智能关注的准则是：不在意机器是否使用与人类相同的方式执行任务，只要机器可以达到令人满意的实际解决问题的效果就是智能行为。目前，很多科学家和工程师们的主流科研集中在更加实用的、工程化的弱人工智能上，其应用主要在于取代机械和体力劳动的阶段。

对人工智能产生巨大认知变化会在两个方面启发联想：一是关于人工智能的“奇点”❶。奇点会到来吗？如何到达？“强”人工智能对人类未来意味着什么？这个问题见仁见智，距离我们还很远；二是距离我们很近、很现实的一个问题，发达国家在较高人力成本下，借助于人工智能技术，实现“制造业回归”“再工

---

❶ “奇点”（Singularity）这个词是由科幻作家弗诺·文奇首先提出的，指的是人工智能发展会经历的一个阶段，当 AI 的发展达到奇点时，人工智能将会出现爆炸式的增长。在这个临界点，机器开始具备设计人工智能的能力。

业化”是否具有现实可能性？如果答案如此，对中国制造业意味着什么是巨大的挑战。

人工智能技术已经广泛深入的融入我们生活

尽管人工智能技术应用也带来一些担忧问题，如数据安全、隐私忧虑、信息茧房、算法歧视、责任伦理等，但不可否认，人工智能技术与传统行业深度融合，极大提高了生活的便利性，在有效降低劳动成本、优化产品和服务、创造新市场和就业等方面为人类的生产和生活带来革命性的转变（图 3-4）。

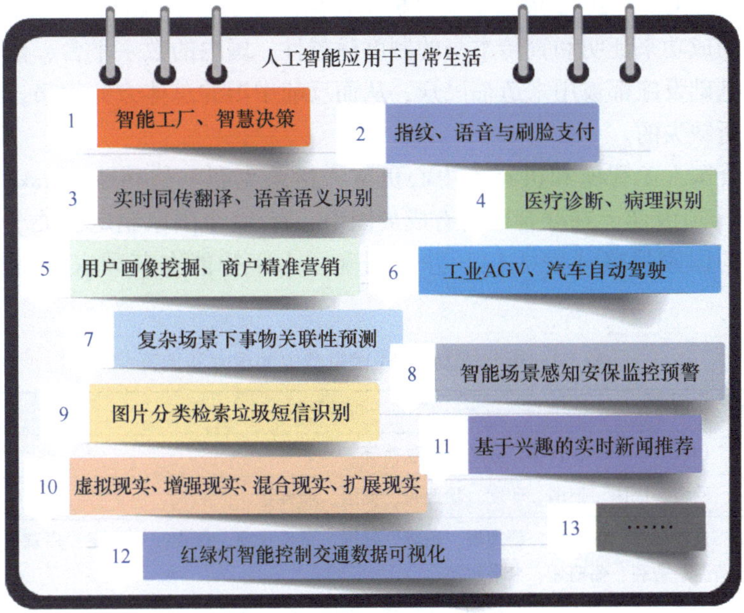

图 3-4 人工智能的典型应用场景

人脸、指纹、语音、图片的识别技术使得我们可以“一机在手”，走遍天下；基于智能算法的推荐引擎可以精准营销、动态计价、信息匹配、媒介推送等；计算机图形、机器人、人机交互等已经引入医疗领域的电子病历、影像诊断、医疗机器人、健康管理、远程诊断、新药研发、基因测序等应用场景中；在交通导航、自动驾驶、教育等领域，人工智能已经展现出广阔的前景；在工业领域，有关智能工厂、工艺设计、生产制造、CIMS、排程调度、故障诊断、智能物流、智能 MES 生产信息化管理系统的案例也是“繁星点点”，未来将“艳阳一片”。

美国有 Microsoft、Alphabet、Intel、Qualcomm、Apple 等拥有人工智能技术的公司，仍然处于发展领先地位。

近日，全球知名学术出版机构斯普林格最新出版的《自然》增刊“自然指数-AI（人工智能）和机器人学”显示，AI 和机器人学领域美国仍处于明显领先位置，中国、德国、英国、法国位居其后，分列世界第二至第五位。尽管中国在人工智能上起步较晚，但在人工智能领域也在大量投入，并取得了一些非凡成就，正在迎头赶上。清华大学、北京大学和中国科学院大学等 3 家中国高校已经跻身 2015~2021 年 AI 和机器人学 50 强，分列 27、36 和 38 位。

中国在人工智能领域的最大优势来自全球最大的应用市场。面部和语音识别软件非常准确，包括刷脸支付、数字哨兵参与防疫工作等。美国国家人工智能安全委员会（NSCAI）2022 最新中美分析报告结果显示，中国的优势在于：充分利用已获得的成功来证明和宣传本身的制度优越性，国内的数字平台、监管体系和数字支付基础设施都被用来造福民众，从而反哺中国的总体方针策略，这是美国现有体系所缺失的。

据联合国人工智能和机器人中心负责人伊莱克利·伯利兹（Irakli Beridze）估计，截至 2019 年，在联合国所有成员国中，有 30 个国家制定了关于人工智能技术发展的国家战略（表 3-1），并且明确了人工智能在其国家战略中的优先事项。

表 3-1　近年来发布 AI 国家战略的国家和地区

年份	国家/地区
2017	加拿大、中国、日本、芬兰、阿联酋等
2018	欧盟、法国、德国、印度、墨西哥、英国、瑞典等
2019	爱沙尼亚、俄罗斯、新加坡、美国、韩国、哥伦比亚、捷克、立陶宛、卢森堡、马耳他、荷兰、智利、葡萄牙、卡塔尔等
2020	印尼、沙特阿拉伯、匈牙利、西班牙、挪威、塞尔维亚等

资料来源：斯坦福大学以人为本人工智能研究院。

头部企业持续加码 AI 研发和应用的资源投入

据 2022 年 V2 版 IDC《全球人工智能支出指南》（IDC Worldwide Artificial Intelligence Spending Guide）显示，2021 年全球人工智能 IT 总投资规模为 929.5 亿美元，2026 年预计增至 3014.3 亿美元，五年复合增长率（CAGR）约为 26.5%。聚焦中国市场，IDC 预计，2026 年中国 AI 投资规模有望达到 266.9 亿美元，全球占比约为 8.9%，位列全球单体国家第二。2022 年 7 月，Gartner 发布 2022 年云 AI 开发者服务魔力象限报告，预测至 2025 年，AI 软件的市场规模将达到近 1348 亿美元，AI 软件市场的增长率将从 2021 年的 14.4%提高到 2025 年的 31.1%，70%内部开发新应用将采用基于 AI 或机器学习模型。

Google CEO 桑达尔·皮查伊认为：软件会过渡成为“自己写自己”的系统；牛津学者预言：十年之内，AI 将变得足够聪明，并消灭 40%以上的职业。未来的几乎每一个应用都将包括一定的 AI 功能，人工智能将成为智能手机、智能家居的标配。

近年来越来越多的企业投身于“数智化时代”，企业开始布局数字化转型以及智能化升级，从而催生出对人工智能更多的需求。受政策、技术、市场等因素驱动，人工智能赋能产业正成为主流发展趋势。华为移动 AI 芯片麒麟 9000，较传统计算架构在能效和性能上提升数十倍；北京智源人工智能研究院的研究人员推出了一款名为“五道 2.0”的高性能语音人工智能，有 1.75 万亿个参数，是文本生成器 GPT-3 的十倍；有别于大多数传感器输出常规图像，曼彻斯特大学开发的 SCAMP 视觉传感器，提供传感器收集到的细节，输出传感器分析的结果，提供更多有价值的信息，可以用于诸如机器人、虚拟现实、汽车和监控等很多高级应用场景；美国加州 Stability AI 公司，利用大数据训练 Stable Diffusion 人工智能模型，基于文本描述生成对应的图像，几秒钟内就能创造出惊人的艺术作品，实现速度和质量方面的突破。

ChatGPT 对智能制造影响深远而广泛

2022 年 11 月，由 OpenAI 开发的 ChatPGT 推出仅两个月，月活用户破亿，创造了最快月活人数过亿记录，可谓“一夜走红”。网上关于 ChatGPT 对话的案例非常之多、林林总总，包括：与 ChatGPT 聊智能制造和工业软件、工业制造中有哪些应用场景、探讨供应链数字化、预测全球新冠疫情何时能够结束、咨询江苏的 GDP 何时能够追上广东、将 matlab 或者 python 写好的算法翻译成 C 语言并部署到目标机器上等，甚至面对“妻子和母亲同时落水，如何施救”这种人类都无法回答的难题，ChatPGT 并未回避，都给出了相应的答案。虽然 ChatGPT 在深层次数据价值挖掘方面还“差火候”，答案中规中矩、缺乏新意，但在某些代码和文本内容参考方面已经到了谨慎可用的级别，从其对智能制造的对话中，可以看到：答案逻辑清晰、毫无破绽，这说明其对人类问题的理解已经非常准确，并且有能力根据其强大知识整合和内容生成能力，把生成的文本模型更加“组织化”，给出“稳妥”的回答。

ChatGPT 是继 2016 年 Alphago 取得成功以来，又一项人工智能技术的重大突破，在人工智能技术发展过程中，具有里程碑意义，特别是凭借其基于自然语言的对话式用户接口，有可能成为容易获得各种资源和执行各种任务的通用平台，这必将对智能制造产生深远的影响，尽管在工业应用中，如何更合理配置模型、训练模型，如何获得更多样化的真实数据给模型充分的给养，还有一段路要走。联合国贸发组织官员斯瑞曼（Shamika N. Sirimanne）发文认为：“与大多数影响工作场所的技术革命一样，聊天机器人有可能带来赢家和输家，并将影响蓝领和白领工人。”像 ChatGPT 这样的工具，可能会大大影响坐办公室的劳动者，也使得技术工种和半熟练工种面临着失去工作的真实风险，风险在于这些工作将被全世界的 ChatGPT 抢走。

个人认为，在智能制造领域，在两个方面尤其需要引发关注：一是传统的低代码/零代码平台主要依靠可视化和模块化等实现，未来 AIGC 将使非程序员的创造者能够使用自然语言指令进行零错误的软件开发，基于 AIGC 的低代码/零代码平台，使业务与技术真正走向融合，让编程进一步平民化；二是可视化是人们熟知并广泛采用的最主要人机交互手段，因此有了 SCADA/HMI 及 AR/VR 等技术的发展，面对充满一排排闪烁的灯光、闪亮的按钮，以及充满发光数字和起伏正弦曲线的屏幕，这中场景令人印象深刻、已经司空见惯。但这真的是未来先进技术的标志吗？ChatGPT 对人类自然语言的理解已经达到了与人类自如交互的程度，意味着人机交互又新增了一个新频道、新手段、新模式，即机器可以不需要再通过屏幕（指令确认键）只接受提前设计好的可以被机器识别的专用指令语言，而是随时理解人类的自然语言，并给出人所需要的答案，包括即时知识支撑、操业导航、基础材料汇聚、多源信息整合、决策建议等，甚至可以及时发出控制动作指令。这里没有按钮、没有开关、没有计算轨迹，甚至不需要一些特殊的代码或语法，只是人类每天使用的自然语言，由自然语言操作的工业过程，是不是更加流畅、更高的人机协作效率。

人工智能产业将在应用深度广度上呈现不断加速的趋势。深度学习技术正从语音、文字、视觉等单模态向多模态智能学习发展，人机交互更加注重情感体验，将呈现多平台多系统协同态势，实现更为广泛的赋能；AI 将云端上深度学习，向边缘执行模型的推断和预测，进而聚焦“端侧 AI”实现；AI 与其他数字技术更广泛融合、碰撞，拓展应用空间。

正如中国工程院《人工智能 2.0 时代序幕开启》报告[14]指出的那样：人工智能“以更接近人类智能的形态存在，以提高人类智力活动能力为主要目标”，紧密融入我们的生活（跨媒体和无人系统），甚至扩展为我们身体一部分（混合增强智能），可以阅读、管理、重组人类知识（大数据智能与群体智能），为生活、生产、资源、环境等社会发展问题提出建议，在越来越多的专门领域的博弈、识别、控制、预测中接近甚至超越人的能力。

3.2 工业智能技术

工业智能追求的是机器（工业系统）自主的智能，是基于计算与算法，将基于人类经验的决策和反馈转变为基于机器或系统自主建模、决策、反馈的模式。

3.2.1 工业智能

工业智能和机器智能

工业智能将以人为主的决策和反馈转变为基于机器或系统自主建模、决策、反馈的模式，用于部分替代人类体力和脑力劳动。

技术上，工业智能由人开发，是人类赋予机器（或系统）的一种智慧能力，包括感知、识别、存储、计算、记忆、呈现、仿真、学习、推理等。利用工业智能，自行适应并实时或近实时学习新的环境条件，自动运行整个生产流程，自行优化企业运营的决策过程，可以实现企业/工厂/车间的洞察与决策，助推内外供应链以及整个企业其他部分的融合，优化和重塑生产流程，大大增强与供应商、客户之间的关系。

工业智能实现了从数据到信息、知识、决策的转化，摆脱传统认知和知识边界的限制，既包括传统智能技术（如传感，基于知识的系统 KBS 等），也包括新一代人工智能技术（如基于大数据的深度学习），是释放工业数据隐含价值，为业务赋能价值的关键要素（图 3-5）。

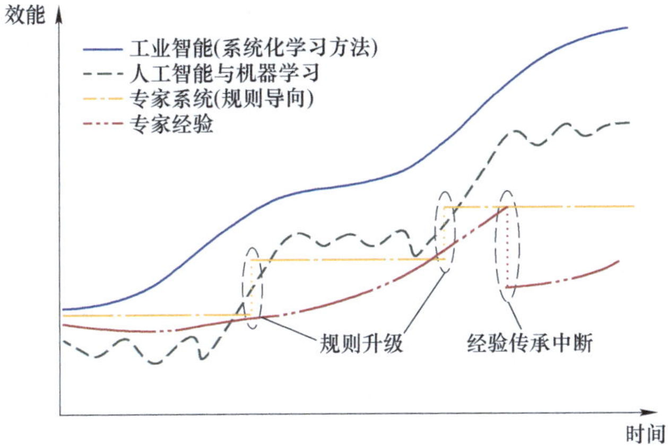

图 3-5　工业智能技术方法与传承

工业智能不完全等同于以机器学习/深度学习为代表的人工智能，它的内涵更加丰富，外延更为宽泛（图 3-6）。

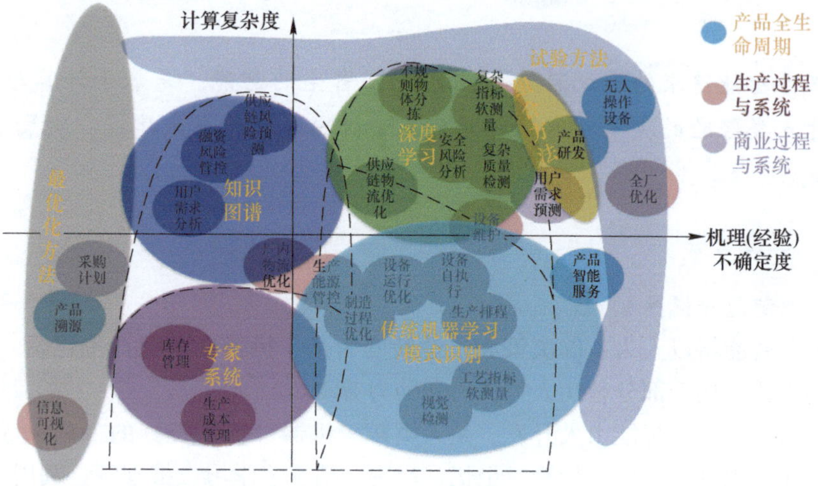

图 3-6 工业智能的问题分类（资料来源：《工业智能白皮书》AII，2020. 4）[16]

自 20 世纪 80 年代开始，基于规则的专家系统至今仍然是工业智能技术的重要方法。通过归纳已有知识形成规则，进而构建规则型专家系统，成功应用于很多工业领域，本质上是领域专家知识的固化和程序化执行。

基于统计的传统机器学习也是工业智能的主要领域。以专家控制、模糊控制、遗传算法、神经元网络、学习控制等模式识别、智能优化技术能够解决机理相对模糊的问题，但也受到可靠性和可解释性问题的限制。

近年来，基于复杂计算的深度学习方法取得了巨大的进展，基于数据驱动的优化与决策、利用视觉技术对产品质量进行在线检测和判定等，已经被工业界普遍接受，建立工业知识图谱、融合机理和数据模型解决企业深层次全局性问题，正在深入探索中，例如：宝武集团正在推进的“工业大脑”行动计划，就是利用工业智能技术进行生产管理和企业运营中智能优化决策的一个尝试。

工业智能技术演进脉络日益清晰，呈现出以知识图谱为代表的知识工程和以深度学习为代表的数据科学两大方向。

工业系统的智能特征

工业智能是工业系统对“类人”智慧的追求。参照人类智能的特征，具有智能的工业系统应具有如下特征。

（1）制造环境的智能感知（Intelligent Perception）。需要对所在制造环境进行及时有效的感知，对对象环境变化的敏感是工业系统智能的基础，准确感知并不断获取数据，提供控制与决策所用的有效信息。因此，仪器仪表行业肩负着重任，为制造业提供智能感知的必要产品和技术，图像视频识别技术的突破为工业系统提供了一个非接触式智能感知的重要技术手段。

（2）制造系统的柔性控制（Flexible Control）。工厂中每一个单体装置、机器、工序、车间乃至基地都可以实现柔性的控制，既可以灵活地完成某项单一工作，也可以随时变换角色完成临时安排的工作，构建灵活的生产系统。工业机器人等智能装备的应用在一定意义上有助于实现装备配置的灵活性，高水平的工业软件，使得制造过程控制参数可配置、资源可动态分配、计划可在线调整，会在一定范围内改善制造系统柔性。

（3）企业运营的学习思考（Learning and Thinking）。企业运营管理的范畴已经远远超越了企业边界，更大范围的不确定性要求工业系统具备对外来变化信息的认知和分析能力，这需要学习，既包括被动学习，也包括主动学习，通过学习，不断积累经验知识，逐步形成基于知识的预警、预测和预知能力。

（4）企业管理的快速决策（Quick Decision-making）。企业管理决策建立在对外界环境（市场、用户等）感知的基础上。制造环境是不断变化的，如市场变化、需求变化、工况变化等，应对环境变化或异常情况，需要在纷杂的感知数据中快速抽取有用信息，即使在不完全信息感知下也能够进行快速决策。

3.2.2 智能控制技术

控制理论发展至今已有百年多历史，经历了“经典控制理论”“现代控制理论”，已进入“大系统理论”和“智能控制理论”阶段。智能控制（Intelligent Controls）是在无人干预的情况下能自主地驱动智能机器实现控制目标的自动控制技术。智能控制是现代控制理论在深度和广度上的拓展，也是应用人工智能实现人类脑力劳动和体力劳动自动化的一个重要领域。

智能控制发展简史

20世纪70年代中期，以模糊集合论为基础，智能控制在规则控制研究上取得了重要进展。1974年，Mamdani提出了基于模糊语言描述控制规则的模糊控制器，将模糊集和模糊语言逻辑用于工业过程控制，之后又成功地研制出自组织模糊控制器，使得模糊控制器的智能化水平有了较大提高。1977年Saridis提出了智能控制的三元结构定义，即把智能控制看作为人工智能、自动控制和运筹学的交叉。模糊控制与人工智能的相互渗透，对智能控制理论的形成起了十分重要的推动作用。

20世纪70年代以来，专家系统技术的逐渐成熟及计算机技术的迅速发展，使得智能控制和决策的研究也取得了较大进展。Feigenbaum牵头的专家系统开发获得成功，在世界范围内取得可观的经济效益。1983年Hayes等人提出专家控制系统。1986年，Åström等人发表了“专家控制”的相关论文。1986年，

K. J. Astrom 发表的著名论文《专家控制》中，将人工智能中的专家系统技术引入控制系统，组成了另一种类型的智能控制系统——专家控制。目前，专家控制方法已有许多成功应用的实例。

20 世纪 80 年代以来，中国学者先后提出一些新的智能控制理论、方法和技术。

1985 年，IEEE 在纽约召开了第一届全球智能控制学术讨论会，随后不久又成立了 IEEE 智能控制专业委员会，这标志着智能控制作为一个学科分支正式被学术界接受。1987 年第一届国际智能控制大会在美国费城举行，标志智能控制作为一门独立的新兴学科而建立。我国智能控制起步较晚。中国自动化学会于 1993 年在北京召开首届全球华人智能控制与智能自动化大会（CWCICIA）。

两类典型的智能控制技术

经典控制理论对于明确描述的系统对象的控制非常有效，但对于复杂、难以精确描述的系统，则显得无能为力。因此可以尝试智能控制方法来处理这些控制问题。一个智能控制器集中人们的经验知识，并能自动获取系统运行状态知识，根据运行状态信息在机器中搜索可用规则或知识进行匹配，若匹配成功则做出控制决策，这样不断在线修改控制系统运行状态，直至达到最佳水平。这就是人们常用的人工智能原理来实现的智能控制系统、专家系统或仿人控制系统。

智能控制理论与技术是一门新兴的技术学科，主要包括专家控制、模糊控制、遗传算法、神经元网络、学习控制等。其中，专家系统、神经元网络在构建工业智能中获得或正在获得较多的应用。

（1）专家系统。

专家系统是利用专家知识对专门的或困难的问题进行描述。一般来说，专家系统=知识库+推理机，因此专家系统也被称为基于知识的系统。一个专家系统必须具备三要素：领域专家级知识、模拟专家思维、达到专家级的水平。

专家系统适合于完成那些没有公认的理论和方法、数据不精确或信息不完整、人类专家短缺或专门知识十分昂贵的诊断、解释、监控、预测、规划和设计等任务，专家系统执行的求解任务是知识密集型的。

一个完整的专家系统由知识库、推理机、解释器、用户界面、开发者界面（专家界面）等组成，其中：知识库是专家规则集合，包含规则所联系的事实及数据；推理机是一组用来控制、协调整个系统的程序，在一定的控制策略下，系统根据问题信息（用户与专家系统交流的信息）及知识库中的知识对问题进行求解；历史记录是系统中用来存储用户信息查询记录的部分；解释器提供系统推理的信息。

专家系统是目前开发工业智能的最常用的手段之一，其最大优势在于：企业长期制造管理过程中大量的专家经验是专家规则的现实来源，只需要通过一定的机制，将专家知识显性化，就可以获得足够的专家知识，不需要太多对新技术的技能要求。

专家控制系统设计中，工业智能的知识获取属于被动学习。构建专家控制系统有多重难点：

1）专家知识的获取。专家知识的绝大部分是专家经验，这些经验的显性化、规则化、计算机化至关重要。

2）多个专家的知识一致化是专家系统设计的一大问题。

3）专家控制系统还存在自动获取知识困难、无自学能力、知识面太窄等问题。

所以专家系统适用于解决特定的具体工业问题。

（2）神经元网络。

神经元网络是将大量的神经元按一定的拓扑结构相互联结而形成的非线性复杂网络系统。

神经元网络具有并行计算、分布存储、可变结构、高度容错、非线性运算、模式识别和自学习能力，在智能控制的参数、结构或环境的自适应、自组织、自学习等控制方面具有独特的能力，这些特性是人们长期追求和期望的系统特性。

人工神经网络由神经元模型构成。神经元是神经网络的基本处理单元，是一种多输入、单输出的非线性元件。多个神经元构成神经网络。神经网络在控制系统中可以用于建立被控对象模型，结合其他控制器（如模糊逻辑控制）对系统进行控制，或直接作为控制器实现系统控制。在传统控制系统中，也可以用神经元网络对控制系统参数进行优化计算，或与其他智能控制算法相结合，实现参数优化、模型推理及故障诊断等功能。例如：模糊逻辑和神经网络用于模仿人类大脑的运行机制，其中，神经网络技术模仿人类大脑的硬件，模糊逻辑技术模仿人类大脑的软件。

人工神经元网络技术是基于数据的主动学习技术，它不介意、不解释神经元结构和参数的物理含义，只用输入和输出关系来表征物理对象的动态关系。理论上，一个结构足够复杂的神经元网络，可以足够精确的描述任意复杂过程的动态特征，实践中，神经元网络模型建立是一个烦琐复杂的过程，对数据和算力有极高的依赖。

3.2.3 工业智能的三大支柱

在一定程度上，智能控制系统基于被控对象及环境信息，利用拟人的控制策略，实现对复杂系统的有效全局控制，具有较强的容错能力和广泛的适应性。

实现工业智能的核心和基础在于对客观物理对象的认知程度，即：如何比较准确地描述物理对象的行为特征和变化规律，从而设计出有效的控制策略，所以，实现工业智能有三大支柱。

先验知识是认识的开端

人类的先验知识是在社会实践中产生的，包括专家经验、概念抽象、形象思维、憧憬设想等，是客观事物规律以不同路径和方式在人们头脑中形成的主客观印象，特别是发展历史悠久的制造行业，工艺制造过程中专业的经验是长期积累的结果。个体经验是知识，但只有显性化、结构化的知识才是模型，如规则。企业的知识成果中相当多来自内部专家和一线员工的经验积累，需要将个体人工经验深化，上升到理论层次，在这个过程中，经验的传递非常重要和复杂，企业的丰富经验很容易在员工变迁之中丢失。

机理也称白箱模型，指事物变化规律的描述

机理模型指系统中各要素的内在工作方式以及要素间相互联系、相互作用的运行规则和原理，是人类借助数学、物理、化学、生物等基础学科来表述事物变化的规律和原理。现代科学研究中，利用各类工具特别是软件工具已经极大地提高了仿真建模的效率和准确性。机理模型的不足在于，万物过于复杂，人类掌握的规律是有限的，而且，经常是经过理想化的、简化的，故机理模型都是有边界和约束的，并不能与实物完全吻合，超过约束条件，模型与实物将相差甚远。

数据模型又称为黑箱模型，指基于数据的模型

通过数据找到彼此之间的关联关系，这种相关性不一定都能获得物理学意义的解释，但它是客观存在的。相关的概念包括人工智能、数据挖掘、机器学习等。数据模型在当前云计算和大数据的加持下获得飞速发展，成为机理模型一个很好的补充，但也有不足：

（1）必须有大量的数据。

（2）数据的分布必须合理。

（3）分析方法得恰当，否则存在于数据之上的模型可能和事实并不吻合。

数据建模的软件也很多，例如 Excel 就是一个非常简单实用的工具，专业软件中有代表性的 SAS、Matlab 提供非常丰富的机理仿真和数据分析工具，而 Hadoop 与 Oracle 也提供数据分析包，云计算服务商则提供物美价廉的计算服务，机器学习的研发人员可能还习惯用 Python、R 语言。

人工经验、机理规律和数据分析组成完美的建模过程：人工经验是模糊的，也是引发思考的；数据分析已经在慢慢量化，初步揭示了事物之间的联系；深层次的机理规律才是真正揭示了客观事物因素间的必然联系。

综合起来，人工经验、机理规律和数据分析各有利弊。从人工经验到数据分析再到机理规律，是对事物越来越理性的刻画。严谨的建模过程，最好是三者吻合，两两验证、互为补充，在应用中，将三者进行紧密的融合和协同，是工业智能系统设计开发的有效做法。

3.3 论知识共享平台的重要性

知识积累和技能形成是中国企业的软肋，这一现象不是针对员工个体，而是企业组织层面，相当多企业的知识管理现状是非常不理想的，缺乏有效的管理机制和技术手段。

3.3.1 将员工个体知识变成企业资产

知识源自员工个体，归于企业组织

知识是通过学习、实践或探索所获得的认识、判断或技能。知识可以是显性的，也可以是隐性的；既可以包括事实知识、原理知识，也可以包括技能知识、人际知识；既可以是企业组织的，也可以是员工个人的。彼得·德鲁克（P. Drucker）认为：知识是一种能够改变某些人和某些事物的信息——这既包括使信息成为行动的基础方式，也包括通过对信息的运用使某个个体（或机构）有能力进行改变或进行更有效行动的方式。爱德华·戴明（Edwards·Deming）指出："信息并不是知识，这个世界被信息所淹没了，但人们获取知识的速度很慢，没有什么可以替代知识。"

知识与"人"紧密相关，员工在特定岗位上、以特定的方式参与制造管理活动的过程中，不断提升技能、积累经验，知识型员工必然掌握特定的技能，员工个体知识对企业很重要。

但是，员工知识仅停留在个体层面有其明显的不足。首先知识个性化，不能被系统认知识别并使用，不能标准化、普适化地用于企业组织，受益面缩小意味着知识的贡献度有限。其次知识随意化，受个体因素影响带有强烈的不确定性，个体知识的价值发挥会随时随地随事产生波动，且不可控。再次，知识与员工个体的紧耦合意味着与企业的关联韧性不强，伴随着人才的流动随时有流失的风险。所以，员工形成的个体知识是企业的资产，但有风险和不足。

企业知识管理要将个体知识演进成为企业知识，将员工脑子里的现有经验"挖空"，成为企业的知识资产，同时促使员工不断创新，升级个体的经验和技能。

知识管理是对知识链进行管理

知识管理是对知识、知识创造过程和知识的应用进行规划和管理的活动。在组织中构建一个量化与质化的知识系统，让组织中的信息与知识，通过获得、创造、分享、整合、记录、存取、更新、创新等活动，不断回馈到企业知识系统内（结构化），形成永不间断的累积，以及员工个体和企业组织间智慧的循环。其潜在的利益是：企业可以将单点知识普适化地应用于全组织范围，支撑决策，并且尽可能由系统自主地加以应用和推广，而无需人的特别干预。

对企业而言，知识是一个体系、谱系、系统。知识不能是游离在不同角落的数据、分散个体手中的经验、停留在制度层面的只言片语，彼此互不关联、不成体系的数据、信息、规则、模型，其价值大打折扣。

知识管理系统不仅是管理存量知识，更重要的是能够在线不断地进行知识收集、梳理、提炼、升华，并进行知识推送以实现在更大范围的再利用，使知识在企业运营过程中不断增值，实现知识价值最大化。

知识是全生命周期的，需要积累、传承、丰富、放大和运用，没有积累就没有创新，知识的实时更新和不断运用使得企业员工更具创造性。在设计、制造活动中，将成熟的生产管理流程、专家经验、成熟制造技术诀窍固化在制造管理系统中，支撑产品设计和制造管理，使得制造活动具有更高的技术水平。

3.3.2 知识汇聚需要统一共享的工作平台

事后填报型的知识管理是无效的

很多企业建立了各种形式的知识管理系统——KMS，也出台了相应的管理举措，鼓励和要求员工贡献智慧和经验，例如：合理化建议，意为员工在工作过程中针对存在薄弱环节不断提出合理化建议，以完善企业管理制度。合理化建议源自日本企业的精细化管理制度，曾经发挥着很好的作用而被推崇，但是，这种制度和方法是零散、不系统、事后填报型、手工操作的应用，极大取决于员工责任感和意愿。

为此，需要一个专业技能发现工具，发现在整个企业组织中，哪些个体在特定的领域中具备了较高的专业技能，并建立分享这些技能的方法和机制，这在知识密集型企业尤为重要，通过知识的获取和共享，提升企业的反应能力和决策效率。

企业知识系统不能仅是一个文档资料管理数据库，也不能是一个事后人为填报的“合理化建议”收集器，需要一个在线的、与工作过程紧密集成的、统一共享的工作平台，完整真实的记录员工工作过程的行为“痕迹”，并实时进行特征分析、提炼，形成有价值的信息，通过更好的关联、组织信息，建立知识链结构，体现出员工在每个工作环节对经验的运用逻辑、思考判断的过程以及操作决策的方法，使得可以找寻出其行使技能的逻辑与结果正确与否的关联性（经验和教训），进而上升到知识层面。这类知识的应用将在多方面发挥价值赋能。首先，系统可以识别和认知，以支撑系统自主的决策过程；其次，为其他员工完成同类工作推荐分享，或开展创新活动提供查询指导；最后，企业管理者可以容易地在最合适的时间、找到最合适的知识、找到拥有某种核心技能的人力资源，为后续提供参照和指导。

别让企业成为软件垃圾桶

企业信息化建设形成了大量的信息资产，在不同时期、用不同技术、由不同供应商提供、归不同业务主体使用的各类系统，除了支撑企业日常的运营管理外，过程中也积累了大量的数据，企业制造运营的知识就蕴藏在这些数据中，此外还包括游离在系统之外、散落在员工的头脑里和便携机的硬盘上的知识。

信息资产（特别是软件资产）的有效配置将在相当程度上决定了其中知识成果留存在企业的可能性，合理配置信息资产，不仅是延续存量资产价值所必须，也是最大程度地发挥资产效益的必要手段。因此，在构建统一的知识共享平台的基础上，要对存量信息资产再配置，别让企业成为“软件垃圾桶”。

需要优先配置的软件资产包括：制造关键工艺专家库，如高炉专家库、炼钢性能预测专家库等；设备状态与生产调度知识库，如故障诊断、调度模型知识库等；工艺规程的模型化，自动进行工艺规范设计，可进行动态调整等；知识管理体系，通过平台有效积累和传承；融入专家经验的生产仿真系统；融入知识的工艺软件是智慧型制造的核心……

3.4 智能制造

有别于传统制造，在智能制造过程中，人、机器和资源如同在一个社交网络里一般自然地相互沟通协作，按照智能程序，智能化地组织生产过程，最终创造出智能产品。

3.4.1 预示着"人—机"关系的深刻变化

智能将发生在工业领域的方方面面。设备更加智能，自主应对异常工况；人也更加智能，能够设计、掌控和维护越来越智能的装备，这对知识和技能提出了更高的需求。理想中的智能工厂可实现高度可靠的运转，最大程度地降低人工干预。

智能制造系统中人的角色需要重新定位

机器人技术取得了长足的进步，越来越像真正的人和动物，可以逐渐深度参与和改变人类生活。

与机器相比，在逻辑和运算方面，人类无法跟机器竞争。机器可以利用从芯片到软件形成的强大算力，解决大容量复杂计算问题，高度可预测和结构化环境中的物理活动以及数据收集和数据处理等更易自动化。人类把理性和逻辑的事情交给机器，而专注负责思考和人文，发挥人在理解、情感、同情心、共鸣性等方面的软实力，机器负责运算和执行。

有预测显示：美国注册在案720个职业，将有47%被人工智能取代，而在那些以低端技术、体力工作为主的国家，这一比例可能超70%（斯坦福教授卡普兰）。宝武集团提出"操作岗位一律机器人"之初，也引发了"下岗、减人"的广泛讨论。

未来，"人"和"机器"对工作岗位的争夺是一个令人关注的话题，关乎就业和人的生计，需要从人机协作的全新视角来看待和解决问题。

人—机协同工作的内涵

从20世纪初"卓别林在摩登时代拧螺丝"的场景，到大众狼堡（Wolfsburg）工厂的全机器人汽车生产线，人在制造过程中的角色发生了天翻地覆的变化。智能制造推进实施的过程，一定会伴随着人的岗位重构活动。

人仍然是工业制造过程的不可缺少的组成部分，但不是制造流程中的刚性环节。所谓刚性环节是指：固定且必需的环节，制造流程中这一环节是不可或缺的。人成为制造过程的刚性环节，在组装型离散制造中非常普遍，人是流水线的一部分，在流水线旁被动地忙碌，方能使得流水线正常而不停顿的运转，流水线的效率完全取决于机旁人的忙碌程度和技能熟练程度。例如，人必须做某一动作，给出某个指令，制造流程才能够进行下去，否则将停止。

完全自动化的制造过程仍然离不开人的参与，人机协同工作是工业系统的永久特征。首先，人机随时随地可沟通交互、彼此理解，人对生产线运行状态了如指掌；在人机协同工作中，人与机要有明确的分工界面和确定的协同工作机制。其次，人在必要时可以干预制造过程的进程，既包括直接干预，如紧停开关的设置，以避免涉及安全等在内的突发事故的发生；也包括间接干预，如临时下达一个控制指令或在线配置一个工艺控制参数，机器（系统）在接受人的干预后应能够自主做出判断，并启动合乎逻辑的控制指令动作，从而改变制造过程后续的方向、方式，达到更好的结果。

人对制造过程的干预将会越来越聚焦在知识层面，通过知识的传输提高机器的智能。机器应具有自学习能力，通过不断地与人交互学习，建立“人”的数字化模型，将基于模型的描述，分析、仿真活动变成系统的功能和行为。

人、机器、资源之间的直接联系创造出了与现实生产过程以及未来使用更相匹配的智能产品。沟通是未来智能制造的核心要素——这种沟通包括人与人、人与机器、机器与机器之间的信息交换，而使机器掌握沟通技能恰是人的工作职责，也是人机协同的重要体现。懂得沟通交流的机器让整个制造过程更加智能：机器可以用自己的语言交换信息，借助海量数据提供的“经验”，对生产中复杂的状况做出精准判断，逐步发展出“模仿”“学习”能力，甚至懂得自行组织生产，从而不断提升生产效率。

3.4.2 工业 4.0“三个集成”的时空观

工业 4.0 提出的纵向集成、端到端集成、横向集成（三个集成）思想是实现智慧型制造的技术解决方案。

三个集成的空间内涵

（1）纵向集成：构建企业内部灵活且可重新组合的网络化制造体系。将企业内各种不同层面的 IT 系统深度集成，不仅是信息系统之间，而且也是传感器、执行器、控制器与生产管理、制造和执行及企业计划等不同层面的集成。建立一个全方位高度集成化的系统，包括生产各环节的集成（如研发设计内部信息集成）和跨环节的集成（如研发设计与制造环节的集成），实现企业内部信息流、资金流和物质流的关联和同步。

（2）端到端集成：贯穿供应链的端到端工程数字化集成。通过端到端全流程上不同业务环节资源和服务的整合，实现从产品设计、生产制造、物流配送、使用维护的产品全生命周期的管理和服务，以产品价值链创造集成供应商、制造商、分销商以及客户信息流、物流和资金流为基础，在为客户提供更有价值的产品和服务同时，重构产业链各环节的价值体系。

（3）横向集成：通过价值链及网络实现企业间横向集成。企业间通过价值链以及信息网络实现资源整合，各企业间提供实时产品与服务，推动企业间研产供销、经营管理与生产控制、业务与财务全流程的无缝衔接和综合集成，实现不同企业间的信息共享和业务协同，从企业内部的供应链管理走向企业间的协同供应链管理。

三个集成的时间维度

（1）纵向集成是面向企业内部的集成，解决企业内部效率提升问题，是任何企业的优先事项，所以纵向集成是解决体系内化问题。体系内化就是在企业内部深耕挖潜，从感知、控制到生产管理、制造和执行及企业计划等不同层面开展工作，目标是建立一个高度集成化的系统，实现企业内部信息流、资金流和物质流的集成，通过信息流贯通管理流程；这是一个内化的过程，是为参与市场竞争强筋健骨、锻炼内功、培养能力、积累资本的过程，也是纵向集成的过程实践。

（2）企业在内部能力体系发展到一定水平后，自然就会将视野向外拓展，以产品加载服务，向上下游两端扩展，通过服务连接用户，是从制造走向服务的一种模式，而这恰是端到端的流程贯通。将企业资源服务化延伸，在产品全生命周期上进行整合集成，实现从产品设计、生产制造、物流配送、使用维护的产品全生命周期的管理和服务，可以创造产品之外的价值，称之为价值外溢。端到端的集成有助于价值外溢过程的实现，是继体系内化之后企业商业模式内涵的质的提升。

（3）基于价值共享的生态融合则是企业发展的更高阶段，这需要通过信息网络实现资源整合，集成企业间价值链网络，构建产业协同化生态。为此，需要一个广覆盖的平台，来适应差异的行业背景、迥异的企业流程、嬗变的商业逻辑。通过共享平台的数据流通共享进行通用性赋能，实现不同企业间的信息共享和业务协同，从企业内部的供应链管理走向企业间的生态，即基于价值共享的横向集成。

图 3-7 中“三个集成”在空间内涵上不同，在时间轴上有着自然的时间顺序逻辑，反映了企业在发展的不同阶段所关注的重点会有差异。

工业互联网催生了诸多新型商业模式：数字化设计、智能化生产、网络化协同、个性化定制、延伸化服务、平台化运营。事实上，这些新型商业模式在发展到成熟的过程中，仍然符合上述“体系内化”“价值外溢”“生态融合”的发展规律。

3.4.3 数字孪生的意义

数字孪生（Digital Twin）亦称为数字化双胞胎，是一个地地道道的“舶来

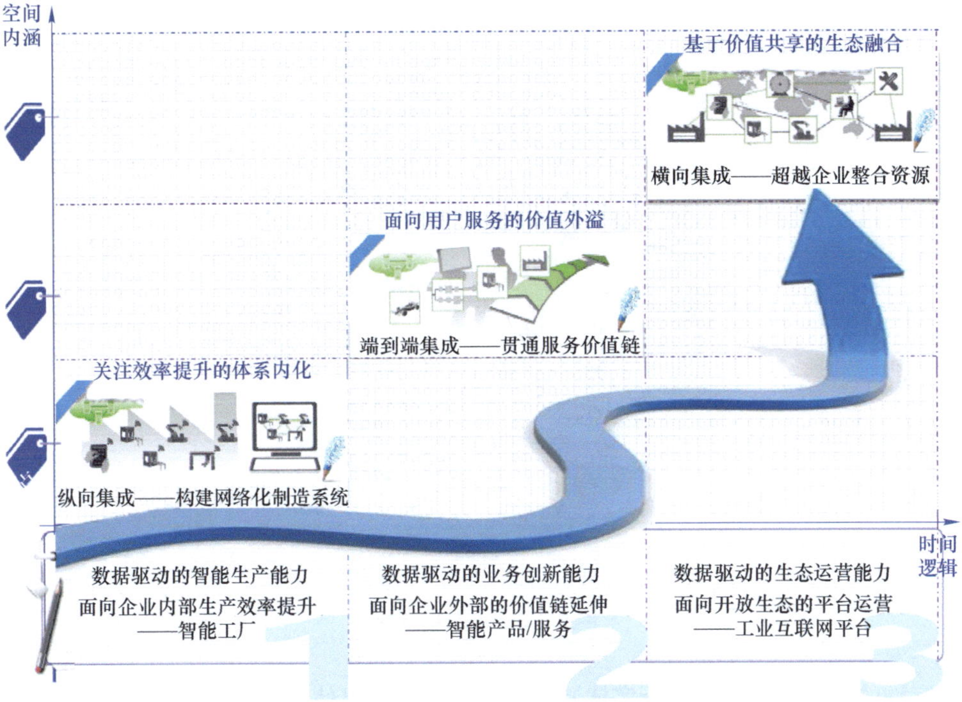

图 3-7 “三个集成”的时空观

品”，非常形象、直观地表述了物理实体到虚拟空间映射而来的数字化本质。

数字孪生技术因建模仿真技术而起，因传感技术而兴，并将随着新一代信息技术群体突破和融合而发展壮大。

对数字孪生部分代表性的解释

关于数字孪生的定义，通过网络查询可以找到各种不同又类似的说法(图3-8)。

德勤：数字孪生是以数字化的形式对某一物理实体过去和目前的行为或流程进行动态呈现。

埃森哲：数字孪生是指物理产品在虚拟空间中的数字模型，包含了从产品构思到产品退市全生命周期的产品信息。

美国国防采办大学：数字孪生是充分利用物理模型、传感器更新、运行历史等数据，集成多学科、多物理量、多尺度、多概率的仿真过程，在虚拟空间中完成映射，从而反映相对应的实体装备的全生命周期过程。

密歇根大学：数字孪生是基于传感器所建立的某一物理实体的数字化模型，可模拟显示世界中的具体事物。

西门子：数字化双胞胎指的是实际产品或流程的虚拟表示，用于理解和预测

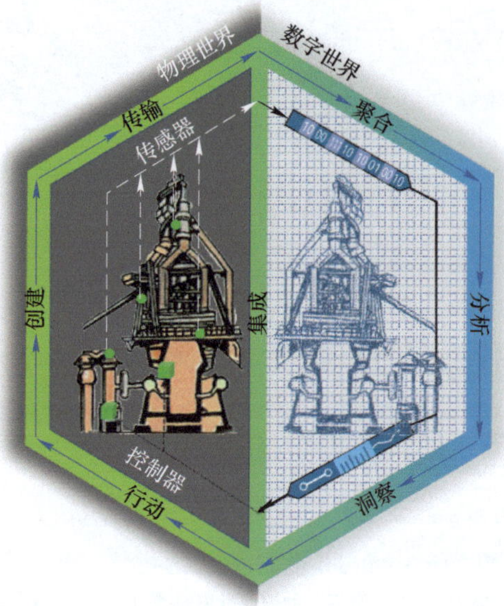

图 3-8　数字孪生原理

对应物的性能特点。在投资实体原型和资产之前，可使用数字化双胞胎在整个产品生命周期中仿真、预测和优化产品与生产系统。不再需要搭建实体原型，即可展示设计变更、使用场景、环境条件和其他无限变量所带来的影响，同时缩短开发时间，并提高成品或流程的质量。

维基百科：数字孪生指的是可用于各种用途的实物资产的计算机化伴侣。基于来自物理对象安装的传感器数据，数字孪生体可以近乎实时地表达物理对象的状态、工作条件或位置。

标准化组织：数字化双胞胎是具有数据连接的特定物理实体或过程的数字化表达，该数据连接可以保证物理状态和虚拟状态之间的同速率收敛，并提供物理实体或流程过程的整个生命周期的集成视图，有助于优化整体性能。

学术界：数字化双胞胎是以数字化方式创建物理实体的虚拟实体，借助历史数据、实时数据以及算法模型等，模拟、验证、预测、控制物理实体全生命周期过程的技术手段。

数字孪生白皮书：数字孪生是综合运用感知、计算、建模等信息技术，通过软件定义，对物理空间描述、诊断、预测、决策，进而实现物理空间与赛博空间的交互映射。

工业数字孪生白皮书（2021）：工业数字孪生是多类数字化技术集成融合和创新应用，基于建模工具在数字空间构建起精准物理对象模型，再利用实时 IoT 数据驱动模型运转，进而通过数据与模型集成融合构建起综合决策能力，推动工业全业务流程闭环优化。

国内诸多专家学者对数字孪生进行了广泛的研究，宁振波、赵敏、林诗万、陶飞等专家都给出了各自对数字孪生的定义。

数字孪生应用

关于数字孪生的研究课题很多，来自学术界、工业界的专家学者、工程技术人员都有参与。随着研究的不断深入，数字孪生作为一项概念明确、内涵丰富又不失浅显易懂的实用技术开始与智能制造、工业互联网相关联，产生了诸多技术文件（白皮书），其中不乏一些新颖的、见仁见智的观点。

数字孪生技术在智能制造中的重要作用体现在下列三个方面：

（1）表达实体，是人机交互的新形式。表达即为映射，这是目前多数数字孪生项目主要的应用方向，以 3D、VR/AR/XR 等技术在“屏化”空间予以表达，通过表达引擎，可以以完全数字化的方式对物理对象的设计细节清晰直观地展示出来，这在虚拟空间为产品设计、优化以及可制造性评估提供了极为高效的环境，部分的摆脱了建立物理实体模型所带来的周期和成本压力，一方面显著提高人机交互的效率，另一方面改善交互的体验。

（2）模拟实体，是模拟对象的新方法。模拟是对动态变化的仿真，也是研究物理实体变化规律的核心，基于物理对象预期行为原型的数字化表达，可以借助数字孪生模型“链”，在虚拟空间，利用软件工具来仿真实体，并且仿真的输入输出变化完全可视化由于仿真过程的参数配置、约束条件是可以随时调整的，因此仿真可以反复进行，约束条件的边界设置是灵活的，尤其是对生产流程复杂动态过程，可以进行近乎零成本的设计、修改、复制、验证。数字孪生技术并不局限于单纯的数值仿真，孪生体表述的准确性和精确性来自虚实交互映射的反复过程，利用物理实体反馈的数据进行自我学习和完善，对物理过程的仿真和领域知识提供更加准确的理解与预测。数字孪生技术用于复杂流程过程动态行为的模拟仿真是更困难、更核心、更有价值的领域，其关键在于物理流程的模型构建以及全系模型运行关联的机制的设计和构建。

（3）控制实体，是优化控制的新工具。这实际上已经超出了数字孪生由实向虚单向映射的范畴，而强调虚拟空间构建的数字模型与物理实体的交互映射，从而形成闭环。孪生空间的最终结果再用于对实体的控制是目的，否则数字孪生就没有意义，所以，从虚向实是数字孪生技术应用的必然结果。

数字孪生技术通过表达引擎做出数字化描述、通过模型引擎进行动态的仿真分析，将分析结果与捕捉真实行为数据进行对照，进而对实体做出诊断、预测、告警乃至最优控制策略。

2021 年，中国工业互联网大赛数字孪生专业赛首次在安徽芜湖举办，大赛期间发布了《工业数字孪生白皮书》，对目前工业数字孪生应用场景做了统计分析（图 3-9）。大赛吸引了众多学校、企业参与其中。从参赛项目结果看，对数字孪生的兴趣不断高涨，催生了众多研究和应用项目，多数还是基于 3D/VR 等技术实现物理实体的表达方式，涉及数字孪生体过程的动态建模仿真应用还不够深入，数字孪生体架构技术、全面的数字孪生模型构建技术等还需要深入研究开发，以及在行业中高价值的应用案例还有待发掘。

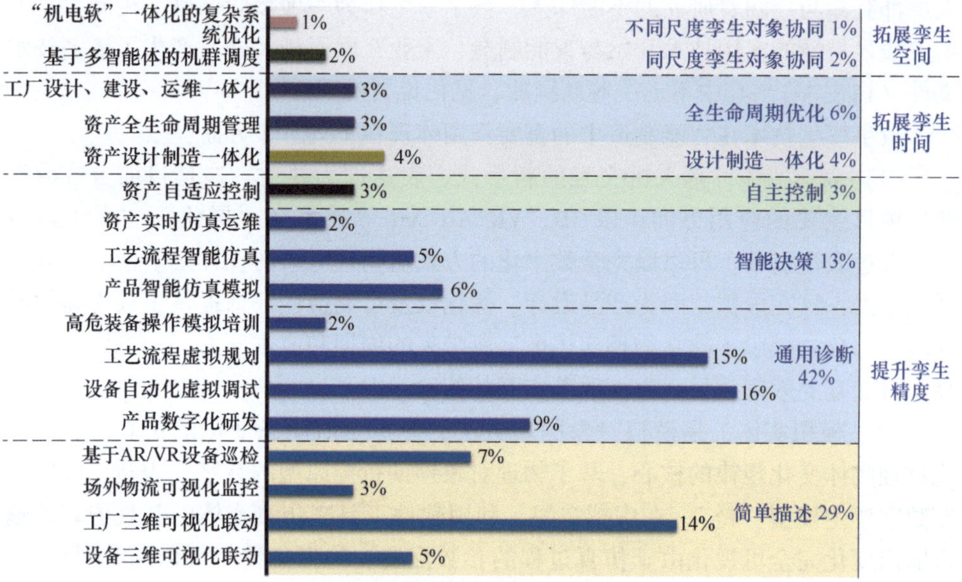

图 3-9　工业数字孪生应用场景统计分析

（资料来源：《工业数字孪生白皮书》）

3.4.4　智能工厂的特征

智能工厂有不同角度的描述

在智能工厂建设演进过程中，出现了多种从不同角度给出的描述，如：无人工厂，是指用机换人，工厂不再需要人，装备了高度智能化的设备及和高度的自动化生产系统；黑灯工厂，可以理解为是无人工厂的一个形象说法，全面自动化的生产线，不再需要工作人员现场管理；无忧工厂，是指对工厂的生产过程不担心、无忧虑；无随机事件的工厂，是利用数据预测制造过程的模式和特征，消除不确定性，此外还有互联工厂、透明工厂、虚拟工厂、未来工厂等。

事实上，制造过程中变化是无处不在的，如市场环境的变化、用户需求的个性化、原料质量的波动性、机器的有效性、人员的差错等。自动化能够按照设定的流程及加工程序进行运转。但对于变化及变化后果的不确定性，即使在高度自动化的时代，仍然是令人担忧与焦虑的问题，需要认真加以应对。

智能的本质特征是从容应对不确定性

智能工厂就是要解决生产过程中对生产进度、产品质量、制造成本等产生影响的要素的可观性和可控性问题。换句话说，将生产系统内部不可见的东西变得可见或可预见并加以有效管理，应对不确定性。

（1）应对生产执行的不确定性。工厂需要对订单交期给出准确的回答，由于生产过程中各种扰动存在，交货期会随之变化。智能工厂能够采用大数据及生产系统模型，及时对生产情况进行模拟，对扰动的产生进行预测，并与生产计划进行对照，准备好合适的预案来应对，出现差异后及时反馈。

（2）应对生产质量的不确定性。虽然工厂采用了大量的传感器和自动检测装置，防止不合格品流出，但仅仅是事后检测，无法提前预知质量的变化趋势。智能工厂实时监控数据变化，提示质量波动的趋势，提前预警，采用大数据分析方法，找到质量波动的关键生产参数，提前对相关参数展开跟踪并预警。

（3）应对设备状态的不确定性。对于设备密集型的工厂来说，设备故障会极大影响生产过程。设备维护的核心目标是提升设备的可用度，减少或消除设备的非计划停机。装备的高复杂性和故障的随机性会阻碍上述目标的达成。智能工厂采用大数据技术，采集装备的状态数据、工艺数据和维护数据，建立装备的健康评价模型，预测装备的故障和关键零部件的剩余寿命。

（4）应对市场需求的不确定性。用户需求的个性化本质上属于随机性变化，并带来诸多不确定性。智能制造要解决三个基本问题：差异性更大的定制化服务、更小的生产批量、不可预知的供应链变更（美国 NIST 对智能制造的理解），智能工厂要跟踪分析用户的需求变化，预测对直接用户需求产生的影响，判断直接用户需求变化的趋势，从而及时调整制造资源配置，提升对外部环境变化做出响应的能力。

在智能工厂中，人、机器和资源如同在一个社交网络里一般自然地相互沟通协作；按照智能程序，智能化的组织生产过程，最终创造出智能产品。

可视化是智能化工厂第一特征

人机界面是可视化管理“舞台”。传统的可视化建立在 SCADA 的基础之上，基于 Windows 图形化技术的 SCADA 在工业应用中已经非常普及，采用组态技术、以图示化方法、利用颜色标识和动态变形的方式，来实时表征设备运行中关键物理点（Tag）即时状态，用于特定对象的监视和控制，实时监测和监控制造过程设备状态，以保证控制的实现。

而复杂的可视化，由于涉及的数据繁多，表征的物理对象更加丰富，将采用更为广泛丰富的可视化技术来实现，包括基于 GIS 地理坐标和定位技术、基于三维图形的虚拟对象技术、多尺度多维度全要素数据的综合图表技术、事件驱动的信息自动弹出推送技术等。

综合监控是一个耳熟能详的术语，已经在各行各业（包括工业领域）广泛应用。可视化并不简单等同于“大屏幕”画面显示，进一步的可视化技术是基于“大屏幕”的集中监控系统，将多个子系统（工业过程、操作、管理）的信息（包括数据信息、多媒体信息）集中管理，实现一体化的实时监测，从而提高信息展示的效率。

SCADA、综合监控、VR/AR 等都是可视化技术，不是革命性的技术，而是综合利用了近代信息技术成果，应对工业和社会各领域的多样化需求，以软件平台的形式实现的一种人机交互工具，从而更加直观、形象地感受到被控对象地实时运行状态并方便地实施控制。

基于工业 VR 的交互设备、软硬融合的交互体验将获极大提升，沉浸式虚拟现实交互可视化系统解决方案已经出现，极大提升了设计、交互过程的使用体验，丰富了应用场景和使用范围。

面向智能工厂的可视化全流程管理正在兴起

虚拟工厂概念的提出已有一段时间，以往虚拟工厂管理以简单的工位、设备、车间、流程、厂房、管道漫游为主，进行基于位置的状态数据可视化浏览，主要用于离线运行，并未深入企业的核心运营管理。随着云计算、大数据、虚拟现实技术的不断进步，面向智能工厂的可视化运营管理逐步囊括设备管理、生产管理、质量管理、服务管理、物流管理等企业管理各个方面。结合数据采集系统、制造执行系统和数字孪生系统，使 3D 可视化技术全景展示企业设备运行、生产计划、生产调度和过程监控，实现生产设备、生产过程和在制产品的状态实时监控与报警；参与生产质量控制，确保产品质量和稳定性；同时，进一步发挥 3D VR 可视化技术的特点优势，更逼真地呈现设备和产品结构转化、工作机理重现、精准操作和智能决策过程，提供沉浸式可视化远程服务平台。

面向智能工厂的可视化运营管理已涉及设备、生产、质量、服务的企业管理全流程（图 3-10），是对传统管理模式的重大颠覆。

3.4.5 SCADA/HMI“再进化”

SCADA 是工业控制系统监控的标配

SCADA（Supervisory Controland and Data Acquisition）系统，即数据采集与监视控制系统。以远程数据采集和监控为主要功能的 SCADA 系统和 DCS/PLC 一样，是工业过程自动化和信息化不可或缺的基本系统，对现场运行设备进行监视和控制，以实现数据采集、设备控制、测量、参数调节以及各类信号报警等各项功能。

SCADA 系统诞生于 20 世纪 70 年代，从基于专用计算机和专用操作系统到基于通用计算机、分布式计算机网络和数据库技术，从封闭的专有通信协议持续

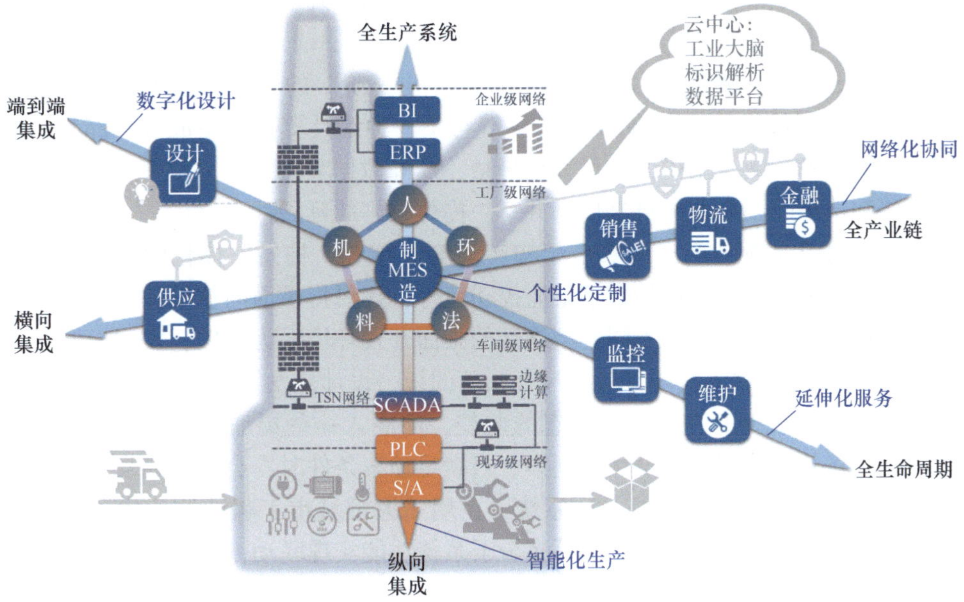

图 3-10 三个集成的全流程智能工厂

向着开放性的方向发展，从专用通信网络到普遍接受以太网技术，历经了三代技术的巨大进步。1996 年，宝钢 2 号 RH 改造工程中，配置了 PLC（原 Modicon 的 Quantum）+SCADA（澳洲 Citect）的控制系统，是宝钢首个成功采用 Windows 操作系统和以太网通信的解决方案。得益于以 Windows 为代表的 PC 操作系统的普及密切，目前的工业控制系统中，HMI 画面以基于图符组态的方式开发，并提供良好的视觉感受。SCADA 具有以下基本特色：图形操作界面、系统状态动态模拟、即时和历史资料趋势曲线显示、警报处理系统、资料获取取与记录、报表输出等。其应用领域遍及电力、冶金、石化、机械等几乎所有的工业控制领域。

常见国际品牌 SCADA 软件有 GE iFix、西门子 WinCC、AB Rsview、原属澳洲被 Schneider 并购的 Citect、几经辗转加盟 Schneider 电气的 Wanderware Intouch，以及曾经在国内流行过一段时间的以色列公司的 Wizcon 等。近年来，国内品牌的 HMI 软件热日益成熟，并逐步被用户所接受，主要有三维力控 ForceControl、亚控组态王 KingView、昆仑通态 MCGS、紫金桥 Realinfo、宝信软件 iCentroView 等，目前已经占据国内 SCADA/HMI 约 60%的市场。

传统 SCADA 模式的重构

在智能工厂构建过程中，设备需要互联，生产数据需要及时采集分析，自动化控制系统要实现一体化集成，面对日趋增长的数字化和智能化互联协作需求，SCADA/HMI 将从面向设备数据采集和监视控制的系统，变为工业互联网边缘端平台的重要组成部分，除了现场数据采集和设备监控外，还要为平台上数据分析提供坚实的支撑。

传统SCADA功能已经力有不逮，需要“更高阶”的SCADA系统予以支撑。

（1）在系统布局上，将SCADA系统与工业边缘计算系统集成统一部署，采用虚拟化技术，减少主机的数量和维护量，提高数据节点的资源效率，通过灵活的连接和从车间到企业的可靠信息共享，提供很好的延展性。

（2）在功能配置上，由C/S架构转为B/S架构，构筑一体化的统一组态环境，除了传统的基于图形的数字量监控功能外，还要提供面向流媒体、三维画面组态的环境和工具箱，将不同类型终端的画面开发环境融为一体，实现面向中心大屏、桌面PC、移动终端等各类尺寸画面的统一设计开发。

（3）不仅仅拥有物理对象状态的监控，还嵌入一些更加高级的功能，如预案联动，将某些控制逻辑设计成预案，当满足预案条件时，会自动触发，启动预案的执行过程。如：宝信的iCV系统，在用于大型城市工程的监控中，通过预案，将视频、语音、消防、安全等多个子系统功能实现联动，大大提高了对事故应急处理的效率。

SCADA/HMI应用开发的新思路

随着装备技术自动化水平不断提高，系统可靠性增强、监控范围扩展、现场操作人员减少。按照传统习惯，面向机组级设备状态监控而设计的组态画面却在不断增加，甚至已经多到操作人员难以一一顾及的程度，过细的监控粒度、过多的数据堆积、烦琐的画面配置、传统的画面调用方式，使得在工程建设初期开发的相当大部分画面可能从来就没有被操作人员使用和关注过，这一现状说明：这些画面在历史上曾经作为人机交互唯一的界面，在现有技术和应用场景下已经不再受关注，其存在价值已经消失。所以，HMI应用画面的设计应该重新思考：哪些画面是操作人员日常使用中最需要、最具价值的，而不能一味地简单照抄传承。

图3-11所示为某钢厂连铸机技改工程设计的新画面，其中新增了许多生产过程实时处理结果状态信息，大大增加了数据信息量。

工业互联互通，打破了传统自动化控制系统与信息系统的界限，技术融合对数据使用都有了全新的理解、需求和方式方法，监控画面不能依然停留在传统模式上，即：自动化采用图形组态、信息化采用表单形式，转而采取一体化的画面组态模式，融合画面信息和开发操作模式。

基于云、边、端的工业互联网，应用功能分担做了重构，部署方式也发生了变化。大量的数据和应用都是通过云、边协同的方式来实现，要求在HMI界面的设计上应该同时能够监控分别部署在云、边的状态信息和分析结果。这就需要一个统一的前端画面框架，来实时展示来自云和边乃至多个云和边缘节点的数据

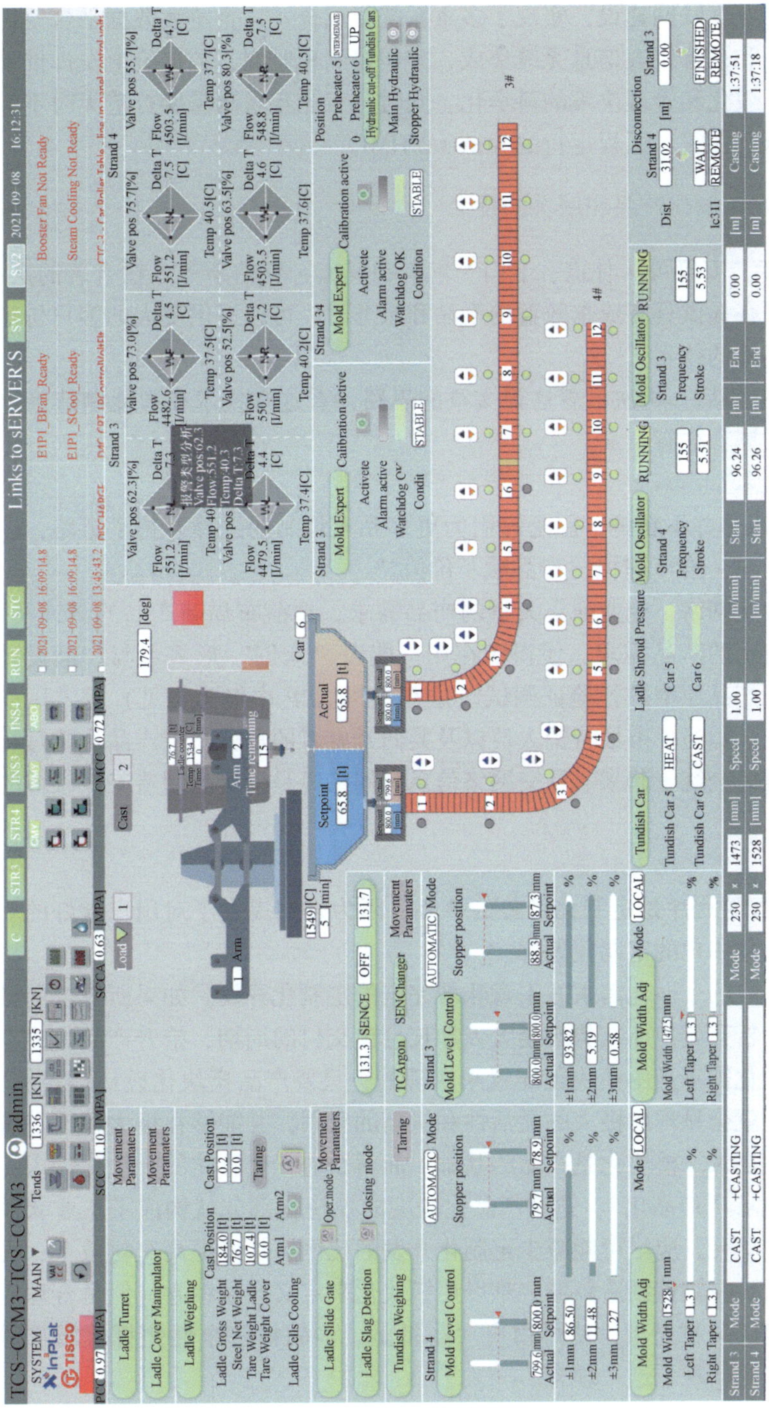

图 3-11 钢铁制造中连铸机SCADA应用画面的重构

信息。

企业工业互联网建设，实现了多重系统集成合一。企业大数据平台使得大量的生产数据和设备仪表信息无缝集成，方便控制和监测，数据价值发挥推动了生产操作的高效化和管理决策的科学化。同时，工业互联网需要打造无时不有、无处不在、永远在线、远程运行的 SCADA/HMI。

3.4.6 应对定制化产品和服务的技术

2014 年，安舒可·甘道、卡门·玛卡和罗杰·罗伯斯等人在合著的文章中，谈到了 7 项在提供具有成本效益的产品和服务时，可以提供更大的客户价值、让流程更为迅捷的技术[19]。

在近 10 年后，再次沿着这篇文章的思路，看这些技术在智能制造推进中的实用性和进展，很有意义。

社交技术

“社交媒体并不新鲜，但是它们为更多私人订制的选择开拓了道路，让公司能够分析客户，给‘虚拟’产品赋予价值。”

利用社交网络，企业征集大量的产品需求，超前布局新产品的设计及开发；可以发布特定的产品需求，使得潜在用户能以“众创”形式参与产品设计，或对企业的新产品原型进行验证测试（这在手机 APP 中极为常见）等。用户和顾客在过程中，担当了市场营销人员以及共同开发者的角色，将产品优化过程与体验改善过程完全统一起来。社交网络信息利用已经是消费品制造工业领域的广泛举措。

在线互动产品配置程序

“在线配置程序是定制化趋势的核心，因为它们提供了对用户友好的、快速的方式来收集用户的定制化偏好。”

满足用户的个性化需求并不意味着完全的定制化开发。如果所有合同订单都要从需求分析开始，那么势必会大大加长订单交付的周期，推升产品的成本。事实上，个性化需求是由模块化配置来实现的，只要产品模块化设计得足够完善，则在线配置就会呈现出极大的灵活性和极高的效率，并能够在极大程度上满足用户的个性化需求。模块化是产品的基础，面对企业千变万化的个性化需求，软件行业也在追求“产品化”，达到产品化程度的模块化部分就构成了工业软件在线配置的基础单元，应尽可能减少定制化开发的比例，从而提高交付效率，提高成本控制能力。在钢铁制造领域，难以用模块化来定义产品钢卷，但是合理的库存水平和智能的余材充当，使得用户“小批量、多品种”个性化订单需求得到及时的满足，也体现了这一理念。

现在，在产品模块化非常丰富的基础上，借助产品可视化技术以及配置程序软件在速度和适应性方面的提升，让产品配置工程以及客户需求的描述成为一件轻而易举实现的个性化制造过程。

3D 扫描和塑模

3D 扫描技术运用软件对物体结构进行多方位扫描，获得用于建造 3D 电子模型的数据，建立物体的 3D 数字模型，从而实现物体的 3D 展示性，模型将成为产品设计、可视化分析、闭环控制的核心。

在钢铁原料厂无人化堆取料机、散货码头全自动化起重机中，3D 扫描技术都获得了成功的应用。利用激光、视频等技术对料堆形状进行实时扫描判定，从而给出一个最优的堆取料方案和控制策略。

推荐引擎

“推荐引擎现在开始进入定制化阶段，帮助顾客配置产品。”

利用推荐引擎进行商品的精准营销已经非常普遍。推荐引擎在新闻媒体、视频娱乐等互联网平台也大显身手，其核心是生成推荐结论的智能算法，这是网络平台的核心技术。

事实上，在工业制造领域，类似的推荐引擎也有着极大的应用空间。随着移动技术的应用，制造装备的运行维护将趋向于移动化、远程化、预测式，现场人员将根据数据预测来决定设备维护的时间和方式，当工程师到达现场机旁时，推荐引擎将维护所需的所有相关知识、标准、规范全部适时推送到所在岗位，以提高运维效率。

动态计价的智能运算法则

“通过使用智能运算法则以及更好的数据处理能力管理需求能力，进行动态计价，从而减少顾客的等待时间。”

在产品销售中，价格是用户比较敏感的要素，实现智能的动态计价可以引导用户的消费取向，提高顾客满意度，有助于平衡自身制造产能、设备状况的瓶颈，改善用户体验。

基于价值的智能运算理念不仅在产品销售中，而且在其他领域也会应用到。例如，钢铁制造领域的余材充当，如何将批量生产与订货合同量不一致而导致的当期库存余材在新的合同订单中实现销售，是一项异常繁杂的工作，对于降低库存成本、提高余材价值、满足用户交期等都意义重大。而最优充当方案就等同于一个动态计价的智能运算引擎，在满足用户合同对产品质量性能指标要求的基础上，寻求一个最优的方案，将库存余材“充当”为新订单合同供货的一部分，实现价值的最大化。

企业和制造软件

“对传统的企业资源计划系统和供应链管理的设计而言，将来自单个顾客的个性化的订单转为货仓和生产工人的顾客需求清单和组装命令是一项巨大的挑战。”

需要 ERP 与 MES 再集成，将所有企业制造管理和运营系统集成到一个平台上（MOM），使得生产计划、物流调度、仓储管理一体化，并可以灵活配置生产和供应链，将顾客订单中的个性化需求，转化为采购和生产指令。系统除了以产品质量成本为主线实现可视化外，还要与客户实现集成，使得用户可以随时随地获得产品在制造和物流中的具体状况以及现实的交期时间和进度。钢铁企业与汽车行业业已实现的精准配送，就是依赖于这些高度集成的企业和制造软件来实现的。

灵活的生产系统

“所谓灵活的生产系统是指具有柔性的系统，对于制造小批量产品、使大规模订制生产有利可图。”

以数字孪生技术为核心，实现虚拟制造和实体制造的无缝衔接，可以敏捷地在模型和实体之间不损失效率地转换。以配置了高度智能化控制程序的机器人为主体构建的生产系统是实现灵活制造的重要保障，区别于传统自动化，功能可定义、参数可配置是实现灵活生产系统的重要技术方法，“软件定义制造”是通过配置来实现的。

这里所列举的七项技术既涵盖了制造环节，如制造软件、灵活生产系统，也包括了需求获取、产品配送、虚拟制造、动态定价等服务领域，虽然不是智能制造技术的全部，但基本上涵盖了智能制造价值链的各个环节。

3.4.7 工业互联网重塑未来产业业态

随着业界的研讨，各形各色的概念被不断提出，又很快被不断更新。未来制造业态是何种形式，是大家普遍关心的问题。

未来企业要基于工业互联网技术将人、机器、资源连接起来，创造出与生产过程和未来使用更相匹配的智能产品；将设计、生产、营销、物流流程和资源连接起来，提升企业在市场运营中的效率；将企业与供应链上下游和服务相关利益方连接起来，通过基于价值共享的协同降低协调成本，改善边际效率。

优化和重构制造流程的“八化”蓝图

针对流程制造过程中各种需求，需要设计实施蓝图以促进智能制造在企业逐步落地，图 3-12 归纳的“八化”涵盖了制造过程的全部业务领域，并清晰地界定了蓝图实施的重点方法和目标。

之一：现场操作无人化。使用工业机器人和智能化装备替代现场人工岗位，率先在已经高度自动化的主作业线推进无人化，而在人工岗位还比较多的辅助作业线则先推进少人化，再逐步实现无人化；提高操作一致性水平、改善工作环境、降低安全风险。

典型应用场景：无人化库场、框架车自动驾驶、高炉炉前自动化作业等。

之二：工序作业一键化。主作业工序力求实现一键操作，即：基于模型的高度自动化控制，键化操作意味着减少人对制造过程的干预，以稳定生产过程和产品质量，同时倒逼工艺模型的不断优化以及设备运行保障水平的提高。

典型应用场景：基于转炉静态和动态冶炼模型，实现从吹炼、加料、副枪、补吹到自动出钢、自动吹氩、自动测温取样全过程自动化，即一键炼钢。

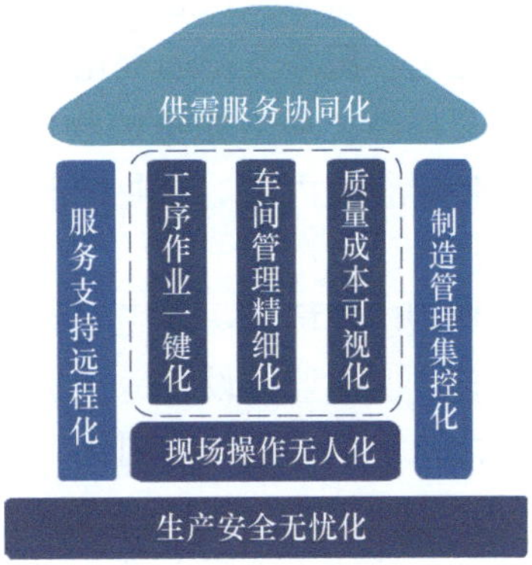

图 3-12 “八化”落地的智能制造蓝图

之三：生产安全无忧化。现场工作岗位的安全一直是钢铁企业的痛点，也是企业管理者的一大隐忧。机器代人减少现场岗位数量，消除对人身的潜在安全风险，同时构筑安全保障的技术系统，为移动点检人员营造安全保障环境。

典型应用场景：危险岗位机器代人、重点操作工位动作视频监控、安全监控和保障系统等。

之四：车间管理精细化。工厂以少人化自动生产、模型化精细制造、敏捷化生产管理为目标；车间管理各类 KPI 指标细化分解，基于大量实绩数据，为各级管理者提供实时准确的车间运行实绩信息，并不断分析对企业运营的关联影响。

典型应用场景：综合集成车间各子系统信息，实现生产、质量、物流、设备、能源、安全、环保、成本的关键指标和状态集中、连续、实时、可视化监控、预警、预测，实现车间运营与辅助决策。

之五：质量成本可视化。实时采集真实、精细数据，实时建立物料、设备、人员、工具、能源、半成品、成品之间的关联关系，动态判定、发现规律，从工序、车间到工厂级，实现以产品质量、成本为主线的全面、实时可视化。

典型应用场景：在制品在线自动判定与自动处置、工序间质量信息及时传递和动态改进、多维度质量智能分析；加强现场成本管控力度、细化成本管控精度，实现由月、周到日的工厂级成本管控频度。

之六：制造管理集控化。基于网络、可视化、远程支持平台等技术，采用“集控+属地”管理模式，推进多基地充分协同制造，实现产品同质、成本最优、效率最高；实现机组监控集中化，提高操作效率，同时支持操作一致性，支持产品质量的稳定性。

典型应用场景：面向市场，打造统一化信息、标准、质量、成本、产能分配的多基地集控+属地产销系统；面向现场，将各类运营管理系统信息综合，可实时掌控工厂状态，快速决策。

之七：服务支持远程化。工艺、装备等的运维和技术支持服务是高水平制造的重要保障，利用先进的物联技术，实现网络化运维、远程化支持、移动化作业，使得企业内高端专业技术支持资源效能和效率的最大化利用，需要建立知识系统。

典型应用场景：现场端移动点检作业，并时刻得到远端专家、首席的技术咨询支持，实时监控设备运行状态和远程网络化诊断和预判，完成重要设备维护。

之八：供需服务协同化。基于工业互联，使供应链上下游的企业共享需求、设计、生产经营等信息，以最优的剪切加工和精准配送应对个性化需求，缩短生产周期，快速响应用户需求，增强制造柔性，提高服务水平，实现产业链价值最大化。

典型应用场景：以数字化研发平台、技术询单智能应答等为支撑，介入下游用户的早期产品研发；与下游用户协同，从生产计划直接形成产品订货合同，与客户制造过程相互集成；通过和汽车承运商、海关、铁路局、港口、船讯网等单元互联，实现全流程跟踪，为用户提供门到门的精准配送服务，降低库存，缩短物流周期，降低供应链成本。

从目前的实施现状来看，“八化”各方面落地的实绩存在一定差异（图3-13),这主要是由需求的迫切性和落地的难易程度所决定的。

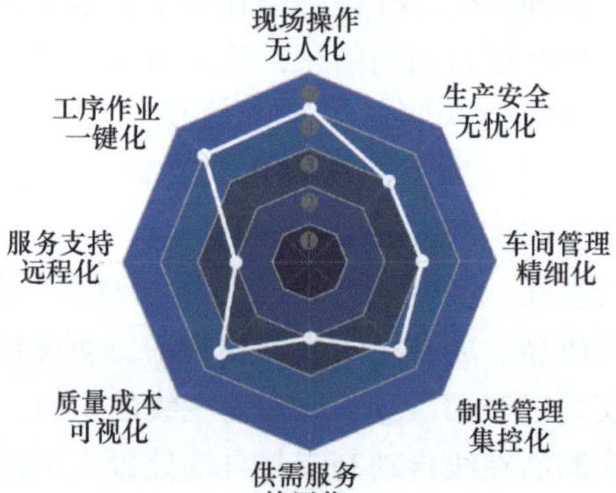

图 3-13 钢铁智能制造“八化”落地难易度和实现度评估

制造基地实现智能化制造

基地的职责是执行，执行力是对基地能力的唯一要求。

首先，严格按照平台下达的作业计划配置产能、物料、物流、人力等资源；按照产品工艺要求和冶金规范组织生产；以质量、成本、能耗、交期、库存、环境等 KPI 指标为基准，精细化地管理制造的每一个环节，并实时收集和反馈作业实绩。

其次，执行力不仅体现在不折不扣地执行计划，还体现在执行过程要足够的柔性和智能。智能工厂自主应对制造过程中任何潜在的异常和不确定性，灵活、高效、快速地处理生产波动，使用现有资源处理个体生产的故障，确保制造过程的安全、持续、稳定，最终输出高品质的产品。按照计划值和指标值不折不扣的完成制造过程，即典型的“制铁所”模式。

双中心驱动的平台化运营

平台化运营是未来钢铁企业运营的必然趋势。

平台由两大中心枢纽组成：一是数据驱动中心；二是制造运营中心。以数据驱动中心支撑的制造运营枢纽实现产销营运的平台化运营。

计划排程是制造过程的龙头（图 3-14）。过分依赖人工经验的排产模式因缺少足够的应变能力已不能满足生产的组织要求，迫切需要满足复杂生产流程工艺要求的自动排程，支持合同与物料自动匹配、库存余材的智能处置、机组产能的合理安排。具体体现在：以有限产能、排产规则和附加约束条件（能源环境）为要素，实现对产能规划、订单接受、库存水平和备货时间等特定领域的优化，以适应不断变化的市场环境和客户订单。

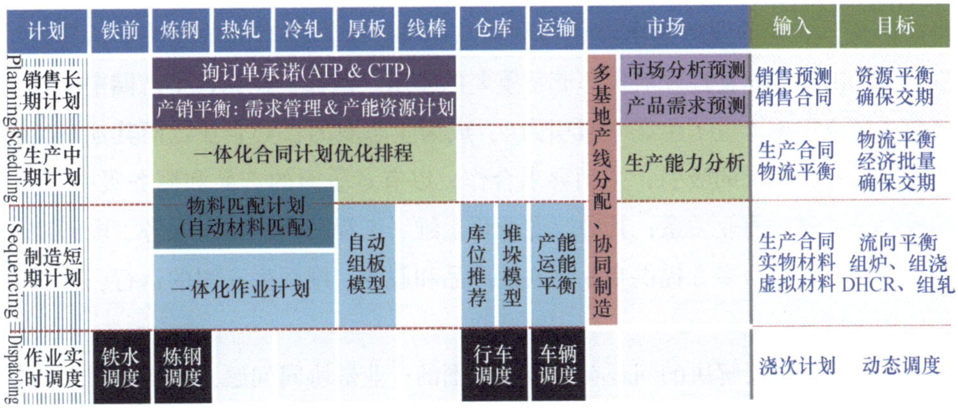

图 3-14 计划与排程是钢铁制造组织管理的核心

产品质量是制造管理的主线。产品质量决定了企业与用户链接纽带的可靠性，而成本控制能力直接关乎企业在市场的生存，特别是对长流程制造过程，如钢铁，制品质量的基因遗传特性决定了只有任何一个环节的质量都严格完成既定的质量目标，最终产品的质量才能得以保证。高品质产品为企业控制成本、增强盈利创造了游刃有余的空间，平台化运营的主线要围绕产品质量和成本来开展，在数据驱动下，提供产品质量异议的追溯、产品质量管理不断优化的具体手段。

生态圈的融合与协同

生态圈是指商业活动的各利益相关者共同建立的一个平台，在此平台上协同起来开展商业活动，并分享商业活动中产生的价值。生态体系是一个无中心的、自我运行的网络系统，不论企业的规模有多大，都是生态中的“一份子”，都要在生态中与相关利益方进行融合和协同。所以，生态是互联互通、协同共享、去中心化的企业生存环境。

维系生态圈良性运转的根本纽带是利益相关方对价值共享的追求。价值共享的本质是“价值链上所有的利益相关方可以公平地分享商业活动中产生的价值。”所以，生态圈不是单个板块或单元的一枝独秀，竞争和合作并存的市场行为，更强化彼此间的联动、共赢和整体发展，促进生态圈的成长与进化，因此这是一个良性循环的过程。

生态圈建设中，两类企业非常重要：一类是核心企业或“链主”企业，其业务需求形成生态网络的“引力场”，通过对利益相关方的吸引力形成向心力，将众多利益相关方吸引到一起，基于价值共享的理念和规则，共同合作，彼此协同；另一类企业称之为平台型企业，平台企业是黏结剂，其提供的技术和服务，将“链主”企业的业务需求转化为利益共同体，维系生态圈的连接和运转，对生态环境的持续和良性发展发挥非常重要的作用。例如，在钢铁生态圈中，钢厂释放出业务需求产生了生态“吸引力”，成为生态圈的核心企业，而其他利益相关方受到业务需求的吸引，主动寻求合作，以有竞争力的产品和服务吸引对方，形成协作共赢的商业关系；其中，专业化运维、工程设计、信息服务、电子商务等平台型企业，为多方提供专业化共性产品和服务，维系生态圈的运行，并为自己创造价值。

工业互联网要解决的问题在于更大范围的产业链协同问题，包括生产制造企业与下游的客户之间的协同，也包括与上游的原材料商、设备制造商之间的协同。企业之所以广泛认同工业互联网，并投入资源规划和布局基于工业互联网的未来工业的蓝图和目标，就在于其“互通、跨越、融合”的本质，对业界具有强大的吸引力，可能产生的巨大潜在效益。

对未来钢厂组织和运营模式研究的结果表明：未来钢厂将是一个由自下而上的三个主要运行层次组成的企业架构，如图 3-15 所示。

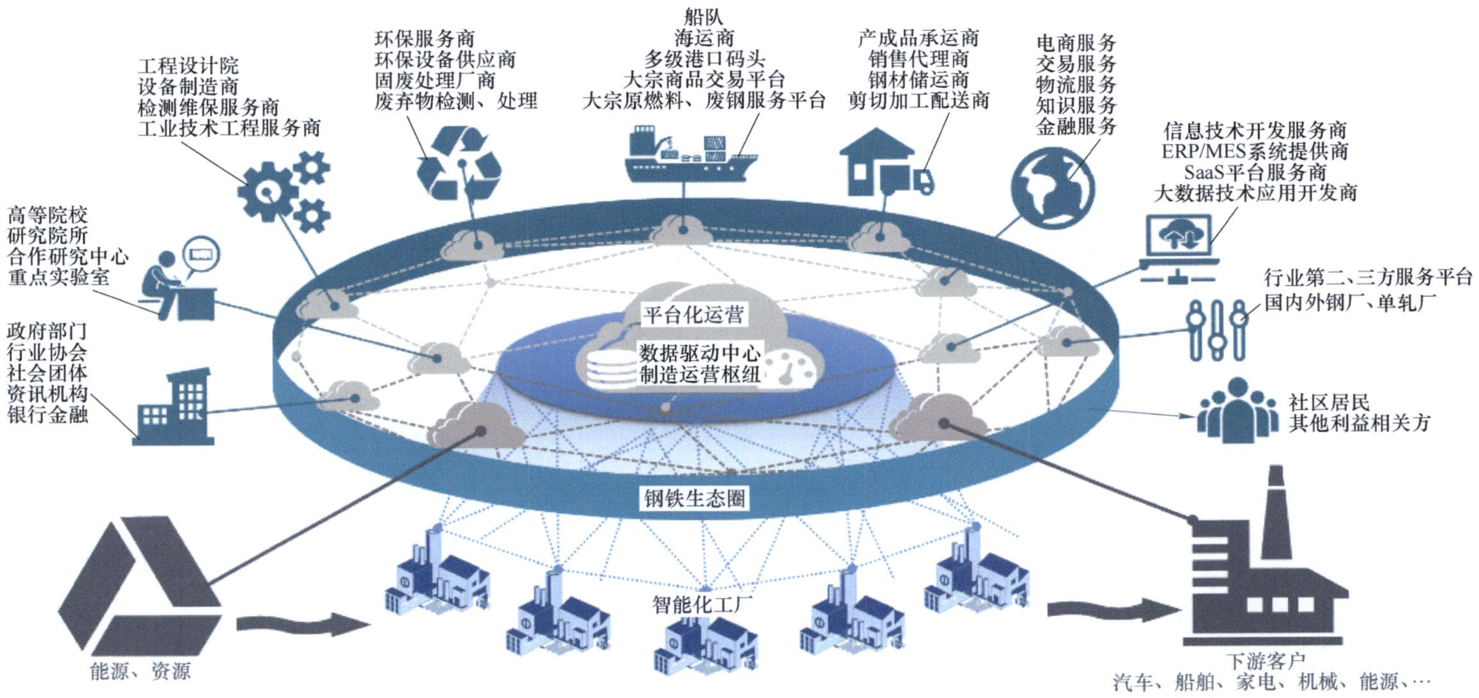

图3-15 工业互联网下的钢铁生态圈愿景

4 风生水起的工业互联网

——平台之于工业，恰似心脏之于人体

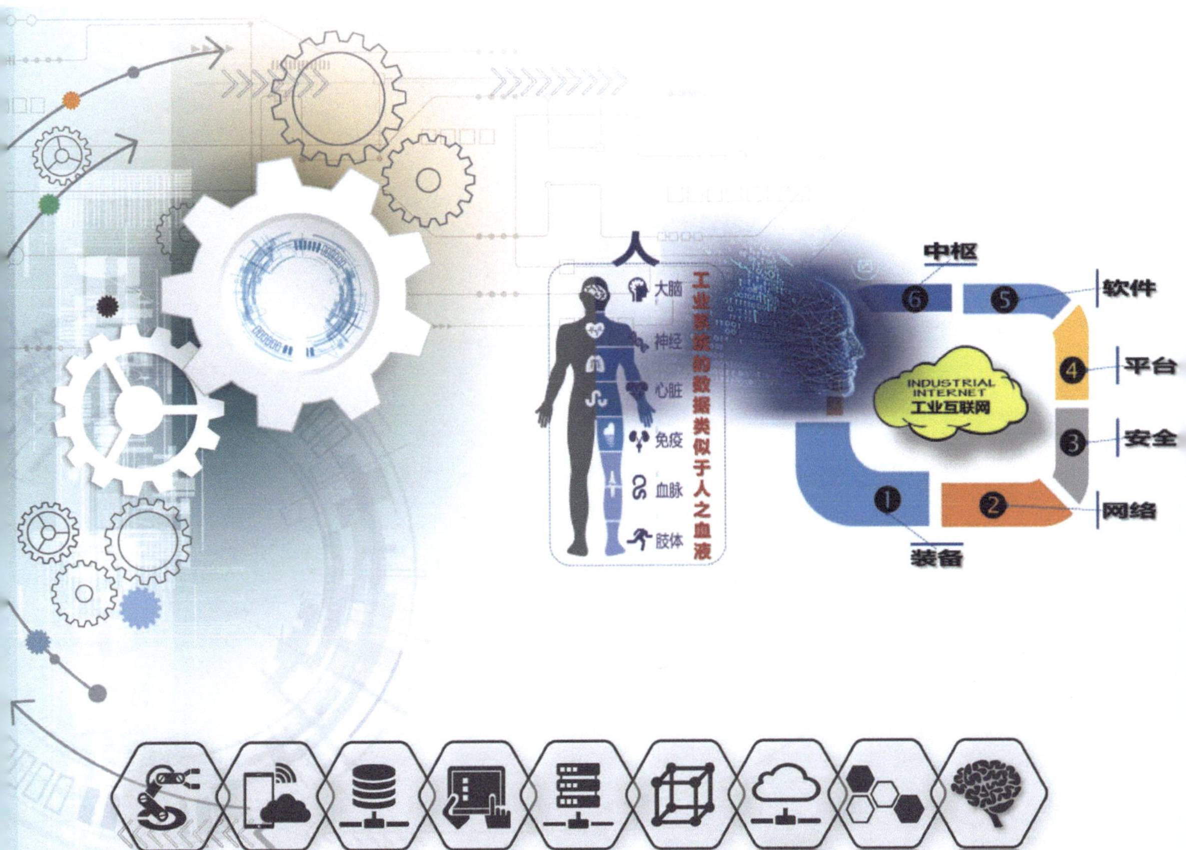

4.1 为什么是工业互联网

工业互联网已经是一个耳熟能详的“网红”词汇，其本质由八个字概括：互联互通、数据赋能。构建工业互联网就是要在充分互联互通的基础上，利用数据来为业务赋能、赋智。只要解决了互联互通的问题，就有了数据的汇聚，就可以利用数据来解决一些以往“令人头痛”的迫切要解决的问题。

4.1.1 工业互联网发展的时间线

德国工业4.0引发世人的特别关注

2010年7月，德国政府颁布《思想·创新·增长——德国2020高技术战略》，将工业4.0（Industrie 4.0）确定为十大“未来项目”之一如图4-1所示。

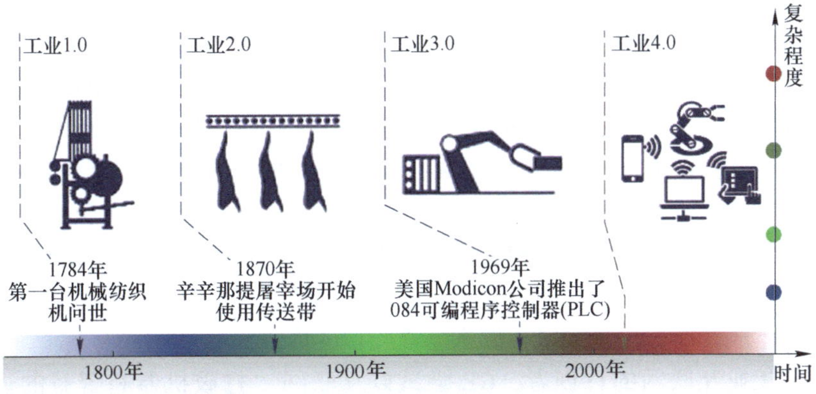

图4-1　工业1.0到工业4.0发展沿革

第四次工业革命具有划时代的意义：软件不再仅仅是为了控制仪器或者执行某步具体的工作程序而编写，也不再仅仅被嵌入产品和生产系统里，而是借助于互联网和其他网络服务，通过软件、电子硬件（芯片和系统）及环境的结合，生产出全新的产品和服务，产品功能无需操作人员介入，也就是说它们可以是自主的，甚至是自我迭代的。

工业4.0以工业CPS（Cyber-Physical System）为核心，“三个集成”为重要技术手段，是基于虚实融合概念与智能分析相结合，改变生产管理和工厂改造的一种新思路。为了推进工业4.0战略的实施，德国提出了八大行动任务，包括标准化和参考架构、复杂系统的管理、一套综合的工业宽带基础设施、安全和安保、工作的组织和设计、培训和持续的职业发展、监管框架、资源效率，融合了设计技术要素和社会环境的方方面面，时任德国总理默克尔成为最高级别的“推销员”。

2013 年，工业 4.0 上升为德国国家战略，实现计算、自主控制和联网，人、机器和信息能够互相联接，融为一体，通过虚拟生产结合现实的一种生产方式，将制造业向智能化转型，以充分挖掘信息网络技术促进工业发展的潜力，抢抓新工业革命的先机。2019 年 2 月，德国联邦经济和能源部公布《德国工业战略 2030》计划草案，进一步明确了德国工业 4.0 未来的发展方向。然而令人略感费解的是：德国本土企业对工业 4.0 的关注和讨论似乎远未像远在万里之遥的中国那么热烈，时常有“德国中小企业对工业 4.0 并不了解”的报道。

美国 GE 首提工业互联网，并定义为第三次浪潮

几乎同时，另一篇悄然出现在人们的视野中的技术文件也产生了巨大影响。美国通用电气公司（GE）发布《工业互联网：打破智慧与机器的边界》白皮书（Industrial Internet：Pushing the Boundaries of Minds and Machines），将工业互联网定义为与工业革命、互联网革命相并列的第三次浪潮。工业互联网概念最早源自于硅谷的沙利文（Frost & Sullivan）咨询公司于 2000 年发布的一个咨询报告，其定义为用复杂物理机器和网络化传感器及软件实现的制造业企业互联。限于当时的技术条件，这一概念在当时并没有引起人们的重视。在 GE 发布的技术文件中，工业互联网汇集了两大革命的进步：工业革命带来的无数机器、设备组、设施和系统网络，以及互联网革命中涌现出的计算、信息与通信系统更强大的进步，主要特点是智能嵌入机器和设备的方式，其中：智能机器、高级分析和人这三个要素体现了工业互联网的精髓，通过连接机器、人与数据，利用设备产生的海量数据生成智能，优化系统、设施、资产和运营。

作为工业互联网的首创者，GE 尝试以互联网“打破机器和智慧的边界”，从智能设备和网络获得数据，利用大数据和分析工具进行存储、分析和可视化；在工业领域实现数据流、硬件、软件的智能交互，实现系统、设施和资产运营的优化；随着智能机器数量的激增以及机器之间实现对话，数据创建过程将会加快速度，需要近乎实时的决策，价值捕获时间是新的数据指标。充分利用智能设备产生的海量数据是工业互联网的重要功能。文件还预测工业互联网的倍增效应使得 2030 年全球 GDP 增加值为 15.3 万亿美元。为此，GE 花重金打造了工业互联网平台—Predix（图 4-2）。

关于智能制造全国空前大讨论

自此，有关工业 4.0 与工业互联网概念、内涵、关系、未来的讨论（争论）不绝于耳，社会各界都纷纷加入了这一话题的讨论，并持续了相当长时间。其中，各类社会中介组织、研究机构、金融服务机构，以及咨询服务、产品供应和解决方案供应商均广泛参与了这一讨论过程，试图找寻到其中巨大的潜在商业利

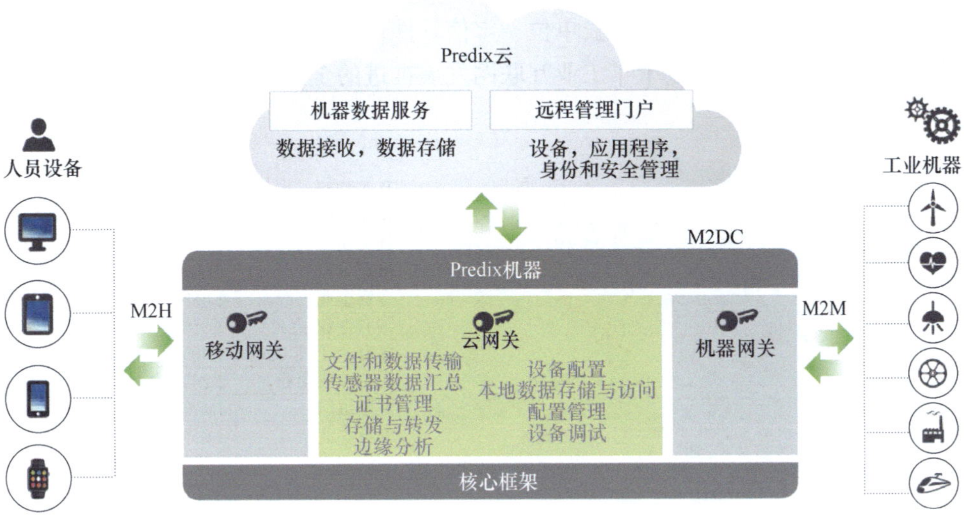

图 4-2 GE 工业互联网架构与 Predix 平台

（资料来源：GE 数字集团，Predix 架构与服务，2018. 10）

益。相比之下，作为主角的制造业企业却显得相对冷静。其原因是多方面的：首先企业对新概念的追求具有先天的理性，在对新概念有充分的理解和认识并确定目标之前，不会盲目进行大规模的投入；其次，企业面临的问题各有不同，基础参差不齐，目标各有差异，不存在包治百病的良方；再次，从理解新概念到落实具体举措，需要一个过程。由于其关乎制造企业的根本利益，因此企业更加理性、更加慎重是必然的，如图 4-3 所示。

图 4-3 国内对相关概念讨论热度分布图

为什么国人会倾注如此的热情？因为当时正值中国制造业转型需求出现，而转型方向尚不明确之时，制造业转型迫切需要找到一些新理念来明确未来发展的方向。

工业互联网产业联盟助推工业互联网落地实践

2016 年 2 月，秉持推动《中国制造 2025》和“互联网+”融合发展的目标，工业互联网产业联盟正式成立，聚集产业生态各方力量推动工业互联网发展。截至 2022 年底，联盟成员数已达 2428 家，成员来自企事业单位、高校院所、社会团体，企业成员中包括国有企业、外资与合资企业，而民营企业占比 70% 以上（图 4-4），这说明：工业互联网已经成为社会共识，与国家产业政策形成了巨大合力，同时，也可以说工业互联网产业联盟对于工业互联网实践起到了巨大的推动作用。中国宝武作为副理事长单位、宝信软件作为理事及垂直行业组副主席单位，见证并深度参与了近十年工业互联网发展推进的全过程。

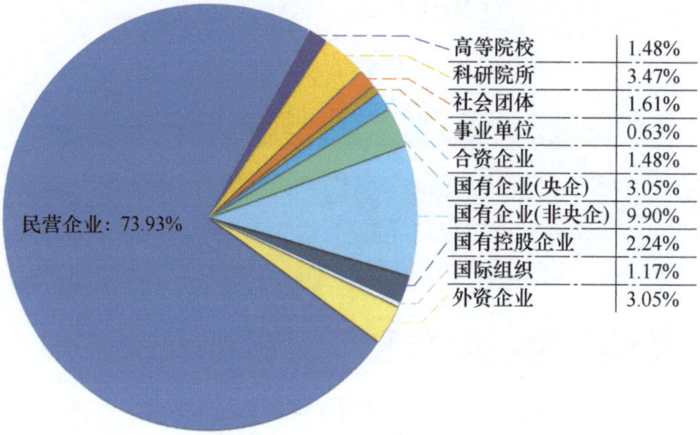

图 4-4　工业互联网产业联盟成员组成（资料来源：AII 官网）

中国制造业转型发展从来都离不开国家的积极作为和引导

2015 年 5 月，《中国制造 2025》正式发布。其围绕先进制造和高端装备制造，前瞻部署重点突破的战略领域，描绘未来 30 年建设制造强国的宏伟蓝图和梯次推进的路线图；加快推动新一代信息技术与制造技术融合发展，把智能制造作为两化深度融合的主攻方向。

2015 年 6 月，国务院办公厅发布《关于成立国家制造强国建设领导小组的通知》，负责“统筹协调国家制造强国建设全局性工作，审议推动制造业发展的重大规划、重大政策、重大工程专项和重要工作安排，加强战略谋划，指导各地区、各部门开展工作，协调跨地区、跨部门重要事项，加强对重要事项落实情况的督促检查。”

2018 年 2 月，为贯彻落实《国务院关于深化“互联网+先进制造业”发展工业互联网的指导意见》，加快推进工业互联网创新发展，加强对有关工作的统筹规划和政策协调，经国家制造强国建设领导小组会议审议，决定设立国家制造强国建设领导小组工业互联网专项工作组，统筹协调我国工业互联网发展的全局性工作，审议推动工业互联网发展的重大规划、重大政策、重大工程专项和重要工作安排，加强战略谋划，指导各地区、各部门开展工作，协调跨地区、跨部门重要事项，加强对重要事项落实情况的督促检查。

4.1.2 工业互联网是中国制造业转型的国家战略

工业互联网始终受到来自最高层的高度重视。

2019 工业互联网全球峰会于 10 月 18 日在沈阳召开。习近平总书记致贺信指出，当前，全球新一轮科技革命和产业革命加速发展，工业互联网技术不断突破，为各国经济创新发展注入了新动能，也为促进全球产业融合发展提供了新机遇。中国高度重视工业互联网创新发展，愿同国际社会一道，持续提升工业互联网创新能力，推动工业化与信息化在更广范围、更深程度、更高水平上实现融合发展。2020 中国 5G+工业互联网大会于 11 月 20 日在武汉开幕。习近平总书记发来贺信指出，当前，全球新一轮科技革命和产业变革深入推进，信息技术日新月异。5G 与工业互联网的融合将加速数字中国、智慧社会建设，加速中国新型工业化进程，为中国经济发展注入新动能，为疫情阴霾笼罩下的世界经济创造新的发展机遇。

2020 年 2 月 22 日和 2021 年 4 月 30 日，中央政治局会议在研究疫情防控，部署经济社会发展工作时，都特别强调："加大试剂、药品、疫苗研发支持力度，推动生物医药、医疗设备、5G 网络、工业互联网等加快发展""要引领产业优化升级，强化国家战略科技力量，积极发展工业互联网，加快产业数字化。"

工业互联网已连续五年写入工作报告

2018 年，工业互联网首次写入政府工作报告："实施重大短板装备专项工程，推进智能制造，发展工业互联网平台，创建'中国制造 2025'示范区。"

2019 年，政府工作报告明确提出："打造工业互联网平台，拓展'智能+'，为制造业转型升级赋能。"

2020 年，政府工作报告强调"推动制造业升级和新兴产业发展"时提到发展工业互联网，推进智能制造。

2021 年，政府工作报告提出："要发展工业互联网，促进产业链和创新链融合，搭建更多共性技术研发平台，提升中小微企业创新能力和专业化水平。"

2022 年 3 月 5 日，国务院总理李克强在政府工作报告中再次提出："要加快发展工业互联网，培育壮大集成电路、人工智能等数字产业，提升关键软硬件技术创新和供给能力。"

2023 年 3 月 5 日，国务院总理李克强在政府工作报告中，再次提到发展工业互联网，指出："支持工业互联网发展，有力促进了制造业数字化智能化。"

工业互联网成为中国智能制造国家战略

自 2015 年 5 月《中国制造 2025》正式发布，一系列具体的政策逐步成型，举措持续落地。

2015 年 7 月，国务院发布了《关于积极推进"互联网+"行动的指导意见》，提出：充分发挥我国互联网的规模优势和应用优势，推动互联网由消费领域向生产领域拓展。加速提升产业发展水平，增强各行业创新能力，构筑经济社会发展新优势和新动能。

2016年5月，国务院发布了《关于深化制造业与互联网融合发展的指导意见》。明确："制造业是国民经济的主体，是实施'互联网+'行动的主战场。围绕制造业与互联网关键环节，营造融合发展新生态，充分释放'互联网+'的力量，改造提升传统动能，培育新的经济增长点。"

2017年11月，国务院发布了《深化"互联网+先进制造业"发展工业互联网的指导意见》，首次将工业互联网作为国家战略纳入政府工作文件，并指出："工业互联网是新一代信息技术与制造业深度融合的产物，新工业革命的关键支撑和重要基石，构建网络、平台、安全三大功能体系，增强工业互联网产业供给能力。"

上述四个国家级工作文件清晰地描绘出工业互联网成为中国制造业转型发展国家战略的脉络和时间线。

2020年，国家全面部署"新基建"建设，工业互联网成为"新基建"的重要组成部分，是加速工业互联网发展进程的重要标志，进一步证明工业互联网已经由政策驱动、技术牵引全面转入落地实践的快车道。

工业互联网旨在将中国互联网应用的显著领先优势和中国制造业巨大的规模优势充分结合。中国门类齐全、规模巨大的工业体系不间断地产生海量的工业大数据，破解这些工业大数据是中国在新一轮制造革命中赢得竞争力的钥匙。利用海量的工业数据，从为企业、行业赋能，上升到为整个产业赋能，为区域经济发展赋能，从而大大提升工业的效率。既体现出产业发展的迫切需求，又凸显突显出互联网成功的巨大后发优势。

4.1.3 关于工业互联网内涵与外延的讨论

业界对工业互联网的重要性正在形成基本的共识，但对工业互联网的具体解释和理解仍然是千差万别，如学术界和企业界的差异、ICT技术行业和制造行业的差异，甚至每个个体之间都有一定的差异。产生这些差异的原因是关注问题的角度不同，解决问题的出发点、目标和期望不同。

什么是工业互联网

从目前业界讨论和发布的各类白皮书技术文件中，梳理出若干个对工业互联网的解读，虽不一定穷尽，但也能反映出人们对工业互联网理解的差异。

（1）基于互联网的工业应用。

（2）互联网技术与工业的深度融合。

（3）将"互联网+"嫁接到工业制造领域，以互联网的优势基因来改造和优化工业制造。

(4) 是新一代信息通信技术与工业经济深度融合的新型基础设施、应用模式和工业生态。

(5) 是全连接工业经济全要素、全产业链、全价值链的数字底座（基础设施)。

(6) 对人、机、物、系统等的全面连接，对制造要素资源的泛在连接，弹性供给、高效配置。

(7) 是突破数字化瓶颈的技术赋能核心推动力，实现数字化转型从量变到质变的突破难点。

(8) 既是工业数字化、网络化、智能化转型的基础设施，也是互联网、大数据、人工智能与实体经济深度融合的应用模式。

(9) 工业互联网与行业融合发展，形成平台化设计、智能化制造、网络化协同、个性化定制、服务化延伸、数字化管理六大创新模式。

一个普遍被接受的定义来自工业互联网产业联盟发布的《工业互联网架构 1.0》："工业互联网是互联网和新一代信息技术与工业系统全方位深度融合所形成的产业和应用生态，是工业智能化发展的关键综合信息基础设施。"工业互联网架构 2.0 再次诠释工业互联网："作为全新工业生态、关键基础设施和新型应用模式，通过人、机、物的全面互联，实现全要素、全产业链、全价值链的全面连接，……不断颠覆传统制造模式、生产组织方式和产业形态，推动传统产业加快转型升级、新兴产业加速发展壮大。"

综上，工业互联网体现出三个层面的特征：第一是应对需求，即：充分聚焦工业制造的应用场景和迫切需求；第二是泛在连接，即：通过互联互通，实现供需信息的高效对接；第三是催生业态创新，即：充分发挥互联网经济释放出的创新动能，促进产业生态协同发展，催生一系列新技术、新模式、新业态。业态创新包括促进资源高效配置、打破行业间壁垒、构建行业间协同创新体系、带动产业集聚推动区域经济高质量发展等，因此工业互联网是经济高质量发展的重要引擎。

业界对于工业互联网有两种不同的理解

业界对于工业互联网有两种不同的理解，一种是广义的理解：工业互联网包括从数据接入采集到行业应用所有相关的技术、业务、应用和商业模式；另一种是狭义的理解：将工业互联网视为一种新型的基础设施，可以对业务赋智、流程优化、模式创新形成更强有力的支撑。

两者目标一致，没有对错之分，但是会对工业互联网实施带来一些潜移默化的影响。前者"海纳百川、包罗万象"，甚至将普通的企业信息化项目戴上了"工业互联网"的帽子，工业互联网几乎无限的拓展了边界，成为一个无所不能的“锤子”，似乎可以解决企业数字化转型过程中所有“钉子”问题。但是，拎着工业互联网这个锤子，在企业中四处寻找钉子，导致看什么都像钉子，会使人产生困扰：工业互联网是万能的吗？工业互联网会不会是一个包罗万象的“大筐”？

对工业互联网内涵解释的不一致性，除了人们认知角度不同的缘故外，还有另一个重要原因：工业互联网的主要推手来自供给侧，即ICT技术厂商，如果不将应用纳入工业互联网范畴而从基础设施建设的视角加以推进，可能会引发太多“是否创造价值”的质疑。需求侧在理解和接受工业互联网时首先会问一个问题：是否又在被“忽悠”。从最初是“互联网+”还是“+互联网”的争议中可以预感到这种担忧的潜在风险。

有必要进一步理清工业互联网的内涵和外延

工业互联网的核心内涵是工业智能化发展的关键综合信息基础设施；工业互联网的关键外延是信息技术与工业系统全方位深度融合所形成的产业和应用生态。内涵足够聚焦，内容清晰、方向明确；外延足够广阔，充分延展并相互关联。内涵和外延的清晰化有助于工业互联网实施过程中抓住重点，也避免迷失方向。

从这个角度来理解，大可不必将工业互联网的内涵和外延无限扩展。将工业互联网变成一个无所不包的“大筐”会产生一系列不必要的困扰。首先，如果不断把一些新的技术概念和商业逻辑加载到工业互联网上，导致工业互联网的内涵总是含糊不清、飘忽不定的，会影响企业对工业互联网的准确理解和合理判断；其次，内涵和外延的不确定性，会导致企业实施时目标和方向不确定，增加落地的困难，无益于企业实施战略的推进；再次，将工业互联网外延无限扩大，会对工业互联网具体实施策略产生影响，由于ICT技术厂商不熟悉业务、企业用户不熟悉技术，因此在制定具体的实施策略时主体和责任难以清晰界定。

其实，工业互联网也不是终点（如同工业4.0之后必然还会有工业5.0），新技术量的积累会催生质的变化，未来有别于工业互联网的更新的理念一定会出现，要为未来的技术发展和产业升级留下必要的空间。

内涵理解差异不会影响对工业互联网的重要性和必要性的认知共识

为什么需要工业互联网？首先来自转型发展需求，企业要提高运营效率，需要数字化转型、高质量发展，构建以数据为核心的系统环境，用数据为业务赋能，提高资源的配置效率，工业互联网是IT与OT的融合的有效解决方案；其次来自对现状分析认知，企业信息化系统建设虽然为企业运营提供了数字化手段，但其形成的多层级系统架构无法有效解决数据生态的缺失问题，需要工业互联网作为一种有效改善影响企业数据的增值应用的全新模式；再次来自对前景可能性的期待，工业互联网是“互联网+先进制造业”，体现了中国制造业巨大规模和消费互联网应用领先水平所形成综合优势，具有巨大的潜在可能性。

4.1.4 工业互联网的“拟人化”理解

智能制造与工业互联网有着紧密的联系。智能制造的实现主要依托两方面基础能力：一是工业制造技术，包括先进装备、先进材料和先进工艺等，这是决定制造边界与制造能力的根本；二是工业互联网技术，包括智能传感、控制软硬件、新型工业网络、工业大数据平台等综合信息技术要素，这是充分发挥工业装备工艺和材料潜能、提高生产效率、优化资源配置效率、创造差异化产品和实现服务增值的关键。工业互联网是智能制造的关键基础，为智能制造变革提供了必须的共性基础设施和能力，同时也可以用于支撑其他产业的智能化发展（架构1.0）。

所以，作者对工业互联网的理解是：工业互联网是由多个复杂的技术要素构成的巨大系统，用人体构成和人类智慧来比喻工业化互联网构成和工业智慧，有助于对工业互联网的直观理解。

人是由肢体、血脉、心脏、大脑等器官构成的生命体，而人的智慧是基于这一物质生命体而存在，是最高水平的智慧形态，生命体不存在，就无从谈智慧。与之对照，工业互联网可以“拟人化”地视为工业智能的“生命体”系统，它由终端设备、网络、平台、软件、决策中枢等软硬件（技术要素）构成，而工业智能则是依托工业互联网这个物理生命体而生成、发展和不断优化的核心能力如图 4-5 所示。

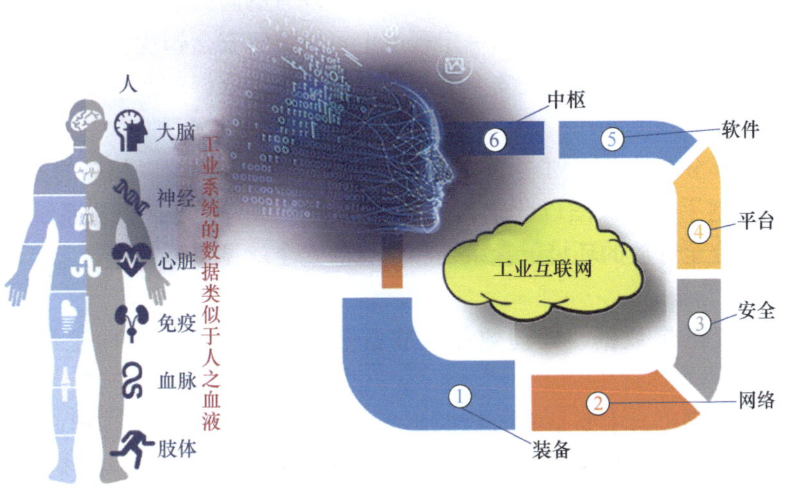

图 4-5 工业互联网是工业系统智能存在的生命体

其中，特别需要强调的是：工业互联网中，平台类似人的心脏，软件如同人的神经，而数据则是工业系统的“血液”。

装备（Equipment）——工业系统的肢体

从智能制造的视角，装备是工厂运转的基本单元。通过安装在设备端的各类传感器，检测设备运行状态；由所配置的控制系统基于模型来实现对装备的控制，控制策略取决于开发设计者所设计的控制器结构。传统的PID是常用的控制器，也可以采用各种先进控制技术形成智能控制方法，如模糊控制等。装备还要实现执行指令和精准控制，达到预期的控制目标。

从工业互联网的视角，被泛在连接的设备处于工业互联网的端，感知检测设备状态，感知环境信息，生成数据并接入系统，所以装备是工业互联网的主要数据源，感知信息决定了数据源的质量和感知信息的丰富程度，是工业互联网的最基本的保证。

网络（Network）——工业系统的血脉

互联互通的网络，实时、动态、透明地传递数据、输送信息。

各种各样的成熟和新型网络技术都可以被用于工业互联网的数据传输。不同的网络技术，因技术特性不同，其适用的场景也不同。现场总线用于现场RTU的连接，保证高实时性和可靠性；Lara或NB-IoT则适用于广域分布、低成本对象连接；5G为工业互联网提供了低时延、广连接、大带宽的新选项。

安全（Safety）——工业的免疫系统

工业互联网安全的重要性毋庸置疑，而且变得日益重要。

面对互联互通的巨大需求，对系统和信息安全的担忧日益凸显，以往通过物理意义的隔绝方式已不能满足数据交互需求。现有的防火墙、网闸、白名单制等技术是经常采用的安全机制，在一定程度上可以缓解安全担忧，但不足以抗拒外来的网络侵扰和恶意攻击。在安全关切和数据效率上取得动态平衡，这是工业互联网的永恒主题。

目前，部分企业在规划建设安全态势感知系统，并配套以相应的安全管理应急机制和控制手段，试图以此求得动态的安全保障。总之，工业系统互联互通后，会处于完全开放的环境下，系统和信息的安全就显得至关重要。

平台（Platform）——工业系统的心脏

平台用于汇聚数据、处理数据、准备数据，并驱动数据向工厂各处输送活力。

工业互联网平台主要是面向数据业务，如果仅仅讨论流程管理业务的部署，就失去了构建工业互联网的意义，也难以凸显工业互联网平台与传统企业信息化平台的差异性。工业互联网平台的核心逻辑是工业PaaS（平台即服务），它是一系列以知识为核心、以模型为特征、以模块为形式、以微服务组件为载体、以标准的API接口对外呈现的有序“堆积存放”的软件组件集，可以使应用开发由传统的“码农方式”变成一种“推拉拽配”的绘图方式，即组态方式（自动化术语）。

工业 PaaS 可以精准地诠释这样一种软件形态的丰富内涵，这个平台不是一个静态的产品，而是一直处于持续不断丰富的动态过程中。这就决定了其商业模式不应是“购买—交付”的方式，服务模式除了保证平台正常运行的基本功能外，更重要的是提供平台所含模块组件的持续丰富、完善和优化，使应用开发变得更加便捷、高效。

显然，平台处于工业互联网的核心位置，如何强调其重要性都不为过，但不能将重要性等同于唯一性。

软件（Software）——工业系统的神经

软件是按照特定顺序组合的一系列计算机数据和指令的集合，其本质是通过程序接口把硬件的可操控的成分暴露出来，再以参数可配置的方式实现对硬件的按需管理，即基础资源虚拟化，管理任务可编程。工业软件主要是定义业务流程、表达控制逻辑、传递决策指令，从而控制物理对象高效、有序的运转。工业软件遍布工厂自下而上的每一个角落，几乎一切工作都要靠软件来实现，这是工业互联网的“软能力”和“软实力”。

中枢（Central Brain）——工业系统的大脑

工业互联网的目标就是把机器智能融入由人和资源形成的工业系统中，使制造活动能动态适应需求和制造环境的变化，从而满足系统的优化目标。

工业智能是一种人机协同的智能，协同体现在人培养机器的智能，将人的经验转化成机器可以解析的模型规则以实现自动计算。其核心是知识和模型，并在必要时辅助机器决策。

显然，如同人的生命体保证人的高度智慧的形成和发挥一样，工业智能也需要系统的支撑。工业互联网是工业系统形成工业智能所必需的基础构成，所以，工业互联网是智能制造的基础设施。

实现一个类人的智慧型工业系统（企业），就要构筑维系智能体生命和智能存在的各类要素，紧密集成形成一个完整的系统，这是工业互联网的使命。其中，如同血液之于人体，工业数据的流动为工业系统带来活力和生命力，数据利用是工业互联下智慧型制造活力的源泉，是智能体动态行为的精准描述。

4.1.5 工业互联网平台的讨论

工业互联网平台在工业互联网讨论中一直占据 C 位，平台开发部署是人们追捧的热点，《工业互联网体系架构 2.0》中强调了“形成网络、平台、安全三大体系”，进一步强化了平台在人们心目中的突出位置。

工业互联网平台的重要性毋庸置疑

《工业互联网架构 2.0》指出：工业互联网支撑企业在不同场景下具体

应用实践需要构建五大核心能力，即泛在感知、智能决策、敏捷响应、全局协同、动态优化，这些都是围绕平台为核心所形成的能力。就像心脏对人的重要性一样，工业系统中的数据从四面八方汇聚到平台，经过平台的加工，再推送到工业系统的各个方向，这种周而复始的循环，数据得以增值，体现出了平台的重要性。

建立工业互联网平台，说到底就是将企业的各种“软性”能力，不断从企业传统系统中剥离出来，以一种可以便捷规模化复制的方式再次重现，并以不断积累、持续改善的机制在平台上固化下来，从而通过提升企业信息能力，进而改进运营管理效率、生态扩展和产业协同能力，以完成传统制造模式的裂变和全新制造模式的转型过程。

平台并不是工业互联网的唯一

平台并不是工业互联网的唯一，不能由于强调平台的核心作用而忽视了其他技术要素的不可或缺性，将重要性等同于唯一性。

在工业互联网“拟人化”理解中，每一个“器官”都是不可缺少的。需要特别说明的是：在工业互联网构建的不同时期，对不同要件的需求迫切性是不一样的。例如，在建设初期，如果不具备数据采集的条件，而一味盲目的投入平台开发，则会形成平台空转、无水之源的境地。再比如，对于小微企业，大可不必一步踏入复杂的工业互联网平台的建设中，在数据积累不足、价值取向不明、应用场景不定、各项条件不具备的情况下，平台开发可能是“劳民伤财”之举。由于涉及的数据量有限，小微企业可以首先从边缘做起，用相对简单的边缘计算环境来解决数据应用问题。价值创造是第一位的，在需要和可能时再考虑平台的策略，或自建或租用。

自2016年，工业互联网成为国家战略，曾经设想：从工业互联网“云、边、端”架构的视角，出于工业现场物联的广泛需求，必然会对国内仪器仪表产业形成巨大的拉动作用，为打破仪器仪表行业国外垄断带来机遇。但事实上经过几年发展，工业互联网产业推进的绝大多数精力都集中在平台建设上，而关乎数据源质量的仪器仪表并未明显受益。事实上，作为工业互联网的智能感知端和数据源头，解决仪器仪表技术问题的迫切性丝毫不亚于平台本身。

4.1.6 再论“工业互联网的承上启下逻辑”

很多企业疑问：搞了几十年的企业信息化，做了很大的投入，现在，为什么要搞工业互联网？后企业信息化时代中工业互联网处于何种位置？

工业互联网不是企业信息化的自然延伸

工业互联网既是以传统的自动化和信息化为基础，又是对传统自动化和信息化的升级拓展与变革创新。

首先需要明确的是工业互联网是基于互联网思维的数字化技术，但又不是简单照搬互联网的做法，更不是对企业以往的信息化推倒重来。工业互联网是要通过对数据的整合，从数据中发掘持续改进企业信息化业务的路径和方法，向数据“索取”额外价值的钥匙，进而进一步整合优化以往的企业信息化系统。

工业互联网的本质是“互联互通、数据赋能”，所有工作都是围绕连通和数据展开，而“赋能”则非常形象、深刻地诠释了工业互联网的数据与企业信息化的业务之间的关系，即在整合优化的基础上，用新的互联网技术手段催生企业新的技术能力，以支撑企业运营适应移动互联网环境变化带来的发展新要求。

构建工业互联网技术生态

前面我们用人体结构来拟人化地表述工业互联网，以利于直观地理解工业互联网与工业智能的关系。事实上，作为智能制造的基础设施，工业互联网的重要价值来自其对传统制造的强有力的牵引和驱动作用，技术的牵引和推动作用较之以往的工业变革更为突出。

工业互联网是互联网和新一代信息技术与工业系统全方位深度融合，是工业智能化发展的关键综合信息基础设施，形成的产业和应用生态，鉴于工业互联网涉及的技术门类极为广泛，工业互联网的构建就是技术生态环境的构建，如图4-6所示。

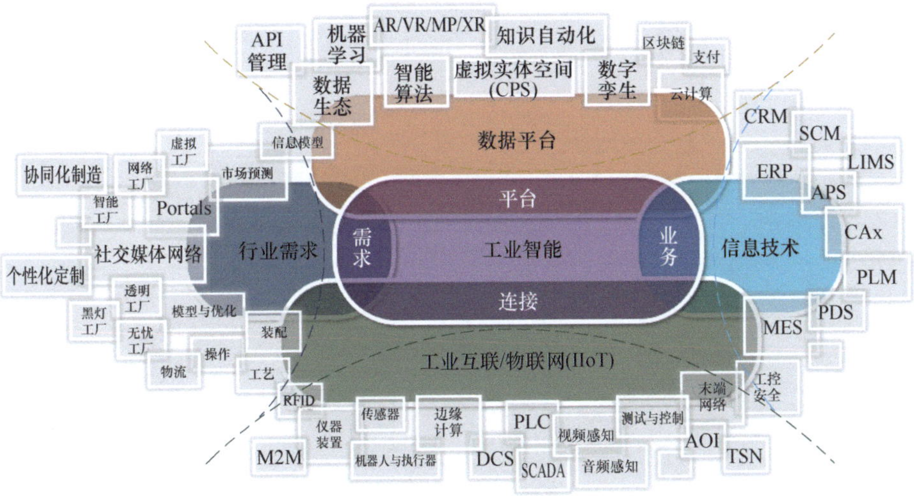

图4-6 打造工业互联网技术生态

而这个技术生态的建设，通过人、机、物的全面互联，实现全要素、全产业链、全价值链的全面连接，在催生全新工业生态和新型应用模式，甚至重塑传统制造模式和重组传统业态上发挥关键作用。

4.2 如何构建工业互联网

云边端是工业互联网的基本架构，在业界多年讨论中已经达成了广泛共识。构建工业化互联网，就是要解决：工业现场的泛在连接、数据服务的生态能力、三屏融合的集成开发、面向对象的功能设计、云边协同的应用实现。

4.2.1 工业互联网技术架构

在我们的设计中，总是离不开一个术语：架构，这是在进行顶层设计时经常要诠释的一个词。什么是架构？似乎又说不清楚。尤其是从不同的视角，大家对架构的理解会有不同，有时会有彼此话语“不在一个频道”上的感觉。

关于架构的讨论

架构是某种事物横纵向关系的一种表现形式。不同事物的关系表述体现为不同的架构；同一事物的不同视角，对架构的表述会有不同的侧重。

系统架构设计中，从不同的视角出发，阐述不同的设计侧重点，会有不同的架构，包括业务架构、应用架构、数据架构等。

（1）业务架构：从业务角度去理解业务的蓝图，建立相应业务模型。

（2）应用架构：基于业务架构，从系统功能需求的角度清晰准确定义应用范围、功能及模块等。

（3）数据架构：基于业务架构，从系统数据需求的角度准确定义数据来源、分类及部署，实现系统数据标准化、一致性、准确性，为充分发现和挖掘数据价值打好基础。

（4）技术架构：基于应用架构和数据架构，利用新型信息技术和相应实践经验，从系统技术实现角度提出系统总体的技术实现方案。

（5）系统架构：基于应用架构和数据架构，从系统具体实现角度提出系统总体的软硬件资源、网络拓扑等物理部署方式，为系统运行提供合理的计算、存储和传输资源。

（6）安全架构：对业务应用的安全级别定义，从应用安全、数据安全、系统安全、网络安全、物理安全和安全运行及管理等方面对业务应用的安全进行界定和说明。

（7）实施架构：针对特定应用场景，将上述各类架构统一和实现，体现为业务应用和企业其他业务应用、企业外部应用之间的数据集成、应用集成、流程集成等。

业务架构决定了应用架构和数据架构，技术架构和系统架构是支撑应用架构和数据架构的技术实现，应用架构、数据架构、技术架构和系统架构存在着互动关系，不同层次的架构之间也相互影响，实施架构是上述各类架构在特定应用场景的统一和实现，如图 4-7 所示。

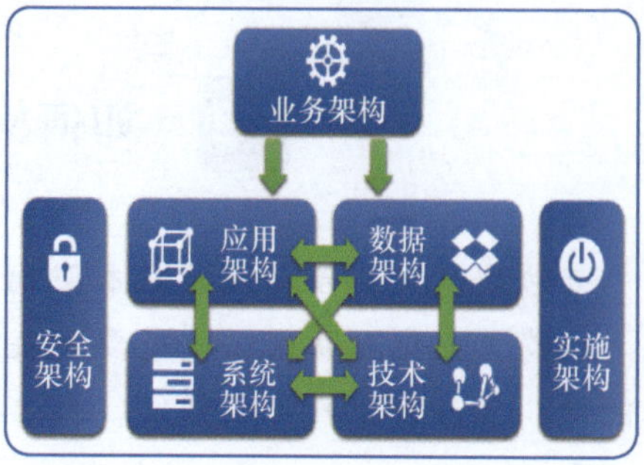

图 4-7 关于架构的内涵和相互关系

工业互联网的讨论已久，共识广泛

基于技术布局的考虑，工业互联网架构自下而上定义为“端、边、云”（图 4-8 右侧部分）。其中，“端”生成数据，“边”采集和传输数据，“云”存储和使用数据。在“端、边、云”三层架构中，“云”是工业互联网架构设计的中心，“边”是工业互联网架构中最亮丽的创新点，“端”定义为工业现场生成数据的各类设备，三个层次在物理上分别部署，完成不同的功能。

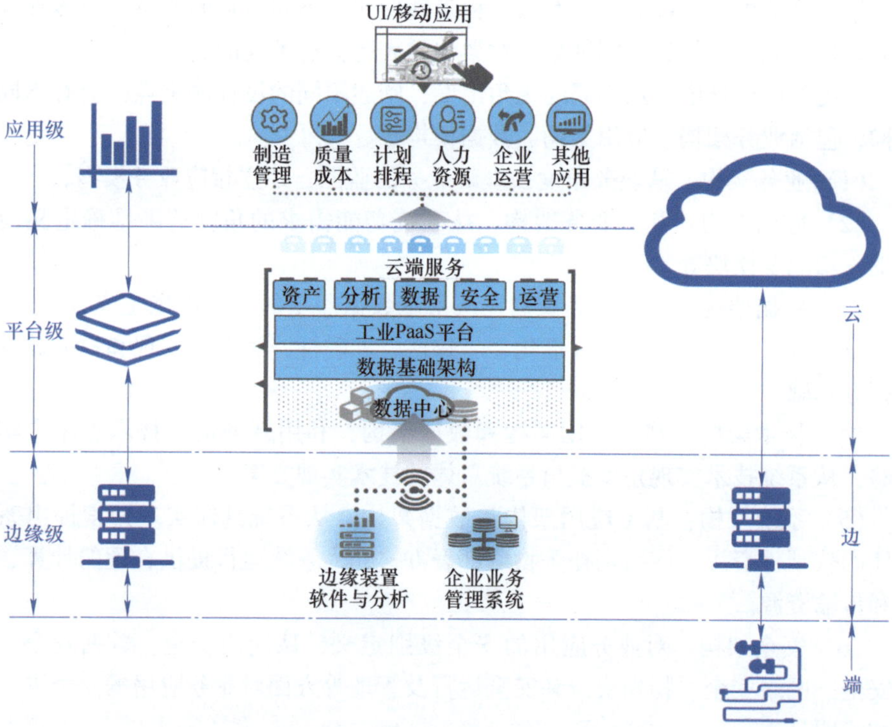

图 4-8 关于工业互联网技术架构的两种表述对照

美国工业互联网联盟也将工业互联网架构定义为三个层次（图 4-8 左侧部分），分别为边缘级、平台级、应用级，三个层级表述了功能关系（图 4-9）。而从部署实施上看，“云”和“边”是对应的，其中云端部署了平台和运行在平台上的应用功能。

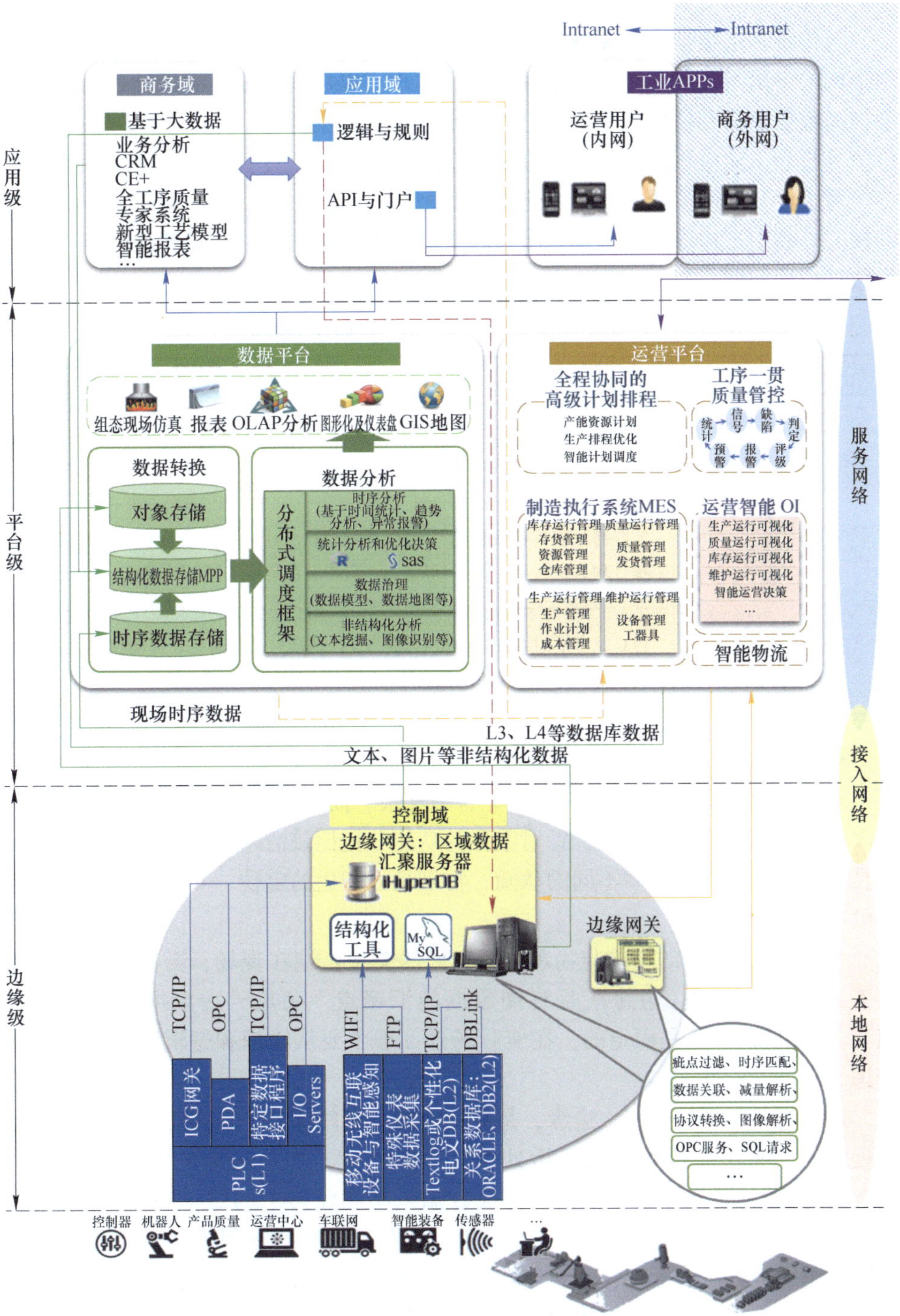

图 4-9　钢铁企业工业互联网技术架构——边缘级、平台级、应用级

工业互联网“云、边、端”架构的扁平化特点

与传统多层级信息化系统架构相比，采用“云、边、端”构成的工业互联网架构的突出特点是：结构更加扁平化，体现了以数据为核心的设计理念，着眼于提高数据流动和使用效率，充分发挥平台工业数据管理、工业知识建模、数据价值分析和工业应用创新优势，高效灵活地满足企业所有智能化需求（表 4-1）。

对工业互联网架构的认识一定要紧紧把握一个核心点：数据居于工业互联网的核心。其中，边缘解决数据采集过程中的数据应用问题，云端解决数据存储后的数据应用问题。

表 4-1　工业互联网云、边、端划分与特征

云、边、端	数据	能力	应用
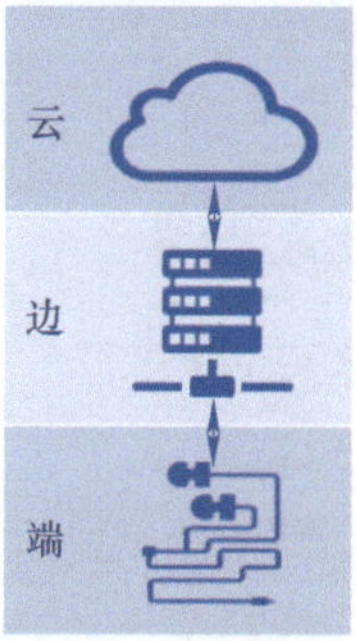	离线/准实时海量数据的汇聚、融合、共享为主	超强的敏态计算、存储能力（长周期存储）	全局型、平台型、通用型、协同共享型
	实时高频多样性数据的采集处理为主	较强的相对稳态计算存储能力，短周期存储	区域性，在线实时性，精准控制性，特定性
	PLC 及以下的设备。包括（不限于）：基础自动化系统、智能仪器仪表、机器人、无人化装备、工业视频等		

对于工业互联网架构的讨论既简单又复杂

对于工业互联网架构的讨论既简单又复杂。简单是指“云、边、端”三个层次在物理布局上相互独立，针对数据的功能分担比较清晰；复杂是指三个层次在具体部署上会产生很多不同的认知，特别是云和边的定位、布局、功能设置等都没有统一的定义。

“云、边、端”的架构与物理位置布局的关系：端在现场，云在远端，边则位于云和端的中间。边缘既是终端数据的汇聚点，又是云端数据传输的“管道”。但边的部署不是固定的，在实际场景部署中要从物理和逻辑两个维度加以考虑。

边缘顾名思义是指网络边缘，是靠近物理现场的部分。但在物理上是否一定靠近现场，可以视具体情况灵活处置。一般而言，如果边缘的定位比较“低端”，即配置的系统资源有限，仅完成数据采集和流转中的简单功能，如网关，则边缘更靠近现场；反之，则可以部署在更靠近云端的物理场所。有些特殊场合，出于维护方便的考虑，不妨与云中心部署在统一物理环境中，只要满足边缘对数据处理的需求即可。但无论如何部署，其逻辑功能是不变的。

在“云、边、端”架构上部署业务，不是一成不变的。典型的应用场景可

以是：云上智慧型运营、边缘数字化车间、端上智能化装备；智能化在“云、边、端”均有体现，作为一个整体实现智能制造。

既然要分层，实现不同的功能，那么就需要有平台来运行软件。

（1）云端平台与企业大数据紧密联系，是整个工业互联网系统的核心。云端平台是一个规模更大、功能更全、复杂度更高的平台体系，不仅提供全样本、全要素的在线/离线数据分析，还提供知识发现、封装和调用的系统环境，基于工业数据生态，支撑传统管理业务的优化和运行，支撑生态圈层级的数据交互和流程集成，为工业企业提供全生命周期的服务。另外，云端平台在开发态，采用开发运维一体化（DevOps）模式。

（2）边缘平台提供边缘层数据采集、处理和部分价值实现的支撑功能，聚焦数据的实时性，并支持边缘智能的实现。

（3）相对而言，终端平台加载在不同的装备（仪器装置等）上，则是更加个性化的，有利于运行效率和实时性，通常由设备供应商提供。

在工业控制领域，边缘的重要性凸显，越来越多的功能将在边缘实现，所以边缘智能是实现智能制造的重要一环。

关于“端、边、云、网”由来和思考

谈论工业互联网的“云、边、端”3架构是有前提条件的，即要对架构适用对象的边界加以明确定义。本节所论述的由“云、边、端”构成的工业互联网系统是针对一个企业而言，如钢铁制造企业，大量制造产线、物流、计量等设备作为端设备，生成数据，是工业互联网最重要的数据源之一。面向装备的数据采集需要部署相应的边缘节点，解决从“端”到“云”之间的数据流转问题。

如果超出这一企业边界讨论工业互联网，例如：面向超大规模的多元产业集团、行业，面向政府监管等场景，其架构形式会发生变化，由此引出层级架构与网状架构的讨论。两种架构决定了数据流和数据交互关系的不同，适用于不同的业务场景。

层级架构是一种星型连接的结构形式，本质上是有中心的架构（图4-10）。其数据流关系是跨层级上下交互，数据最终汇聚到中心节点，下层级节点采用分布式方式收集数据并与中心节点进行双向数据交互，同级节点之间不设置数据交互的通道，如果同级节点之间有数据交互的需求，则通过上层级节点进行流转。

【案例1】 一个由多个钢铁制造基地组成的大型钢铁制造企业集团，同时还有多元业务板块，如中国宝武集团的“一基多元”业务结构。面向一个钢铁制造企业，来自生产线现场各产线、工序的制造数据，经过以厂部区域为界所部署的边缘节点，连接到公司级的中心节点（大数据中心），各厂部（边缘节点）之间不设置数据直接交流的通道，彼此的数据交互由公司层（企业级）跨域实现。在此，厂部和公司之间在架构上是上下层级关系，这决定了数据流是以公司

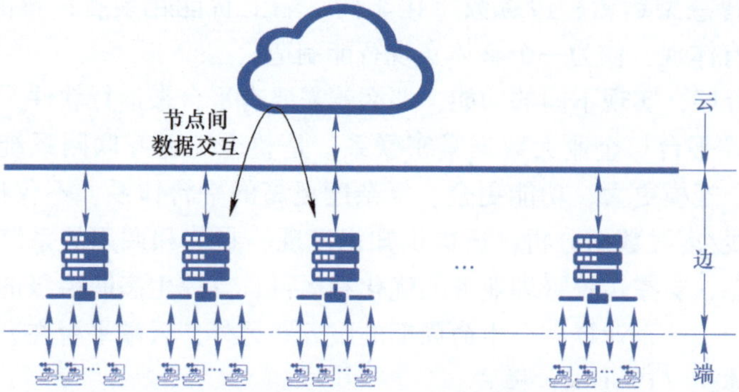

图 4-10 工业互联网“云、边、端”架构的星型结构

层为中心进行流转的，在公司层会形成完整的数据样本生态。

与层级架构截然不同的是网状架构。在一个有多个节点构成的网状架构中，每个节点，既提供数据也分享数据，节点之间的数据流转是直接进行的，不需要经过一个中心节点来间接周转，所以网状结构的特点是无中心化，尽管节点规模有大小之分，重要性也有差异，如图 4-11 所示。

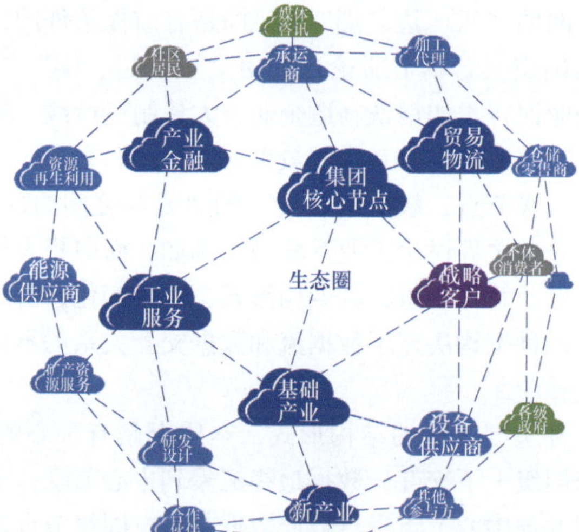

图 4-11 工业互联网连接产业生态的网状架构

【案例 2】 从全企业集团层面看工业互联网架构的规划设计。集团的管理职责决定了其对各制造基地和多元产业的管理关系是严格清晰的，“穿透式”管理的要求也非常明确。但是，集团的管理范围是有界限的，例如：资产的保值升值、投资产权管理、资源协调等，而具体制造、物流、销售等管理是由其麾下的“一基多元”产业板块来完成的，所以集团并不是全职能的管理。其管理权责决

定了其对数据的追求不是全样本数据，而是有限样本，以支撑集团所承担的管理职责的实现。而各制造基地和产业板块之间由于业务的紧密关系存在大量的数据交互需求，如设备维护服务、工程设计服务、信息技术服务等，如果这些数据都要以集团作为唯一中心节点来进行流转和交互，势必会对集团中心节点的规模和资源提出巨大的需求，而对数据流转效率又构成了瓶颈。所以在这种场景，网状架构是一个更佳的选项，除了集团作为一个核心节点与各基地、各产业板块实现数据汇聚交互外，其他各节点也同时直接交互数据，形成了一个有若干核心节点但无中心节点的网状架构。

基于对钢铁行业需求和特点的深入分析，以及上述讨论所形成的认识，充分考虑解决方案在业界的普适性，为中国宝武集团规划的工业互联网结构由“端、边、云”拓展为“端、边、云、网”，并在不同的业务场景加以运用（图4-12）。其中，以云端平台为中心、以多个边缘节点为数据通道、纵向以“云、边、端”层次构成的层次型系统架构，适用于各产业板块中具有特定业务内涵的经营单元，如钢铁制造单元、工业服务子公司等，构成了从数据采集到云化中心的扁平化层级架构，保证数据从现场到中心的汇聚和流转。

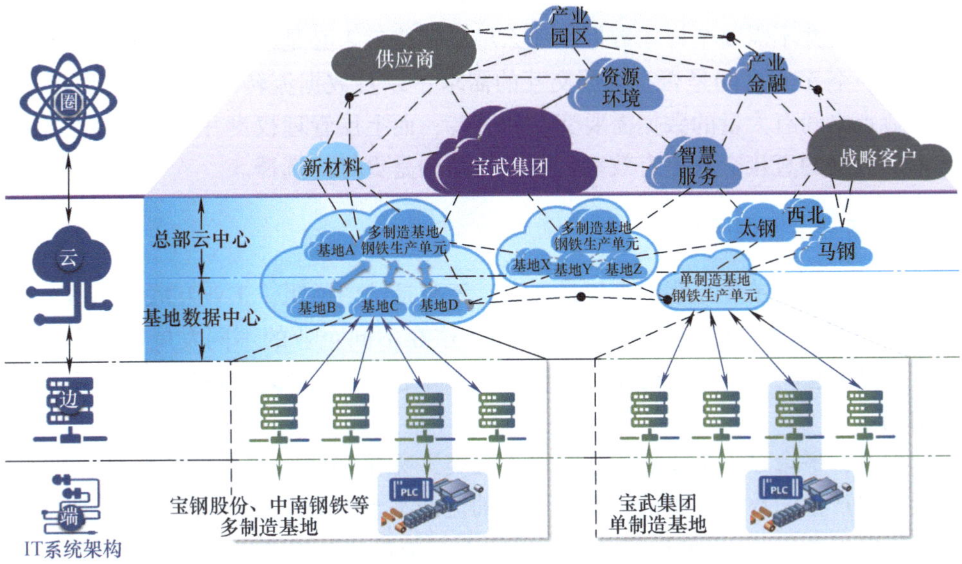

图4-12　中国宝武工业互联网实施架构图

在集团层面，以网状架构实现“一基多元”产业的互联互通。在这个“网”上，除了集团数据中心这一核心节点外，各制造基地的云中心也将成为生态圈网络中的一个数据节点，此外，还有多元产业服务板块，如电子交易、物流、设备运维等。通过一个互联互通的“网”实现集团层面“跨产业互通融合”。未来，基于这个支撑“跨产业”互通融合的网，进而构建钢铁生态圈所布局的互联互通架构，这里的“网”是指架构的网状形式，其对应的业务是“圈”，即钢铁生态圈。

随着集团对外不断兼并重组步伐的加快，出现在生态圈上的数据节点会与时俱进地发生变化，新加入的钢铁制造单元将成为钢铁生态圈网络的重要节点；而随着集团内部各业务板块重组进程，新的节点会出现，有些节点会消失。

“端、边、云、网”结构设计规则

在对大型多产业集团型企业进行工业互联网架构规划设计时，应该基于什么规则来判断工业互联网的架构，从而做出合理和最优的安排？合理是指企业信息资源投入合理；最优是指数据流转的效率最高。

综上所述，下列几个要素可以作为判定的规则依据。

（1）管理关系。对于一个严格的层级组织结构体，多采用层级系统架构，这样可以确保数据自下而上的完整汇聚（全样本）和数出一源，并实现自上而下的“穿透式”管理，使企业的管理意志得以高效体现。但管理关系不是唯一规则。

（2）是否有对全样本数据的追求。即使存在上述的管理关系，但实现最上层管理权责并不需要全样本数据，那么星型架构就未必是最佳选项。

（3）各节点之间是否有数据交互的需求，以及数据流转的最佳方式是什么？如果节点之间有大量的数据需要交互和流转，而上层管理权责并无对这些数据的需求，数据的直接交互更有效率，则网状结构是更好的选择。

4.2.2 工业互联网平台

前面强调：工业互联网不仅是平台，无非是试图说明，工业互联网组成的要素很多，不可仅“迷恋”于平台的构建，这在不同企业的不同发展阶段尤其如此，否则就会将辛辛苦苦构建的平台置于无源之水、无本之木的窘境，导致失败的结局。

但是，平台之于工业恰似心脏之于人类，无论如何强调其重要性都不为过。大量实时产生的数据（血液）源源不断的流向平台（心脏），经过加工处理（融入了新鲜的氧气），再推送到工业机体的不同部位，是工业体持续运转所需的活力。所以，工业拥有一个良好的平台，如同人具有一颗强大的心脏。

如果一定要为工业互联网平台寻找一个起源，那一定是通用电气——Predix。

工业互联网——基于互联网的工业运用，是各行各业提升运营效率的关键。在这种理念的推动下，平台如同雨后春笋，竞相出现。

国内外已经出现的工业互联网平台太多了，据不完全统计：国外的平台上百个，而国内则有数百个。可以想象，这些平台必然是良莠不齐、参差各异。

国外对平台的权威性评价机构

很多国际知名咨询机构都以各自特有的咨询模型，从不同维度对工业互联网（IIoT）平台发展进行评估，并定期或不定期发布相关的评估报告。这里选择三个比较有代表性、且在国内有一定影响力的评估结果，分别来自 Gartnar、IDC、Forrester。

（1）Gartnar 魔力象限❶。

2020 年 10 月 23 日，全球著名 IT 研究机构 Gartner 发布《2020 全球工业互联网平台魔力象限报告》（图 4-13）。工业互联网（IIoT）平台是指一组集成的软件能力，针对那些资产密集型的行业，提高对工厂、技术设施和设备的控制优化、运营可视化和决策辅助。

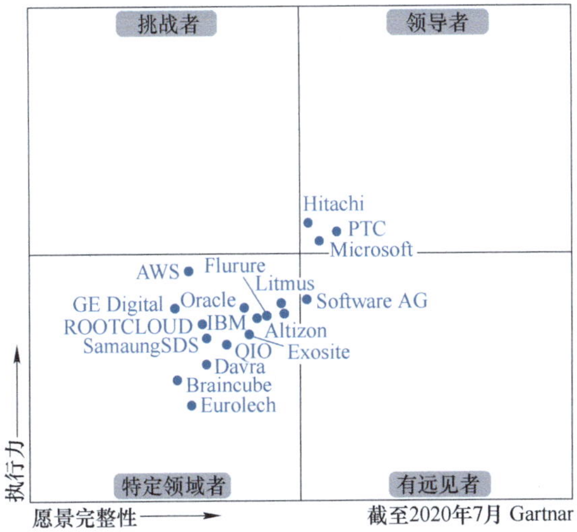

图 4-13　Gartnar 工业互联网平台（IIoT）魔力象限

工业物联网平台可以作为独立产品销售，不需要购买配套的硬件或软件。

入选魔力象限供应商有 50 名客户在生产中实施了一般利用部署，有至少 25 万个工业物联网端点连接到已建客户基地的平台上，供应商必须在北美、欧盟、拉丁美洲、中东和非洲，以及亚太地区中的三个主要地区建立四个特定客户负责生产过程中的平台运营，直接或通过合作伙伴关系，在至少三个主要地区提供专业服务（安装、运行和集成）和支持服务（咨询处、产品支持和维系工程）。

必须可应用于所有指定的部署模型：云模型、混合边缘云模型和本地部署模型，供应商的产品必须具备保护工业互联网平台的特性和功能。

❶　魔力象限报告是 Gartner 自 2006 年开始发布的旗舰研究报告，分为领导者、挑战者、有远见者和特定领域者（Niche Players）四个象限，对全球 IT 细分市场状况和趋势进行分析。

（2）IDC MarketScape 工业互联网平台供应商分析❶。

工业互联网平台（IIoT）分为连接管理平台和应用服务平台两类，为应用提供从工业设备和系统采集到的数据，必须能够支持全球部署。

2020 年 7 月，IDC 发布全球工业互联网平台（IIoT）及应用厂商评估报告（图 4-14），延续 2019 年平台厂商评估，依然分成制造业和能源业两个方向，旨在对专注于在制造业、能源业最有影响力的工业互联网平台和应用提供商进行评估。

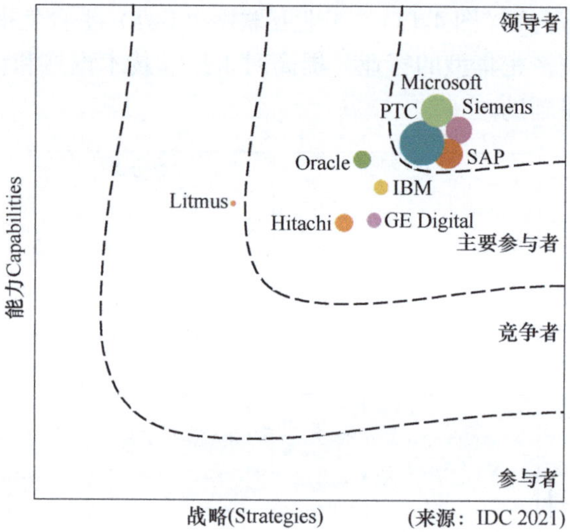

图 4-14　IDC 全球工业互联网平台（IIoT）及应用厂商评估

评估入选标准包括：可以提供商业可用的 IoT 平台、2020 年平台和软件收入超过 1500 万美元、支持在美洲/亚太/EMEA（欧洲、中东和非洲）3 个大洲的物联网部署等。

（3）Forrester 工业互联网平台 Wave Leader 版图❷。

工业互联网平台是用于连接和管理工业环境中智能设备和基础设施的软件解决方案。重点考核工业互联网平台的影响力、关键工业用例、对工业数据和工业协议的原生支持等指标。

---

❶ IDC 针对工业互联平台产品和解决方案的服务提供商，具体定义了业务收入、产品功能、集团业务比例和其他方向，从技术产品、市场化和业务绩效三个方面评估，评估结果基于 IDC MarketScape 模型以图像的形式呈现。通过对供应商和用户的访谈，IDC 进行分析和打分，以确定各服务提供商在 IDC MarketScape 中的相对位置。

❷ Forrester New Wave 使用透明的方法来比较新兴软件、硬件或服务市场中的参与者，便于客户能够做出明智的购买决策。

《Forrester Wave™：工业 IoT 软件平台》（2021 年第四季度）深入研究了 14 家领先的 IIoT 平台提供商（图 4-15）。随着 IIoT 平台市场日趋成熟，仅靠机器间的简单互联已无法形成强有力的优势。Forrester 通过现有产品、战略和市场表现等 24 条标准评估了各平台。

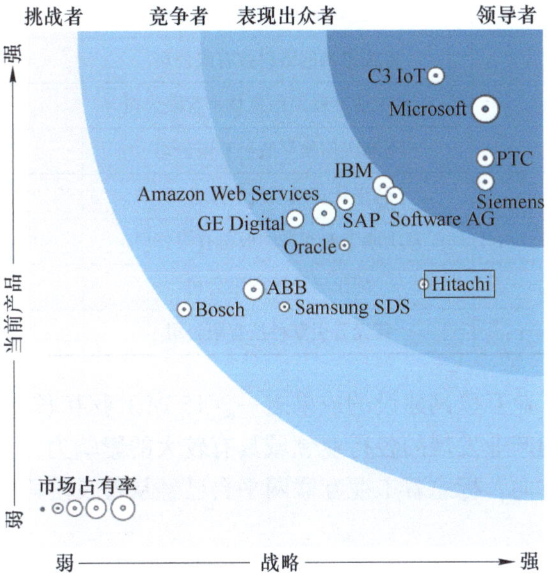

图 4-15　Forrester 平台 Wave Leader 版图

国家级“跨行业、跨领域”工业互联网平台

国内比较有影响力的标志无疑是进入跨行业、跨领域工业互联网平台（双跨平台）行列，其权威性来自政府主管部门的权威性。进入“双跨平台”行列成为所有平台类企业所追求的目标。

2019 年，第一批双跨平台共 10 家，2020 年扩容为 15 家，见表 4-2。

表 4-2　国内跨行业跨领域工业互联网平台 2020 年、2021 年度排序

平台名称	单　位	年度排序	
		2020 年	2021 年
卡奥斯 COSMOPlat	海尔卡奥斯物联生态科技有限公司	1	1
航天云网 INDICS	航天云网科技发展有限责任公司	2	2
汉云工业互联网平台	江苏徐工信息技术股份有限公司	4	3
东方国信 CLOUDIIP	北京东方国信科技股份有限公司	3	4
根云 ROOTCLOUD	树根互联技术有限公司	5	5
浪潮云 In-Cloud	浪潮云信息技术股份公司	8	6

续表 4-2

平台名称	单　位	年度排序	
		2020 年	2021 年
华为云 FusionPlant	华为技术有限公司	9	7
用友精智	用友网络科技股份有限公司	6	8
忽米 H-IIP	重庆忽米网络科技有限公司	12	9
蓝卓 supOS	蓝卓工业互联网信息技术有限公司	14	10
宝信 xIn^3Plat	上海宝信软件股份有限公司	13	11
腾讯 WeMake	腾讯计算机系统有限公司	11	12
富士康 FiiCloud	富士康工业互联网股份有限公司	10	13
阿里云 supET	阿里云计算有限公司	7	14
紫光云引擎 UNIPower	紫光云引擎科技有限公司	15	15

双跨平台是工业互联网建设的成果之一。15 家工业互联网平台作为国家队，在国家工业互联网产业发展的各行业领域具有较大的影响力，引领着国内工业互联网平台的发展方向，标志着工业互联网平台已经从普及阶段发展到了实践落地生根阶段。

依托大型工业企业建设的工业互联网平台占据了 15 家双跨平台的半壁江山，这是因为工业企业往往具有较长时间的历史积淀，掌握本企业/行业的典型应用场景，在数字化转型的起步建设阶段能够快速定位合适的场景，使用数字技术进行赋能，在产业中率先探索数字化并取得效果，确实是当之无愧的先行者。

要进一步实现工业互联网平台赋能，促进大众创业、万众创新，和一二三产业、大中小企业融通发展，平台需要大力发展工业企业所需的研发设计、生产制造、运营管理、运维服务等领域的服务能力，通过这些服务能力的沉淀、积累、流通、交易，让更多的企业低成本使用平台。

根据资料，2020 年国家级双跨平台是从“平台资源管理能力、平台应用服务能力、平台基础支撑能力、平台可持续发展能力和平台基础支撑能力”五个维度进行评价。

2022 年，双跨平台名单进行了大扩容（表 4-3），新增 14 家双跨平台（同时退出 1 家），共达到 28 家。

表 4-3　2022 年新增跨行业跨领域工业互联网平台清单

平台名称	单　位
百度开物	北京百度网讯科技有限公司
东智工业应用智能	湖北格创东智科技有限公司

续表 4-3

平台名称	单　位
美擎	广东美云智数科技有限公司
讯飞 TuringPlat 图聆	科大讯飞股份有限公司
朗坤苏畅	朗坤智慧科技股份有限公司
蓝海	山东蓝海工业互联网有限公司
橙色云	橙色云互联网设计有限公司
天信	天瑞集团信息科技有限公司
中电云网 BachOs	中电工业互联网有限公司
爱尚 ASUN	江苏中天互联科技有限公司
广城铭岛-际嘉 Geega	广域铭岛数字科技有限公司
润联 Resolink	华润数科控股有限公司
京东 JD	京东科技控股股份有限公司
摩尔云	摩尔元数（福建）科技有限公司

据 2022 年 9 月 9 日工业和信息化部“新时代工业和信息化发展”系列主题新闻发布会信息显示：工业互联网平台体系加快形成，目前已经有 32 个重点平台接入国家平台网络，共连接设备超 7900 万台（套）。目前，工业互联网已经全面融入 45 个国民经济大类，助力制造业、能源、矿业、电力等各大支柱产业数字化转型升级，形成东中西部错位发展、均衡分布、协同互补的良好格局。

对双跨平台的简单评述

创建一个真正意义的“双跨”平台其实很难。

目前的双跨平台都还不是真正意义的“双跨”。平台要么是“跨行业的专业化平台”，即可以在多个行业的某类专业化业务中普遍适用，要么是“跨专业的行业性平台”，即在某个特定的行业领域，提供覆盖各类跨专业的业务服务，受限于行业差异和企业业务范围，任何平台要真正做到深度的“跨行业、跨领域”都非常困难，包括 GE Predix、西门子 Mindsphere、PTC Thinkwise 这些国际大腕，也是如此。

以宝信软件平台为例，其主要定位于钢铁行业内，是可以提供广泛的跨业务域的行业性平台，其所谓的跨行业应用，仅仅是在某些行业差异不大的业务域，实现了有代表性的推广和使用。

宝信软件工业互联网平台 xIn^3Plat

xIn^3Plat（图 4-16）于 2018 年启动规划开发工作，2020 年（双跨评比第二年）进入双跨行列，是一个深度融入钢铁全流程领域，又在不同领域涉足其他不同行业的平台，是基于宝信 40 年业务发展的积累而形成的平台。

图 4-16　宝信软件工业互联网平台 LOGO

从品牌意涵视角，“xIn³Plat”包含了多重内涵解读，其中，xin 为“信”，承载用户对宝信的“信任、信赖、信心”；In³ 则表征工业（Industry）、智能（Intelligent）、信息技术（Information）的融合。将诸多意涵加载到一个平台的品牌上，体现出宝信对工业互联网平台的特别重视并寄予厚望。

从技术的视角，宝信软件 xIn³Plat 平台由 iPlat、ePlat 两个平台部分组成（图 4-17）。iPlat 面向边缘节点部署，支撑在工厂内部纵向“穿透式”深度贯通；ePlat 以云为核心部署，实现业务、企业、产业之间横向紧密集成。两者结合构成“T”型骨架，提供两个维度的泛在的业务互联和深度的数据互通。

从业务拓展视角，宝信工业互联网平台的双跨特征体现了宝信的发展历程，跨行业发展走出了一个“h”型路径（图 4-18），这非常形象地描述了宝信软件的业务发展特色和技术拓展的由来。从专注钢铁行业到跨行业应用、从服务母体到产业拓展，宝信软件扎实走过了 40 年发展之路。宝信软件的发展在国内首创了一种全新商业模式：将专业信息化部门从集团母体分拆，进行专业化孕育、市场化发展，以做深做专的服务能力，树立了公众型上市公司的良好形象和持续盈利、快速发展的市场表现。目前，宝信软件作为中国宝武集团旗下工业服务产业的核心企业，不仅承担着全集团工业互联网规划、设计、开发和实践的任务，而且也担负着集团“一基五元”产业板块中信息产业发展的重任。

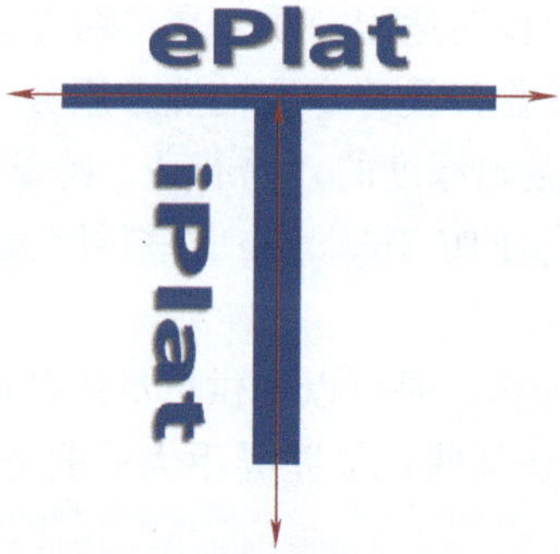

图 4-17　宝信软件工业互联网平台

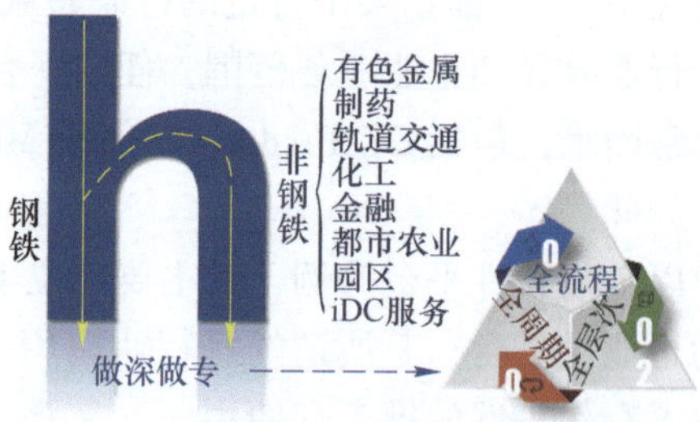

图 4-18　宝信软件跨行业业务发展模式

工业互联网平台的核心是工业 PaaS

宝信软件旨在打造领先的工业互联网平台如图 4-19 所示。

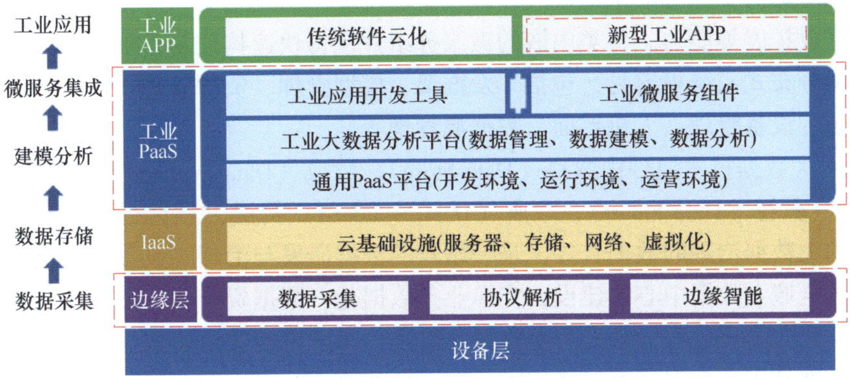

图 4-19 xIn³Plat 架构

其基于以“数据为核心”的设计理念，打通业务“烟囱”和数据“竖井”，实现业务敏捷和数据智能，将界面、服务、数据、流程、安全进行全方位融合，强化业务微服务化、数据能力复用的设计思想，通过平台运营催生技术研发生态建设。

按照最新的开发规划，以模块[1]、组件[2]、套件[3]作为平台软件资产的主要呈现形式。按照统分结合的原则，统一规划平台套件如图 4-20 所示。

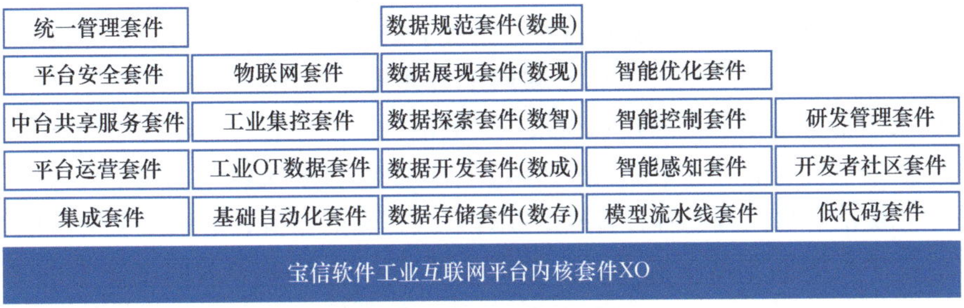

图 4-20 xIn³Plat 套件构成

其中，平台内核套件 XO 是一个基础底座，是基于工业互联网规范打造的服务于生态技术平台的操作系统，以模型方式统一管理平台中的信息资源、数据资源和设备资源，以容器化+微服务为技术抓手，实现底层技术、微服务架构、开

[1] 模块是可分可合的最小单位，是开发的基本单位，根据规模大小，分为一级模块和二级模块。

[2] 组件是可分可合的主要单位，是模块的组合，可被独立替换和升级的软件单元；组件间定义清晰、组件内与语言无关，独立开发、独立测试、独立部署、独立扩展，以面向用户的功能为出发点，组织和内聚相关的模块。

[3] 套件是面向使用场景的多个组件的组合，以交付为主，根据不同需要套件内容可以动态组成。

发模式、数据交互标准全局统一，提供稳定可靠、通用基础、标准交互、按需组合、开放扩展等能力。各类内嵌的微服务组件使得快速构建易扩展、高性能、低成本的分布式系统更容易，包括开发框架、模型管理、资源管理、安全管理、应用管理、设备管理、人机界面、数据源管理等。

5S 大数据技术组件由数存（Data Store）、数成（Data Succeed）、数现（Data Show）、数智（Data Smart）、数典（Data Standard）构成，是具有宝信自主知识产权的大数据治理的数据套件，是一站式的数据研发与治理工具集合，支撑宝武全级次全域大数据中心的建设，支撑业务数据化、数据资产化、资产服务化、服务业务化的闭环过程，帮助企业将孤立散乱、晦涩难懂的原始数据转换为融合有序、标准易用的数据资产，构成了数据中台的核心功能。

截至现在，宝信软件共规划组件数百个，涉及平台内核提炼、低代码、社交协同组件、人工智能、物联网、数据湖、知识库等多个方向，形成完善的平台功能架构。

关于“中台”的理解

在讨论工业互联网平台时，回避不了当前一个时髦的用语“中台”。中台概念的提出吸引了很多人的眼球，俨然成为数字化转型不可或缺的重要抓手。从业务后台求稳、业务前端求变的角度而言，中台是一个好的概念，可以将“厚重死板”的后台业务逻辑与灵活多变的前端业务模式有机衔接起来，在一些电子商务平台中获得了成功。因为它确有新意，凸显了互联网业务模式创新中的技术特点而备受推崇。中台概念引入工业互联网平台建设，试图通过倾力打造“功力深厚”的大中台，强化平台的技术积累和服务能力。因此各种各样的中台概念应运而生：数据中台、业务中台、AI 中台、智能中台、区块链中台等，不一而足，令人眼花缭乱。也出现了各种各样的践行方式，例如：多数是从技术架构角度来定义，把中台等同于基于容器云、微服务架构、DevOps 等云原生技术的平台；或从产品视角，将一体化产品中的功能模块，按领域建模方式做切分后进行适当的技术封装，打包成服务中台；或者将一线项目团队视作前台，公司后方支持团队作为中台，形成所谓业务中台；等等。

中台角色如同酒店的大堂经理。在一家高档豪华酒店，面对消费者多种需求，前台要提供灵活的服务，但酒店的后台业务（管理、财务等）是一成不变的，这就需要大堂经理这样一个角色，来处理前台客户的多变需求与后台业务系统之间的衔接关系。与此相比，在一家经济型酒店，其服务模式是“整齐划一”的，无论客户来自哪里，酒店都只提供标准化服务，所以，在此看不到大堂经理，甚至前台接待也变得异常简单。这一逻辑在工业互联网建设中可以获得启发，即中台的存在不是赶时髦，而是业务需求驱动的结果。这个案例说明：不是一切场景都需要中台。

但是，在企业工业互联网中，中台的理念如何借鉴？是否可以照搬？需要构建哪些中台？似乎都缺乏理论上的体系指导，业界也存在不同的争论。因此，在采用中台策略并启动中台建设之前，应考虑清楚下列问题。

(1) 对制造企业，前端业务形态的多变决定了业务中台存在的必要性，因为中台的存在就是为了“屏蔽”厚重的后台业务系统对前台灵活多变业务的不适应性，如果前台业务本身并不是灵活多变的形态，那么中台的价值在哪儿。

(2) 中台不仅是若干软件中间件的堆积，将中台视为一个纯技术开发问题是有风险的，特别是业务中台，需要将业务系统结构重构，从中抽取可用于构建中台的元素，将其构件化，这本身需要业务理解能力和系统功能重构能力，不是几个软件中间件开发那么简单。

(3) 真正意义的业务中台重构与企业的管理模式和组织结构变革相关联，在组织架构中要为中台建设留出团队的位置并有相关资源的安排，这不是仅靠 IT 技术人员和普通业务人员就能够承担的工作。

在企业工业互联网平台建设中，数据中台建设有其特别的合理性和可行性。首先，企业对数据应用的迫切需求使面向数据服务的数据中台建设基本上是一项创新工作，不会受到传统业务和存量系统的掣肘，可以在一张白纸上做文章。其次，数据中台的内涵和构建方式与工业 PaaS 是一致的，而更重要的是：企业数据应用是一种敏态业务，存在灵活多变的需求，需要柔性的业务模式来应对，这恰恰是中台的优势和价值。所以，数据中台的建设应该成为工业互联网平台的重要内容。

至于业务中台，需要谨慎进行评估，做出实施与否的抉择。如果要实施业务中台战略，则要在更高层次、更广范畴做出资源、技术、模式等方面的系统安排，按照“复用、敏捷和解耦”三原则对存量业务系统功能进行重构，并对实施步骤进行周密的部署，以降低或消除潜在的失败风险。

需要特别强调的是：在国内，中台建设始于阿里、腾讯、京东等大型互联网企业。这些企业在启动中台战略时，都从组织结构调整做起，以确保组织能力顺应业务模式的变化。这说明：中台不仅是技术开发问题，更需要企业组织结构和商业模式的配套设计。

那么，作为工业互联网平台开发商，在大讲中台战略时，如何保证用户企业组织和业务会进行调整？又如何证明设想并开发的中台技术产品能够适用于企业业务调整的方向？这是一个问题。

国内工业互联网平台发展趋势

工业互联网平台发展的一个重要评价指标是连接设备的数量，这表明发展平台还处于工业互联网发展的初期阶段，上云是第一步，只有设备连接、数据上云、数据汇聚，方能谈数据应用。随着平台上积累的数据规模变大，对数据应用产生价值的期许会提高，场景逐步拓展，应用逐步丰富，工业互联网平台的发展切实从概念普及阶段进入实践生根阶段，工业互联网作为支撑经济发展的基础设施，将渗透到社会经济生活的方方面面。

在未来发展上，工业互联网平台发展将更加关注技术创新能力和生态协作能力。技术创新能力是平台功能不断完善的直接体现，包括持续提升物联能力、面向知识和模型 PaaS 组件能力、低代码开发能力、5G 等新技术融合应用能力等，降低应用创新开发门槛，满足企业不同应用场景的需求；生态协作能力是平台产生价值的关键，内部由专业团队（服务商）提供专业的数据服务，外部聚合并打通平台与生态伙伴的联系，持续加强生态合作。生态意义上的协同离不开商业模式创新，要降低企业建平台和用平台的成本，帮助更多企业实现数智化转型，最终为企业创造价值。

4.2.3 大数据中心

大数据是工业互联网的中心，是最核心的部分，也是数据作为资产和资源能够产生价值、发挥作用的场地和场所。本节不讨论企业数据中心建设的技术问题，而是着眼于大数据中心规划建设中要遵循的原则，以及对原则的合理性加以阐述。

前面讨论工业互联网平台，通常是指配置在大数据中心的软硬件环境（基础设施）和用于数据分析、处理的模块功能和服务能力。

大数据中心基础设施资源实施策略

对企业而言，建设一定规模的大数据中心是建设工业互联网的重中之重。大数据中心的物理布局通常取决于企业的规模、地域分布、产业形态等。

对于小型企业，选择公有云来构建大数据中心是投入产出比较优的选项，租用 IDC 服务商提供的成熟基础设施和服务能力，既减少一次性投入压力，又降低对自身能力可能不及的现实问题。目前国内可以提供公有云服务的资源选项较多，也比较成熟。国家在策略层面也积极鼓励中小微企业通过引入成熟的专业服务，一方面使得制造企业可以尽快“上云、用数、赋智”，进入工业互联网“赛道”；另一方面也有助于“新基建”产业规模迅速扩大，成为数字经济增长的新引擎。

对于具有一定规模的企业，建设大数据中心通常有公有云和私有云两种策略。鉴于企业制造运营数据具有一定的敏感性，对采用公有云所带来的信息安全控制的无力感使得很多企业倾向于自建私有云，在心理上获得安全性的慰藉。事实上，建设私有云所面对的安全风险一点都不亚于公有云方案，甚至有过之而无不及。

对于大型企业或企业集团，财力、人力以及品牌影响力的要素都决定了自建私有云是优先选项。没有哪个大型企业集团会将自己的巨量数据放在一个没有资产关系、不受控的系统平台上，这既有数据安全性的担忧，也是一个“面子”考虑。

不论以何种方式构建大数据中心，首先都要考虑中心的物理布局问题，同时要规划决策引入何种服务能力，即 IaaS、PaaS、SaaS。

大数据中心的物理布局

企业在自建大数据中心时，合理规划布局非常重要。布局就是要对物理位置、规模、数量等做出规划。对于大型企业，大数据中心的物理布局通常取决于企业的规模、地域分布、产业形态等。由于用一个中心型的物理节点来覆盖全域运营不一定是最佳方案，因此就有数量、位置的确定、每个中心的覆盖范围以及各中心之间的联系关系等一系列需要考虑的问题，要制定明确的规则和详尽的技术解决方案。

图 4-21 给出了一个大型企业集团工业互联网建设的架构示意图。其中，对于一个独立业务单元（如一个法人实体、一个全功能制造基地等），其工业互联网由云边端构成，云端大数据中心是一个物理资源集中部署的 IDC 系统，将下面所有边缘数据节点数据汇聚到大数据中心，以便应用；而这个大数据中心在集团层面仅是一个节点，集团下属的多家法人、基地、多元产业等均具有各自独立的大数据中心，满足其特定的业务运营需求。

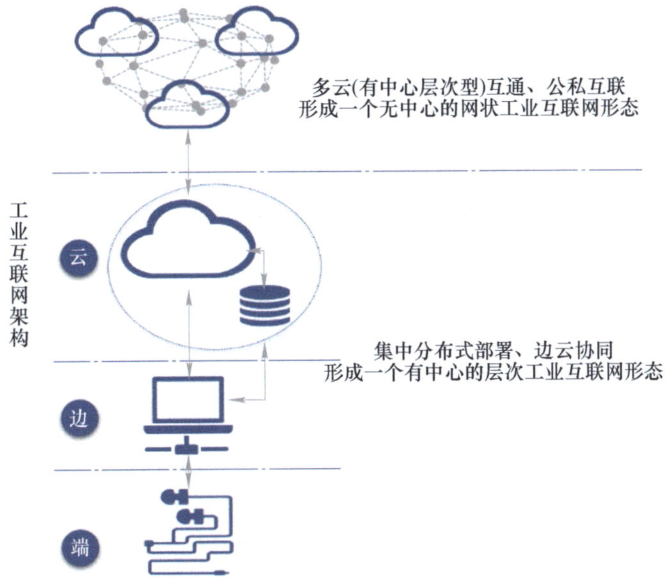

图 4-21　大型企业多数据中心架构

这些大数据中心都是独立建设的，但彼此不是“数据孤岛”，而是相互联系、互联互通的，可以形象的用一个多节点的“网”来形容，每家独立实体的数据中心都是这个网上的一个节点，所有的节点互联互通，形成一个完整的数据环境，即全量、全要素、全流程数据构成的全样本数据集。

以一个网状形态构建集团层面的数据环境是一个非常重要的理念。传统上，按照集团自上而下的管理关系，集团数据中心应该汇聚所有的数据，形成一个更大的数据中心。这种方式是实现全样本数据汇聚的常用方法，但由于新增加了一个层次，不仅显著增加了投资，而且会降低数据使用的效率。因为，集团层面的管理职能是有边界的，将很多集团管理职能范围所不需要的数据，送到集团的大数据中心，除了增加存储和带宽资源浪费外，并不会产生任何附加价值。以网状形式构筑的分布式大数据中心，由于互联互通的设计，保证了各数据中心之间的数据分享成为可能，也为后续构建以主题域为特征的逻辑数据节点打下了基础。

主题域逻辑节点的设计

事实上，对于企业大数据中心的构建，除了物理维度，还要从逻辑维度进行设计和规划。物理维度是按照物理地域来规划安排，这是基于制造企业产线布局特点进行数据采集汇总的合理安排。但企业的数据在使用时又具有专业划分，按照专业划分形成的主题域逻辑节点的设计是大数据中心规划的一个重要维度，是追求多维度、全要素、深层次、专业化应用数据的必然要求。

例如，设备维护是企业大数据应用的主要领域之一，它需要尽可能多汇聚与设备有关的数据，甚至是部署于不同地域、分属于不同制造基地的同类装备数据，以增加数据样本来解决更大范围的设备维护问题。这种情况下，设备数据就成为一个主题域，抽取各数据中心中所有与设备运维相关的数据，并汇聚到一个以设备主题域构建的数据中心来，实现所有与设备相关数据的汇聚和紧密关联。这一数据中心既可以是完全逻辑化的，也可以是物理型的。其成为集团网状数据环境中的一个节点，数据来自各数据中心的抽取数据，保证了数据源的一致性，避免数出多源。

数据中心物理布局设计首先是基于数据采集完整性、便利性原则，一切数据都要区域接入，只有区域数据的完整才能支撑全局数据样本的完整。而数据主题逻辑域划分更多是考虑数据应用便捷性、有效性原则，如何梳理归类数据才能最大限度地凸显数据关联性，并便于从关联关系中发现价值。当然，逻辑域可以是纯逻辑节点（物理上不独立存在），也可以是一个新的物理数据中心，这取决于企业对数据专业应用方面的具体模式。仍以设备维护为例，如果企业的设备运维是由专业的技术队伍以服务形式来完成，即由一家独立的法人实体为多个制造单元提供设备运维服务，那么构建一个物理上的设备主题域数据中心是一个合理的选项。

通常，设备、能源、电子交易、物流等平台服务型企业担负着为多个主体提供专业服务的责任，对大量业务数据的使用便捷性决定了构建物理主题域数据中心具有合理性。

从上云、上线、上平台到上云、用数、赋智

数据上云是工业互联网的基础要求，无论是配置计算存储资源、构建高性能网络，还是配置平台，都是面向数据的，都是为了将数据汇聚形成一个完整的数据样本环境，即为数据上云。上线是指业务一律上线，流程跑在系统上而不是系统外，系统外运行业务导致业务存在漏洞、数据存在缺口。上平台是指平台化运行，专业业务系统互联互通是平台化运营的前提，互联互通后，所有的业务不仅上线，还跑在一个平台上，从而有助于推进平台化运营。

如果说上云、上线、上平台是基础、是手段，那么上云、用数、赋智就是目的。具备了基础，就可以利用数据来解决以往不能解决的诸多问题，提升企业运营中的智慧决策程度和水平，为企业缓解发展瓶颈找到新的出路和手段。

4.2.4 边缘计算

流程驱动的传统企业信息化系统，与企业的管理结构相适应，每一层级都承载具体的业务功能，不存在边缘的概念。

通过将部分或者全部处理程序部署在靠近用户或数据收集点，边缘计算能够大大减少在大规模分布式站点下给应用程序所带来的影响[25]。边缘计算的一个特点是应用与边缘的位置紧密相关。

边缘计算是一个技术概念

在工业互联网架构中出现边缘层，是一个很重要的创新理念（图 4-22）。首先，完全是数据驱动使然，真正体现了以数据为中心开展设计的理念；其次，体现了工业领域的特点，在消费互联网领域，手机端直接接入互联网，不存在边缘的必要，也无需考虑边缘的位置。

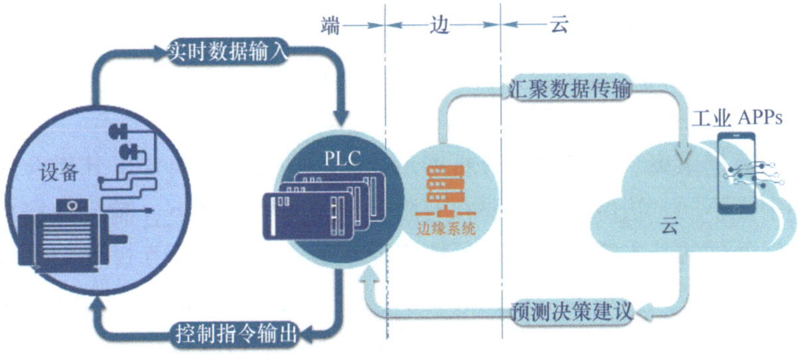

图 4-22　边缘实施示意图

边缘是一个技术概念，意味着无论如何定义和解释边缘，或在边缘加载何种业务，都不是边缘所固有的特征，边缘的本质是数据通道。

随着物联技术的发展，工业制造设备所产生的数据量越来越大、频率越来越高，如果这些海量高频数据都要放到云端处理，将耗费巨量的频谱资源、传输带宽和数据处理能力，“云”难免不堪重负，还会影响对数据实时性的充分利用。边缘计算在数据处理方面具有特殊优势，可以分担云计算的压力，因此其在工业领域受到特别关注和重视。就如同办企业，一家小公司总经理可以对公司的管理事无巨细，但是当公司发展到一定规模时，就需要赋予部门和一线员工必要的决策权，使得企业运营的效率得以提升。

在靠近物或数据源头端部署边缘节点，由网络、计算、存储、应用等构成的系统环境，提供近端服务是边缘计算的初衷。至于边缘的具体配置规模和部署方式，取决于对边缘节点处理数据规模和能力的需求，以及对云和边功能分担的不同考虑。无论是“厚云薄边”还是相反，都不意味着否认边缘存在必要性的任何暗示或尝试。

随着新型的边缘计算能力的出现，计算模型不再局限于建设中心化的数据中心。边缘计算采用了虚拟化和云计算技术，创造出一种能够管理成千上万大规模分布式节点的潜在能力，以满足各种多样的用户场景，这在工业领域尤其如此。逐渐地，云端应用程序需要边缘节点来提供更加丰富的功能，市场对边缘计算的能力需求会持续不断增长。

边缘的形态是多种多样的

小到一个集成型的网关设备，大到一定规模的边缘节点都可以被定义成一个边缘节点。例如，常规的通讯网关是典型的边缘设备；在钢铁流程中，过程计算机（L2）则是一个理想的边缘计算环境。再如手机，通常被认为是一个“端”设备，但是，如果换一个视角，将人视作一个物理对象，其各种行为、动作会生成很多数据，由于人与手机是一对一绑定的，手机可以采集人的各种行为数据，包括健康、运动、驾车、消费、娱乐等，并对这些数据进行必要的处理计算送到互联网云端，这时，手机就成为一个功能强大的边缘计算装备，其中也不乏在边缘（手机本地）利用数据进行分析计算类的 APP 等。

边缘需要一个平台

边缘以数据采集、预处理和分析展示为核心功能，这决定了其平台的功能要求与云端中心不同。边缘侧平台要在有限计算资源的条件下，满足数据采集流动过程中数据处理的基本需求，如尽可能降低在云、边数据交互过程中对数据延迟和安全的顾虑，还要满足通信带宽的要求。为了满足这些需求，边缘平台应该具备的功能包括：从数据采集处理的核心功能出发，对边缘节点所覆盖区域内数据进行实时串接勾连、时空对齐、减量解析、关联建立、特征提取、规则发现等预处理工作；在数据动态处理过程中，构建边界范围内的区域数据池，并进行有限的数据缓存；按统一的数据字典要求，对工业现场数据进行标准化和归一化治理，实现基础数据模型构建；基于统一服务接口，与云中心进行数据交互；等等如图 4-23 所示。

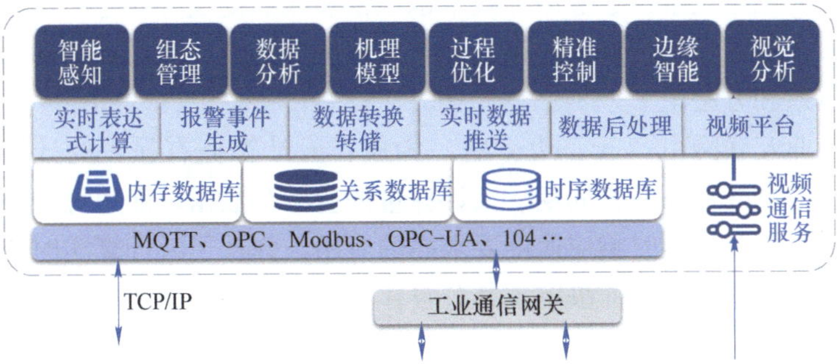

图 4-23　宝武工业互联网平台之边缘平台功能架构图

边缘侧业务应用的部署

边缘是一个技术概念，以数据为中心开展设计。但是回避不了一个话题：边缘侧是否可以（或应该）承载应用功能？承载哪些应用功能？这是一个具有争议的话题，也是一个值得进行深入探讨的话题。对此，并无特定的解决方案，这取决于边缘节点资源配置和数据汇聚的规模，以及是否具有基于节点上汇聚数据解决特定应用功能的需求。

企业在进行顶层设计规划时，会有“厚云薄边”与“厚边薄云”的不同方案。前者倾向于边缘节点要尽量“薄”，即边缘节点资源配置简单、覆盖数据范围较小，仅用于解决数据流转问题，所有的数据都推送到云端，利用大数据技术开发应用。后者认为，面向不同的场景可以适配不同规模的边缘节点，在一定范围内汇聚数据，并基于所汇聚的数据加载开发相应的管理功能，既提高数据应用的实时性，也为未来开发边缘智能创造条件。例如，在后一种方案中，可以将边缘节点与产生数据的自动化控制系统进行整合，规划配置统一系统软硬件资源环境，并以此为边缘节点，将过程控制、SCADA 监控、模型运算等原有功能与新的数据功能统一加载，形成集实时数据采集、控制、计算和展示于一体的工业基础自动化软件，既满足工业现场机组级的智能监控和过程控制需求，又充分利用边缘优势开发若干实时性更强的数据应用功能。

除了少量用于事件和控制连锁的信号之外，不建议在不同的边缘节点之间建立更多的直接数据通道。因为，边缘节点之间的大量数据通道会导致数据交互的管理变得过度复杂，难以标准化，不利于数据治理，而这些数据交互的关联信息未能在云端得到体现，丢失了数据的重要信息。

需要明确的是：将传统业务功能（非数据型应用）赋予边缘侧不是必须要做的工作。在边缘节点上部署应用功能，会因行业、企业、专业、个人而异，取决于具体的场景需求和边缘资源的配置情况，应该灵活应对。

由边缘原生到边缘云的思考

相对于云原生技术，边缘原生技术也经常被人们提及并讨论，即面向边缘侧的海量接入、资源异构、环境约束、分布式部署等特点，运行和构建边缘计算应用的技术体系和方法论。

既然工业互联网由“云、边、端”构成，云计算拥有强大的计算、存储等资源能力，适合处理那些长周期、大计算量的应用和数据。而边缘计算则更擅长处理那些短周期和对实时响应速度要求高的应用，弥补了云计算实时响应效能差的短板。其完成的任务特征决定了其各自存在的天然合理性和独特性，决定了其技术和部署要求不同，云原生与边缘原生两者各有侧重，优势互补。

众所周知，容器、微服务等是云原生的技术基础。在现实中，我们确实看到边缘节点部署时，技术上是有一定的继承，会将一些云原生技术不断轻量化和下沉到边缘侧部署应用。但是，边缘原生并不简单是云原生的轻量化，边缘节点也不是一个缩小版的云中心。边缘原生更主要的还是要充分发挥异构、海量接入、轻量化等特色，做好端与云之间数据通道的关键作用，更好地支撑实时控制等典型的边缘原生应用场景。

那么，边缘云是否是一个科学合理的解决方案，值得商榷。

“能够在边缘做的事不到云端去做”是正确的原则

鉴于工业现场的很多数据“保鲜期”很短，一旦处理延误，就会迅速“变质”，数据价值呈断崖式跌落，边缘计算对现场数据“保鲜期”内发掘价值具有不可替代的作用。因此，一个基本的原则是：基于本地数据——边缘节点所汇聚的数据样本——加载相应的应用功能具有合理性。理由很简单：既然基于边缘节点的数据样本开发的功能能够实现特定管理需求，为什么不做呢？

边缘分析是边缘计算的一种应用方式。这种情况下，分析计算是在数据收集点（通常利用存量的计算资源，如传感器、网络交换机、控制器设备等，或专门配置的边缘节点）开展的，与传统的数据管道传输方式（即采集数据、传输数据、清洗数据、集成数据、存储数据）不同，边缘分析把分析嵌入到收集数据的设备中完成或就近实现。边缘分析是对以人为中心的传统分析方法的一种改变，传统上，使用分析结果（如对分析的理解、决策和采取的行动）以人为主，而在边缘分析中会有越来越多的（不需要人工介入的）自主决策与执行——边缘智能。

总之，伴随着技术的不断发展成熟，边缘的形式会更加多样，内容更加丰富多彩。唯一的结论是：边缘业务在相当大程度上是一个新业务领域，因为在边缘的低试错成本和多元化环境，能给创新带来更多生机，为技术和应用创新保留更大的空间。要聚焦创新来看待边缘业务，而不是停留在将哪些传统业务放到边缘平台的持续争议中，要着眼于创新数据应用，而不是拿传统业务说工业互联网的“事儿”。

4.2.5 关注人机交互中的可视化应用

可视化是人类接受外部信息和认知信息的最主要方式

美国哈佛商学院有关研究人员的分析资料表明，人的大脑每天通过五种感官接收外部信息的比例分别为：味觉 1%、触觉 1.5%、嗅觉 3.5%、听觉 11%、视觉 83%。可视化是人机沟通的最有效方式，是人机协同互动的基础。人类主要靠视觉接收信息，吸收知识，有效缩短信息表达和理解的过程，是智慧化的最重要内容。

通过可视化将需要管理的对象用一目了然的方式来体现，是一种用眼睛观察、判断的管理，体现了管理的主动性、前瞻性、直观性，方便简捷，利用可视化管理可以有效促进人类记忆与学习。

“可视化管理”工具使有关的人，尤其是管理者与监督者，能发掘异常、浪费、问题点，同时有能力立刻采取因应对策。为此，将工作现场的所有一切事态加以标准化，制定简易的判定基准，将抽象转化为具体、将定量转化为图标、将隐性转化为显性，有效缩短信息表达的流程，使得任何人都能发现异常，立即采取对策，以及确定可直接采取措施的程度。

为了达成可视化的良好效果，需要确立一些基本原则。

(1) 视觉化：彻底标示、标识，进行色彩管理。

(2) 透明化：将物理对象中需要看到的被遮隐的地方显露出来。

(3) 界限化：标示管理界限和正常与异常的定量界限，使之一目了然。

信息可视化的基础是数据的充分集成

通常，在讨论可视化时，更关注通过人机界面能够直接获取哪些信息。而信息可视化背后的故事是信息的深度集成。在制造过程中嵌入信息能力，意味着全量数据归集、广域数据集成、多维信息协同，展示数据之间在时空维度上的逻辑关联关系，消除数据不能协同工作的困扰，让不同的人看到其需要的准确信息，及时发现问题，在协同、交流中形成解决问题的共识和方案，并有效落实。

在不同的阶段，可视化技术和内涵不同。在智能制造的相当长一段时间内，质量成本是全面信息可视化的主线，其他制造数据以业务逻辑与主线相关联，有助于沿产品质量成本主线及时发现影响因素，实时、适时地展示和提示相关所有人员，使得制造过程知道产品是什么时候被制造的，哪组参数被采用，产品被传送到哪里，产品质量与瑕疵信息，下一道制造如何来弥补瑕疵。

可视化有多个视角，如企业自身、用户视角、产品视角等；追求一切皆可视，可以对制造过程的所有细节了如指掌（图 4-24）。

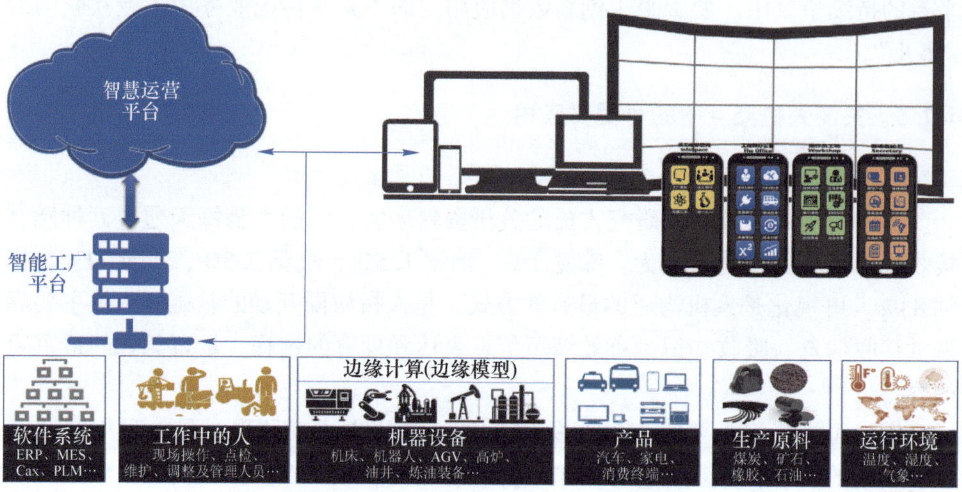

图 4-24　信息深度融合下的可视化设计

移动优先（Touch First）

移动技术的应用，使得可视化人机界面不仅是将桌面系统扩展到了大型监控中心（集控中心）的大屏幕上，而且也延伸到了移动终端。

移动终端融入工业过程的可视化催生了使用模式的革命性变化：

（1）一是工作方式的变化：人们可以随时随地进行交互，利用大量碎片化时间，不受时空约束地工作、学习和生活。

（2）信息范围极大拓展，除操作控制指令数据外，还将大量工作环境感知、洞察的附加价值数据纳入其中，拓展视野，提高环境信息的敏感性、精准性。

（3）移动终端不仅是人机交互的界面，而且更是人行为方式的感知设备，将人的社交行为、操作行为等以时空二维方式生成，极大地丰富了数据的内涵。

移动终端接入为可视化开拓了极为广泛丰富的想象空间：敏捷、协同、高效……

良好的体验是可视化的当然要义

可视化是运用形象化方式将不易被理解的抽象信息直观地表现和传达出来，将信息以简明美观的方式、实时高效地呈现给所需岗位，让使用者更易于理解和接收数据之意涵，发挥数据的价值，并解读数据背后商机。

所以，可视化设计首先要将枯燥烦琐、杂乱无章的数据转变为有价值信息的过程，以提高信息使用的效率；其次，将信息以简明美观的方式、实时高效地呈现给所需岗位，让相关人员享受视觉表达之美，改善体验度。

人机界面设计的目标是抓住用户的注意力，提高用户的参与度和愉悦感。使用体验度是人机界面设计的客观衡量，而人机界面简约化设计是增强用户体验的重要方面。

（1）对象更宽泛：不限于某个单一工业设备。

（2）地域更广阔：实现区域和更广域范围的对象连接。

（3）内容更丰富：超出了数字量与模拟量的范畴，融合了工控和管理信息，以及大量的数据分析结果。

（4）方式更灵活：发挥中心大屏、桌面终端、移动网络的各自优势，以统一的展示框架组合成协同一体的人机界面体系。

（5）方法更多样：展示方法不再局限于传统的 SCADA 组态方式，还包括二维/三维、视频、动画、XR 等沉浸式场景。

（6）信息更聚焦：过程对象更复杂，数据量更大，不可能也不需要对所有的状态实施全面监管，“黑屏”工厂方式、分类告警推送等使得信息找人，直达所需要的人，而非人找信息。

4.2.6 构建工业互联网的基础技术

泛在连接，创造条件也要上

在工业领域利用物联网技术，面向过程的一切物理对象都进行广泛全面的网络接入，包括制造装备、制造环境、过程中的人等。俗话说：“有条件的要上，没有条件的创造条件也要上”，泛在连接就是要应连尽连、能连尽连，将一切已经感知到并已经数字化的对象状态、行为流程、制造过程、经营环境等都连接在一起，目标是：尽可能多而全的收集数据。

泛在连接就是利用各种工业通信技术（ICT）建立互联互通的基础设施，可以利用的 ICT 及相关技术如下。

（1）企业主干网络架构。传统上，企业主干网会将管理网络与控制网络在物理上隔绝开，以保证控制网络的安全性。但随着远程维护对互联互通的需求，绝对的物理隔绝已经不能满足要求，这是企业主干网络建设时要考虑的重要问题。

（2）末端网络技术的适配。末端网络主要解决工业现场的智能化仪器仪表、控制器、执行机构等现场设备间的数字通信，以及这些现场控制设备和高级控制系统之间的信息传递问题，由于其最靠近现场端，处于网络的前端和末梢，故称之为末端网络。常用的现场总线技术，除了作为鼻祖的 RS485 之外，还包括 FF、CAN、DeviceNET、LonWorks、HART、ProfiBus、EtherCAT 等。末端网络应用与现场传感器、控制器和执行器有关，也与现场数据采样点位置和环境相关。通常，一个复杂的工业环境，会涉及多种网络技术的综合集成，可以有效提高成效益水平。

(3) 无线网络技术有多个选项，制造现场对无线覆盖的要求日渐明显，要根据工业现场条件，选择使用合适的无线网络，以保证在工业现场各种电磁干扰情况下的可靠连接，以及避免运动物体移动过程可能产生的丢包等错误。近年来一系列新型的无线网络技术日益成熟，在不同的特定场景，可以选用 WiFi、ZigBee、蓝牙、4G/5G、LoRa、NB-IoT 等无线技术，把终端、传感器、装备、仪表等连接起来并接入工厂内网络。WiFi、ZigBee、蓝牙、LoRa 等自建无线网络按所属网络层次、区域自行联网。5G 的推广普及为工业现场的无线覆盖提供了一个新选项，NB/4G/5G 终端按区域、应用组成虚拟专网。5G 加持下的工业互联网具有广阔的前景。

数据采集，应采尽采、能采尽采

数据采集是指从传感器和其他检测设备等模拟和数字被测单元中自动采集非电量或者电量信号，送到上位机中进行分析，处理，它覆盖了从数据生成、采集、接入到处理和传输的全过程。

对工业现场，追求一切皆数字化，应采尽采，其涉及的主要技术包括：

(1) 利用常规传感器进行工业常规物理量（温度、压力、流量、位移等）的精确检测，涉及多频度、多尺度、全要素数据采集；采用多功能复合智能传感器进行复杂物理量的采集。目前大量采用的摄像头可以视为一种非接触型数据采集的智能传感器，通过高分辨率图视频感知进行标记和识别，获得结构化数据信息。数据采集追求全样本数据，以尽可能获取物理对象动态变化的全部特征。

(2) 要配置相应的系统环境资源，对接入系统的多源实时数据进行必要的处理，既满足云端对数据全要素、全量化的需求，又发挥对数据采集过程中实时性应用的优势，这就是边缘计算。边缘计算是对多源异构数据进行实时处理的核心环节，用于数据减量解析、多源数据融合、多结构多尺度归一化等，是数据采集的一个重要关注点。图 4-25 是钢铁制造现场数据分类梳理，以及采集、接入和处理的示意图。

基础设施，极大化资源效率

统筹布局基础设施建设是工业互联网建设的重要工作内容，基于统一技术架构、统一迭代更新、统一服务标准、统一商业模式，提供由数据中心、网络、安全、计算、存储设备组成的硬件资源池，以及运行于其上的操作系统、数据库、中间件、通信服务等软件资源池，构成各类应用系统可直接部署的完整环境，提供一切必要的存储能力、传输能力、计算能力，为数据应用做好准备，满足海量数据处理、大规模高并发业务处理、跨地域服务场景。

(1) 服务器虚拟化技术是云中心提供多种多样计算服务的关键技术。由网络资源、存储设施和各种计算机形成的计算资源池，面向普通计算、高性能计

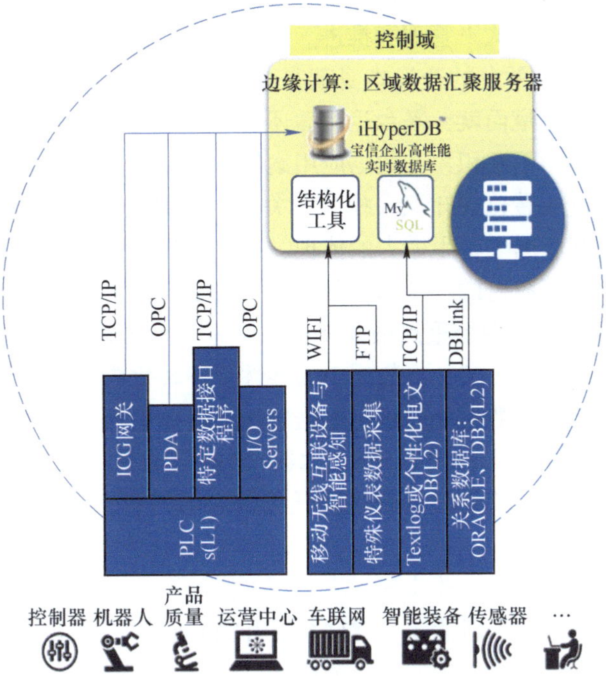

图 4-25　钢铁生产现场数据分类

算、AI 计算等多种场景提供服务，并能够动态地进行纵向与横向扩充，按标准的计量单位按需进行服务交付；以标准的、优化的操作系统为基础，根据最佳实践制作各类数据库、中间件及其他通用软件模板，快速为应用系统环境提供就绪的软件服务，提供专业安全加固、系统参数优化、用户访问权限、备份恢复策略等服务；资源柔性配置和调度是最核心的能力。

（2）通过监控、分析、优化、安全检测等运营服务，来保障应用系统运行稳定、可靠，为云端应用系统与业务运行提供运营服务保驾，包括 7×24 小时的实时监控与运维服务、数据库和中间件优化服务、备份恢复服务、密码管理服务等。

IDC 建设和运营服务（IaaS）要融入国家“东数西算”的重大战略，需要设计相应的商业模式，包括 IT 基础设施的建设、交付、使用、运维和收费模式，通过网络以按需、易扩展的方式提供服务，使服务资源获得最大限度的效益。

平台服务，数据应用的核心能力

平台服务涉及的内容很多，但核心是围绕数据展开，数据准备是平台服务的核心任务，尽可能对数据进行一切必要处理，为数据应用提供便利的条件，提高数据使用的效率。

之所以称之为服务，是因为这是一个持续优化和不断完善的过程，难以用传统的工程项目管理的方式来管理和推进。

（1）工业互联网平台的开发本身就是一件创新性的工作。一个平台功能的完善、适用，不能一蹴而就，平台运行后还需要对平台功能进行持续的优化和在线维护；随着数据的不断积累和数据应用案例的增多，平台上会沉淀越来越多有价值的信息，将这些转化成知识（模型、关系、规则等），并成为工业 PaaS 的组成部分，是工业互联网平台生命力的体现，这些工作都不是靠一个个工程项目委托的方式就可以很好应对的，所以，服务模式将是平台得以持续的保证。

（2）平台服务中有两个重点最需要关注：一是数据模型的建立，将 PaaS 层做得越来越厚，越来越扎实，将数据中的共性规律转化成普适性的知识；二是分析工具的丰富，无论是数据处理还是数据挖掘都需要工具，软件工具配置是数据价值呈现的重要使能技术，没有分析工具，数据只能是“看得见、看不懂”的数据垃圾，丰富完善的软件工具族将降低数据应用门槛，提高数据应用的效率，改善使用体验。

软件重构，一道必答的作业题

软件重构并不是一个新话题，软件系统升级必然伴随着重构。软件解构是重构的前期准备，将存量软件功能进行解耦化，形成一系列颗粒大小相对均等的软件模块，制定模块之间的统一数据接口标准，以便可以方便地进行再组装，这与“在线互动产品配置程序”有异曲同工之妙。

企业信息化开发的显著特征是：定制化开发、项目型管理、包干式编码、验收型交付。其开发结果是：若干内部紧耦合模块构成的超大业务功能组件，以及由非标接口连接组件构成的复杂软件体。简单地横向移植到工业互联网云端平台，仅仅是运行环境的变化，难以发挥工业互联网的价值。

当工业互联网从叠加模式深化到融合阶段时，对现有企业信息化系统软件重构就是一道必须要解答的作业题（图 4-26）。

（1）业务系统软件重构需要对原有软件做“大手术”。首先，存量业务管理系统功能需要解构，经过解构的系统功能以微服务的形式存在，其中共性的部分分拆出来，变成可复用的模型、模块，这些公共模块就构成工业 PaaS 的重要组成部分。

（2）将解构后的一系列可重复使用的公共模块，用于新的应用产品组装，进行云化部署。由于数据更多、更细，特别是大量实时性更高的数据的应用，重构过程将为业务流程的优化带来可能，使得原来在上位系统部署的功能有可能下推到更靠近边缘的下位系统；另外，重构还会涉及很多存量软件资产的再集成。

软件重构的原则是松耦合、易开发、易扩展、易部署。软件重构的结果是：部分上移实现云化部署、部分下放到装备层、部分以 APP 方式呈现、部分作为

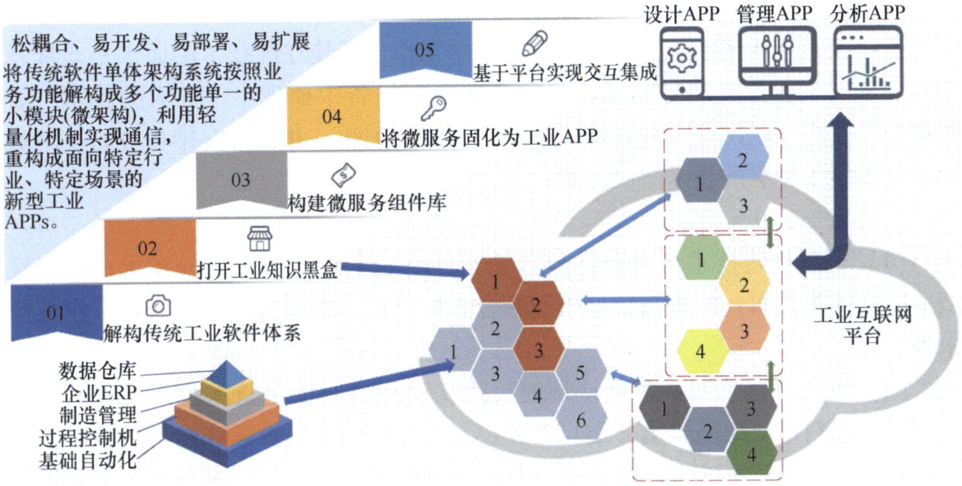

图 4-26　如何重构——增厚工业互联网平台工业 PaaS 层

数据源保留原有形态运行。

数据应用，工业互联网的更高境界

在工业互联网架构下，可以获取多源、多结构、多尺度、全要素、全样本数据，数据应用将成为重点。数据应用不是重复原来已经解决的问题，而是通过创新培育新的技能，解决受限物理定律极限而不能解决的难题、解决基于有限数据样本不能满足需求的问题。

（1）数据应用首先是利用数据对原有业务优化的过程。在传统业务流程中使用更多、更全、更细、更广的数据，使管理更加精细、流程更加优化；流程优化会带来软件功能分担和部署方式的变化，进而导致相关管理系统功能运行维护以及相关的责任主体关系发生变化，从而催生流程再造。

（2）更多数据应用和先进理念结合会形成新的业务流程。面向数据的创新应用，主要解决数据价值的发现和利用，基于数据关联性所展现的规律性认识，使得对事物变化的规律可以做出方向性的预测，决策行为从事后、事中到事前不断前移，决策几乎是实时的、系统被不断赋予“类人”的智能，人越来越多地从岗位上释放出来，从事更加高智商的工作，员工在工作与生活、个人发展与持续的职业发展间实现更好的平衡，打造“有趣、有闲、有钱”的新生活。

总之，数据应用的更广阔空间来自创新，多维、多源数据的融合为开发新的应用功能提供了坚实的基础，是工业互联网应用的重要方向。例如，体现产品数字孪生的数字钢卷，就集中显现出在质量、成本、工艺三维空间数据的融合和集成。

4.2.7 构建工业互联网的重点实施技术

工业互联网构建实施是一个非常复杂的工作，即使在纯技术层面也是非常复杂的。从《工业互联网与钢铁行业融合发展》报告中梳理出了三大类技术，需要在企业工业互联网建设规划和实施期予以特别关注，并且要安排相应的技术资源来提供实用可靠的技术解决方案。

工艺优化类技术（OT）

（1）模型构建技术：面向物理对象和环境、场景的数据建模技术；机理模型适应性优化技术；机理与数据模型融合分析技术；虚拟仿真技术；数字孪生技术等。

（2）流程优化技术：多重计划的智能联动和协同优化技术；产品质量精准检测、动态判定、缺陷检出分类与溯源技术；计划驱动的资源弹性配置、作业无人化技术；精细成本核算与盈利能力分析预测技术；多工序、多基地产能平衡及瓶颈资源动态调剂技术等。

（3）知识发现技术：钢铁制造工艺模型库、参数库构建和持续优化技术；面向产品设计、制造、服务全过程的规则分析和提取技术；基于大数据的价值发现与知识提炼技术；对知识和规则进行查询、使用、增补和修订相关技术；基于推荐引擎的技术与管理决策支撑技术等。

信息支撑类技术（IT）

（1）数据采集技术：对象、场景智能感知与大数据深度感知技术；虚拟测量和软测量技术；移动物体（人、车、物）精确定位技术；工业装备与产品精密检测技术；跨层级多源异构数据采集技术；数据归一化和减量解析技术；系统“边缘”可灵活配置部署计算资源相关技术等。

（2）系统互联技术：扁平化网络架构技术；末端网络融合应用技术；时间敏感网络配置技术；快速物联接入与配置技术等。

（3）数据服务技术：多环境下异构数据源集中管理技术；智能算法微服务组件库开发技术；数据融合分析与展示框架技术；数据分析挖掘工具集成和封装技术；数据融合服务与治理体系构建技术等。

场景实施类技术（OT+IT）

（1）智能装备技术：机器人应用与人机协同作业技术；无人化/少人化技术；装备网络化远程监视与操控技术等。

（2）集中监控技术：多PLC/DCS系统集成与互操作技术；工厂全域视频覆盖与视频数据综合运用技术；基于VR/AR/XR的渲染展示技术；三屏（大屏、PC、移动）融合设计、协调互动开发技术等。

（3）移动物联技术：5G网络与企业主干融合集成技术；基于5G、WiFi、

NB-IoT 等远程操控、移动操检技术；RFID 技术、LBS 技术；移动终端感知和数据处理技术等。

（4）人工智能技术：图像识别、运筹优化、机器学习等技术；面向智能工厂的实时感知、推理、优化决策等边缘智能技术；面向智慧运营的知识发现、模型训练技术等。

（5）软件重构技术：对专业管理功能解构、迁移、云化、再部署技术；对存量管理软件重构、组件化、微服务化技术；工业互联网 APP 创新应用与在线优化技术等。

4.2.8 移动互联，将人接入物联网

智能手机中电话功能已经退居“末”席并不夸张，基于数据的计算和基于流量的业务成为其主要功能，这在很大程度上归功于智能传感器技术的创新突破。大量传感器嵌入手机，使手机由单一功能的通信装置变成一个集感知、计算、通信于一体的功能极其强大的计算装置，如图 4-27 所示。

图 4-27　更多传感器使手机变得更聪明

智能传感器使手机变成终端

手机是面向人的，人是世界上最复杂的生命体，其随时随地产生的数据对于研究人的各种社会生活状态、行为规律至关重要。而采集人类活动的数据是一件困难的事情，例如脑机接口，试图将人类大脑思维过程信息加以采集并接入计算

机系统。事实上，手机就成了使用者个体行为数据的采集和处理设备。

当你“一部手机走遍天下”时，手机传感器可以智能地感知，检测你的位置、感知你的环境、探测你的情绪、理解你的习惯、了解你的喜好、监测你的健康、预测你的需求等，并生成大量的数据，包括自然特征数据（姓名、地址、身份证等）、知识性数据（论文、专利等）、行为记录数据（消费、健康等）、生物特征数据（指纹、图像等）、功能型数据（密码、签名等）等，手机数据就构成了你个体的数字孪生空间。

在解锁手机时，越来越多的人选择采用生物方式而不是密码方式进行身份验证，比如指纹和脸识别，这样既安全又快捷。在英国普利茅斯大学牵头的一项研究[1]中，利用手机的陀螺仪和加速计功能可以捕捉到人独特的行走动作，让手机能识别出具有特殊性的行走方式，从而可以作为一种解锁方法。科学家声称，在不考虑上下楼梯的情况下，此系统准确率将提高到90%。一旦该系统得到进步优化，准确率可以显著提高，而且该技术或将充当其他验证方法的补充手段，而非完全取代它们。

普利茅斯大学网络安全教授内森·克拉克在一份公告中解释说：“仅靠步态识别不会成为何为有用和方便的身份验证手段这个问题的答案，但它可能是网络工具库中一种极其重要的工具。这项研究首次在实验室控制条件之外展示了能实际达到的识别效果。”

这种方法也揭示了使用同类验证措施来防盗的可能性，因为盗贼很难复制被盗者的走路方式。最终，在手机能不断测量每个人特有的步态和其他行走模式的情况下，这种方法或许会有用武之地，让人们能安全地解锁手机。毕竟，许多人不信任 PIN 码、安全密钥或图案等传统解锁模式，因为如果被他人得知就能加以复制。

在你不经意间用了一个免费的 APP 时，你无偿提供了数据，即让渡了部分归属于你个人的数据使用权利。分析这些不同维度交织融合的数据，可以准确地感知你的情绪喜好、网络支付信息、交友方式、日常习惯、驾驶行为、睡眠效率、运动健康等，形成多个你自己独有的数字画像。例如：你的网购行为在淘宝平台上会有一张画像、社交行为在微信中有一张画像、今日头条对你的信息获取有一张画像，抖音、B 站等都是如此，你的画像可以被用于做精准营销、商品推荐、新闻推介等，抖音、今日头条等基于画像利用智能推荐算法，给你编织一个“舒适”的“信息茧房”。大量智能感知技术的应用生成了海量的数据，基于海量数据的 APP 丰富了手机的功能。作为端的手机，与云之间的数据交互激活流量经济的产业模式，为使用者带来了极大的方便和有趣的体验，无数的 APP 应

[1] 未来手机解锁或只需走两步？《参考消息》阿根廷布鲁诺斯艾利斯经济新闻网 12 月 13 日报道。

用催生出当今互联网一片繁荣的景象。未来，手机对用户的感知会更加精准，传感器的种类将远不止这些。

这种情景不仅单单发生在社会生活和消费互联网中，而且也日益进入到工业互联网场景。目前，手机类移动终端在工业现场获得了越来越多的应用，几乎成为现场员工和管理者必备的工具。利用手机，人们不受时空约束的工作、学习和生活方式，可以随时随地的进行人机、人人、人与系统的交互，融入敏捷、协同、高效的工作氛围和环境，彻底摆脱 PC 机对人工作位置和模式的刚性约束，有助于实现工作和生活的平衡发展。

手机可以担当的角色是多重的

通常的共识是将手机视为终端设备，它生成大量的数据，并通过实时与云端交互，繁荣了 APP 市场。在一次与联盟边缘计算组的讨论中，我曾经提出了这样的观点：手机既可以是终端，也可以是边缘，这令一些人感到诧异，因为这显然有违常识。但是，如果换一个视角，将人视为一个物理对象，那么与人紧密捆绑的手机，是否就可以改变一下角色，视为边缘设备呢？从目前智能手机的算力资源和承担的计算任务来看，这个视角有其客观的合理性。

首先，手机可以是一个移动数据路由器，将多源数据（多种传感器）与云端实时互联；其次，手机也可以被视为一个边缘计算环境，由于现在的手机计算能力非常强，强大到足以在本地实现边缘计算和边缘智能，对现场环境感知、设备状态监测等信息（尤其是图像、语音、噪声等非结构化数据）做一些实时分布式处理，降低数据传输对网络带宽的要求，未来基于手机芯片代际能力的提升和更多的智能感知传感器的集成，可以实现的边缘智能功能会越来越多；手机还可以被视为是一个嵌入式计算功能的 CPS：移动终端与人一对一的捆绑，随时随地将人接入物联网，采集人的各项参数传递到云端（感知人的智能），在云端对数据的完整运用，建立这个人的数据镜像，准确地描绘人的行为特征；手机和人是实体，云端数据和 APPs 是虚体；随后，手机更是一个工作枢纽平台，实时获取时空信息、记录工作场景、接收工作指令、反馈工作实绩、即时沟通交互，并可及时跟踪、追溯、解决这些问题，如图 4-28 所示。

所以，手机在大数据应用中可以扮演多重角色，场景不同、应用不同、方法不同，手机的作用或许有很大的不同，这主要是源于手机芯片、操作系统的不断升级换代，以及手机感知、存储和计算能力的提高，为手机充当相应的角色提供了强有力的支撑，而 APP 的丰富使得手机也可以随时、随地、随事充当不同的角色。

4.2.9 “云、边”协同，创新应用

工业互联网是一个整体，不论如何在云、边部署业务实现功能分担，“云、

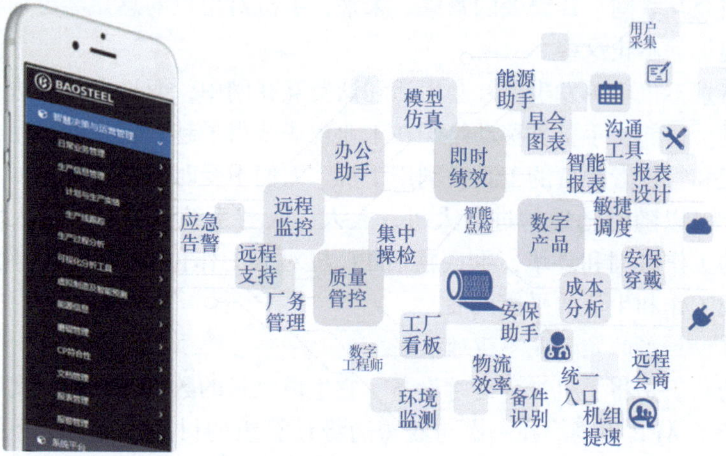

图 4-28　移动终端成为全能、全时、全域的工作平台

边”协同的必要性和必然性都会充分的体现出来。“云、边”协同的意涵是指：边缘计算与云计算在网络、业务、应用和智能方面协同起来工作，实现一个完整的应用功能，边缘节点计算资源作为云中心计算的分布式节点，承担前端、初级的计算任务，或云计算结果的验证和执行环节，可以大大提高计算资源的使用效率和数据价值的赋能效率[29]。

“云、边”平台协同

工业互联网的“云、边、端”架构决定了在数据流动中各自所承担的功能，为了保证在各层级都能够完成对数据的必要操作，平台是不可缺少的。

终端平台主要是嵌入设备（装置）或附加其上的不同系统实现，多为商用操作系统或专用嵌入式系统构成。

工业互联网中最受到关注的是云端所用的平台——工业互联网平台——也被称为工业操作系统，这符合“平台是中心”的认知，但对边缘节点所用的平台重视不够。

事实上，由于两个平台所实现的功能差异决定了所采用的技术线路不同，两个平台能否有效的协调工作对于工业互联网整体效率至关重要，因此，工业互联网平台设计开发中，必须优先考虑的问题是：云端和边缘各自应配置什么平台？提供什么功能？支撑哪些应用？

在国内比较有影响力的工业互联网平台中，比较有代表性的是中国宝武工业互联网平台 xIn^3Plat，其由 iPlat 和 ePlat 组成（图 4-29）。其中，iPlat 部署在边缘节点，用于工厂内部端和“云”之间纵向“穿透式”深度贯通，保证数据的流动和控制的闭环；ePlat 以“云”为核心部署，实现平台内各业务流程的集成，以及不同企业、产业之间跨平台的横向紧密集成，从而构成生态圈建设的重要技术支撑。两个平台构成一个“T”型骨架，相互协同，提供纵向和横向两个维度的互联互通。

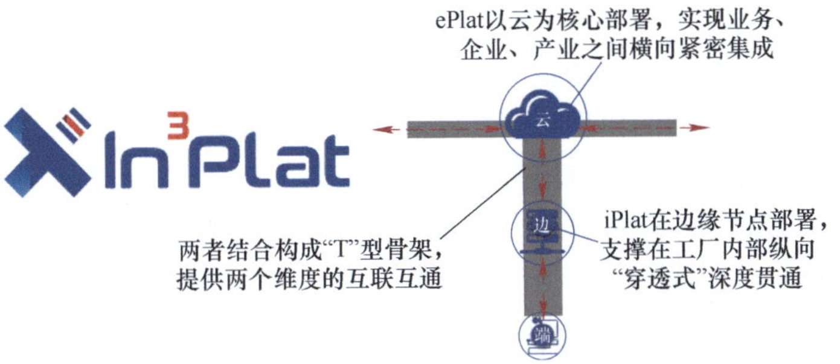

图 4-29　中国宝武工业互联网平台之云、边协同

为了实现两个平台的协同工作，要求在平台架构设计、技术路线选择上具有极高的相关性和一致性，“云”、“边”都遵循共同的数据治理标准和规范要求，从而为整个工业互联网平台上的数据互融互通提供支撑，具体体现在：数据接口的规范化、数据描述的一致化、数据应用的标准化和数据展示的一体化，从而带来高效的应用开发效率和极佳的使用体验。另外，一个经过顶层统一设计的平台架构，要求功能模块部署灵活和便捷，相当部分的模块可以根据需要部署在云端和边缘端，提高平台组件的利用效率。

“云、边”数据协同

云边数据协同是指云和边在数据处理上相辅相成的作用特点，体现为边缘计算与云计算在数据处理能力特长的互补。

云边数据协同的第一个要义是“数出同源”，即数据应该按照区域划分唯一接入、统一汇聚到相应的边缘节点，以形成完整的区域数据样本，因此，按照区域设置边缘节点是唯一的规则，取消任何按照专业分工设置的独立数据采集环节。例如在钢铁企业，传统上能源系统与制造系统是相互独立设置的，其数据采集也自下而上形成一个自成体系的垂直系统存在，这在特定的历史时期对提高能源管控的效率有积极意义，但是，在工业互联网规划设计中，以能源系统的特殊性为名而“坚守”能源“竖井”系统状态的合理性，不应再受到鼓励，这不利于确保数据唯一来源的要求。

云边数据协同的更重要内涵是数据采集过程中数据处理问题。边缘首先是数据的采集单元，为了采集各类工艺过程数据、产品品质数据、设备状态数据、能源消耗数据、语音及视频等信号数据等，应支持多种网络接口、协议与拓扑，确保实时数据具有保证的时间表和确定性时延等；边缘同时是一个数据处理单元，适用于局部性、实时、短周期数据的处理与分析，按照时间和空间维度对数据进行勾连转换、对齐处理、特征值提取等预处理，这些功能是边缘计算的优势。

云端大数据中心擅长全局性、非实时、长周期、综合性的大数据处理与分析，尤其是多源融合数据的全要素分析，能够在长周期维护、业务决策支撑等领域发挥优势。与边缘的实时性数据处理相对应，云端汇聚各专业生产经营管理数据和经过边缘降频处理的现场生产过程数据，实现跨工序数据串接、全流程数据追溯和需要大规模数据的模型训练，提供数据链融合分析、在线决策支持和个性化数据服务，为数据的创新应用打下数据基础。

因此，云边数据协同可以最大限度地发挥边缘实时性高、云端数据量大的特长，解决数据全生命周期过程中不同阶段、不同目标的数据处理和应用问题，其中，处理好边缘作为端与云数据流转的“管道”作用至关重要。

“云、边”应用协同

“云、边”应用协同有两个潜在意涵：一是“云”和“边”彼此分担，共同构成完整功能；二是云和边应用功能的部署分担应该是柔性的。

在工业互联网环境下，几乎所有的跨域应用功能都是在云端完成的，但不意味着该功能的所有细节都一定在云中心完成。云边应用协同意味着：应用功能可以被分解并分配到云端和不同的边缘节点来实现，边缘完成实时性高的前端预处理计算和边缘域内的管理功能实现，云端则直接引用（不再重复计算）多个边缘节点的计算结果，完成跨域功能所需要的二次计算、深度计算、关联计算和价值挖掘等，完成此功能规划的所有预期目标。

产品质量精细化管理的要求，使得质量管理的分析计算工作要由传统的事后转向事中和事前，前移到制造过程中来实现。因此，产品质量动态管理实践就成为云边应用协同的最佳案例。首先，在产品质量控制的正向流程中，机组级的质量判定可以在边缘侧实时进行，边缘计算的机组级质量信息构成是全流程质量的基础，云端可以直接引用结果，进一步计算跨工序的全流程质量管理信息，而不需要将大量高频实时数据送到云端再重复计算；其次，云端生成的最终产成品质量信息会用于质量问题的溯源，质量溯源是一个反向（逆向）的过程，要完成整个逆向溯源也需要云端和边缘协同，最终由边缘实现质量薄弱点的定位和改进控制。

云边应用协同模式是对传统业务管理功能实现模式的巨大改变，在能源、成本等方面，边缘端实现工序能耗、工序成本的初级计算，为全口径能源和成本计算提供基础数据，也为基层管理者持续改进，实现精细化管理提供抓手。同样的理念也适用于更多具有精细化实时性管理需求的场景，如人力资源画像、精准营销策略、设备的预测性维护等。

4.3 工业互联网发展策略和价值取向

除了政府政策驱动的因素之外，工业互联网之热更多的来自市场因素的驱动，具体实施过程中，必然要回归市场，如何规划出切实可行的路径和方法，能否帮助企业主体提高效率、控制成本，将决定是否有人为其“埋单”。

4.3.1 工业互联网的关键词：互通、跨越、融合

互通以连接数据，连接是工业互联网的第一特征

很多企业的信息系统建设大约是在20世纪末到21世纪第一个十年进行。在当时环境下，互联网尚未高度发展，技术发展水平难以提供低成本的广泛连接，而更主要的是：人们对通过互联网实现数据深度链接以及数据对业务模式变化的影响还缺乏深入的认识。据此建设的企业信息化系统的最大问题是缺乏连接或连接不够充分，包括与上下游关联方特别是消费者的链接、企业内各个单元的对接、各个业务流程的衔接以及企业各个数据单元的连接不足，形成数据孤岛，由此导致：一方面采集的大量制造过程数据被闲置甚至废弃；另一方面又缺少基本的数据环境来解决企业运营管理中所存在的问题，数据在工序和专业系统之间被有限制的交互和流转，虽基本打通了管理数据链，但无法形成完整的数据样本以准确及时地反映企业运营的信息全貌。企业内所有人看到的都是局部、支离破碎、经过筛选过滤的信息：业务人员仅掌握本业务领域的局部信息；技术人员需要到处奔波寻找满足研发需求的最小有限数据样本；高层管理者仅看到经过筛选过滤的宏观信息。数据不能顺畅流转产生的信息不对称，导致企业应对内外部环境不断变化的不确定性的效率非常低下，企业运营不能适应快速变化的市场要求。

连通的基本要素是数据连通，体现在数据“应采尽采”，全量归集、多维集成，既要保证形成完整的数据样本，又要收集尽可能多的数据样本。全样本数据可以呈现事物的全貌，防止以偏概全，减少“不完整信息”下决策的风险。全要素数据贯通了，就为后续的一切工作打下了基础。

跨越以消除壁垒，跨越是工业互联网的本质属性

有了连接作为基础数字底座，就可以通过数据流动打通业务流程上的既有障碍，消除各种隔绝和壁垒。

业务流程相互衔接是企业信息化建设的重要内容之一，其重要性毋庸置疑。但要真正实现业务流程无缝对接，需要有落实的举措和手段。若数据不能协同工作，流程衔接就是一句空话，所有的设计、设想、制度都只能停留在纸面上。譬

如目前很多企业的关键岗位，要查询相关数据时，需要登录企业的不同系统，销售是一套系统，库存是一套系统，客户数据是一套系统，数据查询要花费很多的时间。数据贯通使得原有因为数据隔离所造成的壁垒得以打破和“击穿”，数据的流动带来了信息的透明和一致，数据的共享使得每个岗位都充分了解前后流程的当前和未来状态。数据流动带来透明化的信息分享，流程端到端集成，跨越岗位、部门、企业、行业的界限，形成无边界协同的格局和理念。

跨越是指消除企业内外的业务边界（不论是习惯性的、人为设置的，还是其他原因形成的），减少人为协调的工作量和由此产生的额外成本，使企业运行更加顺畅、连续、稳定，企业关键岗位作业效率的提升最终指向企业经营效率的有效提升。

融合以产生智慧，融合是工业互联网的核心诉求

“竖井”式业务系统的问题是系统整体运行没有形成完整的数据闭环。数据“应采尽采”、全量归集、多维集成体现了数据的融合。基于全要素完整数据样本构建的“基因链”，发掘数据之间的关联关系。关联性是数据的价值所在，数据关联性可以是因果性、隐含性、演绎性、趋势性，都可以被用来支撑决策（或系统自主决策或辅助人的决策），即提高决策的正确性和精准性。融合体现在工业互联网发展的全层次、全过程，是IT与OT的技术融合，企业内部门间的业务融合、流程融合，大型企业集团内的产业融合、基地融合，以及面向行业的供应链和产业链、价值链融合。融合的结果是协同，协同有助于培育良好的市场环境，改善决策的效率，这就是数据赋能的要义，并催生更多的“蓝海”领域，避免“红海”的恶性竞争。

4.3.2 发展路径与实施方法

工业互联网应遵循“总体规划下的分步实施，数据环境和业务优化并行推进下的融合发展”的建设路径。

工业互联网推进发展路径

企业工作千头万绪，都期望通过数字化转型来加以解决。但是，太多目标要求交织在一起，将使得工作头绪太多，无从下手，难以决策。

根据企业生产、经营、管理、服务等活动和过程的实际，强化战略主导和管理，强化顶层设计，形成智能制造推进的总体规划和长远布局，在总体规划布局指引下，制定合理的实施计划和投资策略，分步骤实施，渐次开展相关工作，逐层破解相关难题。

（1）经营活动和制造过程的数字化。以对象和环境智能感知和泛在连接为抓手，解决数据采集中的各种技术问题；利用边缘计算技术，解决多源冗杂数据的归一性和数据质量问题；基于“云、边”平台协同服务，解决数据治理和数

据可用性、使用便捷性问题；通过数据建模分析，解决数据价值挖掘和数据与业务融合问题。

（2）经营活动和制造过程的集成、互联和协同。通过系统性集成、网络化互联，从业务管控盲点入手，发现数据应用场景和增值空间，其中通过数据共享实现业务协同是核心理念。装备互联，业务流程端到端集成，多层级的计划系统衔接、研发、制造、物流与服务之间贯通等，总之，人与人、人与机、部门之间等都要协同；在协同的理念下，通过数据的应用来寻找现存业务管理中的不足，洞察预测运营控制中的不确定性，发现和消除改善质量和成本的空间等，从而明确业务需求，形成单点优化或综合业务优化的集成项目，予以落地执行。

（3）经营活动和制造过程的决策智能化。利用人工智能等技术优化业务：一是企业内部生产运营过程高效、绿色、高质、柔性；二是生态圈意义上的服务型制造业与生产型服务业的衔接和高效配置，逐步形成产业生态圈，重塑钢铁产业。

因此，需要梳理现状和顶层设计，要基于需求迫切性和实施复杂度综合考量，分出轻重缓急，理出优先顺序，如图 4-30 所示。

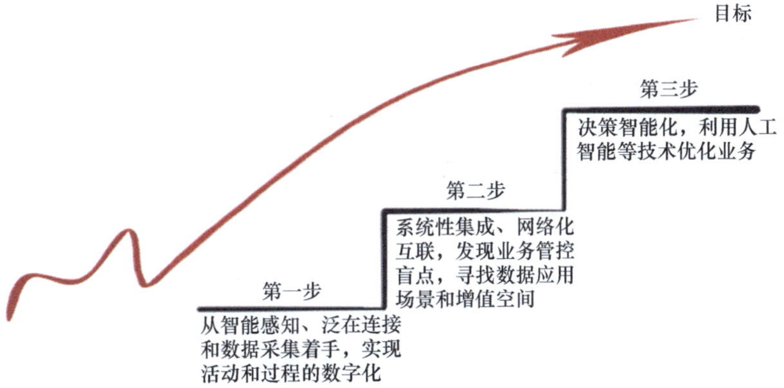

图 4-30　钢铁行业工业互联网应用实施路径

工业互联网实施方法

在具体推进过程中要有实施方法的周密设计（图 4-31）。

（1）设定目标。以全要素效率提升为目标。

（2）摸清家底。一切工作的开展都是基于企业实际，对企业自身的现状和基础要了然于胸，如果基本条件不具备或存在短板，则需要补课。总之，企业信息化构成了工业互联网建设的基础，企业信息化管理水平和完善程度对于工业互联网构建至关重要。

（3）明确主线。企业工作千头万绪，太多需求交织在一起，建立主线意识至关重要。主线就是事物发展的主脉络，是主轴，是纲，纲举目张。主线意识就是沿主线安排和开展各项工作。

因此，要确定若干主线项目，使数据系统建设的目标和方向更加明确，拉动各种资源要素整合发力，重点取得突破。企业内各业务部门都有需求，如果各自规划，势必导致工作交织，难以将问题和目标描述清楚，或者形成新的“竖井”式专业管理功能，同时，来自多重维度（彼此冲突矛盾）、不完全清晰的需求，使得工业互联网规划变得极为复杂，难以做出清晰和满意的系统框架设计。因此，在初期，一个行为主体（如法人主体、制造基地等）可以选择一条主线先行探索，例如可以选择“以产品质量和制造成本为主线的全面可视化”，或“以设备预测式维护为目标的生命周期管理”等。主线的确定要平衡考虑需求迫切性和实施复杂度，明确对数据环境建设的需求和内容，尽可能扩大对核心能力要素、数据、设备、人员、流程、技术的覆盖面，从而通过全要素分析和探索，验证主要的关键技术。主线项目的突破，将带动认识不断深化、技术持续完善，积累实施经验，形成管理模式。

（4）迭代循环和管理创新至关重要。主线项目一经确定，就可以将目标、任务、约束条件等清晰化，进而项目化，并纳入企业项目管理的规程中，便于决策。项目一经启动，需要不断地进行迭代和调整，其经济效益可能随着项目的深入逐渐量化清晰，这是与传统工程项目管理最大的差异所在。所以，项目管理方式上，需要改革创新，要体现出一定的容错安排，这种风险应该在项目方案中予以考虑，并且纳入项目绩效考核的规则中，要始终把握业务需求驱动与数据环境建设相互结合、技术创新与流程再造相互驱动的原则。

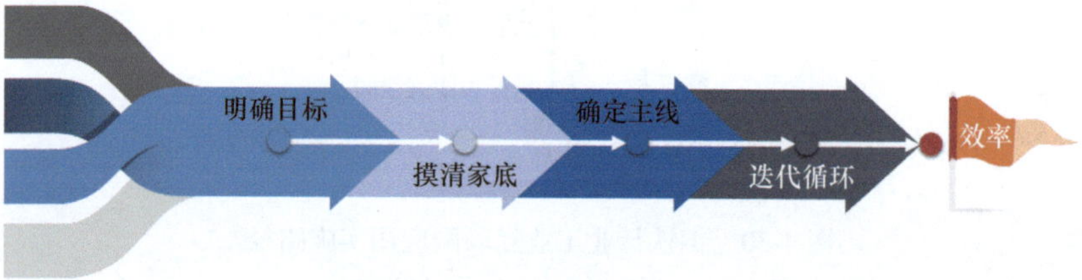

图 4-31　工业互联网建设实施方法

4.3.3　整合企业信息资产

工业互联网构建虽然是一个全新的任务，但又不能完全从零开始，它是一项基于企业运营积累的创新性的实践。正如前面所述，构建工业互联网要摸清家底。摸清家底既包括企业处于什么水平，要解决的问题是什么，以及有哪些资源可用，也包括企业的存量资产需要在规划建设中加以适当考虑，针对不同的资产，采用什么策略是最有效率和效益的。

集成存量信息资产到一个运营管理平台上

信息资产（IT 资产）是企业的核心资产，包括数据资产、软件资产、硬件资产、人员资产、服务资产等。企业信息资产作为一类特殊资产，具有共享性、高附加值、使用的高附加值和传播的低成本性、强烈的时效性等特征。强调信息资产集成就是着眼于上述特征，力求最大限度的发掘存量资产的新增价值。

通常，企业信息资产是长期投资建设的结果。在数十年信息化过程中，企业都拥有许多在不同时期、不同 IT 公司提供的独立开发的软件系统，这些软件都有自己独特的理念、青睐的供方以及专门的系统，持续优化业务系统是企业信息化建设的持久性的工作。一个令人沮丧但又要解决的问题是：建立怎样的机制来适应在不同背景下发展起来的工业软件，如何将这些存量的软件资产功能重构、优化、整合在同一个运营管理平台上，充分发挥信息资源的整合效应。

工业互联网建设是一项创新活动，但这并不意味着摒弃所有存量资产。事实上，除了对 IT 基础设施做出生命周期的合理安排外，集成存量信息软资产是工业互联网建设的主要内容，也是难点所在。首先要构建统一的数据环境，需要集成数据资产，将分散在不同角落、不同系统中的数据汇聚到一个平台上来。其次，要求业务上系统、服务上平台，不能有在系统外运行的业务，不能有多个彼此独立的平台，这就要求将形式多样的业务管理软件系统集成到一个运营管理平台上。

信息资产的集成不是简单地堆砌，而是深度地融合，使存量资产产生新增价值。所以，数据在平台上贯通：全流程、全样本、全特征、全要素；流程在平台上自动跑：一键下单、自动排程、一体化计划等，无（少）人工干预；管控在平台上统一实现：标准化、规范化、知识化、场景化；数据与业务在平台上互动：以数据为核心驱动业务，不断洞察预测、及时做出最优决策、持续改善业务。图 4-32 展示了传统企业信息化系统向工业互联网架构过渡中，存量信息资产重构对系统带来的变化。

存量信息资产平稳过渡策略

企业工业互联网建设发展尚处于上升期，除了对新建数据系统的规划实施之外，如何处理企业已有大量存量资产，也是一个非常重要的问题。工业互联网相关项目的落地，必然是在现有的基础上开展工作，会涉及与现有系统的关系，或技改补短板，或新建增设备，因此，不论是叠加模式还是融合模式，针对硬设备和软环境，都要以投资效益最大化和存量资产价值最大化为目标。

因此，应遵循下列基本原则。

（1）面向装备的生产系统：以“拾遗补缺”为目标。

企业的生产系统是核心资产，积累了大量的投资，经过多年的投入建设形成，工业互联网建设所需要考虑的问题主要是数据。

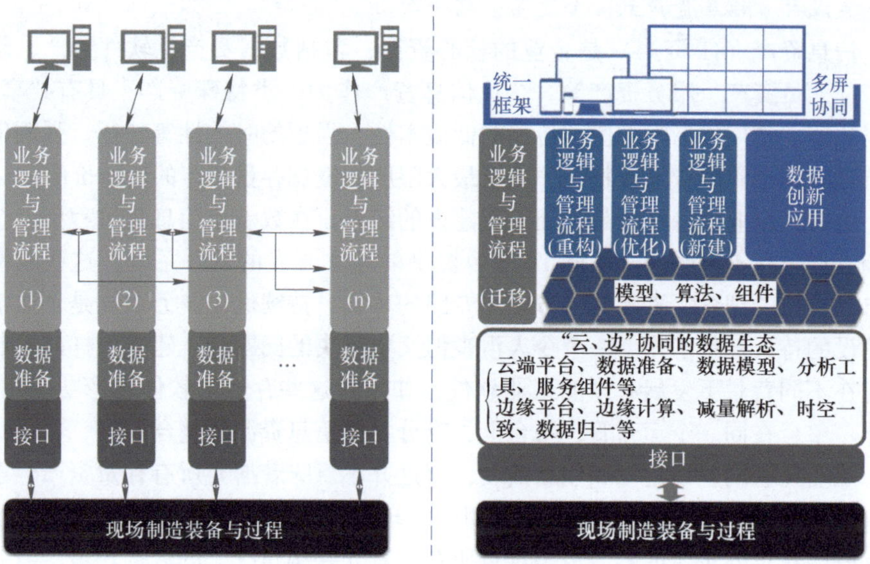

图 4-32　从传统企业信息化系统向工业互联网架构过渡

设备是数据的主要来源。从数据源的视角，要判断哪些数据是已经采集到的，哪些数据是采集不足需要补充的，要采取“拾遗补缺”的策略，或额外加装传感器，或采用间接方式获取，或采用软测量的方式等，不能一哄而上。总之，要以满足后续应用对数据点、数据量、数据类型的需求为目标。

(2) 在线运行的业务系统：以优化配置为目标。

企业的业务系统已经在线，推倒重来是不可能的，因为这会对企业运营造成损害，且投入是巨大的。

除了在线业务系统已经提供的运营数据之外，通过对业务功能的优化来生成更多的数据是第一原则，优化业务本身就是数据应用，而经过优化的业务会生成更多的数据。所以，通过传统业务功能使用更多、更广、更细、更泛的数据，更加优化地配置资源是目标和原则。

(3) 即将建设的数据系统：以业务创新为目标。

大数据系统是要建设的增量系统，新系统的建设一定会存在诸多不确定性，企业管理者面临决策风险，系统开发者也面对技术风险。

建设实施过程中，要使大量的资源投入尽快、持续地产生价值，又能够不断地验证技术，以便随时做出优化调整，及时的管理变更、修正错误，就需要策划一些目标明确的项目形成主线来拉动数据环境的合理方案和资源投入，主线的设定即是实施方法中一个核心环节，也是业务创新驱动工业互联网建设的关键原则。

(4) 支撑运营的基础设施：以兼前顾后为目标。

企业积累了大量的信息资产，包括计算机及网络设备、各种软件资产等，要使这些资产在生命周期内得以保值增值，需要在规划方案时就要考虑到存量资产——特别是基础设施——的价值作用。例如，以现有的过程计算机作为边缘节点，或对分散部署的计算机进行再集成，其中也会涉及相关软件资产再集成的问题。“兼前顾后”意味着在充分前瞻的同时兼顾存量，为存量向增量的过渡留下足够的空间。

4.3.4 数据驱动的企业创新体系

数据驱动与企业数字化转型有着深刻的联系，需要企业建立数据驱动的创新体系，从认识、技术、方法、组织的转变，到通过信息获取而产生洞察力（预测），改善企业运营。

数据驱动：从数据生态到价值实现

数据生态就是从企业内到生态圈，大规模采集数据和准确识别数据源，通过整合、处理和串接数据以保障全样本数据的时空一致性，对多源全要素数据进行融合并建立关联关系，以及建立数据模型以表述动态变化规律等。数据生态是基础、是起点，主要是通过技术手段来解决问题（其中也存在管理的内容）。

价值实现是利用数据进行业务洞察，并对业务形成可度量、可评价价值，通常可以体现为效率提升、成本降低、业务增量、盈利能等。价值实现是目标，但价值并不是伴随着数据自然形成的，需要在数据基础上由一系列具体手段、工具、资源和服务来保障和支撑目标的实现，如图 4-33 所示。

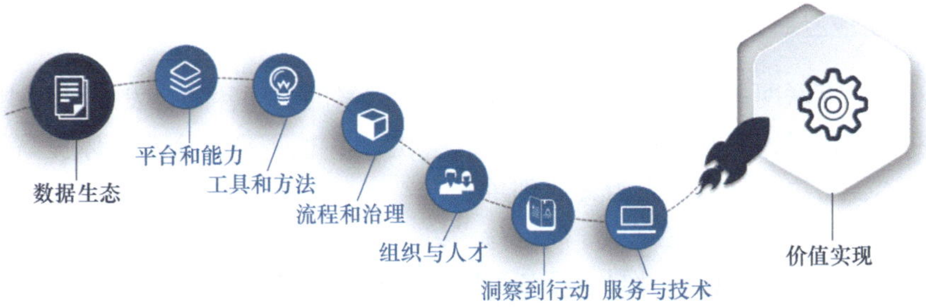

图 4-33 数据驱动的企业运营创新体系

创新体系：多要素能力和方法

那么，我们需要哪些工具、手段和资源，方能由数据生态达到价值实现的目标呢？下面各点是保障从数据生态到价值实现的关键要素，也是构建数据驱动的企业创新体系的核心环节，这些环节就构成了数据驱动的企业创新体系。

(1) 平台与能力。要建设支撑全流程数据分析平台——工业互联网平台，通过平台的不断丰富完善，开放式运营，培养可复制的数据能力，不断提升每一项分析洞察能力的成熟度，最终实现数据规模化应用。

（2）工具与方法。平台运营除了对数据的治理和知识的提取外，需要配置强有力的数据分析工具，并制定技术趋势和企业特色相结合的实施方法论。方法是正确做事的规程和步骤，工具是做正确事情的途径和手段。

（3）流程和治理。应该建立开展业务洞察分析的数据使用规则和流程，这是数据治理的核心，以支持全流程数据分析平台愿景的达成。这些规则和流程特别需要获得企业管理层认可、财务支持以及最高决策者关注。

（4）组织与人才。设立专门的数据治理的组织机构，包括决策、日常管理和技术开发维护等，为数据发挥作用提供组织保障。聚集企业分析洞察转型所需要的人员，培育相关的技术技能，使其具备跨专业、跨领域的知识结构，在数据使用的过程中，持续不断的沉淀和积累知识。

（5）洞察到行动。数据应用是全员行为，这与传统上由 IT 工程师开发 BI 业务不同。企业员工的日常工作就是与具有业务内涵的数据打交道，各类业务人员利用数据分析，准确洞察岗位和流程上的业务盲点，实现最优决策。

（6）服务与技术。为了充分和持续地发挥数据价值，需要一支专属的技术和服务团队。一方面专业服务团队持续完善平台环境，丰富业务内涵，加厚 PaaS 层功能，打牢数字底座，支撑系统运行；另一方面，专业服务团队还有责任进行数据的营销工作，在组织内外广泛推销已完成开发的数据成果（数据产品、数据模型、数据分析方法等），使更多的业务人员和数据工程师到平台上来使用数据，将数据资源利用最大化。

4.3.5 工业互联网与行业融合发展的价值取向

对工业互联网的高度期许更多地来自市场因素的驱动，融合发展过程中，必然要回归到市场，明确工业互联网的价值所在[27]，能否帮助企业主体提高效率、控制成本，将决定是否有人为其“埋单”。

装备互联实现精准控制和智能运行

互联互通首先从设备做起，设备上网上平台是基础性工作。随着连接机器数量的激增以及机器之间实现对话，数据创建速度将会大大加快。数据量的激增和质的提高，有助于实现近乎实时的决策，价值捕获时间是新的数据指标。

充分互联互通的装备可以实现数据的直接交互，使不同生产设备能够在更大范围内彼此协同工作，快速有序地对外部变化做出实时、适当的反应。适时的洞察和最优的策略将为制造过程的及时调整和修正赢得宝贵时间，以应对由于设备异常故障对制造过程的潜在不确定性，降低某个生产环节突发异常对其他环节的影响。

设备协同工作中逐步培育了自主预判和应对制造过程各种异常事件所导致的不确定性的能力。例如，全流程质量监控中，鉴于产品质量基因遗传性特征，要求前道工序将任何潜在瑕疵信息，都实时传递到下道工序，从而为下道工序产生最优质量控制策略、及时修正和弥补赢得宝贵时间，减少损失，控制无谓的成本。

灵活的工艺路径实现资源弹性配置

大规模、标准化生产是大型流程制造业的主要方式，可以用量来摊薄成本，同时标准化生产使得制造过程是稳定、持续的，有利于产品质量的一致性，所以，产品质量和制造成本深度依赖于规模。同时，企业必须对用户的“小批量、多品种”个性化需求做出应对，一定程度上赋予消费者在产品功能、性能以及其他指标方面的自由选择权和自主裁量权。这种用户选择的自由度意味着个性化需求的满足和用户更佳的使用体验。

因此，通过纵向集成，构建网络化的、可灵活重构的制造和生产管理体系，提供合同、计划和工艺路径等方面多种方式的灵活匹配组合，通过 IT 配置规则（软件可定义）灵活调整工艺制造参数、路径和过程。追求灵活匹配组合就要强化制造管理规则的可配置（软件可定义），这是提高工艺制造路径和过程调整的灵活性和柔性的重要技术手段。利用数据建模和预测，既能够更加科学地编排生产工序，提高决策制定的精准性和执行的灵活型，又可以调整资源使用，采用最节约能耗的方式，体现出智能的要义，是成本控制的重要方面。

基于约束条件的动态预测与最优决策

物理制造过程存在多种约束条件，在科学研究和工程实践中时而忽略一些次要约束条件，是科学技术问题的必要简化，约束是制造过程的常态，而忽略约束条件是一种技术无奈。

制造中，约束条件是多方面的，约束条件因时空环境而变，尽可能将更多的约束要素纳入考虑，实现约束型制造，要实时监控制造状态，对未来工况做出实时动态的预测，并做出更加符合实际情况的最优决策，这需要知识体系的支撑，需要人机一体化柔性运作方式。

按照最大产能来制定计划的生产方式已经是过去时，在产能过剩的“新常态”下，需要思考更多约束条件对制造过程的影响，例如，除需求、市场、合同外，能源环境要求是对制造管理的刚性约束。

约束型制造是一种理念，也是一种符合发展趋势的制造模式。美国大河钢厂使用大数据挖掘和人工智能搜索超过 40 亿个历史数据点来识别预测模式，消除由于盲目和不确定性而产生的额外成本和过程风险。因为只要对足够的历史数据进行分析以识别预测模式，那么所有事件都是可预测的，所以大河钢厂自诩为不存在所谓的“随机事件”，可以消除由于盲目性和不确定性而产生的额外成本和过程风险。

构建虚拟空间消除不确定性的风险

虚拟工厂建设涉及大量的工艺技术和信息技术的融合应用，其核心是模型。面向产品、设备、工艺、管理、运营等物理资产和制造行为，将整个工厂做完整的数字化描述，建立数字孪生模型，需要大量的研发和不菲的投入。尽管如此，基于数字孪生技术构建虚拟工厂仍然是智能制造的不懈追求。

数字空间的虚拟工厂是一个非常理想的场景环境，一旦建成，可以基于数据，通过软件工具开展设计、仿真、验证工作。一切有可能产生额外成本（时间、经济考量）或存在某些不确定性需要进行验证的工作都可以在虚拟环境中得以反复验证澄清。所有验证工作完成，得出确切方案（计划排程、工艺参数、加工路径、质量规范）后，再进入实体制造程序，通过人机交互接口实现和物理进程的交互，使用网络化空间以远程的、可靠的、实时的、安全的、协作的方式操控一个物理实体。

基于数字孪生的虚拟工厂将为智能工厂赋予更深的智慧内涵，不仅可以通过虚拟设计、协同设计、仿真模拟等加快新产品开发周期，而且可以大大削减由于物理实验所带来的时间成本和实物成本，更能够规避技术和管理不确定性的潜在风险，是一个近乎“零成本”工厂，可以有效控制成本、提高效率。

追求一切皆协同以提高资源配置效率

协同是互动，是连接，是沟通，是智能制造的要义所在。

企业运营中，随处可见因协同不足而导致运营难度提高、成本增加。协同的障碍来自数据壁垒所导致的信息不对称，企业各级管理者不得不花费大量的精力来协调问题更是常态，往往需要人凭借经验或给予额外的管理授权快速介入管理过程，这并非高效协同的理想途径，过度依赖某个个体的经验知识是不可持续的。管理者的协调能力形式上是由于管理授权，但本质是由于掌握广泛性信息所产生的话语权和决策判定优势。

业务协同可以增加业务流程链上各环节彼此之间的信息透明，过滤或降低工作目标（面向服务和市场）的盲目性和不确定性，从而可以为应对各种可能的变化提前做出相对优化的安排，降低由于信息不透明而带来的运营难度，以及不确定性而引发的额外成本。协同需要依托来自系统的支撑，工业互联网追求互联互通，数据集成是协同的技术基础，基于协同制造的理念，将生产制造、运营决策以及所有关联的应用系统功能紧密集成，将这些系统的运行行为数据相互融合，在企业内部协同成为广泛共识和自觉行动，企业外部形成与客户和合作伙伴之间更灵活融洽的协作关系，从内到外业务流程的端到端集成，可以极大降低运营成本。例如，在钢铁制造全流程中，从需求转化开始，在信息协同的基础上，实现需求与产品、计划与物料、生产与库存、运输与加工、结算与服务等全方位的协同制造行动，实现集成客户的制造工程。

在企业内部（管理链）要打通管理“竖井”，实现数据和资源的贯通与共享，企业内部业务协同是一种管理安排，通过管理意志的贯彻得以实现；企业间横向协同（生态圈）是一种市场行为，要基于价值共享的理念，避免恶性竞争而导致的社会财富的浪费，提高社会总体资源效率。

系统支撑下知识型员工进行快速决策

未来的制造是由智能机器和人类专家共同组成的人机一体化智能系统。人将经验和数据融合形成的知识嵌入机器，形成机器“智能”并逐步承担独立分析、判断、决策等任务，人类专家通过集成的知识平台介入，对各类终端设备提供更有效的指导和服务，不断丰富和改进机器智能。伴随着人的经验“注入”机器，更多的人类智力资源被用于智慧开发工作，培养出更高的系统能力来支撑决策。

企业组织扁平化顺应未来制造对决策的实时性和效率的高要求，工业互联网所提供的信息均衡和透明使得顶层决策不再具有唯一的权威性和必要性，企业决策由企业顶层决策系统向更接近市场的知识型员工下沉是必然趋势。决策主体的分布性特征并不意味着人可以随意决策，为确保决策的正确性，需随时得到来自系统知识支撑，即基于数据、知识并综合利用智能优化技术，获得最优的决策选项。

工业知识的沉淀为接近市场的知识型员工进行决策提供支撑，在适当的时间将适当的信息发布给适当的岗位，以满足特定的工作任务需求。

4.4 构建工业互联网要面对的问题

工业互联网是实体经济数字化转型的关键支撑，是实现第四次工业革命的重要基石。其存在重要性决定了实施的复杂性，需要面对和解决各种现实问题，方能获得向数字化、网络化、智能化转型的新动能。

4.4.1 梳理关注要点

面向工业现场进行互联互通，要采用大量的物联技术，由物联所引发的各种新问题需要特别关注。

打破数据孤岛

工业互联需要关注的诸多问题中，首推数据孤岛。原有企业信息化的“竖井”式专业系统的开发和运行方式导致了大量的数据孤岛，这是不争的事实，互联互通必须首先解决数据孤岛问题，这也形成了广泛的共识。

打破数据孤岛，重在企业内部解决问题，要消除只获取数据而不愿奉献数据的狭隘思想，破除垄断数据以独享话语权的迷思。数据的全量汇聚、多维集成、多源融合是企业利用数据赋能业务的基础，是企业完成大数据战略必须首先要解决的问题。

目前，由管理问题带来的企业数据孤岛障碍已经逐步让位于技术问题，这需要相当的技术资源投入来解决这一问题。

制定通用标准

接口的多样性和专业性是工业系统的固有特点。不同制造商、不同品牌、不同年代的设备在工业过程中长期并存，即使在设备技术更新升级时，明知某些接口技术并不先进或过度非标，基于替代方案的经济成本和时间成本考量，也不得不兼顾接口的现实状况，这是常态。

工业互联网致力于将这些设备在IIoT空间一起协同工作，大量的设备接口以专有的软件（控件）设计为主，且带有显著的时代烙印（版本），如何实现设备间信息共享和交流，需要标准。

目前，接口的标准化工作已经引起了极大的关注，也是互联互通的一大瓶颈。工业4.0技术文件提出的“八项”行动计划的第一项就是标准化和参考架构，需要开发出一揽子共同标准，并需要一个参考架构来描述这些标准。

多样性数据管理

在工业场景，数据的异构性是客观存在的。导致数据异构性的原因：一是设备的多样性（本质上是设备供应商的多样性）；二是设备的时代差异（同一供应商在不同时期生产的设备版本不同）；三是缺乏顶层规划和标准约束，从而实施的随意性长期积累，设备应用和实施方式也会造成数据的差异性。所以异构数据的归一性是首先要解决的问题，归一化的异构数据融合是工业数据得以应用的关键一步。

为了方便数据使用，归一化针对数据变异的格式予以解释，使得计算可以自动识别并加载利用，同时需要在数据质量、频率和定时等方面，制定相应的标准并找到处理这些数据集的算法方式，以保证数据时空一致性，即创建数据的时间相关性和数据测量值之间的逻辑关系。

异构设备管理

大量的数据异构性首先是由设备异构所致，所以解决数据异构的最好办法是从源头做起，这就需要对异构设备进行有效管理。

对异构设备进行有效管理，有赖于设备软硬件资源规模和水平，以提高设备的可配置能力（软件定义和快速接入），实现一定程度的智能化。但工业系统中大多数设备仅具有有限的，或没有重新配置、可重编程能力，难以在设备自己的资源范围内重新配置和重新编程，实现可靠泛在连接和便捷的设备管理。而面对当前的现状，需要借助网络“边缘”计算能力，来对异构设备进行透明化管理，以适应工业互联网灵活感知的动态能力。

构建通用的开发环境

大多数嵌入式开发商熟悉 C 开发环境，保证连接硬件并满足实时约束；而在面向信息化系统的开发中，会基于 HTML、Java、C++和其他大多数基于云的开发技术，形成预集成的解决方案。

在构建工业互联网中，极致扁平化系统架构使得传统的自动化和信息化界限变得模糊，开发技术的使用也不那么严格区分。例如：传统的 SCADA 中均采用 C/S 模式，厚客户端可以为监控的实时化提供保证，随着技术的发展，基于浏览器技术的 B/S 也逐步走进工业监控领域，使得一体化界面框架成为可能，来满足面向装备和过程的 SCADA 与面向业务管理的管理界面融合集成的需求，这需要集成和兼容各种计算机技术，开发通用的开发环境，适用于云应用和边缘应用的开发。目前领先的工业软件厂商都已经推出了类似的解决方案和产品，引领着技术发展的方向。

另外，通用的开发环境还需要顺应少代码或无代码的技术走向。少代码/无代码开发方式在传统的自动化系统开发中早已实现，不论在 PLC/DCS 控制程序还是人机界面的开发，自动化系统工程师都已经习惯于“组态”开发模式，而不是键入大量的程序代码实现编写和编译程序。组态模式是一种基于标准的功能模块、以图形化形式完成业务（控制）逻辑的实现，非常直观而高效。这种组态的理念也逐步进入信息化系统页面的开发，并清晰地描述了未来应用软件开发的去代码化趋势。所以，能否提供少代码/无代码的应用开发环境是衡量工业互联网平台的重要指标，关乎应用开发的效率，可以大幅降低工程师对各种计算机开发技术的技能要求，使工程师更加专注于工业软件中行业知识的提炼和应用。

服务型商业模式

工业互联网促使人们转向以数据为中心的新行为方式，这意味着：对供给侧——设备提供商和系统开发商、应用侧——制造企业，都必须转型思维方式，并付诸全新的行动，双方共同努力在彼此结伴同行的过程中，逐步磨合构建一种创新的商业模式。

数据应用技术门类众多，需求的广泛性、多变性、迫切性要求应用开发模式应高度敏捷化。这需要一种完全不同的方式来思考：面向产品设计、制造过程及其客户服务等端到端全流程，重点是通过产品开发与联合服务中的创新行动，来加快数据价值实现和业务赋能过程。

复合型知识与人才

面向工业过程，连接巨量的设备形成 IIoT 的配套服务解决方案，涉及的技术门类广泛、难度不一，需要相当数量的开发者和跨技术专业的人才和知识。

另外，分析这些设备的数据将需要显著的人力和专业知识，如何弥补企业的能力短板？从哪里、以什么方式获得相应资源：是立足企业自己培养、广招社会贤才，还是通过专业外包的方式？这对企业是一个巨大的挑战，但需要有明确的规划和策略安排。

科学技术问题

新一代信息技术的发展为工业互联网提供了强有力的技术支撑，包括云计算和边缘计算、大数据和人工智能、物联网技术和 5G 以及近期兴起的区块链技术等。

但工业互联网作为一个复杂的系统体系，不是各种技术的堆积和集成，其必然存在各种深层的科学理论问题有待研究的突破，从而使工业互联网的顶层设计更具有普遍意义。随着业界的深入研究和企业界的探索实践，已经凝练出一系列深层次的基础科学和关键技术问题，这些科学理论问题的解决有助于工业互联网实践更具有效性和方向性。

（1）面向多干扰不确定多源信息（图像、数据、知识）的复杂工况动态感知与认知技术。

（2）工业互联网、工业云和大数据环境下的智能自主控制系统和人机合作的智能优化决策系统技术。

（3）基于工业大数据全维度、多层次、全要素智能解析的信息深度感知理论与方法。

（4）数据、机理与知识融合的复杂流程工业过程非线性建模与关联关系提取方法。

(5) 基于全流程关键参数运行指标的多工序协调优化模块化运行机制与多冲突目标实时优化方法。

工程实践问题

从工业互联网实践的角度，在尚无完整的系统理论指导下，需要通过实践验证和摸索出成功的路径，为形成理论体系创造积累条件。

(1) 自动化控制与企业信息化的专业界限将逐渐模糊，开放式扁平化系统架构日益受到青睐，边缘自动化设备应用增多且更成熟。

(2) 众多智能的设备彼此直接连接，协作机器人将极大柔性化生产作业线。

(3) 智能传感器种类、梳理越来越多，无处不在；快速物联技术将降低泛在连接接入成本；无线网络将会更便宜、更易用、更普及，靠近边缘的自动化系统要接受便携式移动应用。

(4) 模型技术的挑战更大、更迫切，内涵更宽泛；基于边云协同的大数据分析。

(5) 成千上万传感器产生海量数据，数据无所不在且有保证的时间表，需要足以保证数据交互的带宽。

(6) 端到端的集成；过程是全程可视化的，数字化设计制造流程，跨地域、跨行业的制造流程，知识是分布式的、共享的，决策几乎是实时的。

4.4.2 互联互通下的安全问题

安全总是整个系统的特性

目前，对工业系统的攻击所带来的后果极为严重。2010 年发生在伊朗核电站的“震网”病毒所带来的安全危害是一个典型的案例，为世人敲响了工业控制系统网络安全的警钟。

伴随着工业互联互通的实施，安全越来越明显地呈现出系统的特征。一方面，工业互联网的网络体系将连接对象延伸到机器设备、工业产品和工业服务，系统中高频、大容量且时间性强的数据和信息在技术组件间自主交换，大量服务和数据/命令、不同领域的相关指令流互动工作，直接关乎工业生产安全，对安全的要求更高，对安全性、身份管理和访问控制提出新要求；另一方面，工业互联网安全管理扩展延伸至工厂全域，包含设备安全（工业智能装备及产品）、控制安全（SCADA、DCS 等）、网络安全（工厂内、外网络）、应用安全（平台应用、软件及工业 APP 等）以及数据安全（工业生产、平台承载业务及用户个人信息等数据），与传统互联网安全相比，工业互联网安全的防护对象更广，安全隐患会引发生产现场装备的安全风险，又会将发生在单元的点状安全漏洞迅速扩展为大范围的安全风险，所以，保证工业系统的安全性和稳定性是绝对必要的。

与传统的工控系统安全和互联网安全相比，工业互联网系统安全连接工业控制和业务系统，打破了以往在技术和管理上相对明晰的责任边界，其涉及范围、复杂度、风险度产生的影响要大得多，由面向设备、机组的单元安全问题变成了对全系统的担忧和关切，安全防护功能架构受到的安全挑战更为艰巨，需要综合考虑并采取统筹的解决方案，既有技术问题，更有管理问题。所以，作为工业互联网三大要素（网络、平台、安全）之一，安全是保障。

企业常见的安全隐患行为

目前，企业内常见的安全隐患来自方方面面，既有技术保障问题，也有管理机制问题；既有硬件投入不足，也有软件维护漏洞等。下列现象是企业内常见的安全隐患行为（但不限于）：

（1）对系统整体安全缺少规划、“高举轻放”，实质投入不足。

（2）控制器类装备系统（如 PLC、SCADA 等）存在先天缺陷，不能自主可控。

（3）“长寿”工业控制系统“千疮百孔”“封闭”的工业控制网络私搭乱建。

（4）操作系统缺陷。

（5）系统采用省缺（Default）参数配置。

（6）各类软件维护完全凭经验进行，缺少软件代码的保护体系。

（7）缺乏代码分析技术，对深层次漏洞自身无能力发现，漏洞修复依赖厂商源码，发现和修补的速度不及时。

（8）认为只要用了密码系统就安全了，密码设计与软件实现完全脱节。

（9）以为“物理隔离”绝对安全，对内网安全隐患视而不见。

（10）系统更新机制不健全，安全防护有而“不用”。

（11）追求管理简单方便，有机制无落实。

（12）将安全视为一个纯技术问题，忽视管理在安全中的重要作用。

（13）网络空间“马奇诺”防线漏洞百出，营造虚假的安全感。

（14）对安全态势无感或不够敏感。

（15）没有建立面向安全的应急处置机制，也没有相应的执行力。

（16）众多专业系统多头登录管理，迫使使用者“投机性”规避安全责任和意识。

安全管理永远是被动的、防御性的，对安全态势的敏锐感知非常重要，首先要构筑安全态势感知系统，任何安全防御机制和技术都建立在感知的基础之上。工业互联网安全的目标要求包括：以“工控系统连续性保障”为核心的生产单元安全防护；以“边界安全防护”为基础的 IIoT 网络层安全防护；以“安全威胁可视化”为切入点的主干网内容安全防护；以“数据安全治理”为要求的应用系统安全管理和安全运营。

4.4.3 传统信息化系统与工业互联网的关系的讨论

在基于工业互联网云边端架构进行规划设计时，经常有意无意的陷入一个难成共识的争论，即：如何将部署在多层级架构上的企业信息化系统管理业务（ERP/MES等）对应到工业互联网的云、边、端。

提出问题的背景

首先，将部署于多层级架构上的信息化管理业务功能映射到云边端的工业互联网上有无意义？有无必要？

事实上，这个问题的提出是从业务部门本位出发，反映了本位色彩，直接业务功能对应和迁移是最简单、省事的办法，本质上是对业务系统功能重构的必要性不认可、不情愿，不愿因业务系统重构影响自身的业务利益或增加额外工作量。

但是，工业互联网本来就不是用来解决传统业务问题的，要是从创新业务或增量业务的角度看工业互联网，就不存在太多争议，因为增量业务本来就是新的，不在部门已经“跑马圈地”的存量业务范围，何来争议？在现存的多层级信息化系统和新增的工业互联网系统之间，没有必要建立一个直接的对应关系，试图在对应关系上找到一个共识的方案也是徒劳的，因为其中有多种因素导致各方无法形成共识，包括技术要素、个人习惯和喜好、业务分工领域等。

直接平移（或迁移）没有意义，彼此融合才是必须

工业互联网的直接目标是构建数据生态环境，并开发创新的数据应用业务。如果将业务系统功能与数据环境打通，使业务系统可以分享到完整数据环境的优势且运行不受影响，就实现了工业互联网系统建设的初衷，且不会因信息化系统动重构“手术”而带来较大的投入成本和潜在风险。

从这个意义上讲，仅将业务系统功能平移（简单迁移）到工业互联网（云边端）架构上，不是一件必须要做的工作。所以，业务系统维持原状，数据系统用于数据创新应用，两个系统并列、平行的存在，各司其职，互不替代，是一种选择，也是工业互联网迭代模式存在的原因所在。

但必须看到：上述两个系统架构并列、平行存在，通过数据交互相互联系的状态可以接受，但并非最佳，一是数据交互效率会打折扣，二是未能最大限度的发挥数据价值。工业互联网建设的终极目标绝不是仅停留在这一状态，而是要进一步实现两者的融合。那么如何融合，从两个方向入手：一是应用全要素数据发掘新的业务价值；二是传统业务应用更多、更广、更泛、更细的数据，从而优化传统业务。要实现后者目标，两个并列的系统架构就面临着挑战，必须融合，即将传统业务融合到新的架构上来。注意：所谓融合不是平移（简单迁移），而是重构后的再部署——融合模式。

综上所述，从低目标来看，两者并列存在是一种可接受的状态，但从高目标来看又是不能接受的状态。无论是哪一种状态，都不存在将传统业务功能映射、平移到新架构的问题，或不迁移、或重构部署。

所以，如何将传统业务功能映射到工业互联网上（或两者在层次上如何一一对应）是个“伪命题”。

4.4.4 工业互联网落地中的管理问题

在操作层面，工业互联网落地也存在一系列需要梳理和解决的问题，企业要在繁杂的事务关系中理清思路，抓住重点和主线，大力推进工作落实。

尽快强化数据为中心的意识

有关咨询机构对企业高管的市场调研数据显示：企业对智能工厂收回投资的预期为2~5年。而构建工业互联网是推进智能制造的战略性举动，投资在短期内难见回报，这是影响企业进行资源投入决策的重要因素。由于投资回报难以量化，因此企业决心难下、决策难做。

受传统惯性模式的制约，顶层设计能力不足，体系认识不深，许多工作还停留在围绕传统信息化管理修补完善，难以摆脱人工经验依赖；由于核心知识产权掌控不足，缺少标准指导，实施路径选择困难，专业供应商解决方案水平参差不齐，选择空间有限。

各企业制造基础参差不齐，对智能制造的理解认识差异巨大，直接影响企业智能制造路径选择和资源投入的力度；“可见的”硬件改造工程居多，“不可见的”软件能力提升项目少，原始创新应用比例不高；对企业制造运营进行有效洞察预测的成功案例寥寥无几。

在企业内外部，传统思维和组织边界对数据和系统互联形成的约束尚未在管理者心目中引起足够的重视，每个组织（包括企业之间、部门之间、员工个体之间等）都有获取数据而不愿奉献数据的倾向，会以各种各样的理由（如数据敏感、安全、专业等）变相消极应对，这是企业完成大数据战略必须要解决的问题。

上述现象，反映出企业管理者对于大规模投入的回报仍有疑虑，也反映出有效解决方案供给不足使得企业决策非常谨慎，而背后深层次的问题是：要尽快建立“以数据为中心”高度共识，加深数据赋能增值迫切性认识，下大决心、投入资源、勇于创新，快速决策，推进工作的落实。

数据融合中的企业意志和执行力

面对数据融合的高要求，当技术应用对企业业已形成的管理模式形成冲击时，或各方的利益诉求相互交织、形成冲突时，大量的协调难题会对管理者决策带来困扰，需要形成企业上下的共识，变成企业的统一意志，在技术上和管理上建立有效的机制。其中，特别重要的是企业领导的管理意志和企业组织的执行力。对于下列常见现象，应予以坚决纠正。

(1) 习惯思维使然。过分强调数据的部门属性和专业属性，以各种各样的理由和借口限制数据的流转。

(2) 采用双重标准。只追求享用数据带来的好处和利益，而不愿贡献数据是非常常见的现象。

(3) 单纯强调管理。以“数据敏感”为由，为数据应用设置重重障碍，使得收集的数据难以便捷使用，这通常发生在与数据管理相关的岗位和部门。

(4) 人为数据孤岛。将数据视为“私有”资产，即使企业构建了较为完善的数据系统，也一定要将相关的数据二次采集、存储在自己可以掌控的系统环境中，人为构建新的数据孤岛。

(5) 拒绝应用协同。在数据应用上不愿协同，一味强调固有习惯，事事都从原始数据的收集做起，而不愿基于已有的（如边缘端已经产生的数据结果）数据应用结果开展进一步工作，大幅降低数据应用效率。

要正确理解工业互联网与企业信息化的关系。

面对目前对数据应用的迫切需求，存量的企业信息化系统之不足也日益凸显，需要在重新审视的基础上，规划构建全新的工业互联网，目标是构建完整的良性数据生态环境，以此满足企业转型升级中一系列对数据的新需求，如规模化的质量在线判定、设备状态在线监测、高级优化排程、实时成本预测等。

具体到实施层面，在建设之初，将信息化系统作为一个数据源，如同将装备接入工业互联网中，而不必过度关注存量系统功能与新系统架构的相互对应关系，一旦形成企业数据生态，业务功能的优化和重构就比较容易实现。

要有效处理技改工程建设与技术创新的关系

钢铁行业工业互联网建设伊始，还存在诸多技术问题有待解决，以形成完整的解决方案。例如，在技术上，平台接入设备能力差，数据采集能力弱，数字化模型少，平台间数据不流通，设备协议没有统一标准，协议数量多，为设备间互联及平台的接入带来很大的困难等。解决这些技术问题，尚无现成可套用的成熟解决方案，需要技术攻关和实践探索，甚至是部分的反复或失败。

因此，已有的工程项目管理方式中若干传统方法未必完全适用，需要部分的调整或放弃。

要辩证认识创新探索实践与借鉴对标的关系

中国钢铁业走过了引进、消化、吸收的路程，形成了固有思维惯式，习惯于事事“跟随”，满足于借鉴模仿，这不利于工业互联网的创新实践。我们已经难以找到完全可供借鉴的对标企业去模仿和借鉴，这使得企业在决策时变得非常谨慎，甚至茫然，尤其是面对工业互联网项目大量的技术创新性工作、投入的经济效益难以明确计算、新技术应用可能会对企业业已形成的成熟的组织管理模式带来冲击时，会犹豫不决。

这需要企业极大的创新勇气，在深入研究需求和趋势的基础上，找准自身痛点，聚焦应用场景，大胆探索实践。

要统筹规划技术开发与业务流程再造的关系

工业互联网建设是新一代信息技术与工业制造深度融合的过程，技术的引入必然带来管理流程的变革，甚至催生更多的流程创新和业务模式，用数据驱动管理变革、流程再造。

现有的工业互联网建设规划中，技术开发的内容占据了绝对的章节内容，而设计流程变革的规划设想则相对较少，这反映了规划编制主要来自 IT 技术人员或管理部门的技术偏好，也反映了对工业互联网催生商业模式创新的经济性认识和考量不够的现状。

是自下而上还是自上而下

企业推进工业互联网、智能制造工作，也会遇到自上而下还是自下而上的讨论。在谈这个问题的时候，不同的人可能会从不同的角度出发、所强调的重点会有差异。例如，承担规划管理职能的部门和人员关注自上而下的顶层设计会多些，而基层承担具体经济责任部门和人员会更关注应用实践落地所可能产生的价值。

所谓自上而下，主要是强调一个顶层的设计，需要对推进的总体目标、蓝图做一个总体的框架型安排，即规划，但是规划设计不会（也不可能）涉及非常多的具体实施细节。而框架规划中所涉及的具体的实施内容、实施路径等就需要自下而上的进行落实，在具体项目的实施过程中，不仅涉及技术的验证，而且会涉及投入产出的评价，以及对项目方案对真实需求的匹配性、产生价值水平的评判。所以，大框架顶层设计需要众多的实践案例来丰富和支撑，而具体的应用场景的落地，又需要有一个大框架来约束和指引。两者是在紧密结合中，互相驱动。

总结大量的企业实践，通常，大企业会关注顶层设计，因为大企业有更多的资源来做，而中小企业更关心应用场景实施所带来的价值。但这并不意味着两者是可以截然分开的。另外，当企业已经有了诸多场景落地实践时，对顶层架构设计的期望就会比较突出，而顶层架构设计的指导作用也就会更加凸显。

需要说明的是：无论是先自上而下还是自下而上，主要目的都是为了把握方向、判断趋势，以及为企业带来潜在价值而不是验证技术。在很多情况下，实施初期，对技术的关注和论证较多，因而对技术的担忧可能是次要的，而价值生成的不确定性较大，缺少充分的讨论，故担忧一直会存在，需要在大框架的指导下，逐步清晰化。

场景设计至关重要

在推进某项战略性工作时（如智能制造），经常会提到问题驱动或需求驱动。作为工作的出发点，一切以解决存在问题，满足需求为出发点，这没有错，所以需要深入实践，真正了解工作实际和问题点。但是问题驱动并不能提供解决问题的具体路径和方法，也就是说，提出问题虽然重要，但仅是开始，更重要的是找到解决问题的方法和路径，这就需要规划设计。

场景是企业战略落地的具体切入点。虽然人们对企业智能制造或数字化转型，提出了迫切的问题、确定了明确的方向、制定了清晰的战略、开发了成熟的技术，但最终都需要将这些纸面的东西变成具体行动，真正落地实践。

场景设计具有创新性、先导性。如果说问题驱动是一种被动的行为，那么场景驱动就是将被动的特征转化成主动行为。场景设计必须结合企业实际，不能就问题谈问题，不能虚构杜撰，必须针对问题，不能无的放矢，必须有足够的前瞻性和系统化思考。

在当前工业互联网推进中，场景驱动尤为重要，场景可以解释企业规划如何扎实落地、能够解决行业制造的什么问题、能够为企业运营带来什么价值等一系列问题。

第 8 章将基于案例专门讨论场景的设计。

5 见仁见智的工业大数据

——数据之于工业，犹如血液之于人体

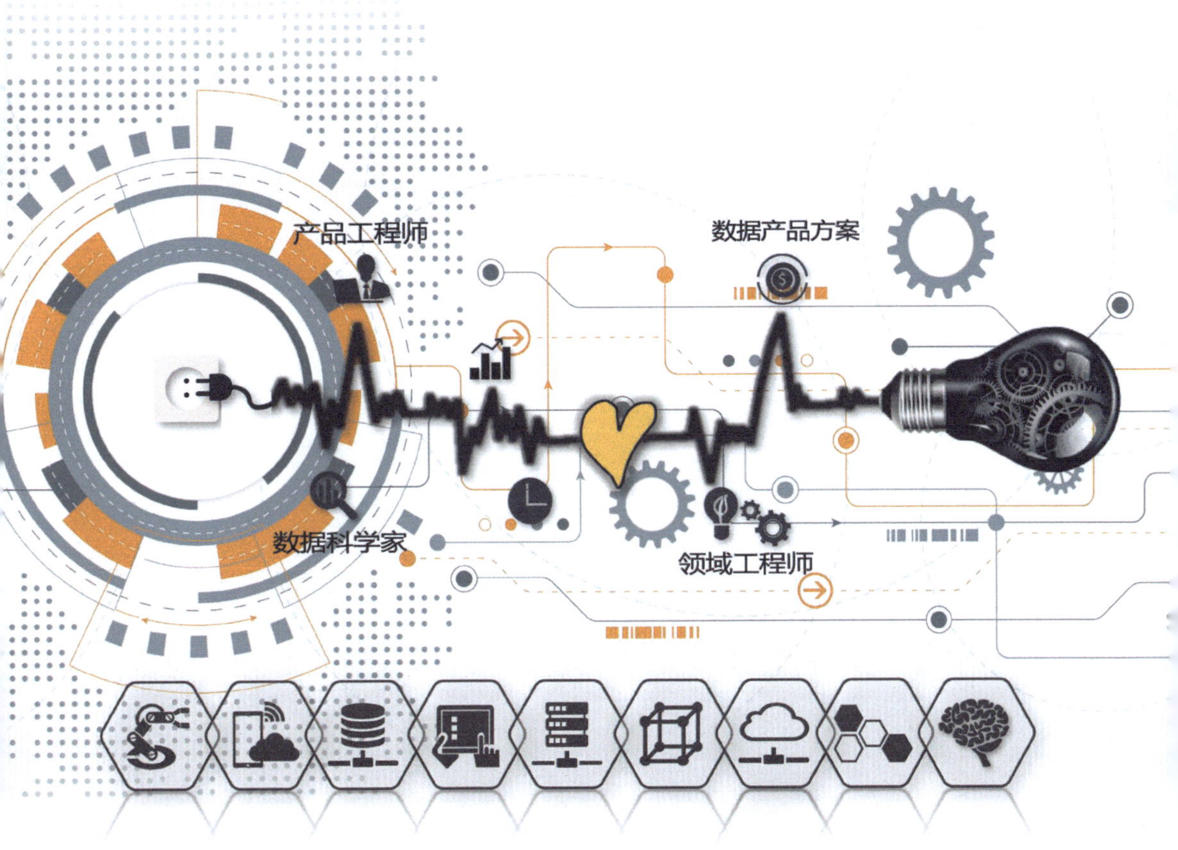

5.1 面对数据的期待与困扰

强调数据是设计的核心，并不是否认管理流程设计的重要性。在实践中，流程的优化仍然是设计任务的重要组成，其中部分是补课，补上在3.0阶段尚未达成的目标，更进一步的优化，恰恰是通过数据的运用来实现，其前提是数据的高效流动。

5.1.1 工业大数据的构成与现状

工业大数据的构成

数字化不仅仅是指现有制造设备和工厂车间逐步自动化的过程，还涵盖企业各部门数据驱动的组织和工作方式，以及围绕软件驱动的网络化产品构建的全新运营模式。工业大数据是由产品制造流程或者工业体系带出的完整的数据体，主要由两大类数据组成（图5-1）。

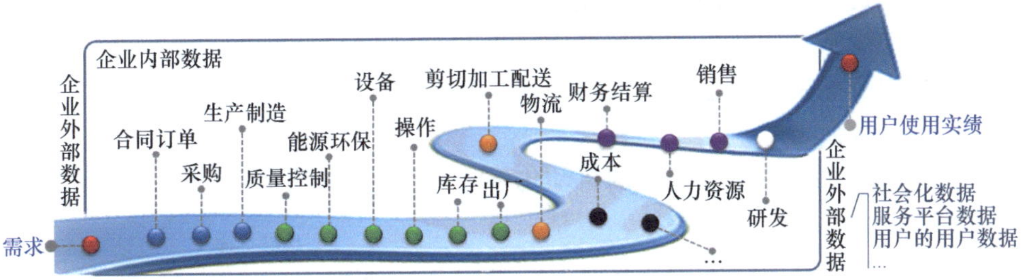

图5-1 企业大数据构成

第一类数据直接来源于物理设备（环境）。安装了传感器的物理设备嵌入生产流程中，成为生产制造和管理的一个环节。数以亿计泛在物联的工业设备产生的海量时序数据（状态与关联）是工业大数据的最主要来源。这类数据主要是通过自动化系统和SCADA实现数据采集和汇聚。

第二类数据与人类活动轨迹相关。从设计、采购、生产、物流、销售的企业内部流程到外部供应链等各个环节构成了现代工业制造链中，生产过程产生的制造与操作管理数据和消费者使用产品过程中产生的需求与消费行为数据，构成了工业大数据的另一个重要来源，企业信息化中各业务系统是此类大数据的发生场景。

显然，工业大数据与面向物理装备的自动化和面向企业管理的信息化紧密相关。所以，有两个问题需要深入探讨：一是从传统企业转型升级的角度，企业信息化到大数据系统是自然的延续吗？二是探索存量企业信息化和大数据产业发展潮流的有效衔接的意义是什么？

企业当前的数据困境与大数据建设

对于企业内推进大数据应用有非常多的讨论，有踌躇满志的侃侃而谈，也有一筹莫展的摇头叹息，大数据应用是“说起来容易做起来难”。

“数据是企业的核心资产”已经在管理者心中打下了深深的烙印。伴随着日复一日的生产制造过程，大量的数据被源源不断地生产出来，数据不可谓不多；对所有设备的状态和经营管理行为都进行数据收集，数据不可谓不广；产品和服务延伸到用户端形成反馈，数据不可谓不全。

从现状来看，企业内几乎所有人看到的都是局部、支离破碎、经过筛选过滤的信息：业务人员仅掌握本业务领域的局部信息（机械、液压、电气、财务、销售等），技术人员需要到处奔波寻找满足研发需求的最小有限数据样本，高层管理者仅看到经过筛选过滤的宏观信息。唯一能看到全局数据的 IT 系统开发和维护人员却不是数据应用的主体，他们既不熟悉业务，也没有应用数据的需求。

这实在令人颇感尴尬：一方面大量被采集的制造过程数据被闲置甚至废弃，另一方面又缺少基本的数据环境来解决企业运营管理中所存在的问题，如图 5-2 所示。

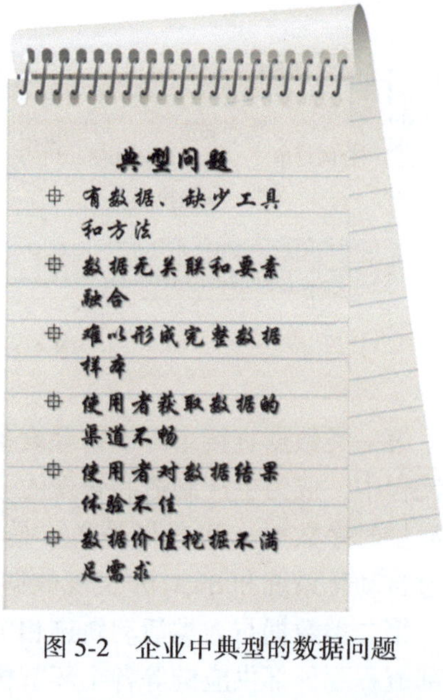

图 5-2　企业中典型的数据问题

领导经常会问：

（1）我们已经建设了先进的自动化系统和多个业务管理信息化系统，不是采集了大量的数据吗？为什么不能及时有效解决制造管理中的问题？

（2）这些数据资产的价值是如何发挥的？为什么又要建设工业互联网？在管理决策之前必须首先回答这些问题。

如何打破这一困境？答案是搭建工业互联网，构建企业大数据环境。企业开展大数据应用业务无非是两件事：一是打破数据孤岛，要解决“数据资源分散、数据质量不高、数据标准不一”的问题；二是发掘数据价值，要解决“数据能力不足、数据应用不够、数据生态不强”的问题。

5.1.2　以数据为核心开展设计的初衷与逻辑

企业确定已经建设了先进的自动化系统和多个业务管理系统，这些系统都在正常运转，并时时刻刻在生成数据。但是，这些数据价值未得到充分发掘和发挥，这是由多重原因所致。

历史局限问题

一般来说，企业信息化系统建设是一个较长的时间过程，各业务系统都带有明显的时代烙印，都会受到系统建设之时技术水平和管理理念的局限，与企业金字塔形的组织结构相关。通常，自开发伊始，能够经过系统规划设计，由专业系统供应商进行完全继承性有序开发，并不容易。绝大多数制造企业都拥有多个、不同时期投入、不同供应商提供的独立开发的软件系统，这些系统都有自己独特的理念、青睐的供方以及专门的系统，这往往导致架构不清晰或过于复杂。

由于受到计算机算力局限，难以在尽可能少的层级处理大量的数据，同层级或周边系统之间的数据交互需求，需要经过额外的机制来实现，通常在多个专业系统之上再构筑一层，先实现数据纵向抓取，再进行横向交互。另外，为了适应管理运营水平的提升，专业系统功能不断进行调整和扩容。为了不影响在线系统运营，开发新系统、实现新功能的最佳办法是：在多个低层级系统之上（或多个系统之外）再构筑一个新系统，将来自低层级系统的数据按照既定的要求进行处理后上传，以支撑跨系统的应用功能，这就形成了自下而上典型的数据流形态，如图 5-3 所示。

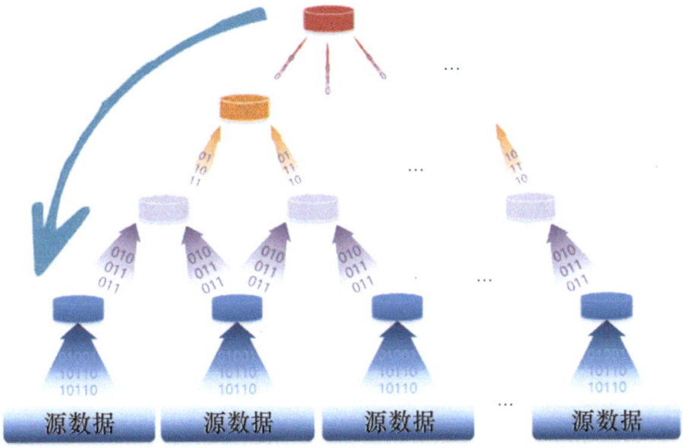

图 5-3　企业信息系统数据流现状——“选择性上传”

经过上位系统周转数据的结果是：企业信息化系统变得层级更多，更加臃肿，不仅影响数据上传下达的效率，而且难以对未来更多的、新的数据需求做出超前的设计思考。

数据孤岛问题

数据大多都局限于专业系统中，各专业系统之间数据很少交互，虽然数据交互的必要性逐步显现，但由于各专业系统建设时未考虑数据交互的通道设计，或由于不同时期采用不同的技术和平台、由不同供应商负责开发，这种数据交互受到极大的技术制约。因此，被形象地称为“竖井”式或“烟囱”式系统，如图 5-4 所示。

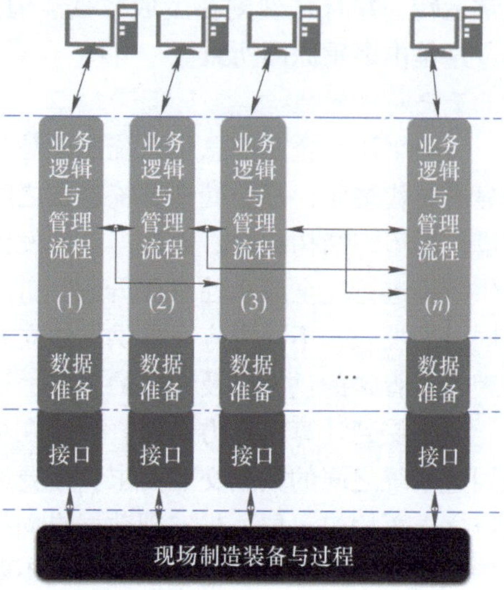

图 5-4 企业专业管理系统中的数据孤岛问题

技术制约总是可以解决的，通过各种变通的方法或进行适度的改造来实现。数据孤岛是存在更多是受到管理因素制约。由于存在部门分工，各专业系统就是各部门的工作平台环境，这就为平台中的数据赋予了专有属性，它代表着部门责任、权利、利益，以及对业务的权威性，专业数据的封闭性增加了数据的神秘感，进而放大了数据的敏感性。专业数据“属于企业核心机密”，为防止核心数据的外泄对企业经营的损害，不宜交互，这种冠冕堂皇的说辞是拿得上桌面的，理由的确是充分的、站得住脚的，而这恰恰是造成数据难以交互的最重要的因素。

数据效率问题

大量的工程开发经验数据表明：信息系统开发建设时，一个既耗时又耗力的问题是应用功能之间的数据交互设计。采用数据电文包进行数据交互是最常用方法。为了实现数据的正确准时交互，需要花大量的时间精力（30%～40%）来处理数据交互的问题，包括双方约定（定义）通讯规约、定义电文格式、确定电文内容等。图 5-5 是一种自定义通信协议的格式标准。

Message Id: G5RG31		Message Chinese Name: 产副品代码变动											宝信内部使用
序号	项目中文名	项目英文名	长度	类型	单位	精度	产线	格式	备注	循环标记	循环次数	数据表字段名
No.	Item Chinese Name	Item English Name	Length	Type	Unit	Decimal	Line	Format	Remark	Loop Flag	Loop Times	Table Item Name
1.	功能码	func_no	1	C		0			I-新增、U-变更、D-删除/注销、			
2.	会计年度	accounting_year	4	C		0						
3.	帐套	company_code	4	C		0						
4.	制造单元	product_cell	4	C		0						
5.	成本系统别	ac_type	2	C		0						
6.	产副品代码	product_code	20	C		0						
7.	会计科目	acct_title_code	13	C		0						
8.	事业部代码	dep_code	16	C		0						
9.	标准价格	std_price	12	N		0						
10.	调拨价格	transfer_price	12	N		0						
11.	创建人	rec_creator	8	C		0						
12.	创建日期	rec_creator_time	14	C		0						
13.	修改人	rec_revisor	8	C		0						
14.	修改日期	rec_revisor_time	14	C		0						
15.	产成品代码中文说明	product_desc	60	C		0						

图 5-5 自定义通信协议示例

数据交互中最耗时耗力的工作是通信电文中具体数据项及相关属性的确定，

在具体信息化项目规划、开发过程中，经常要“对电文”：接收方基于功能设计提出数据需求，发送方按照需求去寻找相应的数据（计算处理），打包发送（假设：发送方对所有数据需求都百分百的响应，而实际情况并不一定如此）。一旦有新的数据请求，则意味着双方要开始新一轮的数据“对账”过程，完成新的数据电文内容的更新和设计，并重新进行开发和修改。

在企业信息化建设过程中，随着应用功能的调整，对数据项的需求不断变化，上述“对账”过程会经常发生，如上下层系统间的数据交互、专业系统之间的数据交互等。为了保持设备和系统日常正常运转，企业需要花费大量时间和精力去处理、传达和交换信息，非常低效。

例如：对即有产线进行工程改造时，一定会面对数据接口的技术改造工作，诸如数据对接工作量大、接口开发成本高、接口工作周期长、协调厂家配合麻烦、厂家不提供配合、厂家已经消失、系统不支持数据接口等问题是每一项技改工程必须要首先解决的问题，特别是面对一些已经运行多年、由诸多专有设备或特定协议构成的现场数据采集系统时，更是如此。

数据贬值问题

面对企业高层管理者一些运营管理方面的需求，上述问题都可以在行政意志下得到解决，无非就是投入相应的资源（人财物时）。所以，基于数据仓库的BI业务曾经成就了企业驾驶舱而红极一时，可以不计成本的将数据按照管理要求层层处理，逐级上传，进入数据仓库，这样可以开发出令管理者满意的各种可视化报表。

虽然数据上传的成本可以不计，但上传的数据都是根据当时约定的特定需求，只能用于满足上层管理和决策即时的特定目标，以既定目标进行处理（合并、统计等）后进行传输的，其称之为“筛选性”上传。

在层层处理中，诸多丰富的动态信息被丢弃，大量原始数据的微观属性价值被过滤而不复存在，数据样本仅能用于在设计之初已经明确的单一目的，而不能复用于其他更加广泛的数据应用场景，这些数据中所包含的特征信息损耗导致数据贬值。

5.1.3 数据应用业务重要性日益凸显

流程类业务与数据类业务的概念

现有的“竖井”式结构业务系统是面向部门业务、由流程驱动开发建设的。流程管理型业务系统建设的一个突出特点是：流程是这些业务系统设计的起点，将管理流程通过软件的方式固化下来，形成确定的管理流程，其功能是将一组数据在每一个环节进行操作，按照固化的流程顺序，再传递到下一个环节；在这类业务中，虽然也是操作数据，但是是按照特定的流程顺序，依据固定的方法，达到特定的目标，如制造数据—成本归集—财务核算—企业 KPI 等。

与之不同的还有一类业务，不是按照一个流程，而是基于某些逻辑规则和计算方法对量大、面广的数据做批处理操作，数据处理的方法是不完全确定的。要达到的目标也不是完全确定的。这类业务的一个突出特点是：试图从数据的关联中寻找未知的东西，如基于大量数据建立数据模型，或从大量数据中发现影响产品成本的关键要素等，我们将这类业务称之为数据类业务。

在过去若干年信息系统建设中，由于受到技术、管理、认识等多种因素的限制，往往不会刻意去区分两类业务，在已经建设的系统中，除了流程型业务的设计之外，也有大量的数据应用类型的业务融入其中，彼此紧密的交织并存。这种方式可以保障在有限数据样本情况下，满足特定的计算需求；其不足在于数据样本选择是事先确定的而且是固化在程序中，无法灵活方便地进行调整。

虽然两种类型业务所用数据是同源的，但彼此存在着诸多不同：流程型业务是传递数据，按照约定的流程顺序和既定的规则、方法、目标对数据进行处理，并将处理结果在流程环节之间进行流转；数据类业务是发现价值，以不完全确定的规则、方法、过程，去发现事先并不完全确定的目标，这类业务的作用或价值体现在知识的发现，一组参数、一条规则、一条趋势曲线、一个经验公式、一张报表，甚至是一个相关性证据等，皆为知识。

两类业务在数据处理方面特点和需求不同，对数据样本获取和使用的原则和方法不同，决定了支撑两类业务运行的技术和平台配置要求有很大的不同。

从“流程”为核心转变为“数据”为核心

在企业大数据尚未生成高度预期的以往实践中，并不一定刻意追求两类业务的区分，即使是流程型业务也会尝试使用数据来优化、精细流程业务，但更多创新型业务需求则是基于数据价值来驱动的，数据型业务的开发量会占据更大的比重。

随着大数据的概念日益被接受，技术日臻成熟，打造一个专门从事数据业务的平台环境具备了技术基础，在平台上操作、运用和驾驭更大量数据成为可能。所以，将重要的、业已存在的数据类业务剥离到数据平台上运行不仅可能，而且必要；特别是在企业大数据平台上，可以方便地获取数据、灵活地使用算法工具、甚至“天马行空”式的在大数据田野中耕耘，有助于企业知识的积累，有可能在大量多源时空数据中发现更多的价值。

基于流程业务系统，开发数据 BI 业务，是企业信息化建设管理的一大进步。早期的企业数据仓库就源自对数据类业务的追求，基于数据仓库所积累的大量数据来实现 BI 业务的开发和应用，是对数据核心原理的一个初步实践。但是，数据仓库系统仍然对数据应用构成很大的制约，因为它是构建在已有多层级系统架构之上的，经过层层的“缩量”处理，“选择性”筛选上传，大量原始数据的微观属性价值被过滤掉，蕴藏在数据中广泛而丰富的动态特征信息被大量丢弃，数据仅用于在设计之初就已经明确的单一目的，而不能复用于其他更加广泛的数据应用场景，原本内涵广泛、特征丰富的数据大幅贬值，难以形成全流程、全要素、全样本数据环境，无法最大化发挥数据价值。

那么，在已有多层级系统架构不能做“大改造手术”的情况下，是否存在一种可行的数据集成方式来扩展数据类应用的价值空间。至此，就提出了一个“已有业务系统功能逐渐分化为流程交易类业务和数据服务类业务”的命题，目的是在流程业务正常运转下，满足对数据业务质和量的迫切需求。在实践中，将企业数据仓库率先迁移到工业互联网环境下，并启动数据架构的全新设计和新型 BI 应用开发，就是解答这一命题的尝试。

新一代信息技术的发展，为推进这一进程提供了技术的可行性。云计算的分布式计算框架已经是“数据”为核心的范式，大量的高频实时数据、非结构化数据纳入到新型 BI 业务应用的范畴，显著拓展了传统数据仓库数据的广度和深度，极大的丰富了数据要素和微观特征信息，云计算为大数据提供了有力的工具和途径，将改变 IT 系统的升级方式：从简单增量到架构变化，大数据下的新思维——计算模式的转变。

5.2 大数据思维与应用

经过近些年的广泛讨论和实践探索，人们对大数据逐步形成了更切合实际的认识和预期，“大数据”从虚无缥缈回到脚踏实地，从无限理想还原到工业现实。

5.2.1 大数据首先改变思维方式

我们对大数据的讨论，在很大程度上离不开一本书《大数据时代》。我是读到此前由相同作者发布在美国《外交》杂志5~6月一期的《大数据的兴趣》一文后，开始关注大数据的。2013年11月，我在企业内部的一个论坛活动上，首次以“大数据时代，我们能做什么?”为题做了主题报告，其中特别提出了“如何将企业内部精准的交易和运营数据与泛互联网‘不那么精准’的数据融合，发现新的相关性”的讨论话题。

针对大数据的讨论关注点很多，其中，工业领域数据相关性和因果性、大数据和小数据的博弈，至今仍居于讨论的核心。

有关大数据的新颖观点

“尽可能收集和使用大量数据，而非只满足于少量的数据或样本”作为一个主张被明确提出。过去100多年里，统计学家所做的大量工作是如何设计数据样本，代价高、耗时多。大数据时代，可以分析更多的数据，乃至处理和某个特别现象相关的所有数据，而不再依赖于随机采样。

“抛弃对有条理和纯净的数据的偏爱，转而接受杂乱无章的数据”，是大数据推崇者们极力倡导的一个原则。适用于传统数据库的结构化数据仅占5%，如果不接受混乱，剩下的95%的非结构化数据都无法被利用，因此，与使用抽样的方法、需要精确运算不同，使用全样本时，可以容忍少许的不精确，因为偏差不会被放大。

“放弃对事情原委的追究，而代之以对相关性的接纳”是大数据鼓吹者们大力主张的另一个原则。在很多场合（不是全部），不再热衷于寻找因果关系，转而将注意力放在相关关系的发现和使用上。有很多场合，知道“是什么”就够了，不必非得知道现象背后的原因，让数据自己“发声”。

建立在相关性基础上的预测是大数据的核心

无论承认与否，大数据已经对人们的思维方式带来了巨大的改变：告别总是试图了解世界运转方式背后深层原因的态度，而走向仅仅需要弄清现象之间的联系以及利用这些相关信息来解决问题，相关关系可以帮助我们捕捉现在和预测未来。秉持这一观点并不是说追究因果性不再需要，而是强调：在暂时无法获得物理现象背后深层原因的因果关系情况下，相关性是否可以帮助人们获得一定的认识进展，寻找“曲线型”解决问题的方法，即使是权益性的方法。

利用数据捕捉现在和预测未来是大数据的意义所在，大数据应用就是要设计数据隐含价值的发现和利用方式。其中对数据的追求是“尽可能多”，包括量多。来源多、种类多、…，即大量多源。发现是指从大量多源的信息中学习到从较少量的信息中无法获取的东西；利用是指所形成的数据用于非同寻常的新用途，其中重要的概念就是从相关性中发现规律，并用于预测。

数据就像一个神奇的“宝矿”，它在首要价值被发掘后仍能不断给予，只要肯挖掘。在创新实践中，数据价值是“取之不尽、用之不竭”的，其真实价值的发现和利用是无限的。同一个数据样本，不同的发现和利用方式可以得到不同的结果，用于解决不同的问题，以达到不同的目标。

本书多处重复阐明的一个观点：“数据应能够复用于多重需求而非仅用于单一目的。”就是试图展现传统数据仓库与大数据的差异性，也是传统数据仓库的局限性所在。数据的价值不应仅限于特定用途，还应可用于其他目的，或为了同一目的而被多次反复使用，这都是大数据所具有的独特优势，是传统数据仓库所不具备的。

总之，创造性地使用数据，可以创造出无限的新需求，正是大数据带来的这种无限可能性，催生了商业模式变革。

5.2.2　大数据思维的核心原理

数据在推进科技进步中的作用越来越大，海量数据汇聚给数据分析带来了机遇，也构成了新的挑战，要用数据思维来看待和解决问题。以数据为核心，综合源自多个渠道、不同时间的数据，挖掘深层次信息，云计算为大数据提供了有力的工具和途径。

从抽样转变为追求全部数据样本

数据中包含了事物变化的动态信息，根据统计学原理，只要数据样本具有代表性，通过分析这些数据样本，就可以总结出规律。然而，由于人们认知局限性或数据太少难以具备代表性因素，代表性数据样本采集本身具有相当的难度，而基于有限数据样本的统计分析会遗漏小概率事件。用全数据样本思维方式看待问题的逻辑是：从抽样中得到的结论总是局部的、面向特定问题的，只有基于数据全样本得到的结论才是真实和全面的，全样本意味着全信息。

大数据不再采用抽样方式收集数据，则避免了数据采样之苦，但如何收集数据全集又会是新的挑战：存储、传输、关联和表达等。尽管绝对的全样本数据可能并不存在，但数据足够多，会让人有更大的把握看得见、摸得着规律，对不确定状态做出更接近客观的判断，从而做出决策，有足够的能力把握未来。

由功能是价值转变为数据是价值

“数据变得在线了”是大数据的特征。大数据几乎存在于所有致力于创新发展的领域，数据被解释是信息，信息常识化是知识，而在线数据挖掘则进一步升级了数据的价值。

信息总量的变化导致了信息形态的变化，量变引发了质变，大数据的价值在扩大，从注重系统功能转向数据价值发掘，所以说数据解释、数据分析能产生价值，基于大数据形成决策的模式将放大企业运营效率提升的空间。

由关注精确度转变为关注效率

拥有大量的数据以及更多不那么精确但可用的数据，为我们理解物理世界开辟了一条新路。大数据使得过去不可计量、存储、分析和共享的很多东西都被数据化了，对于不那么精准、带有不确定性的大数据，只要分析指出可能性，就会有相应的结果，以相关性来探寻和表述结论，从而可以为企业快速决策、快速动作、抢占先机提高效率。

由因果关系转变为关注相关性

从传统的因果思维（适度）转向相关思维是大数据思维的最突出特点。在尚不具备条件追究为什么的情况下（认知能力或条件不具备），暂时放弃因果性追求，转向相关性分析，通过相关性逐步接近客观事物的真相，逼近因果性，是一种解决问题的现实的态度。凡事都要追根寻源是科学的态度，但寻找原因是一种现代社会的“神论”，往往难以事事如愿。

与传统的因果思维不同，大数据说：有些场合没有必要找到原因，不需要科学的手段来证明A与B之间的必然或先后关联发生的因果规律。在面对日益复杂的工业过程决策时，我们往往等不及事事都明晰因果再执行。过去寻找原因的信念正在被“更好”的相关性所取代，尤其是在高速信息化的时代，在快速的大数据分析技术下，寻找相关性信息，预测用户的行为，为企业快速决策提供提前量。

从不能预测转变为可以预测

大数据的核心是把数学算法运用到海量的数据上，以此来预测事情发生的可能性。随着系统接收到的数据越来越多，足够多的数据样本，可以在预测中“让数据说话”，去除主观性，使预测变得越来越客观、越来越准确。

用于预测的数据规模会越来越大，数据无处不在、随时可及，算力越来越强，通过找到更好的预测与模式，可以对系统进行改进，降低对直觉和个体经验的依赖，生成更深层次的信息预测。

从人找信息转变为信息找人

由人找信息的搜索模式向信息找人的推荐模式转变，是大数据时代数据应用的一大特点。大数据时代数据量之大、面之广，人找信息的效率下降，人已经无力处理信息以获得准确的搜索结果信息，推荐引擎可以自主感知相关方对信息的需求，并主动及时提供相关方需要的信息。从人找信息到信息找人，是适应于大数据应用而派生的一种知识应用新模式，也是智能时代的要求。

未来在工业领域的大数据时代，面向岗位的知识推荐将是一个重要的方向，企业、系统、机器都逐步要形成从大数据中挖掘知识的能力，目前电商平台的精准营销、新闻媒体的智能推荐都是成功的案例。

由人懂机器转变为机器更懂人

大数据技术的核心目标是从体量巨大、结构繁多的数据中挖掘出隐蔽在背后的规律，从而使数据发挥最大化的价值。大数据技术分析的过程中，由计算机代替人去挖掘信息，获取知识，这就需要培养机器从各种各样的数据（包括结构化、半结构化和非结构化数据）中快速获取有价值信息的能力。大数据分析要求机器更智能，具有分析能力。机器即时学习使其变得更懂得人类的思维和做事方式。

大数据机器分析中，半监督学习、集成学习、概率模型等技术尤为重要。

5.2.3 工业大数据的争论和讨论

大数据应用获得显著进展，首先来自消费互联网，沃尔玛超市“啤酒和尿布”的故事，至今仍然作为大数据技术应用的经典案例，被津津乐道。我们在踏进工业大数据这一新领域之初，就受到各种各样的困扰，存在形式多样的争论（讨论）。

相关性与因果性的讨论

首先来自对工业大数据从相关性逼近因果性的质疑。

解决工业过程问题要追根溯源，追求因果性仍然是科学研究的目标，工业领域科学技术研究面向物理设备机理研究，用数学方法建立模型，解析物理机理，从而找到控制的策略和方法；放弃因果性通常是难以被接受的，不知原因的解释在制造管理中是难以被采纳的，因为这意味着结果的不确定性，这种观点无疑是正确的。

但是，也必须承认：实际上，几乎所有的科学研究都是在最大限度的简化约束条件，非线性问题线性化、耦合问题解耦化等都是将复杂问题简单化的常用手段，而这些手段在客观上都拉开了与因果性的距离。数据分析的相关性是因果性的一种弱表达，强相关是对因果性的逼近过程，为什么不能接受数据相关性对工业数据分析的结论呢？

接受相关性并不是放弃因果性追求，仅仅是暂时降低对主次、时序的目标要求：一来有可能在大数据中发现一种联系而不是事前设定的分析目标；二来避免基于有限数据样本仅发现部分价值而忽略普遍知识。追求因果性仍然是科学研究的目标，工业大数据相关性分析是在逼近因果性的过程中。

大数据和小数据的讨论

关于大数据和小数据之争频繁出现在各类论坛、沙龙和文章中。这反映出大数据与传统数据应用的区别。如何看待大数据应用模式和传统数据应用模式的关系，是讨论的核心。现实中，利用有限数据样本解决特定的科学技术问题有着久远的历史，是广泛采纳的科学研究方法，至今仍然是人类认识客观世界的方法论之一。有限样本数据是典型的小数据，它客观上解决了无数的工程技术问题。

大数据与小数据有什么差异呢？或者说，为什么大数据突然变成“网红”令人趋之若骛，而人们熟知的成熟数据应用却被冷落了？从传统数据应用的立场出发，大数据追求的全样本数据在实践中是难以实现的，小数据仍然是最现实、最有效的方法。之所以强调大数据，并非追求无限的样本空间数据，只是在强调数据采集的多样性、全要素特征，特别是将这些原来看似不相关的数据关联起来，从中发现传统小数据不易（不能）发现的问题，这才是大数据的价值所在。

在我看来，大数据和小数据之间并没有严格的界限。首先，两者都是应用数据来解决问题，甚至数据采集的步骤流程和数据分析方法工具都相近或相同，特别是在工业领域。其次，目前在解决工程技术问题时，数据样本的规模在持续增大，一是获得数据的成本降低，二是问题的复杂程度上升使得对数据样本的量和源的需求加大，这一过程或许就是从传统数据应用向大数据转变的过程。

但是，两种数据应用方法在数据使用流程上又存在差异：传统的数据应用方法是逆向思维，即大胆假设，小心求证，首先确定一个解决问题的目标，然后再去寻求数据样本，只要找到相应的数据样本能够达到解决问题的目标即可，所以数据样本必然是一个有限的数据集，暂且称为有限数据应用。而大数据应用则是正向思维，即确信数据一定是有价值的，收集数据是基础，对数据如何使用、会产生什么结果、是否具有价值等，先将所有能够收集到的数据收集起来，正是因为收集数据时没有前提和假设，大数据分析才能带来很多预想不到的惊喜。之所以称之为大数据，不仅是因为数据的规模明显增大，更是因为我们追求尽可能大的数据样本以解决现存或未知的问题。相比前者以最小数据样本解决问题的原则，后者更关注从大体量数据的挖掘中找到以往未知的结论，如果这些新结论的发现有助于开拓视野，我们可以暂时放下对因果关系的追求，代之以相关性来解释客观事物的行为特征和规律。

所以，大数据应用可以理解为是一种新的数据应用的模式，即在对数据“模模糊糊”的期许中，逐步从数据中剥离出价值信息，甚至是在初衷中不曾有过的价值信息，可以称之为“天马行空”式的数据应用（这一描述在工业界可能不被接受或不太现实）。试想：如果采用传统数据应用方法，谁会突发奇想来设定一个“啤酒与尿布”关系的目标？

以欣赏的态度接纳大数据

在工业领域，以欣赏的态度接纳大数据，同时又要认识其有局限性，这是一种正确态度。大数据有助于创新，但创新发明并不都是来自数据，在以数据、算力和算法三要素的人工智能生成的答案之外，人类的本能、直觉、常识、想象等这些隐智慧，在创新发明中仍然占有重要的位置。

首先，大数据丰富了思维方式，但大数据技术不是一切，不应排斥已有的其他成功方式。大数据应用与传统数据应用并无明显的界限，不要将大数据与传统数据应用方法对立起来或试图完全替代。大数据是技术方法，更是一种思维方式，即以数据为中心。

其次，大数据应用增加了一个技术选项，在目前没有其他更有效的办法可供选择的情况下，或许出于迫不得已，毕竟是一种可行的办法。限于目前人类对客观事物的认识，大数据在工业领域真正发挥价值还需要漫长的过程，因此不必拘泥于何为大数据的争议，大数据方法用于换一个思路解决原有技术解决不了的问题，只要想办法用就可以了。

互联网大数据是成功的故事，尽管工业界有其特殊性，但不要将两者割裂和对立起来，作为拒绝大数据的理由，应该从消费互联网大数据应用诸多成功案例中找到一些极具启示和启迪的重要要素，为工业界应用大数据提供助力，即数据分析的目的就是找到数据之间的关联和联系。

很多日常浅显的逻辑会隐藏在容易被忽略、习以为常的事情中，学会使用数据、学会分析数据，从杂乱无章的千万条数据中寻找关联。大数据技术应用到工业时，要让其成为机理模型、行业知识之外的加分项。

借助于廉价的存储、强大的算力、智能的算法、聪明的软件以及从基本统计学中借鉴来的数学知识，工业大数据正在以新的方法被应用于新用途中。这种新方法并不是试图让计算机去寻找事物的因果关系，而是输入足够多的数据，通过数据匹配能够推断概率和趋势。

5.2.4 对数据应用的限制来自想象力

以往数据贫乏限制了应用数据的想象力

在讨论社会问题时，经常会用这样一句话：“贫穷限制了想象力。”这个逻辑也同样适用于大数据应用领域。

智能制造，数据先行。数据是一种资源、资产，用得好就是财富，而前提是要有数据。在以往获取数据需要付出高昂成本的时代，数据是极为有限的、稀缺的，获取大量数据是一种“著侈”行为，基于已经获得的宝贵的有限数据样本，我们的注意力就只能集中在解决所面对的现实问题上，无从去发挥想象力。随着获取数据成本大幅降低，数据在量和质上都有了极大提升，对于数据的应用只受想象力的限制。消费互联网中数据应用的成功证明：大数据应用存在着极大的“想象力”发挥空间，同样的数据样本，可以有各种各样的应用领域，只有想不到、没有做不到，即使当下做不到，也不意味着永远做不到。在对数据“模模糊糊”的期许中，逐步从数据中抽取出价值信息，甚至是在初始应用中不曾有过的价值信息，可以称之为“天马行空”式的数据应用。

工业领域大数据应用具有可行性

应用数据解决问题是科学和工程中已被反复证明的有效方式。

互联网大数据的成功应用，进一步刺激和启发工业领域对大数据应用的热情和期待，这或许是一个诱因；而大数据技术在工业领域受到热烈追捧的深层次原因是：工业领域很多问题既非常棘手又极为迫切，无法在短期内通过机理或传统的数据应用来解决，物理定律达到极限时，需要探索解决问题的新途径和新方法，这是强烈的需求使然。而现今技术的发展，使得数据规模极速膨胀的同时获取数据的成本大幅降低，云计算带来的计算能力的突破性进展，使得数据分析能力终于可以匹配数据收集能力，算力不再是制约数据应用的瓶颈，从供给侧提供了可能的选择。

工业大数据应用实践中，正确的立脚点是：已经基于机理建模的工作，不要再试图基于数据建模，除非存在利用数据优化机理模型的实现需求；已经建立模型并被实践证明正确的分析工作，不要再试图用大数据方法去重复，除非对原有分析结论尚有不满意之处；不用大数据取代传统数据方法，而是换一个思路解决原有技术解决不了的问题。

从杂乱无章的千万条数据中寻找关联

首先，在承认工业领域的数据应用与消费领域不同的同时，要更开放的接纳大数据思维方式，不因根深蒂固的因果性思维，而拒绝大数据。没有严格因果关系的结论都被认为是不可靠的，这既反映了工业界的严谨，也是工业界传统思维使然。对数据中的关联、异常、趋势要敏感的接受，但在适用结果时要遵循工业的严谨性。其次，工业领域的行为方式是需求驱动的，即从需求出发确定解决问题的目标，再利用数据解决具体问题，一切行动都是直奔目标而去，因为目标不明确、讲不清价值的数据应用对工业意味着风险和成本。

事实上，现在工业界也在逐步转换观念，通过大数据相关性分析实现建模的过程，相关性也是事物动态关系的一种呈现，具有客观性，将相关性视为一种数据模型用于工业过程的某些方面，例如：神经元网络就不是一种可逻辑解释的模型，但却是可行的应用方案。事实上，任何系统大到一定程度，都会有可解释性的问题，在对工业系统认知过程中，对约束条件的简化，适用边界的限定，相互关系的解耦，都是出于屏蔽一些不可解释性因素，不得已而为之。

大数据应用的本质就是发现和揭示隐藏在数据中事务的规律或事件之间的联

系，即相关性，只不过我们还没达到足够的认识深度，对相关性做出逻辑解读。相关性与因果性并不是对立的，相关性高到一定程度就会逼近因果性，两者会达到统一。

人工智能与大数据相伴而行

在“算力+算法”加持下的人工智能中，数据是不可或缺的燃料。近年来，人工智能的巨大进展，主要是大数据技术长足发展的结果。由于泛在感知和数据采集技术的发展，我们拥有了急剧膨胀的数据规模，并在某一主题领域拥有深度的、细致的、精准的数据，而强大的算力平台推动以深度神经网络为代表的人工智能技术飞速发展，两者结合大幅跨越了科学与应用之间的“技术鸿沟”，人工智能技术应用于诸如图像分类、语音识别、知识问答、人机对弈、无人驾驶等场景，实现了从“不能用、不好用”到“可以用”的技术突破，迎来爆发式增长的新高潮。有分析预测，到 2025 年，中国将产生比美国更多的数据。通过应用程序收集的数据，人工智能系统可以被训练得“更好”，有利于经济和社会发展。

近年来，人工智能技术的最大进展主要来自基于大数据的机器学习和深度学习。机器学习主要研究如何使用计算机模拟和实现人类获取知识（学习）过程、创新或重构已有的知识，机器利用经验改善自身性能的行为，提升自身处理问题的能力，机器学习的最终目的是从数据中获取知识。

让机器懂人，这是人工智能的成功，也是人的大数据思维转变。机器、软件、服务是否更懂人将是衡量其好坏的标准。人机关系已发生很大变化，由人机分离转化为人机沟通、人机互补、机器懂人。在大数据时代，有问题问机器成为生活的一部分。机器懂人，是人使机器更懂人，基于大数据的知识库结合各种人机交互形式的搜索引擎，使机器在人面前呈现出前所未有的智能。

与大数据初到工业并不特别“受待见”的境遇不同，人工智能在工业界备受推崇，人们对人工智能技术应用于工业领域寄予了极高的期望，点赞声此起彼伏。但当人们静下心来仔细思考如何落地时，又回到了原点：无论是看似广泛应用的“人脸识别”，还是训练一个巨大的神经网络，都离不开大数据的应用，人工智能伴随着大数据而来，也始终伴随着大数据应用而兴。令人欣慰的是，随着大数据理念的深入人心，人工智能技术在工业制造领域的应用成果也如雨后春笋。例如，机器视觉与机器人协同工作已经非常普及，识别材料表面缺陷种类并自动标注缺陷位置和判定质量，对设备健康度劣化趋势预测与应急管理，基于声纹的产品质量检测与故障判断，基于数据模型和智能优化技术的优化调度和决策，等等。

在工业中应用计算智能，不应排斥与机理分析的结合，即使是基于视觉的表面缺陷检测成功案例中，也需要标注大量的特征数据，这本身就带有强烈的机理分析内涵。将人工智能与机理规则甚至人工经验融合起来集成应用更符合工业应用的方法和规律，为机器学习、深度学习等技术在工业领域获得更加广阔的应用空间找到了一条更有效的途径，已经呈现出可以解决传统工业智能所不能解决的问题的能力，如图 5-6 所示。

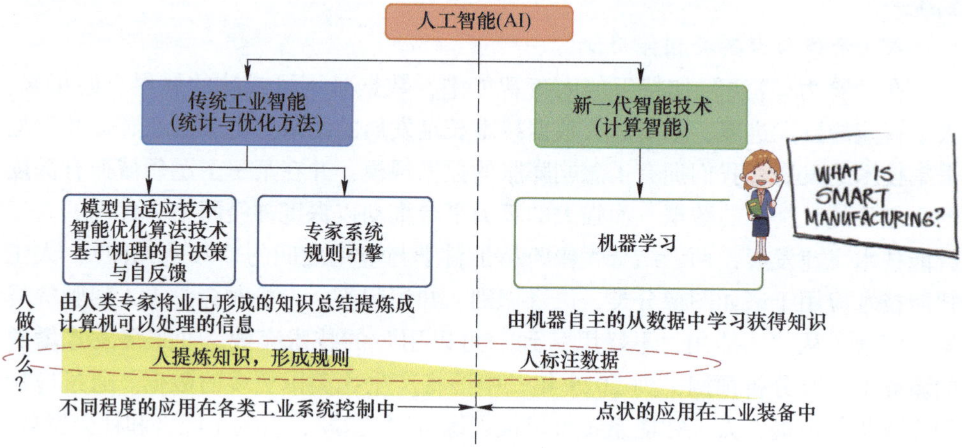

图 5-6　人机协同的工业智能方法

5.2.5　大数据增值需要商业模式创新

2022 年 12 月 2 日，中共中央、国务院《关于构建数据基础制度更好发挥数据要素作用的意见》（简称数据二十条）公布，从数据产权、流通交易、收益分配、安全治理四个方面提出 20 条政策举措，初步搭建了我国数据基础制度体系，充分发挥我国海量数据规模和丰富应用场景优势，激活数据要素潜能，更好发挥数据要素的积极作用，做强做优做大数字经济，增强经济发展新动能，构筑国家竞争新优势，是构建全社会数据生态环境的纲领性文件。

根据 2019 年 3 月《IDC：2025 年中国将拥有全球最大的数据圈》白皮书预测，2018 年至 2025 年全球数据圈将增长 5 倍以上，其中，中国或将增至 48.6ZB，占全球数据圈的 27.8%，从而成为全球最大的数据圈。因此，如将数据规模转化成商业价值是实现智能制造的关键。

利用存量数据资产

利用存量数据是企业数据应用的第一步，也是回答领导疑问的必要步骤——“我们不是采集了大量的数据吗？如何发挥这些数据资产的价值？”

通常，企业都会在长期的制造和运营过程中积累大量的数据，这些历史数据是存量资产，尽管企业数据现状并不令人感到乐观：企业内几乎所有人看到的都是局部、支离破碎、经过筛选过滤的信息。但是，相比数据生成的大量投入，从这些数据的集成做起是成本较低、速度较快的一项工作。要使大量被采集的存量历史数据动起来，不要继续被闲置甚至废弃。

将这些存量数据资产化、要素化，并开始赋能企业制造和运营，既可以快速产生数据价值，又可以验证数据应用技术，并发现现有业务系统的业务盲点。为此，要梳理下列问题：哪些是已有的数据？如何低成本收集并即时使用这些数据？这些存量数据使用能够快速为企业业务优化产生什么价值？

让产品产生更多数据

存量数据总是不足的！或者是现有数据采集有盲点导致数据采集不够，或者是业务对数据采集数量和方式又有了更多需求。让产品产生数据是扩大数据规模并能够快速兑现价值的最有效办法，这主要是在新产品、新工程规划、设计、开发阶段要着力开展的工作。

为此，要考虑以下问题：在满足既定功能和性能的同时，是否还能生成更多的数据？与产品和使用相关的数据有哪些？从这些数据中能分析出什么结论？所生成的更多数据能够对业务拓展、客户服务、供应商协同，以及与对手竞争中带来什么新价值。

产品或资产数字化

为了加快产品设计周期，降低成本，提高运营效率，推进资产数字化工作至关重要。资产数字化意味着数字孪生空间的构建，在虚拟环境中利用软件工具，基于数据开展各项工作，从根本上消除不确定性带来的风险和成本。

在推进资产数字化过程中，要逐步理清：有哪些已经完全或基本实现数字化的产品；哪些产品可以在尽可能长的全生命周期中，全部或部分实现数字化；如何应用产品的数字化特性，为自身和用户提高效率、创造价值。

整合更大范围的数据

说白了就是加长数据链条、扩大数据范围，以此来增加数据样本、扩大数据规模、丰富数据品类，对数据应采尽采、数据不落地。只有做到全流程、全要素、全样本、全周期数据的融合集成，数据所承载的内在价值才越大。

要思考的问题不是要不要做，而是如何做。如何在更大范围获取数据？如何将这些数据加以融合，并产生额外的新价值？如何设计合理的商业模式，使数据合作者有意愿接受数据的整合？如何通过彼此数据整合并从中获益？

数据交易

数据交易是一个更为前瞻性话题，特别是对工业数据而言，其内在的敏感信息足以使数据所有者彼此对数据交易望而却步。如果数据“交易”因市场化而过于敏感的话，可以从“交互或交换”开始。

放在一个更高的层面，数据交易是扩大数据质和量的重要方法，其关键是找到适当的技术路径，只有当数据交易双方在数据敏感性担忧明显弱于数据价值期望时，数据交易的商业化实现才有可能。所以，数据交易既是理念问题，又是技术问题。

必须首先解决数据如何通过脱敏化、格式化、模型化，便于应用的问题。数据在企业内部、对现有和潜在新客户有什么价值，数据是否可以用于其他行业，以便在更大范围创造更多价值。

数据服务产品化

这是大数据应用的更高阶段。提供数据产品开发、发布、承销和数据资产的合规化、标准化、增值化服务，从而大大提高数据交易效率。在业务数据化基础上生成更高的数据应用专业能力，将数据服务能力产品化、差异化变成一种独特的能力。数据服务产品化包括两个方面的能力：一是服务能力的产品化，解决数据使用者的效率问题；二是相应的数据加工输出成果的产品化、标准化、工具化，形成以产品或 PaaS/SaaS 模式进行商业运营的能力。“按照‘原始数据不出域、数据可用不可见’的要求，以模型、核验等产品和服务等形式向社会提供”。

时下，企业大数据已经不再是一个仅供讨论的选项话题，而是一个需要实践探索的急迫任务。企业数据运用中的核心困惑是：数据不能协同工作。多源、异构数据的融合应用，会产生意想不到的收获，目标是知识的发现和持续积累，并基于知识实时动态的做出预测和最优决策。

5.3 采用以数据为中心的设计

有别于传统“以流程为中心”的功能设计模式，工业互联网功能体系以“以数据为中心”进行顶层设计，只有充分发掘数据价值，方能为传统制造赋能、赋智。

5.3.1 数据生成

数据来源于对物理现象的观察（检测和监测），获得数据和使用数据的能力是衡量工业文明发展水平的标准之一。通常开发商在设计产品时主要考量的是产品功能、性能以及可制造性，设计是以资源为中心，最大限度的节省资源以判定设计是最优的，只采集关键数据，只传输按照规则处理好以完成特定功能的数据。

当然，对制造企业而言，设计时还需要考虑产品的可制造性，以及产品装配的各种工艺参数等，这对工业设备产品也是一样。

智能传感器就如同加工数据的微型智能工厂

传感器技术使得嵌入式传感器与设备之间、机器与机器（M2M）之间、机器与现实环境之间、虚拟和现实之间建立联系，产生新的功能模型。现代工业系统对传感器的需求是广泛且深入的，无论是智能产品还是对制造过程。

GB/T 7665—2005 对传感器的定义是：能够感受规定的被测量并按照一定规律转换成可用输出信号的器件或装置，通常由敏感元件、转化原件和调节转换电路组成。

智能传感器集成感知、信息处理和通信于一体，能提供以数字量方式传播具有一定知识级别的信息，是传感器集成化和微处理机相结合的产物。归纳诸多学者的观点，它可以定义为基于人工智能理论，利用微处理器实现智能处理功能的传感器。

智能感知工程专业以现代智能传感、智能检测、智能数据处理理论为指导，着重培养在智能传感器件、信息感知技术、动态测试技术、物联网技术、智能微系统、新一代信息技术等领域内从事科学研究、技术开发、工程设计、运行管理等工作的高素质人才。

像人的大脑综合处理信息的过程一样，感知系统综合来自分布在不同位置的各种传感器实时采集的局部、分离、不完整的观测量，通过智能计算方法，提取有效特征信息，最终产生对观测场景相对完整一致性的解释。这个过程充分利用了多源数据进行合理支配和使用，这不仅利用了多个传感器相互协同操作的优势，而且综合处理了其他信息源的数据来提高整个感知系统的智能化。

冗余传感器在许多涉及人与重要物资安全的应用场景经常被使用，以确保可靠，如同人的左右眼，是两个图像传感器，互为冗余，确保了对可视物体辨别清晰，给大脑提供准确的信息。如果一个眼睛受伤或患病，丧失了视觉功能，另外一个还能正常分辨物体，并不影响我们的安全和正常的生活，这就是冗余传感器的功能和作用。冗余传感器和主备传感器在某种程度上有相近意义，但又不完全相同。冗余传感器与多传感器融合有相同之处，也有很大的不同。

多传感器融合在某些应用场景下，是因为单一传感器不能完成某种特定的功能，而必须通过多传感器融合进行智能计算来完成特殊的功能。例如：智能手机面容 ID 识别，就集成了来自环境光传感器、距离感应器、红外镜头、泛光感应元件和点阵投影器等多源数据，搭建用户 3D 脸部模型，进行刷脸认证，极大地提高了识别的准确定和安全性。

视频识别技术的重大进展，使得摄像头成为一个广泛应用的智能感知装置。例如：对传统模拟仪表进行自动识读，对现场危险区域做非法入侵监测、用于钢铁废钢判级、感知对象状态（如位置）与机器人形成闭环控制等，都是通过对摄像头实时感知物理对象和环境而形成的非结构化图像信息进行结构化解析，提取出感知信息，并实现系统自动监测和闭环控制。

智能传感器的发展越来越呈现出微型化、数字化、智能化、多功能化、系统化、网络化的趋势。在传感器的工艺上，传感器集成度越来越高，给传感器的拓展留下了更多的可能，大大节约了设备空间。数据融合使得高度集成化的传感器更加智能化，数据融合在传感器内完成，可以显著降低网络通信量，降低能耗要求。高精度、低成本、低功耗、稳定可靠的智能数字传感技术，更有利于移动设备朝向轻便化发展。

由大量具有智能感测和无线传输的微型传感器节点构成的无线传感器网络，用于侦测周围环境，如温度、湿度、压力、光照、气体浓度、电磁辐射、振动强度等物理信息，不同的传感节点之间可能存在冗余数据，也可能存在冲突数据，传感器网络系统要识别这些冗余数据和冲突数据，并将收集的信息传送到监控者。

生成数据将成为产品和装备的主要功能

按照以数据为中心的思想，工业设备等在保证其物理性能的同时，还要注重数据的生成和接收。这意味着传统产品上要加装越来越多传感器，以便产生更多的数据。这些数据不仅反映出产品运行的状态，而且可以用于产品功能的完善，新产品的迭代开发，甚至催生出全新的商业服务模式。较传统的老式轿车，现在的乘用车安装了多个传感器（见图 5-7），例如，发动机的电子控制单元会接收来自进气压力传感器、发动机温度传感器、油门踏板位置传感器、发动机转速传感器等信息，在经过分析和处理后会发送相应的指令以控制喷油嘴的喷油量、点火提前角等。在高端汽车上，类似的 ECU 控制单元达数百个。而新能源车更是在智能传感上做足了功课，加装多摄像头和雷达等系统，实现辅助驾驶，提高驾驶体验，使得轿车的控制和维护变得更加方便高效。另一个代表性案例是飞机，其上安装了数千个传感器单元，用于实时感知飞行状态和环境。GE 面向航空发动机的数据采集、监视，并用于维护和更新，都是典型的以数据为中心，也是 GE 工业互联网 Predix 最具竞争力的业务。

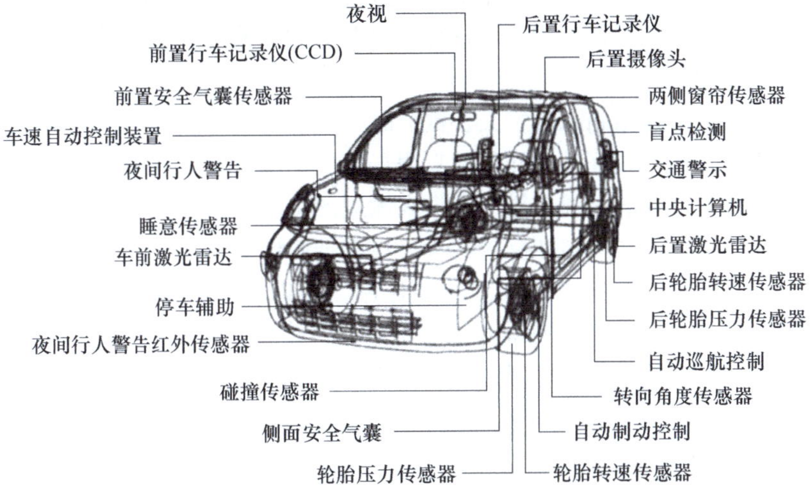

图 5-7　普通乘用车的传感器

仍以手机为例，手机的功能是打电话，对使用者而言，要求手机与基站连接的信号稳定，通话质量好，此外，还要求耐用、美观、可靠等，这些功能都是手机作为产品的基本功能，是设计手机时首先要保证的，这样的手机才会有市场竞争力。而手机发展到现在，已经远远超出了原来手机的功能设计，大量传感器的采用，使手机由单一功能的通信装置变成一个集感知、计算、通讯于一体的功能极其复杂强大的计算设备，极大地提升了其智能化程度。

类似手机的案例不胜枚举，我们熟知的新能源汽车、城市建设中的工程机械和盾构机、钢铁制造的重要工序炼铁高炉等都获益于大量的数据，产品的效率和寿命都得到了提高。在系统层面上，每一个物体都会成为一个数据源和/或接收器，系统将越来越多地采用以数据为中心的体系结构，从而支持在云端进行数据的分布式分析和增强控制。所以，以数据为中心是体现智能的重要特征，以数据为中心设计开发产品有其必然性。

5.3.2　数据融合

企业大数据的价值发挥很大程度上取决于数据能否有效的、高度自动化的实现跨领域、跨场景融合，以及在数据融合基础上的关联分析。

数据融合，就是数据“协同”起来工作

数据融合是一个被频繁提及的词汇，是指整合现实世界中各种形态的原始数据，获得被检对象与其性质的最佳一致表示，或者充分利用信息的多样性和互补性提高数据分析应用的性能和鲁棒性。

根据美国国防部从军事应用角度的定义，数据融合是一种多层次、多方面的处理过程，即：把来自许多传感器和信息源的数据和信息加以联合、相关和组合，以获得精确的位置估计和身份估计，以及对战场情况和威胁及其重要程度进行适时的完整评价。

综合多个关于数据融合的定义，数据融合的目的就是通过综合不同时间与空间的多源数据，利用其互补、冗余性克服局部的不确定性和局限性，以形成对被测对象相对完整一致的解释与描述，提高测量的精度和可靠性，从而提高智能系统识别、判断、决策、规划和反应的快速性和准确性。

从上述“数据融合”的内涵和重要作用，可以简单将其理解为将更多的数据“协同”起来工作，以完整准确地表达对象。

数据融合原理并非高深莫测。例如：路上行走中要甄别对面来车是否是朋友的车辆。如果你的记忆力和眼神儿足够好，依据车牌识别是最简单、可靠的办法，这就是一个确定性问题。如果你不能准确记忆或远处看不清车牌的话，数据融合方法或许帮助你更早完成识别过程：远处识别车型（轿车、SUV）、颜色、品牌等信息，近处看车牌，即使在你并未准确完整记忆车牌（信号不完整）情况下，综合利用上述信息也可以得出可信的结论。这是多源数据融合应用的简单且典型案例。

数据融合就是利用多源数据信息的互补关系，增强数据的真实性、有效性。在不确定环境下，通过数据融合可以显著增强数据检测可信度和可靠性，降低数据模糊性。通过融合不同来源的数据，提高数据的空间和时间覆盖度。数据融合还包括加长数据时间轴上数据链长度，提供更为丰富的“上下文”信息，有利于准确理解数据。数据融合还可以增加对传感器和数据源选择的灵活性，达到成本低、质量轻、占空少的目的。

数据融合对于工业系统过程的数据应用极为重要

数据必须要放到相应的环境中一起分析，这样才能了解数据之间的关系，分析出问题的根本原因。

工业系统数据具有复杂、多源、多维和全时空特征。数据融合的对象不仅包括多传感器得到的数据（自然环境信息），而且包括社会活动信息。融合需要对感知系统动态过程中的所有信息进行有效综合，互补包括信息表达方式、结构、功能等各种不同层次上的互补，通过关联、分类、估值、预测等算法对信息进行互补运算，在不同层次上使信息越来越清晰，越来越丰富，改善数据质量，完成信息的再生和升华，达到最优。

根据信息抽象层次的不同，数据融合可以分为数据级融合、特征级融合和决策级融合。数据级融合是在各种传感器的原始测报未经预处理之前直接在原始数据层上进行，一般采用集中式融合处理过程。特征层融合是在原始信息特征提取基础上的综合分析和处理，优点是信息压缩和实时处理，并将所提取的特征直接与决策分析相关。决策级融合通过不同类型的传感器观测同一个目标，每个传感器在本地完成基本处理，包括预处理、特征抽取、识别或判决，以建立对所观察目标的初步结论，然后通过关联处理进行决策层融合判决，最终获得联合推断结果。显然，数据级融合是纯技术处理，决策级融合加入了业务逻辑内涵，而特征级融合利用技术处理方式与业务相关联。

企业大数据应用中，数据采集涉及的主要是投入问题：增加更多的传感器硬件，或投入更大的数据接入软件开发资源，以获取较多的数据。而数据关联、时空匹配、结构归一是大数据环境下数据融合的核心问题，这些不是仅靠加大投入就能解决的。解决异质来源和多模形态大数据的关联和融合，需要元知识的指导和行业知识的支持，这是第一道必须克服的难关。

大数据背景下同一实体在不同的数据来源中有着完全不同的描述，呈现出多模形态，往往是非结构化、半结构化和结构化混杂，传统的单纯基于关系表键值的显式关联机制已经不再有效，其不能应对工业制造过程的异构数据多样性及建模要求的复杂性，因此，迫切需要发展新的融合理论及技术，探索有效的、自动化的隐式数据关联机制及其有效的实现方法。

5.3.3 数据模型

数据是真实世界中所发生事情的持续记录，而数据关联是使用数据的钥匙，数据之间的相关性即为“模型”，是分析学的重要特征。无论在理论上还是工程上，非常多的精力都放在寻找模型上。然而，模型的选择并不容易，要解决两个问题：一是模型结构；二是模型参数。通常，完美的模型并不存在，即使存在，也不容易找到。简单的模型未必和真实情况相匹配，是否可以通过多个简单不完美的模型，起到完美的效果?[31]。被公认为 20 世纪最伟大的统计学家之一的乔治·鲍克斯（George Box）曾经说过：“所有的模型都是错误的，但有些模型是有用的。”❶

模型是对客观存在的反映，需要将客观存在的人、机、物、环境等之间的交

❶ 摘自《数据分析即未来：企业全生命周期数据分析应用之道》，作者：格雷戈里 S. 纳尔逊（Gregory S. Nelson）。

互关系梳理清楚、分析干净。但是，人类当前对物理世界的认知，有太多不完备的成分存在，导致机理建模确实很难。我们对智能的期待，实际上是对崭新的描述方法和手段的渴望。

工业领域的四类模型

用于描述工业对象的方法很多，数据是从真实的物理世界转化并抽象为代表真实世界的东西，即乔治所说的“模型”。

（1）对象模型。对象模型描述的是“物理”。人们基于对世界的认知，基于机理和假设去描述对象是什么（What），这就是对象模型。

（2）过程模型。过程模型描述的是“事理”。当描述清楚对象是什么之后，需要在过程中考虑人（Who）、时间（When）、地点（Where）、资源（Resource）等要素，并安排实现对象系统的做事逻辑，这就是过程模型。

（3）机理模型。机理模型是在一定的假设下，根据主要因素相互作用的机理，对它们之间的平衡关系的数学描述，描述现实问题的本质规律，可解释性强。工业机理模型源于工业生产设备回路控制、故障诊断、性能优化和远程运维等制造活动的原理、知识、经验与方法，企业运营管理、供应链、客户关系、生产效能优化等业务流程逻辑，以及产品研发和制造中的工艺配方、工艺流程、工艺参数等，是工业过程中最常用的模型。在对象描述和做事逻辑描述中，需要行业领域的知识支撑。机理建模需要理论体系的支撑，根据物理或化学的基本原理，基于对物理对象（过程）的深刻认知，运用常微分、偏微分、差分方程（组）等描述建模对象的运行规律或模式（反映因果关系）。机理建模结果的过度复杂会带来不可计算性和不可用性，需要基于经验值设定初始条件和边界条件，进而产生大量真正实用的经验模型和简化模型。采用人类的成功经验共识描述复杂过程，或对复杂的解析公式做大幅假设和简化，而这类机理模型局限了人们对现实生产过程机理复杂性的深度认识（如副反应、原料、熔渣等），难以适应复杂多变的工况。这是工业领域模型应用的常态，工程科学技术体系就是在这种矛盾中不断进化。

（4）数据模型。数据模型即为数据驱动的模型。在对象系统投入运行后，随着运行环境的变化，各种不足和问题会不断出现，人们限于认知的局限，在一开始不明白出现问题的机理，导致设计的不周全、不完善，需要通过在一个时间跨度上的系统运行，获取运行中各种现象的数据，然后通过分析数据的关联关系，找到数据背后的规律和趋势，来逼近真实情况即为数据模型。数据模型计算效率高、满足实施控制要求，适用于机理不清或不确定性强的工业过程。但是，数据模型仅适用于现实问题的特定规律，普适性不高、可解释性差，对数据样本的质量和数量以及数据的分析处理方式（算法）有极高的要求。数据建模就是通过离线或在线数据的清洗和预处理，运用神经网络、支持向量机等机器学习方法挖掘建模对象数据中蕴含的运行规律或模式（反映相关关系），预测和评价流程或过程行为。数据驱动方法得益于数据范畴的扩大和处理计算能力的增强，因此数据的作用日益显著，数据驱动的方法日益获得广泛应用。例如，在可视化分析中，利用可视化技术和交互界面对数据进行解析和推理，找出数据本身存在的规律。

四类模型都是采用不同的方式（图 5-8）用于描述事物变化的客观规律，各有优势，在很多场合进行模型融合应用，实现互补，使得对客观事物的描述更加准确完美。

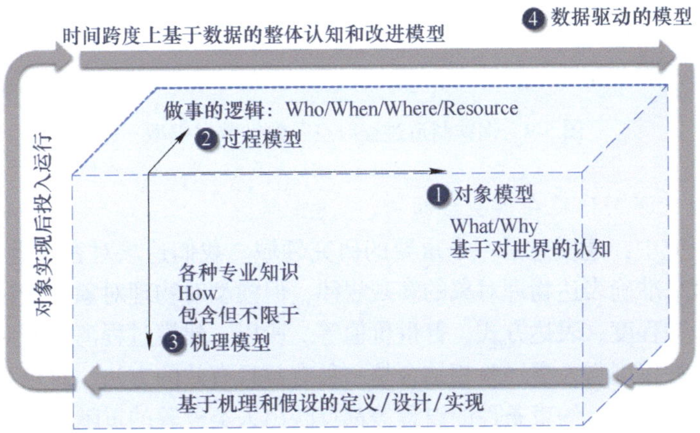

图 5-8　工业领域的四类模型

数据模型分为不同的层次

在构建企业数据生态时，全景数据固然重要，但并不是最理想的状态，数据模型才是构建数据生态的基础。这就要求我们不能仅停留在数据收集层面，还要进入数据建模阶段，将全景数据转化成为全维数据模型才有真正的意义。数据模型可以分为基础数据模型和业务数据模型两个层次。

（1）基础数据模型：主要提供时空一致性描述（图 5-9）。在时间轴上，将多组数据按照时序关系进行串接、勾连等，建立数据的时间关联关系，要求形成尽可能长且完整的数据链；在空间轴上，将多源数据（不同传感器或物理量）基于同一采集标识点进行对齐、插补、异点剔除和融合关联，并扩展数据规模。基础数据模型的建立过程主要是不含业务逻辑的技术工作。将生产工艺学、机械工程学、工艺过程、自动化工程、IT 及系统和网络等问题的讨论放在一起，在数据全生命周期中形成统一的数据表达，这就是建立基础数据模型的工作内容。

（2）业务数据模型：融入业务逻辑，按照特定的业务主题构建，其呈现的关联关系的解析就是业务逻辑。这种融入业务逻辑的关联关系形成了数据的基因链，具有共性特征的业务数据模型可以开放给多种业务场景使用。

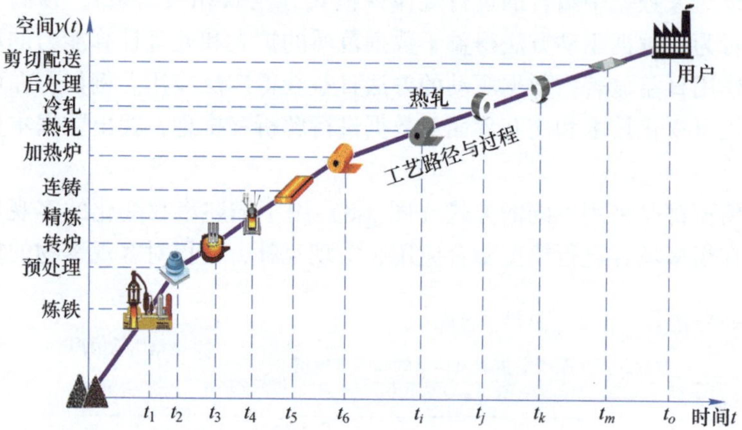

图 5-9 钢铁制造过程时空一致性数据模型

数据融合也深刻体现在模型层面

在科学研究中，建模总是一个重要的研究领域。我们追求对客观世界的认识，希望能以模型来准确表达物理对象的客观规律，但模型对物理对象的表述总是受限的，受限于认知程度、表达方式、普世价值等。所以，建模过程离不开对人类经验的依赖，将各种模型与人类经验相结合是一种有益且有效的方法，对模型结构的简化、模型参数的设定、约束条件的设置等都反映出人类经验的贡献和作用。

机理模型和数据模型都是描述工业对象的方法，在实践中，两者相互结合应用，会产生良好的使用效果和体验。数据中不仅包含控制物理对象变化的动态特征，也隐含着人类经验干预影响要素。通过大量数据发现相应的规律、规则，也会形成各种各样的模型，往往是人类经验的显性化过程，将隐含在数据中的人类经验行为变成一个计算机可识别的要素，有些时候这些模型是不可解释的，但其客观规律是存在的。数据应用就是对有用的数据信息进行采集过滤、加工处理、预测输出、调整反馈的全过程，可以进一步探索现象背后的本质，丰富现有的机理，从而形成认知闭环。

在实践中，将机理模型与数据模型结合应用也是一个经常采用的方法，而且是非常有效的方法。

5.3.4 数据分析

企业数据分析的重要目标是通过数据可视化方式帮助管理者快速做出决策。在数据为业务和管理赋能决策过程中，数据分析可以大致归纳为两类任务：探索性数据分析和解释性数据分析。

探索性与解释性数据分析

探索性数据分析即通常所说的从数据和商业行为中发现价值信息的过程，是以发现洞察为目的。

价值发现通常会涉及数据分析的三个常见步骤为数据清洗、数据建模、数据表达。价值发现是数据分析师个人经验的探索过程或团队内部的工作流程。这个阶段的工作重点是对数据价值或规律的探索，而不是数据结果的表达。价值发现过程带有诸多不确定性，其所用时间和精力难以精准衡量且不被人所知。所以，探索性数据分析是根本，这些工作是制作好图表的前提，通常不需要花很大的时间和精力来进行图表的设计和美化，只要能清楚地看出数据的含义有助于继续探索洞察即可。

如果数据分析工作花费大量时间精力，但未能提供商业价值，那么再华丽的表达方式都是空洞无谓的。当数据分析获得了洞察，便推进到了解释性数据分析的环节，即如何构思数据分析和展现的逻辑，设计美观的图表并加以修饰，把数据分析和洞察结果向决策者做出高效的、体验良好的展示——“非常棒!”，这才是数据可视化展现的完整环节。

解释性数据分析可以说是数据分析冰山浮出水面的部分，这个看起来仅仅是图表设计的工作，却是决策者将得到的全部信息，也是数据可视化分析成果的具体展现。

在数据分析的过程中，数据应用工程师要明确数据分析工作任务的阶段和各自的工作重点，不可混淆，而这往往是决策者对数据工程师工作不满意，导致数据分析失败的重要原因。切忌不要犯如下错误。

（1）不要把未经提炼的探索性数据分析过程的图表直接展示给决策者，这会使决策者很茫然：“你在给我讲什么?”。

（2）未能有效的将数据价值充分展现给决策者，这会使决策者很费解：“能让我知道更多信息吗?”。

探索性数据分析意在挖掘数据价值，注重内涵和内在价值的发现；而解释性数据分析则体现在表达结果，注重外表，即如何将数据价值以最大效率的方式表达出来（图 5-10）。挖掘和表达两大要素使得企业数据应用项目内外兼修，提供足够的商业价值，并帮助管理者快速理解数据、进行决策。

复杂事件处理与高级数据分析

工业大数据应用首先涉及一系列数据基础准备工作，包括任务与角色安排和功能性组件开发。包括：元数据管理、减量解析、发布与订阅、检索查询、存储和维护、集成、描述与重现、数据框架、权限管理等。

工业大数据应用最开始面临诸多难题，一是数据太多，提不出问题，即提不出适合用这些数据解决的问题；二是即使提出了问题，由于数据太杂，找不到方法，即没有足够的方法来利用数据解决这些问题。

在工业领域（更具体的制造过程），如何用工业大数据解决问题？有两个重

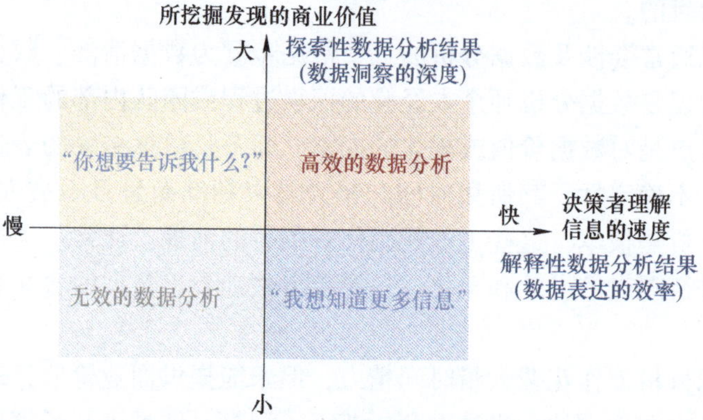

图 5-10 数据分析：价值发现与结果表达

要的应用方面："复杂事件处理"和"高级数据分析"。这两者共同的目标是在数据中挖掘出有用的数据模式。

(1) 复杂事件处理：从不同来源收集数据流，在探测、提炼、过滤、聚合后形成事件模式，最终将它们相关联，形成模型，以用于探测事件的关联性，如因果关系、从属关系，时序特征等。识别一系列有效事件并推断其模式的意义在于，这样可以预测更多、更复杂的关系。在遇到这类事件或情况时也就可以据此做出相应的动作。这种方法被运用在设备预测式维护模式中，通过设备状态信息的监测、在线诊断结果以及大量历史数据生成的故障库信息，建立设备异常事件模型，据此判定设备的潜在故障风险并做出是否维修的计划和指令。美国大河钢厂宣称实现了"没有随机事件"的制造过程，所有事件都是可预测的，只要分析足够的历史数据来识别预测模式。很难将这一成功案例归类为是大数据还是小数据应用，但这显然是一个应用数据来成功处理制造过程中复杂事件的成功实践。

(2) 高级分析：常用于发现和改进有效数据模型，以预测数据输出。传统的商业分析常常使用商业数据来描述、预测和提高商业行为的效率。识别和分析出现的信息模式，并启动控制系统评估，在不同环境和条件下进行测评，这样的评估可以提高功能性，并降低运行成本、减少运行产生的负面效应。伴随着大数据应用技术的不断成熟和便捷，以及数据化工作重要性认识的不断加深，通过机器自动实现或以人机协同的方式，大数据应用有助于更好的应对复杂事件处理，也可以基于高级数据分析，来预测客户需求、市场变化，预研判供应链的不确定性环节，为企业最优决策积累共识、提供依据。

5.3.5 数据治理

本节既不是为了突出数据治理的重要性，也不是试图系统地阐述数据治理的体系框架，更不是要给出关于数据治理的定义。因为已经有太多关于数据治理的讨论，有理论性的，也有纯实践经验的总结。

DAMA 国际数据管理协会关于数据治理的定义是对数据资产的管理活动行使权力和控制的活动集合（规划、监控和执行）。

如何设计科学有效的数据治理机制

大数据应用的一个新挑战来自对数据安全性的担忧和保护隐私的诉求。数据治理经常与数据敏感、安全放在一起讨论，那么它与数据管理是什么关系？

数据安全有两层含义：一是保证数据不损坏、不丢失；二是数据不要被偷走、盗用，特别是涉及企业敏感的数据信息。在数据治理框架中，对前者会尽可能采用技术手段加以保证，而对后者则会引申出不同的理解，例如由于信息敏感，要避免被滥用而影响企业利益，也意味着不能分享和交互，这样的延伸理解会对数据的共享产生直接的影响。不论是出于数据安全的考虑，还是防止数据被泄露和滥用，制定数据管理（约束）的规则都属于数据治理的重要组成部分。但是，解决数据安全担忧并不是数据治理的全部，数据治理要解决的是为用好海量数据提供保障。数据治理是对数据的获取、处理、使用进行监管，监管职能包括在数据使用过程中对存在问题的发现、监督、控制、沟通、整合，涉及一系列管理活动的协调，是数据应用的基础保障。纯限制性的数据管理虽然可以降低数据安全风险，但也会阻碍企业数据使用的效率与速度，与数据治理的目标相背离。数据治理过程不是追求绝对无风险，而是实时准确感知风险，并及时应对，使风险等级降低到不会对企业带来损失。

企业在思考数据治理时经常会存在一种倾向：将数据治理等同于数据安全管理。为了避免数据滥用风险、数据泄露风险、数据窃取风险、数据伪造风险、数据破坏风险等，会对数据进行严加管控，鉴于这些风险所波及范围之广、所带来损失之大的显而易见性，从事企业数据治理的相关部门和人员感受到责任重大，希望在自己的管理权限内设计一套新的数据安全“枷锁”，尽可能减少以致消除任何可预见或潜在的数据安全风险，这使得数据管理缺乏灵活性、变化缓慢等。

数据安全和数据使用是一对矛盾，完整的数据治理的理念和做法不是在数据增值和数据安全之间做出零和选择，而是找到平衡。如何把握两者之间度的关系，实现最佳的平衡？过度宽松的数据授权会带来安全风险，过度严格的安全限制会扼杀大量数据创新的冲动。

数据治理是管理和技术相辅相成的工作，要特别关注人员，因为每个人都创建、接触、管理或使用数据；还要关注流程，其与企业战略、企业组织、标准、评估等一系列管理相关。数据治理与企业组织文化紧密相关，组织不同，实现数据治理的方法和路径也不同，IT 工具仅仅有助于提高流程效率。

数据治理是一种积极的力量，要更加着眼于促进数据应用并不断增值，使每个人以放松的心态去面对，更关注实现，而不是监控，让组织在数据方面取得成功。数据治理的原则是保证数据安全、兼顾数据效率。

数据治理是企业数据资产化的重要保障

国内大部分领先企业都陆续建设了 ERP 系统、人力资源系统、供应链管理系统、物流系统、电子商务系统、集成门户、协同办公、决策支持系统等各类信息化系统。这些系统在支撑企业日常经营活动的同时，也带来了数据量的急剧扩张。企业运营的众多层面能够用数据来表征和描述。

伴随着数据积累，大部分企业在数据管理方面遇到了诸多挑战。

（1）缺乏统一的数据视图：数据资源分布在企业的多个业务系统中，分布在线上线下，甚至企业的内外部，由于缺乏统一的数据视图，数据的管理人员和使用人员无法准确快速地找到自己需要的数据。数据管理人员也无法从宏观层面掌握自己拥有哪些数据资产，拥有多少数据资产，这些数据资产分布在哪里，变化情况怎么样。

（2）数据基础薄弱：存在数据标准混乱、数据质量参差不齐、各业务系统之间数据孤岛化严重、没有进行数据资产的萃取等现象，阻碍了数据的有效应用。

（3）数据应用不足：多数企业的数据应用刚刚起步，主要在精准营销、舆情感知和风险控制等有限场景中进行了一些探索，数据应用的深度不够，应用空间亟待开拓。

（4）数据价值难估：难以评估数据对业务的价值贡献，无法像运营有形资产一样运营数据。

（5）缺乏安全的数据环境：针对数据泄露、个人隐私、安全风险等，安全管理制度不完善，缺乏相应的数据安全管控措施。

（6）数据治理浮于表面：没有建立一套符合数据驱动的组织管理制度和流程，没有建设先进的数据管理平台工具，导致数据管理工作很难落地。

这些问题已经严重影响到数据价值的发挥，导致数据积累越多，企业负担越重，大数据管理主责部门成本高企，却难以带来创新价值。

数据治理的目标是将数据变成资产，解决数据质量、数据安全和数据可用性问题。图 5-11 可用于为企业数据治理业务提供咨询。数据资产管理是面向企业提供数据能力的一个窗口，将企业的数据资产统一管理起来，实现数据资产的可见、可懂、可用、可运营。

（1）可见：通过对数据资产的全面盘点，形成数据资产地图。从数据生产者、管理者、使用者等不同角度，用数据资产目录的方式共享数据资产，使用者可以快速、精确地查找到自己关心的数据资产。

（2）可懂：在数据资产的建设过程中，注重数据资产业务含义的提炼，将数据加工和组织成人人可懂、无歧义的数据资产。具体来说，在数据治理平台上，将数据资产进行标签化，标签是面向业务视角的数据组织方式。

（3）可用：通过统一数据标准、提升数据质量和数据安全性等措施，增强数据的可信度，让数据科学家和数据分析人员没有后顾之忧，放心地使用数据资产，降低因为数据不可用、不可信而导致的沟通成本和管理成本。

（4）可运营：通过建立一套符合数据驱动的组织管理制度流程和价值评估体系，促进数据资产建设过程的不断改进，提升数据资产管理的水平，提升数据资产的价值。

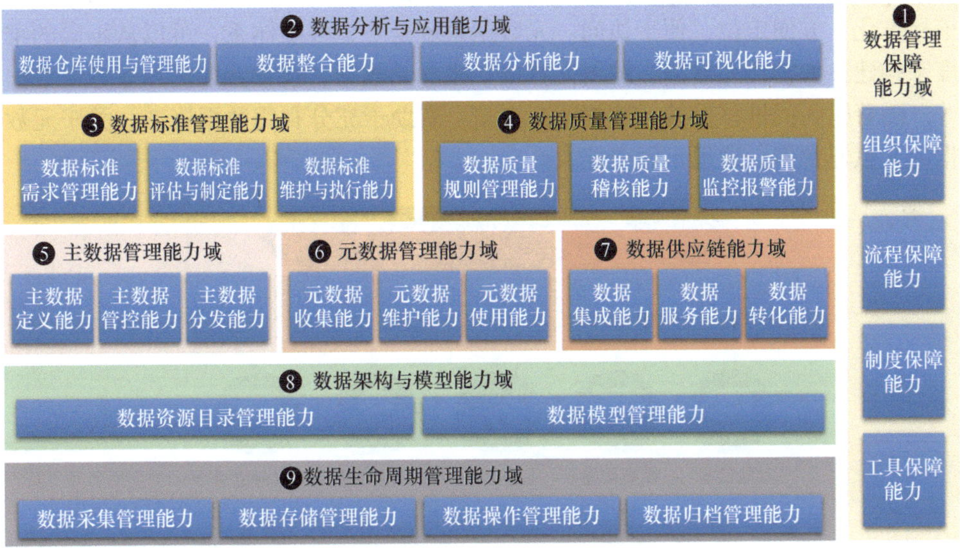

图 5-11 埃森哲数据资产管理全领域能力模型

数据治理的源头是元数据

元数据（Metadata）的最经典定义是“关于数据的数据”，即为了描述数据的相关信息而存在的数据，又称中介数据、中继数据。为了编制数据目录，需要描述数据属性信息，提供某种资源的有关信息的结构数据，如指示存储位置、历史数据、资源查找、文件记录等，达成协助数据检索的目的。直白的表述是：元数据是数据的“户口本”。

多数企业的数据现状依然是：数据以不同格式分散在企业的不同系统中，企业内几乎所有人看到的都是局部、支离破碎、经过筛选过滤的信息。元数据系统的建设就是要解决上述数据困境。

元数据是从信息资源中抽取出用于说明其特征、内容的结构化数据（如题名、版本、出版数据、相关说明，包括检索点等），用于组织、描述、检索、定位、保存、管理、评估数据资源。元数据使企业清楚地知道：企业内有哪些数据；数据是如何使用的；数据被谁使用；等等，即标记数据的 5W+H 问题（Who、Where、What、Why、When、How）。元数据管理提供的功能诸如数据地图、血缘分析、影响分析、全链路分析、热度分析等，利用元数据来描述企业数据资源后，企业在使用数据时，可以确定数据位置、检索数据关联项，以便在不同系统之间进行数据交换和使用。

元数据主要用于识别资源、评价资源、追踪资源在使用过程中的变化（图 5-12），简单高效地管理大量网络化数据，实现信息资源的有效发现、查找、一体化组织和对使用资源的有效管理。鉴于元数据的重要性，元数据系统的部署应该标准化，方便定位、便于访问。元数据系统是一个多维体系，可以从不同的维度来构建，如物理元数据、逻辑元数据、概念元数据、技术元数据、业务元数据等。随着时间的推移保持元数据不断更新，有助于充分利用数据资产。关于元数据的文献非常多，这里不做赘述。

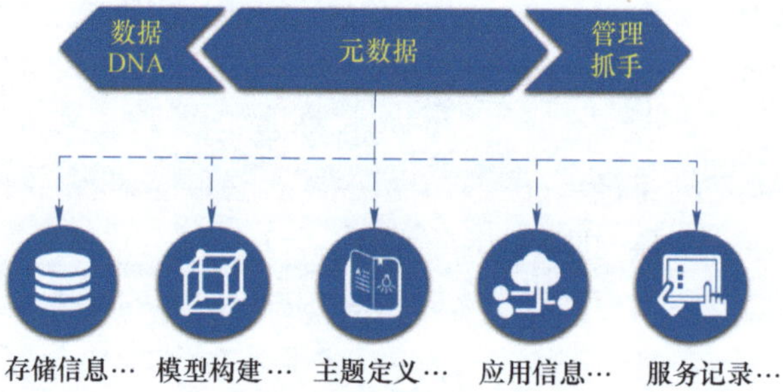

图 5-12　统一的元数据管理中心是数据管理核心

元数据系统本身的构建是一件“脏活累活”，为了使数据使用者了解数据资产的详细信息、数据质量以及与跨业务应用相关的风险，需要构建一个平台提供企业数据环境的全面视图，为业务人员提供全维度的透明度。平台可以自动捕获和监控元数据的变化，持续更新。平台化建设可以提高元数据收集的质量、效率。为了快速产生收益，平台建设可以从血缘/影响分析、元数据自服务等作为初期切入点。

数据脱敏，把住数据安全第一道关口

在消费互联网领域，数据敏感性问题没有那么突出。消费者个体对自己的隐私数据不十分敏感（不在意）的原因包括对隐私数据的潜在伤害缺乏直观的认识和感受，或认为众多数据中属于自己的数据微不足道而存在侥幸心理，更多的是认为“我既不做坏事，也不怕行踪暴露”，无所谓隐私。消费者作为弱势群体，在享受便捷互联网服务时，就已经默认向互联网服务商让渡属于自己的部分数据权利，这是“两厢情愿”的事。

在工业大数据时代，对数据互联的期待与对数据敏感的担忧之间的矛盾更加凸显：或夸大数据带来的便利性而忽略敏感数据泄露带来的危害，或将数据敏感转化为数据安全问题强化对数据应用的约束和限制。通过技术手段消除上述担忧是实现数据交互、增加数据样本、扩大数据适用范围、融合长链多维数据的重要手段。

数据脱敏是数据安全建设的首要问题。从原理上讲，就是要准确识别敏感信息，将敏感信息剔除以保护隐私。但在实践上，敏感数据梳理是件劳心劳力的工作，需要考虑的问题很多，或许还会掺杂着由于个体利益和习惯思维而带来的“伪敏感”因素（每个个体从自身视角都会认为数据具有敏感性）。数据脱敏首先要做好数据的分类分级，掌握一手准确的元数据；其次，从数据中准确识别敏感要素非常关键，可以辅之以规则甚至 AI 的能力识别敏感数据；再次，针对敏感数据，做到保证质量不失真的脱敏处理，不以丧失有用信息和牺牲准确性为代价。

当然，数据脱敏不是数据安全的全部。完整的数据管理包括敏感数据识别、数据的分级分类、资源权限控制、数据的加密传输和存储、数据风险识别、数据应用合规审计等。

数据治理就是实现数据价值的过程

数据治理是工业互联网环境下企业数据生态环境建设的重要保障。传统企业信息化“竖井”式业务系统形成的数据形态与跨界数据生命周期集成的统一数据治理方法理念是相悖的，其数据集成方法和治理过程本身的不一致性，无法实现数据治理的目标。

主数据（Master Data）指系统间共享数据（如客户、供应商、账户和组织部门相关数据）。与记录业务活动、波动较大的交易数据相比，主数据（也称基准数据）变化缓慢。主数据必须存在并加以正确维护，才能保证交易系统的参照完整性。主数据是基于其组织或配置指标的维度或层次，而不是实际情况或其自身测量结果。例如，收入、成本和利润是实际情况，而时间、地点、客户和供应商是维度。

数据治理是一个过程，从使用零散数据变为使用统一主数据、从具有很少或没有组织和流程治理到企业范围内的综合数据治理、从尝试处理主数据混乱状况到主数据井井有条。

数据治理是一种体系，关注于数据在业务实践中的应用层面，目的是整合业务部门与 IT 开发的知识和需求，对企业数据资产进行全方位的监管，监管的基础是企业高层的充分授权，以及业务部门与 IT 部门的建设性合作。

数据治理是一种系统，从数据源头（设备端）到数据终端（应用）再回到源头（设备），涵盖了从前端事务处理系统、后端业务数据库到终端的数据分析，形成一个闭环系统。

通过采集、传输、储存等一系列标准化流程将原本零散的数据变成格式规范、结构统一的数据，同时对其进行严格规范的综合数据监控，保证数据质量；然后对这些标准化的数据进行进一步的加工分析，形成具有指导意义的知识、模型等，辅助企业最优决策。

5.4 数据生态环境建设

数据生态是指数据从生成、使用到价值的闭环体系，是一个自我再造的、可持续的体系机制。这需要数据和应用的良性互动，数据驱动应用，而应用中所产生的更多数据，必将催生更多、更好的应用落地，产生更大的价值。

5.4.1 什么是数据生态环境

数据生态提出的背景

目前企业信息化系统普遍采用多层级架构。经过“补救式”改造，多个专业系统间通过增加数据通信电文进行数据交互，这些交互数据都是经过认证筛选、满足特定业务需求的，虽然基本打通了工序和专业系统之间的必要的管理数据链，但无法形成完整的数据样本以准确及时地反映企业运营的信息全貌，数据交互和流转仍然受到诸多限制。

我们可以形象地将这种情景描述为：在多个“竖井”之间加装了带有“控制阀门的管道”，“水”可以通过管道流动，而“阀门”的开闭和“水”量大小则是受控的，取决于源头方的意愿。

这种数据交互方式和过程难以满足对数据的基本需求，更与我们对数据自由有序流动的理想期待存在巨大的落差。

数据生态环境是数据“生成、应用、价值”的完整闭环体系

一个具备自我再造、可持续、良性增益的体系机制即为良性数据生态环境，良性数据生态环境的建设是工业互联网建设的核心目标，也是大数据应用的应有之义。

企业数据生态环境建设的首要目标是：数据应该以大一统的形式存在，数据是完整而非割裂、有序而非杂乱无章、相互关联而非彼此孤立的，数据呈现出的是全景、全样本，只有这样，讨论其后的问题才有可能。

在大一统数据的基础上，经过数据治理，使得数据使用获得充分的授权，且具有便捷获取数据的机制保障。要培育数据服务能力，形成数据应用的能力保障，建立数据和应用之间不断相互促进、演进发展关系，是构建良性数据生态环境的直观表述，即：数据催生应用，而应用生成更多的数据，再进一步丰富已有的应用功能或催生更多新的应用落地，在这个持续的循环中数据价值得以最大化实现。

因此，良性数据生态环境由三个要素构成：全景数据+数据治理+数据服务。其中，全景数据是基础，数据治理是保障，数据服务是核心。

关于全景数据已经有了非常多的讨论，其形式上是大一统的存在，而本质上是数据的关联关系；数据治理问题已经在上一章中进行了讨论；下面重点讨论数据服务话题。

5.4.2 数据服务是一种能力

良性数据生态环境的建设不仅仅是纯技术开发工作，还是一种服务形态，是技术开发和商业模式创新相结合的产物，涉及与之相关的人的岗位功能重构和能力结构变化，将催生数据服务产业和数据应用模式的创新。

如何理解数据服务能力

数据服务尚无明确严格的定义。狭义的数据服务包括数据传输服务、数据存储服务、数据分析服务、数据安全服务等；广义的数据服务是指在数据和应用之间建立了一座“沟通的桥梁”，并具有保证“桥梁”随时畅通的能力，更准确的定义是“数据即服务”。

数据服务的技术面是数据准备，是指在数据被应用前需要做的所有工作，为数据应用搭建功能强大、使用便捷的平台环境；数据服务的经济面是工作模式，是指以什么方式来实施数据准备工作，使数据使用者切实感受到来自数据底层的坚实可信的技术支撑，这种支撑是持续的、不断优化的、体验良好的，从而更有效地运用数据解决问题。

数据服务的技术内涵

作为数据服务的技术面工作，数据准备的内涵不难理解，可以分为两大类工作内容。

一类是关于平台的。在边缘和云端中心开发数据汇聚所需要的平台，平台的“薄厚”意味着平台沉淀功能的多少，平台层越厚，积累越多，功能越强，使用越方便。所以，数据服务首先就要具备不断丰富平台功能、优化平台环境，版本升级的能力。一个积累深厚的工业互联网平台，是一个知识积累和交互的环境，需要持续的工作，要不断沉淀，提炼共性的知识，进行组件化、模块化开发，以微服务形态沉淀到容器中，即常说的工业 PaaS。另外，数据呈现也是平台的重要功能，提供一体化可视化框架、无代码/少代码的组态开发技术工具、云边协同一体的界面集成技术等都是平台要解决的问题。与平台相关的还有工具的配置，选择和配置实用的数据分析工具，为数据应用提供工具手段，工具既可以是商用软件的集成，也可以是自主开发、开源借鉴等方式。

另一类与数据相关。平台提供的数据相关服务能力是核心，包括数据采集服务、数据加工服务、数据治理服务、数据共享服务等，并提供统一的工具实现可视化配置、服务管理、安全管理、运维监控等。具体说来，应包括下列内容：

(1) 数据架构设计：现场数据进入平台后以何种方式存储和被调用。

（2）数据采集：从工业现场或物理对象获取数据，消除协议的差异，进行数据拼接和减量解析，边缘计算功能。

（3）数据时空一致性保证：在上述数据架构下进行基础数据建模，从而生成一致性数据。

（4）数据建模：协助应用工程师获得合理的数据，并支撑其完成特定主题下的数据建模。

（5）数据治理：在数据准备中，这是一个非常重要的工作内容，即对数据进行维护，包括安全性、精准性、便捷性以及必要的数据拼接、权限管理等。

上述罗列的数据准备的技术开发工作并不能完全穷尽一切，与时、与地、与事俱进，会派生出一系列与具体业务或应用主题直接关联的共性准备工作，这些均属于数据准备的工作内容。数据服务改变了传统的数据集成和交付方式，所有整合到数据平台的数据都通过数据服务提供，数据服务对外暴露的不是杂乱无章的裸数据，而是以 API 接口呈现的数据包，其中包含了经过模型化、关联化处理的完整数据样本，数据消费者不用直接获取数据，而是通过接口服务获取。

图 5-13 所示为数据服务能力图谱构成，包括贯通跨域异构数据链、开发数据模型组件库、封装数据分析工具池、研究智能优化算法集、建议数据服务方法论、打造数据服务能力群、积累企业治理知识谱、形成共享信息生态云。这个服务能力图谱的构成有赖于良好的商业模式的设计，商业模式的设计决定了服务能力的行程，也意味着企业数据生态环境的良性运转。

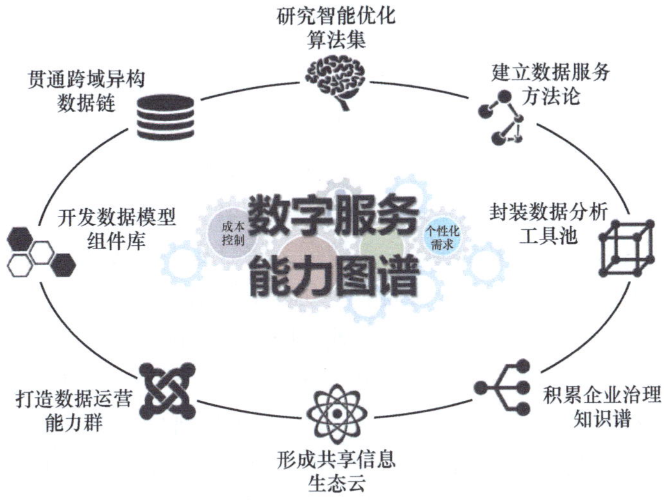

图 5-13　数据服务能力图谱

数据应用过程的角色设计

企业数据应用过程中，不同的工作内涵决定了需要不同的岗位（人员或部门）来扮演不同的角色，可以划分为管理者、服务者、使用者。

（1）管理者的职责让数据“循规蹈矩”。

数据管理者是获得企业授权的角色岗位，其职能的权威性必然对数据应用过程的一切活动具有天然的主导作用，或约束或推动。

让数据“循规蹈矩”意味着要治理数据，但是，数据治理并非管死数据。治理意味着建立数据使用的规则，治理的目标是用数据，用好数据产生价值。数据治理的结果不仅仅来自数据管理者的努力，更在于企业全员的意识。数据安全很重要，但数据绝对安全是不存在的，数据治理中，不能追求唯安全论。解决数据敏感的担忧是数据治理的重要任务，是管理和技术相辅相成的工作。

（2）服务者的职责让数据“水到渠成”。

数据服务者是数据应用过程中至关重要的角色，之所以称为服务者，有两个意涵：一是其工作性质是为数据使用做准备、打基础，提供服务；二是其工作模式不是简单的工程、项目，而是以服务的方式持续进行，即持续服务而非工程项目。这是由数据应用的特殊性所决定的。为了保证数据应用的有效性，数据应该是完整而非割裂、相互关联而非彼此孤立的，但这不是天然如此，这需要提前做大量的技术处理，随着数据的不断积累，量的扩张和质的提升都需要一个中间角色来完成这种技术处理的工作。因此，服务者不应仅“接收需求—开发项目—交付完事”，而要改变传统的数据集成和交付方式，进行持续的能力构建，不断地优化数据环境，以API接口呈现，满足非数据专业员工便捷的数据应用需求。数据服务者的价值体现在数据的额外增值服务上。

（3）使用者的职责让数据“点石成金”。

数据应用与信息化系统开发不同，是敏态应用，敏态应用要随时随地用数据解决日常工作中的问题。如同数据服务者不能采取“接收需求—开发项目—交付完事”的工程项目模式，数据使用者也不能仅满足于“提出需求、委托开发、接手运行”的模式。员工不再是数据分析的旁观者，而是数据的消费者，通过服务接口获取模型化、关联化处理的完整数据，将自身工作转化成融入业务内涵的数据应用。因此，要进行自主分析而非被动等待结果。

在数据应用全生命周期过程中，管理、服务、使用三者关系的机制设计，对于数据能否最大限度发挥作用至关重要（图5-14）。服务者与使用者是数据应用实践场上的主要玩家。从技术视角，两者的工作是前后之分，即服务者工作在前，做数据准备；使用者工作在后，利用准备好的数据解决工作中的问题，由数据应用获得问题的解决会产生新的数据，成为数据服务者工作的新输入，从而，数据应用进入下一个更高水平的循环。从商业视角，两者类似市场的甲乙方关系，但又不是简单的委托与被委托关系，数据服务者的工作目标首先是基于使用者需求提供服务，同时，也不排斥服务者按照自身的专业标准来引导使用者提高数据使用的效率。数据管理者则高高在上，对数据应用过程监视、监察，并平衡安全和效益，制定和优化数据应用的机制和制度，从而调节和掌控数据产生价值、赋能业务的过程。

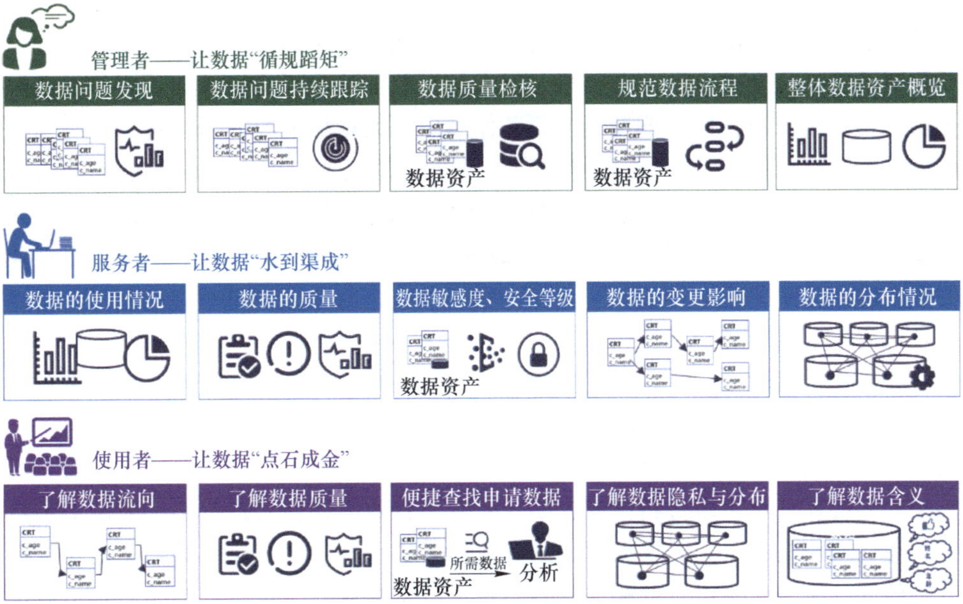

图 5-14　数据赋能业务中的角色和责任

由专业之人做专业之事

如果说数据准备是一项内容广泛的技术开发工作，那么数据服务的经济面就是一项创新性的工作。

为了提高企业运营效率，方方面面都对工业数据应用寄予厚望，而数据应用又是一个创新话题，既不能从传统的数据应用方式自然衍生出来，也不能从消费互联网照搬过来。传统的企业信息化系统定制化开发模式在数据应用实践中显得有些“笨拙”，不够灵活高效，问题的核心在于：数据应用与流程型应用不同，数据应用是一种敏捷型的需求模式，要求既熟悉业务又掌握 IT 技能，这种跨界的能力结构经常成为数据应用的瓶颈。价值数据规模变大带来的异构、多源使数据融合的难度成倍增加，更进一步推升了数据应用的难度，进而使得多数人对数据应用望而却步，在具体应用价值并不完全明了的情况下，犹豫存疑是正常的反应。

如何解决上述多要素相互交织而产生的困境？理论上，需要熟悉业务和精通 IT 人员相互结合，但两者以什么方式结合？如果凡事都要两类人坐在一起，共同完成，或许可行，但绝不可取，因为效率不高：解决问题的效率不高，专业技能的利用效率不高，解决共性问题的资源配置效率不高，虽然快速应对了具体应用但全局效率不高。

还是要回到原点，由专业的人做专业的事。如果数据应用是一项完整工作的话，就要将工作进行梳理和分解，包括纵向分解成多项具有专业特征的工作、横向分解成若干不同的工作阶段，二者组合起来构成完整的工作实施过程。

对数据应用全过程的分析梳理，带有前期的偏技术开发特征和后期的偏业务分析特征两个阶段，即：前期的主要工作对象是数据加工或数据准备，带有强烈的 IT 技术特征，而后期主要是使用数据解决具体问题，带有明显的业务能力特征。基于这个分析，将前一阶段工作交由 IT 技能为主的团队来完成，而后期则主要由业务人员承担，各自专注自己最为擅长的专业领域，即专业的人做专业的事。

数据服务的经济面意义

我们将前阶段中与平台和数据相关工作的能力称之为数据服务能力。平台开发和数据准备具有强烈的 IT 专业属性，对开发者的技术能力具有极高的要求，需要高水平的专业团队来承担，如果沿用定制化开发模式，每开发一个报表、画一条曲线都需要从需求分析做起，委托开发，其效率就会大打折扣，满足不了数据敏捷化应用的需求。需要探索更加有效的方式，既发挥专业优势，又提高数据准备效率，服务化是可行的路，是否具备足以支撑业务运营需求的能力，是数据服务模式设计中要考虑的问题。

数据服务不适宜采用定制化开发、项目型管理的方式。因为数据准备是持续性开发工作，数据准备需要从个性到共性的积累，绝不是完全个性化的，不能仅为单一应用进行开发，其所面向的对象应该经过高度的抽象，面向普适性进行开发，这样经过长期积累沉淀、迭代、优化，才能展现出效率的倍增。

显然，数据服务的难点不仅在于技术实现，更在于软件生态的建立和商业模式的创新。因此，服务模式应该具备下列特征。

(1) 委托一个具有高度信赖关系的专业团队（内部部门或外部团队），基于信赖关系对团队进行充分授权，以利于开展与数据准备相关的全局性顶层设计和深入底层的细节开发。

(2) 委托关系不宜是一个短期的工程项目管理的合同关系，而应该是相对长期的商业关系，以利于服务持续稳定，避免频繁的变更。

(3) 服务与被服务的商业关系应该建立在双赢的基础上，服务方关注能力建设和服务质量，被服务方关注数据应用效率，基于效率和效益而非当期成本来设计具体的服务计费方式和水平，从而激发服务方的内在动力。

(4) 建立一个与直接经济效益相对解耦的评价体系，评价指标要更多着眼于能力、使用便捷性、友好性和及时性，适度降低与直接经济效益关联度。

数据服务愿景是数据就在那儿，随时可用、好用、易用，每一个人都是数据使用者，目标是数据使用效率和数据增值效益。

5.4.3 从企业信息化迈向大数据

企业应用大数据不是应景式安排

技术的发展已经为企业大数据应用打下了坚实的基础。由于设备数据采集成本下降，采集技术应用普及，因此数据全量采集成为可能，企业信息化建设实现了整个制造过程的数字化，消费互联网可以使企业直接与消费者、渠道、研发和供应链建立连接，这些都构成了重要环境和红利，使得特征全域识别成为可能；运用数据，可以对产品质量、良率、生产线节拍、制造生产节奏、能源效率等进行即时有效的监控，使得制造全程干预成为可能。

由于与传统的企业信息化思路有很大不同，将企业大数据看成企业信息化建设历程的一部分是不恰当的，这不仅是技术上的巨大差异，更是思维方式、运营模式和创新驱动的不同（图 5-15），其中，对变革和创新的追求处于大数据时代应用的核心位置。所以，从当前企业发展的现状来看，要真正将大数据应用变成驱动信息化与工业化深度融合的新引擎还有很长的路要走。

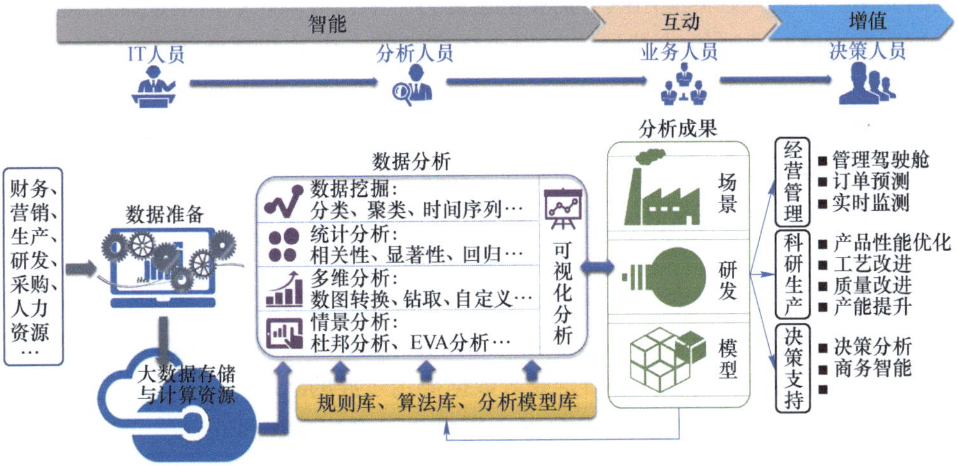

图 5-15 企业数据分析的多维度思考

支持变革和驱动创新是核心价值取向

数据应用在传统企业组织架构中，存在先天的内在矛盾。从生产设备、生产环节中高频采集多种参数，是工业大数据具有价值的前提，在企业内部由装备部门、研发部门、生产部门负责，属于自动化的业务范畴；而利用数据进行建模与数据分析是企业业务运营部门的职能，订单处理、绩效测量与考核、供应链、交付等则在传统的企业信息化范畴。这种管理职责和技术专业分工在许多企业都存在，这种习惯的业务分工导致一个惯性的思考问题方式：数据应用是企业信息化的自然延续和高级形态，应该由信息化部门和人员来承担。数据应用的需求越迫切、越广泛，这种矛盾就会越突出，甚至成为新矛盾策源地。事实上，数据应用在企业组织内应该是全员的职责，正所谓每个员工的工作内容就是与业务内涵有所不同的数据打交道，这必然带来企业组织形态的新变革，即以数据价值最大化为原则。

传统的管理信息化（ERP），关注点主要是企业自身，与客户是隔绝的——在数据层面大多如此。在这个业已形成的框架中，开展大数据驱动的智能制造，无形中将进一步加厚这座“玻璃墙”。数据接口规范、行业主数据、编码体系的标准化和可解析以及客户需求描述的结构化、客户参与生产过程等，是大数据应用要着重解决的问题，只有这些面向横向集成领域的大数据应用，才能避免由于行业数据的过度无序导致的无价值社会成本增加。

在大数据前冠以企业二字，表明大数据思维和相关技术和资源开始在企业具体业务发展战略之中落地。在这方面，消费互联网的成功可以为制造业提供借鉴，企业要培养快速处理大量的多种不同格式的内外部数据资源的能力，用数字化手段实现产品、渠道和服务方式的创新，并运用大数据思维和相关技术推动企业的变革。工业大数据应用赋予企业信息能力，不仅可以在纵向集成维度构筑网络化制造系统，还要沿“端到端”集成维度延伸，产品和服务作为纽带，紧密连接与用户的劳动关系和利益关系，“自由”地与其他企业组织形成良性互动。

工业大数据应用，主要的不是简单地延展制造业功能，而是转型成全新的制造模式。这必将涌现出新的认知和未知，新认知有助于解决现有问题，新未知则会催生更多更深的需求产生，为进一步利用数据探索创新开拓了广阔的前景。

处理存量信息资产的策略规划和过渡安排

基于工业互联网的企业大数据不是企业信息化建设历程的自然延续，而是一项转型创新的工作。但客观上，它又不是另起炉灶、完全从零做起，所以不能回避如何从企业信息化管理应用向企业大数据应用过渡的问题。

工业互联网的构建为企业大数据应用提供了坚实的基础设施，是完全依据“数据为中心”的原则，面向数据生态环境建设的目标，按照“云边端”扁平化架构来构筑的，与现有的企业信息化系统的多层架构完全不同。换句话说：企业信息化系统的各层级是按照流程功能分担来设计开发的，而工业互联网的各层级则是考虑数据的处理和流动方式。这意味着：企业信息化业务功能与工业互联网在层级上不存在直接对应的关系，或直接的迁移部署是行不通的。

既然业务功能不能简单的替换迁移，那么在工业互联网的建设过程中，如何处理两者之间的关系，就是一个必须要面对的问题，需要有清晰的认识并给出现实的解决方案。一是在工业互联网的构建初期到成型的时段内，将企业业务系统仅仅视为工业互联网的一个“边”，这是一个合理的处理方式，其本意是将L1、L2、L3、L4构成的系统仅仅作为工业互联网平台的重要数据来源。在这种情况下，原有信息化系统架构和工业互联网架构并存，通过扩展数据采集范围，逐步建设边缘数据节点和云端数据节点，形成工业大数据中心，先行整合L5层级的数据仓库系统，并基于“云、边”协同的“流程管控+数据智能”双轮驱动来共同支撑企业智慧制造新需求，通过数据的交互和应用达成一种相互集成的方式，称之为叠加模式。二是随着工业互联网数据环境的完善，再考虑逐步将L4、L3、L2等系统功能进行解构，并将重构的业务管理功能迁移部署到全新工业互联网架构中，此时，将形成两者的深度集成——融合模式。

5.4.4 数据产权与增值的关系

随着人们对数据重要性认识不断提高，数据所有者对数据保护的意识更加强烈，与垄断数据的潜在冲动交织在一起，制定与数据应用不相适应、互不协调的利益格局、管理体制、政策法规，以数据治理的方式，形成对数据应用的强烈约束，使得数据的流通和利用面临着诸多难题和挑战，一定程度上制约了数据作为新生产要素应有的作用空间。“数据二十条”发布恰逢其时。

以用足用好用活数据要素、为业务赋智为导向

“数据二十条”明确提出：坚持共享共用，释放价值红利。合理降低市场主体获取数据的门槛，增强数据要素共享性、普惠性，激励创新创业创造，强化反垄断和反不正当竞争，形成依法规范、共同参与、各取所需、共享红利的发展模式。

数据安全是数据治理的重要内容，是数据管理的重要目标。要正确理解和把握数据治理的内涵，避免对数据治理的片面理解。数据治理的重要内容之一是守住数据产权保护和数据安全保障的底线，但是也要防止有关利益主体（不同部门、不同基地）以数据产权和安全为由，人为限制合理的数据流通的行为。特别要防止将数据保护的强烈意识和垄断数据的潜在冲动“伪装”成“合情合理”的诉求接纳进企业的数据治理体系中，片面强化数据管控，从而制约数据作为新生产要素应有的作用空间。要站在企业全局的高度而不是部门的角度来看待数据产权保护和数据安全，用好数据永远是根本，本末不能倒置。坚持“用”字当头，平衡和处理好数据产权保护、安全与利用的关系，要鼓励全量归集，强化多维集成，推动赋能跃升。

数据应用中数据权属和价值权益界定

数据应用过程中有两个经济权益事项需要界定。（1）数据权属方的权益。毫无疑问，数据权属方的价值权益是第一事项，是要优先保证的。没有这一权益的充分保证，就不能激发权属方对数据应用的兴趣，就免谈后面的一切价值挖掘工作。(2) 数据挖掘产生额外价值的权益归属问题——增值权益，或者说，归属于数据权属方价值之外的权益归属问题，这是一个比较复杂的问题。

在数据流通使用过程中的每一个环节，应用数据均可能产生相应的价值，这些价值除了满足数据初始产权方利益之外，也要对投入资源收集、加工、挖掘数据的企业在数据增值权益方面依法确认和保护，方能促进更多的利益相关方参与到数据价值的发掘中来，进一步加长数据价值链，毕竟在市场上“无利不起早”。要科学地界定数据的初始产权与增值产权，平等保护数据流通不同环节各类产权的合理权益，才是充分发挥数据价值的有效途径。

令人欣慰的是：“数据二十条”明确提出了探索数据产权结构性分置制度。特别强调“界定数据生产、流通、使用过程中各参与方享有的合法权利”，在合法合规前提下，“承认和保护依照法律规定或合同约定获取的数据加工使用权，尊重数据采集、加工等数据处理者的劳动和其他要素贡献，充分保障数据处理者使用数据和获得收益的权利”。

跨域数据可信共享服务

不同场景下数据要素安全可信流通至关重要。出于数据敏感性的考虑，对数据安全的担忧，往往成为数据应用的障碍，通过技术手段消除上述担忧是实现数据交互、增加数据样本、扩大数据适用范围、融合长链多维数据的重要手段。

在弱信任环境下，实现数据的跨域可信共享，是防止敏感数据信息被滥用的一种技术手段。区块链技术为可行的解决方案提供了一个新选项：在分布式、多中心网络进行多节点跨域协同记录数据，保证数据不可篡改，并支持运行分布式的应用。

利用数据的跨域可信共享屏蔽数据的敏感信息，可通过服务方式实现。可信共享网络提供服务注册、发现、审计以及可信存取和监管等一系列功能。按照标准存储结构为服务信息注册统一的服务接口，在保证服务信息的一致性不被篡改的情况下实现服务信息的跨域传播；用户通过统一的服务查询接口，可以跨域查询满足需求的可用数据服务，获取服务的完整信息，按照标准协议跨域访问服务。

数据跨域共享的场景是共享事务处理。共享事务处理在多个节点上执行，不依赖中心或第三方。所有节点遵循特定协议，以防范恶意节点的威胁。采取数字签名、可信硬件、数字摘要等技术手段，保证存储在网络中的数据不被篡改。要对跨域数据共享事务进行安全审计，对安全事件进行定位、证据收集等全过程追踪。对跨域共享服务过程进行认证和身份管理、授权与安全策略管理、网络运行情况监控和异常报告。

“数据二十条”还指出：加快推进数据管理能力成熟度国家标准及数据要素管理规范贯彻执行工作，推动各部门各行业完善元数据管理、数据脱敏、数据质量、价值评估等标准体系。

打破数据壁垒要从上层做起

“数据二十条”明确：充分发挥政府有序引导和规范发展的作用，守住安全底线，明确监管红线，打造安全可信、包容创新、公平开放、监管有效的数据要素市场环境。鼓励行业协会等社会力量积极参与数据要素市场建设。

在解决数据权属部门化、部门数据利益化的同时，还要关注另一个问题：越向上，对数据的垄断性越强。这既反映在政府和集团企业的上层管理部门，也体现在大型平台类企业。要打破对数据的不当垄断，把大量长期沉睡的企业数据解放出来，实现其应有的价值。

6 一言难尽的工业软件

——软件之于工业，如同神经之于人体

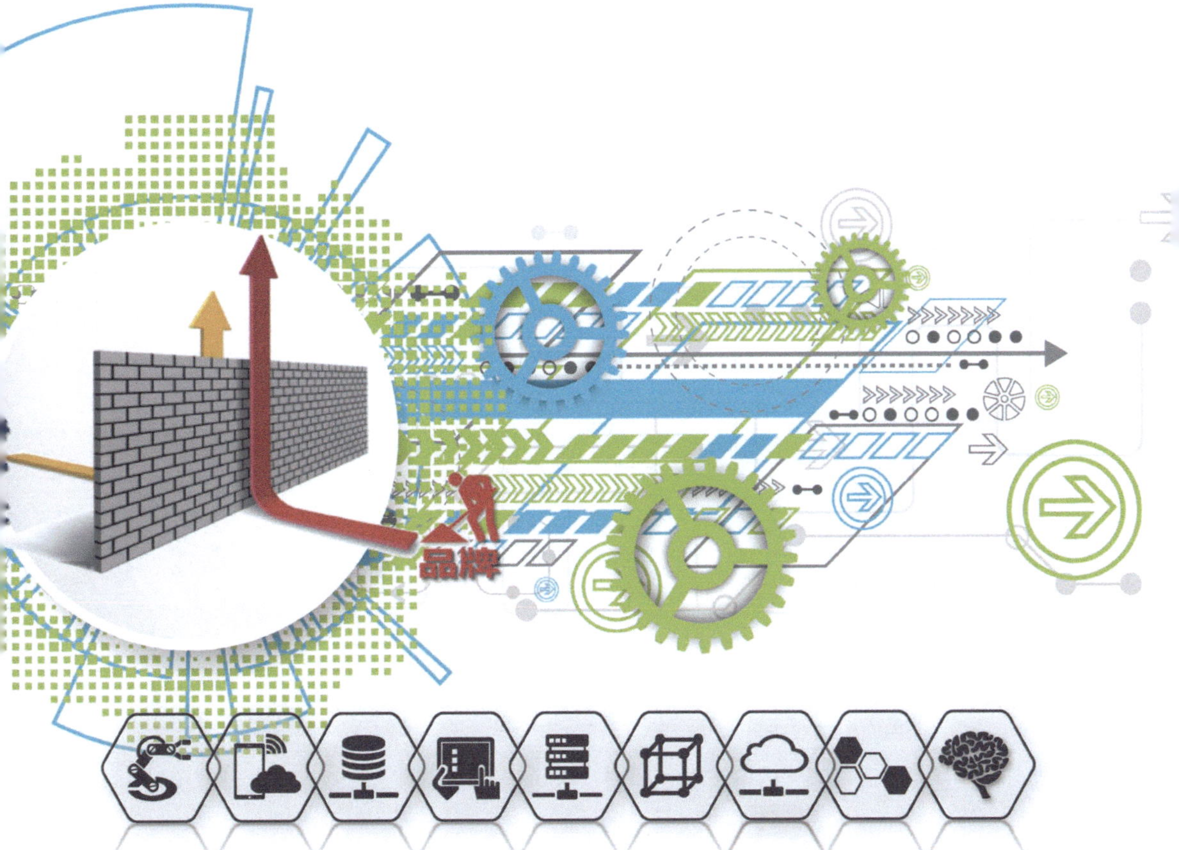

6.1 工业软件的特殊性

工业软件即为工业+软件，工业是指需求；软件是指产品。工业软件就是工业知识技术化、模块化、工具化、可配置化，即将工业知识（产品设计、控制逻辑、制造工艺、运营管理等）固化，并以软件代码的方式呈现。

6.1.1 工业软件分类

目前，对工业软件有非常多的讨论和分析，包括各种技术白皮书、咨询报告等。工业软件的分类方式有多种，因行业差异或讨论问题的焦点不同，并未形成业界普遍采纳的标准分类形式。

软件产品分类

《软件产品分类》（GB/T 36475—2018）中规定：工业软件包括工业总线、计算机辅助设计（CAD）、计算机辅助制造（CAM）、计算机集成制造系统、工业仿真、可编程逻辑控制器（PLC）、产品生命周期管理（PLM）、产品数据管理（PDM）、其他工业软件等 9 类。

但这一分类方法是针对软件产品级的，并不是面向工业软件的大类划分，所以在有关工业软件的讨论中并未被广泛采纳。

工业软件按照安装媒体分类

按照安装媒体分类，工业软件可分为嵌入式软件与非嵌入式软件。嵌入式软件是嵌入在控制器、通信、传感装置中用于感知、采集、控制、通信等软件。非嵌入式软件是安装在工业控制或通用计算机中的设计、编程、工艺、监控、管理等软件。

鉴于嵌入式工业软件通常与设备紧密相关，具有极强的装备属性和个性化特征，所以，在对工业软件的讨论分析中，重点聚焦在与企业业务相关的工业软件，嵌入式软件一般不纳入讨论的范畴。

非嵌入式软件按照功能用途分类

除嵌入式软件外，非嵌入式软件划分为业务系统和专业工具。业务系统基于业务模型实现工业产品研发、生产、服务和管理过程中业务流程信息化。专业工具基于物理原理，是与学科和专业关联性强的基础性软件。

业务系统按用途可分为研发设计、生产控制、信息管理，或研发设计、生产制造、经营管理和运维服务（《中国工业软件产业白皮书（2019）》）。

三类软件并不是完全彼此独立的，知识类软件是业务管理软件的基础，也可以集成到工具软件中，在业务类中也需要大量工具类软件的集成应用。

按照与工业技术匹配的功能关系划分

工业软件可分为工具类、知识类、业务管理类和平台类四个层次，其中前三类是工业软件讨论和关注的重点。

工具类工业软件用于产品设计、建模仿真、界面组态、交互展示，以及数据分析和计算等工具类软件，如 CAD、CAE、CAM、CAPP、PDM、EDA 等都是工具类工业软件；知识类：面向行业、企业、过程、产线的各类知识库，如模型库、工艺库、参数库、算法库等，当前国内外工业软件企业，特别是工业强国都着力发展的“工业技术软件化”则集中在知识层面，以支撑工业体系的建立和发展；业务类工业软件很多，如 ERP、MES、SCM、CRM 等，主要用于企业运营管理和控制等，传统的业务类工业软件应用广泛，已经比较成熟，但是适用于全新工业互联网架构、适配于大数据生态环境的企业运营管理业务软件，会成为未来发展的重要方向，需要对传统的信息化软件解构、重构、云化再部署。

这三类软件并不是完全彼此独立的，知识类软件是业务管理软件的基础，也可以集成到工具软件中，在业务类中也需要大量工具类软件的集成应用。而这三类工业软件都离不开平台的支撑，平台类工业软件是连接工业软件和知识层的桥梁，是优化重构业务类工业软件的数字底座。在国内，工具类和业务类工业软件市场已经比较拥挤了，尤其是工具类工业软件市场应用已经基本被国外知名工业软件产品垄断，平台和知识类工业软件还不成熟，还有大片空白，有待通过创新来弥补。

工业 APP 是工业软件的一种新形态

工业互联网为工业软件分类增加了一个新维度。

（1）传统架构工业软件：安装在传统计算机系统中运行，用于设计、过程监控、工艺优化、程序开发、制造管理、企业运营等。这类形式的软件从数量上会逐步减少，但不会消失（至少现在如此），既无可能，也没必要完全以 APP 的形式替代，因为这种形式上的重构，不会带来效益上的加分。

（2）工业 APPs：是一种基于全新架构（工业互联网）的工业软件，以微服务为支撑，将大量的技术原理、行业知识、基础工艺、模型工具、特定算法、企业规则、经营诀窍等进行较细粒度的组件化、模块化处理，并封装成可重复使用的软件——APP。这类软件形式数量会不断增加，一来技术不断成熟会为实现带来方便；二来新的应用会更多地采用这种形式，追求创新；三来原有的工业软件也会不断分化，以这种形式重构以满足工业互联网应用的需求。

当然，将传统工业软件与工业 APP 做严格划分比较困难，而且二者是与时俱进的。

6.1.2 工业软件的本质和特征

基础软件是通过程序接口把硬件的可操控成分暴露出来，再以参数可配置的方式实现对硬件按需管理。而工业软件主要是将工艺制造技术转化为 IT 配置规则，是从人类产生知识到机器使用知识的技术泛在化过程。

软件定义制造已成现实

信息技术以前所未有的深度和广度融入工业过程，通过将工业软件嵌入在控制器、通讯、传感装置中，使其延伸到工厂的每一个角落，成为工业系统的神经，主导机器世界的运行逻辑，并日益成为支撑产品研发、生产制造、企业运营、运维服务以及主导工业产品制造过程的核心“软装备”，深入地影响工业的具体过程和实现方式。

工业软件深度嵌入工业过程，体现了工业系统中 OT 技术与信息 IT 技术融合的现实，强化了“软件定义（SDX）”的趋势，使其承载的工业技术特性变得更加隐蔽、更加不可捉摸，特别是目前工业互联时代，通过构建数据自动流动的规则体系，提高制造资源配置的效率。

适用于网络化运营的工业软件将成为全新的发展趋势，目前被广泛讨论的工业 APP 也是工业软件的一种形式。

工业软件的开发和发展有其独有特征

工业软件开发是工业操作运行技术、工艺经验、制造知识和方法显性化、数字化和系统化的过程，呈现出若干固有特征：

（1）工业软件的版本表征其发展的持续继承性。与通用软件不同，工业软件需要行业经验和长期积累，其专业性强、应用面窄，特别强调对物质世界的深刻理解，要追求创新，更要关注不断积累，继承性积累是工业软件产品发展过程和水平阶段的重要表征。工业软件开发工作量巨大，如果没有工作团队多年的持续努力和反复迭代，很难产生有市场竞争力的工业软件，更难说独具特色。

（2）工业软件在工业应用过程中的极致可靠性。工业软件与制造业的生产过程和机器深度融合，需要高可靠性来保证制造过程与控制逻辑执行的正确性。无论是高速列车、炼油过程、轧钢生产，还是各类纺织机械、塑料机械、包装机械、汽车生产等，过程控制的可靠性都处于最高需求。工业软件不仅对软件的正确性十分严苛，而且对软件开发、管理要求十分严密。

（3）工业软件顺应技术和模式创新的逐步平台化。软件产品是最初的常规模式，例如各类设计软件 CAx 等，至今仍然是工业软件追求的重要目标。随着工业软件在市场竞争力的提升，依托强有力的产品技术和功能以及品牌影响力，对工业软件产品价值外溢的冲动引发了平台化运营的创新模式。供需双方之间，工业软件已不再仅仅满足于“买卖”关系，而更多的服务内涵被加载到产品上，形成一种新型的商业关系，工具只需一个合同，满足合同条款意味着合同的履行结束，而服务则是持续的过程，过程会发生频繁的互动：用户的需求变化会在平台上得到更加及时和灵活的支撑与满足，用户的使用行为和工艺信息将成为平台“增厚”积累的重要来源。目前工程设计类软件（CAx）的平台化已经显现，控制、HMI、管理开发类软件的平台性已经发展成熟，而 PaaS、SaaS 类服务模式也已经逐步被用户接纳。

行业特点导致对工业软件的关注重点存在差异

离散制造业是由设计驱动的，产品功能、性能、可制造性等均主要在产品设计阶段解决，对设计工具的依赖巨大。而流程行业不同，流程行业是由制造来驱动的，或者说更关注制造过程。以钢铁行业为例，钢铁企业面对的95%以上的问题是成熟钢种的制造，新钢种的研发仅仅是极小一部分，钢铁企业首先通过制造过程的有效管控来保证产品质量、成本控制和交货进度。所以，流程制造业的优先事项集中在如何利用现有的装备，通过有效的制造组织来保证产品质量的一致性水平，并努力提高成本控制能力，以赢得市场竞争力。

流程行业这一特点，极大地推高了行业对生产制造和运营管理类工业软件的关注度，受到的关注和重视转化为投入精力和资源，使得与之相关的工业软件获得较好的发展机会和较大的应用空间。而对研发设计类工业软件的关注和研讨远没有离散制造业那么广泛和深入。但这并不意味着研发设计工业软件不重要，特别是在新材料开发领域，以及相关的工艺设计和优化方面。

事实上，随着行业整体水平的提高，全行业的注意力已经在向产品创新转移，这就对研发设计类工业软件提出了极高的要求，也更加清晰地暴露出设计类工业软件被长期忽略的巨大短板。

6.1.3 工业软件开发的特殊规律性

有别于常规基础软件，工业软件产品的开发过程迥然不同，其特殊性突出体现在两个方面：一是人才能力结构的特殊性；二是软件开发过程管理的特殊性。

从宏观着眼工业软件的知识和人才

工业软件的设计开发需要既懂工业——熟悉行业知识，又懂软件——精通软件开发。由于两类知识和技能的形成途径与培养方法迥然不同，两者兼备的人才少之又少，在工业软件开发过程中，就需要熟悉行业知识的专家与软件开发人员紧密配合进行。事实上，几乎所有的工业软件开发都或多或少遵循着这一规律，两者的配合体现出“两化融合”的本质。

需要特别强调的是：仅仅依靠软件人员是编写不出工业软件的；同理，仅仅靠行业专家大概率也写不出高质量的工业软件。所以，从工业应用的视角，工业知识是核心，软件是工具，并不是为了证明行业工程师和 IT 工程师哪个更重要，经过良好设计、科学合理的工业软件架构对行业知识的有效表达仍然是工业软件质量和效率的关键环节，是工业软件设计开发的核心能力，需要高水平的软件工程师来完成。

从微观着眼看工业软件的开发过程

在工业软件开发之前进行调研，了解工业企业用户在应用上关注的焦点，这就是需求分析。

由于工业软件与具体物理对象、使用场景甚至是具体使用者的习惯等紧密相关，导致软件需求具有多样性、个性化特征，因此工业软件要特别关注前期的“需求调研”。需求分析和调研在整个开发周期往往占相当大比重，有30%甚至更多，这里还不包括开发过程中由于需求变更而产生的二次需求分析工作量。所以，需求调研在工业软件开发中占有极为重要的位置。

另外，工业软件直接参与到工业过程的控制和企业的运营决策，对可靠性具有极高的要求。可靠性不仅在于工艺流程设计的合理性、工业知识运用的科学性，更在于软件实现技术的正确性，后者往往是引发可靠性风险的重要来源，如代码错误、参数不正确等。程序死循环是软件最大的Bug，而这些影响可靠性的潜在风险是无法在测试阶段完全排除进行，这需要工业软件投运后进行“工程验收评价”。在此过程中（半年或一年），要对软件的运行过程进行实时监控，对发现的任何Bug及时修正，虽然也会对业务流程设计的不合理做出微调，但软件本身的完善是此阶段的重点。所以，“工程评价”是工业软件开发的另一大特点，是保证工业软件的实用性和可靠性、满足工业对象切实需求的重要保障。

6.1.4 命运多舛的中国工业软件

对工业软件“做不如买，买不如租”的警示时见“报”端，工业软件人对工业软件存在隐忧的大声疾呼不绝于耳[36,39,42]，但并未引起全社会真正的反思。直到近年来，一些在工厂界广泛使用的工具软件出现真正“卡脖子”态势时，“狼真的来了！”人们才幡然醒悟，原来软件竟然如此重要[41]。

芯片已经受制于人，但没有5nm芯片还可以用28nm解决大部分需求，但如果没有软件，又该如何，总不能回到“图板+算盘”时代，那真的是从根本上被掐住了脖子，中国制造业的处境会多么被动。

国产工业软件为什么“不受待见”

中国的工业软件为何不成气候，为什么如此不堪大任，为什么不被人重视，这太多的疑问的根源是什么？发展工业软件的难点并不完全在于技术上的复杂，人们对工业软件充满太多错误认知是工业软件发展的一大制约。

中国制造业发展的速度太快，以至于存在被忽视、隐藏和无暇顾及的诸多潜在问题[38]：企业忙于发展，对大量引进的先进装备和工业软件，没有进行认真细致的自我消化、提升，进而转化为自身的知识积累，在引进、消化、再引进的重复中，企业已经慢慢将花钱引进变成一种习惯，基础不牢的巨大隐患早已埋下。

在众多国人眼中，软件价值的社会化共识极其低下。国人对软件的重视从来不及硬件，软件不像硬件可以看得见、摸得着，很多国人视软件如一张光盘，仅此而已。在商业合同谈判时，硬件是明码标价的，只要有品牌、够先进，花多少钱都心甘情愿，而这些“光鲜亮丽”的先进硬件是如何用优秀的工业软件设计出来、又如何在工业软件控制下实现可靠精准运转，既看不见，也无意愿去了解。这种普遍存在的重硬轻软的定式思维，体现在具体的商业合同和工程项目中，如：在工程招标采购中过分压低软件价格（超低价竞标、卖硬件送软件等），或对以硬件为载体的工业软件盲目信赖，或严重忽视软件定义对硬件功能发挥的约束性作用。对代码的价值，既不理解，也不关心，其重要性远不如合同价格降低几个百分点来得直接。

当工业软件系统上线运行，用户某种程度上要优化改进一些地方，这是很自然的事情。由于定制化开发以快速交付为目的，开发者在编写代码时不会特别在意代码质量，很多可进行模块化抽象的地方都写死了，大概率也没有详细开发文档，不用说由别人来修改，就是开发者本人来修改，估计也要花费很长时间才能看懂原先的逻辑。如果是多年以后，公司没有人熟悉当初开发时所使用的语言和数据库，这简直就是一场灾难。系统运行越来越慢，但又没有方法改进，除非彻底换掉该系统，但是这个系统里面还有大量的历史数据，真是两头为难，此类例子屡见不鲜。以“定制化”为名，行低质量之实，低质量的代码和难以为继的升级服务严重消费了使用者的信任、挫伤了使用者的信心，使得工业软件供需双方的彼此信赖进一步大打折扣。

国内工业软件不被用户认可和接受，永远不是用户的错！当国外软件需要优化调整时，至少花钱是可以搞定的，但某些国内价低质糙的工业软件，即使花钱也没有能力满足用户需求。

工业软件的艰难旅程和现实无奈

中国相当数量（绝大多数）工业软件企业，多采用项目型商业模式，“以工程养产品”是中国工业软件市场的常态，在产品质量上的反复打磨成为次要的（被动）选择。

对一些初办工业软件企业而言，用最低成本雇用几个“码农”开发软件似乎是一个不错的主意。企业为了生存，必须拿到合同，一个杀手锏就是“高承诺、低价格”，拿到合同是生存之本，至于交付是以后的事。以最低开发成本交付软件是指导原则，代码质量可想而知，更无暇顾及必要的积累，这也是国内绝大多数工业软件企业都处于一种项目型商业模式的重要原因。

在软件团队看来，代码具有共通性、共享性，软件的知识产权是可有可无、虚无缥缈的，“抄袭”代码是“最高效”的开发途径，殊不知，这也将自己的代码置于无法律保护的地位。

而软件开发者则始终认为：自己的代码是“最优”作品，不善于也无意愿消化、吸收已有的成果，认为自己可以搞定一切，消化别人代码比自己重新写还要困难，这就导致难以形成积累，一人一个架构，一版一套代码，不能标准化，更不能继承化。

工业软件现状与重要性出现错位

工业软件遍及工厂的每一个角落，小到芯片、大到企业行业的信息化，无不需要软件来实现对物理实体的感知、检测与控制，其所承载的功能几乎是包罗万象的。对物理世界的一切控制行为都离不开软件，所以就有了诸如“软件定义一切”“无论如何强调软件的重要性都不为过”的说法。

国家在产业政策上也一直在持续扶持工业软件。早在2000年，国务院印发《鼓励软件产业和集成电路产业发展的若干政策》（国发〔2000〕18号）时就指出：“面对加入世界贸易组织的形势下，通过制定鼓励政策，加快软件产业和集成电路产业发展，是一项紧迫而长期的任务，意义十分重大。”2011年，国务院印发《进一步鼓励软件产业和集成电路产业发展的若干政策》（国发〔2011〕4号），（鉴于政策的继承性，有时称为新18号文）除将2000年18号文中的诸多优惠政策打包继承外，共集31条鼓励政策，并明确提出将继续实施软件增值税优惠政策。2020年4月，国务院印发《新时期促进集成电路产业和软件产业高质量发展的若干政策》（国发〔2020〕8号），延续国发〔2000〕18号、国发〔2011〕4号文件关于软件和集成电路产业的扶持措施，并对财税、投融资等多项政策措施予以升级，进一步提升软件和集成电路产业的政策扶持力度。从3个国发文件以及多个省部级配套政策文件来看，国家一直在持续鼓励企业自主开发工业软件。

近20年来，得益于我国的工业化进展加快以及制造业对信息化需求的不断增长，以及与制造业融合过程中自身的技术积累，工业软件企业的实力不断增强，市场规模不断增长。工信部最新数据显示，2019年我国软件和信息服务业的软件业务收入为71768亿元，同比增长154%，其中工业软件产品实现收入1720亿元，同比增长14.6%，占全行业的比重为2.4%。

通过政策加持赢得市场机会，不能说没有效果，但也不能说效果理想。至今，供给侧明显不足的状况仍未能根本改变，工业软件仍然难以挑起制造业转型发展的大梁，工业软件现状与国家产业政策支持力度以及工业软件的重要性之间，仍然显得极不协调，错位严重。

工业软件的更大隐忧已然显现

以钢铁行业为例来看工业软件的近虑远忧。钢铁行业工业软件也是在钢铁业发展规律主导下而发展的，中国钢铁业规模占据世界半壁江山，仅仅用了四十年时间。在飞速发展过程中，也存在被忽视和隐藏的诸多潜在问题：企业忙于发展而忽视积累，无暇对大量引进先进装备和工业软件做认真细致的自我消化、提升，并转化为自身的知识积累，在引进、消化、再引进的重复中，工业软件基础不牢的隐患是注定的。

工业软件如同一张桌子[43]（图 6-1），分别构成桌子四条腿的四大类工业软件的发展水平和应用现实是：运营管理、生产控制、服务保障都全部或大部已经或正在形成比较稳定的支撑，唯独研发设计这条“腿”则主要依靠国外产品来支撑。

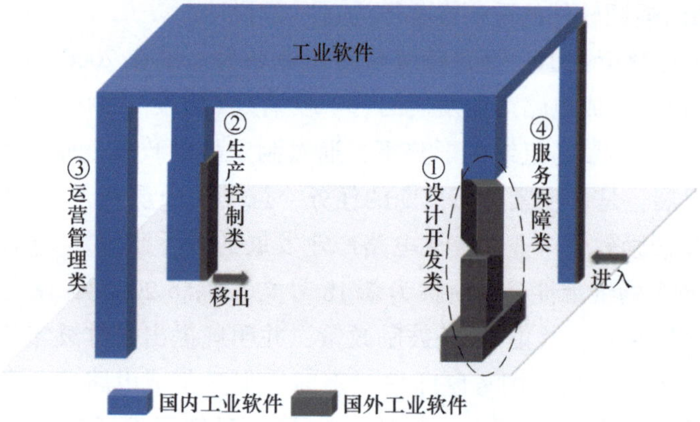

图 6-1　四类工业软件支撑着钢铁工业软件产业示意图

显然，如果抛开其他各种因素的考量，这张桌子表面看似坚实平稳的，四条腿都分别有相应的工业软件、以不同的形态提供支撑，但是，其支撑的方式和程度完全不同，又使工业软件呈现出极度不稳定状态。

在制造业规模扩张期，人们的直接感知是：“桌面”是平的、稳定的，并不在意（或无暇顾及）桌子下面是什么状态、会发生什么。当制造业转型发展对工业软件可靠性呈现更多需求时，突然发现：几十年来人们司空见惯的工业软件“桌子”其实并不牢固，完全依靠国外产品来支撑的研发设计类工业软件，是最具不确定的一条腿，随时都面临着“倾覆”的风险。这似乎耸人听闻，但确是现实存在。

虽然工业软件在不同行业存在发展水平差异，但这一极不稳定的形态在几乎所有制造行业都已经形成了既定事实存在。

6.2 工业软件产业发展分析

产业政策和市场规模推动下，国内工业软件产业有了长足的发展，形成了巨大的产业规模。但是，国内工业软件发展还不平衡，总体上还处于低端竞争，缺少品牌号召力和质量优势，应对智能制造国家战略的总体状况并不乐观。

6.2.1 研发设计类软件——知识积累不足、基础异常薄弱

研发设计类工业软件是使用最普遍的工业软件类别之一，基本上都以设计软件工具的形式出现。其在产品设计、成套装备设计、厂房设计、工业系统设计中起着非常重要的作用，可以极大地提高工业企业研发、制造、生产管理水平，提升工业管理性能和设计效率，有效节约成本。

研发设计类工业软件

钢铁行业研发设计类软件主要包括材料设计软件、工艺设计与仿真优化软件、工厂设计与优化、知识库与知识平台、工厂设计交付及基于新一代信息技术的设计软件等，涵盖从材料、工艺、产线到工厂的全流程设计与仿真交互。

在钢铁材料的研发与设计过程中，用到的软件有热力学动力学计算软件、材料性能计算软件、分子动力学计算软件、第一性原理计算软件、相场计算软件、金属材料数据库等；在钢铁冶金工艺设计和模拟优化的过程中，核心的工具软件是有限元分析软件；在钢铁工厂设计中，主要使用若干CAx的设计工具，并以数字化形式交付设计成果，其中还采用流程仿真软件、工艺工程模拟软件等对工厂流程进行优化。

研发设计工业软件几乎被国外全面垄断

关于研发设计工具软件被国外垄断，人们首先想到、讨论最多的是各类CAx软件。世界上CAD和CAE的顶尖软件几乎全部掌握在欧美国家手中。除了美国Autodesk外，法国达索（Dassault）、德国SIEMENS、美国参数技术公司（PTC）都是CAD的头部企业，这4家企业占据了国内CAD市场90%以上的份额。而美国Ansys、Altair、MSC基本垄断了CAE领域。图6-2所示为材料研发计算和制造工艺仿真优化主要工业软件产品图谱。

同样的情形在流程制造领域也存在。例如：在钢铁材料热力学动力学计算方面，瑞典的TheoCalc、加拿大的Factsage、美国的Pandat等处于市场领先地位，国内高校、研究机构和企业会基于美国Open-Calphad的开源平台进

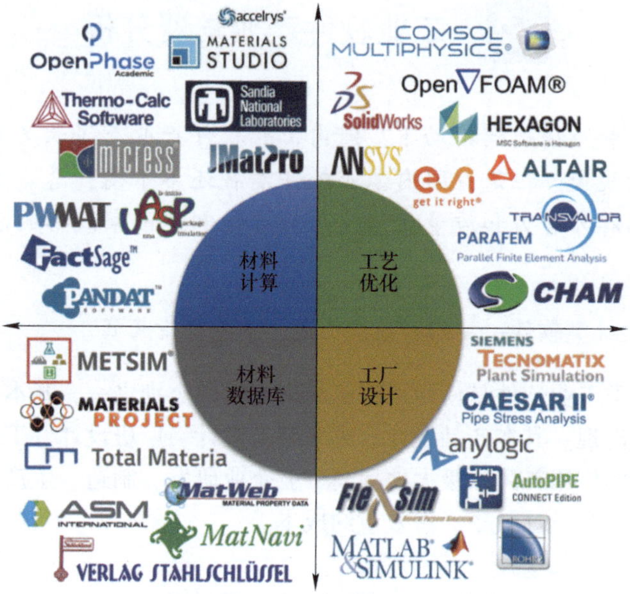

图 6-2　材料研发计算和制造工艺仿真优化主要工业软件产品图谱

行二次开发，用于满足个性化的研发需求，尚未形成有竞争力的市场化商业软件。

材料性能计算软件领域有英国的 JMatPro；用于分子动力学和第一性原理计算的软件，以美国 LAMMPS、奥地利 VASP、美国 Materials Studio 和 Pwmat 等为代表；相场计算软件主要是德国的 Micress 和 Open-phase。

在钢铁工厂车间布局、生产物流设计、产能等方面，用于流程仿真软件、工艺工程模拟软件、工程交付管理的软件主要有德国的 Plant Simulation、俄罗斯的 AnyLogic、美国的 Flexsim、SIMULINK 等。

突破国外工业软件的垄断不容乐观

基于国外工业设计软件开展产品创新和工厂设计，不仅要支付不菲的软件使用费，而且国内工业设计知识的流失和丰富场景实践的验证进一步充实、丰富和提升了国外工业软件功能，反过来进一步强化了对国内同类软件的比较优势。伴随着工业软件形态日益转型为平台化运行，所有的设计理念、知识、参数都将毫无保留的暴露在平台上，更是对国内工业软件知识积累的努力“釜底抽薪”，使得企业知识的积累受到极大的限制，反过来又会对新产品、新工艺的创新形成掣肘。图 6-3 所示为高端工业软件技术和市场版图。

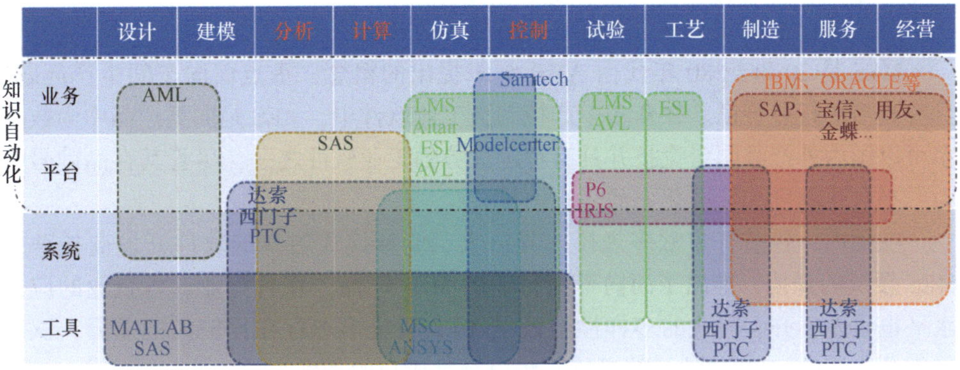

图 6-3　高端工业软件技术和市场版图

6.2.2　生产控制类软件——引进消化改进、核心仍存不足

生产控制类工业软件❶主要应用于提高工业生产过程的管控水平、改善生产设备的效率和利用率，降低工业生产成本，对产品质量控制至关重要。

生产控制类工业软件

生产控制类软件范围极广、种类非常多，包括面向装备/产线的自动化控制软件，除了以 DCS/PLC 为载体的各类对象（装备、过程）控制软件，实现数据采集、监视与分析的 SCADA 等共性基础软件外，还包括工艺建模（模型库、规则库、参数库等）与参数优化，工序界面控制与跨工序协同，制造过程物料、装备、人员、环境的监控、预警、预测、应急处置，为制造过程提供能源介质的监控、优化、调度和管理等，以及以控制策略在线优化、设备状态在线诊断、生产过程指标预测预警为目标的各类专业优化算法、软件工具，以计划排程为核心的制造执行系统（MES）等。

国内 SCADA 软件异军突起，开始收复失地

SCADA 软件是工业过程控制必备的软件，长期以来，国外 SCADA 软件一直是主力军。下列这些软件几乎涉足所有的工业控制领域，包括 WinCC、iFix、Citect、FactoryTalkView、InTouch 等。

近年来国内 SCADA 软件也异军突起，开始收复失地，抢占市场，主要有 ForceControl、MCGS、KingView 以及宝信软件的 iCentroview 等。

根据公开资料，目前，国产 SCADA 产品在市政、石油、基础设施等应用领

❶　钢铁制造过程控制大量采用的 DCS/PLC Runtime、上位开发组态软件、SCADA 编程软件、实时数据库、现场总线通信等软件，属于多行业通用的基础性工业软件，不作为讨论分析的重点。

域形成了相对稳定成熟的市场，行业应用占比达60%左右。

制造执行系统（MES）软件成为为数不多的亮点

MES是20世纪80年代由AMR组织提出的概念，重点面向车间生产问题，具有典型的行业特征。在众多生产控制类工业软件中，MES是同类产品中为数不多可以国内外产品同台竞技并具有特定优势的工业软件之一，尽管其在品牌号召力、平台化程度和标准化方面还有不足。

在国内，目前有非常多规模差异巨大、业务模式迥异的软件开发商执著于MES领域的开拓，推出了面向不同行业的MES产品，在各行业、各企业的应用水平也参差不齐。行业的多样性造成了MES系统形态存在比较大的差异，试图跨行业应用的MES软件系统最终都难以满足用户的需求。

各类优化算法软件众多但专业性、工具性不强

国外对于流程生产过程的研究较早，研究的也比较深入，各类专业优化算法或软件工具也比较多。国内很多高校、科研院所等也针对不同的需求，建立了很多工艺控制模型、优化模型、调度模型、质量模型等，但能够进行市场化推广应用的，还很鲜见，有待各方协同，早日开发出具有推广应用价值的各类专业优化算法或者软件工具。

引进、消化、吸收是国内模型应用的主基调

通过引进、消化、自主开发，各主工艺线工艺模型均实现了可控的工程应用，在“黑箱”模型“白箱”化过程中，取得了一定的进展，部分模型取得了改善性创新。大型企业通过组建虚拟工作团队，持续优化主工序模型，形成模型消化、解析的工作机制，通过科研和持续改进项目，对过程控制模型进行改善性研究和集成性开发，并探索形成模型标准配置化理念，通过自主开发模型可配置化平台，实现主流程产线工艺模型的配置、仿真测试，由此大幅提高新建和改造工程中模型开发效率。

但总体上，企业对核心技术的掌握还有欠缺，原创性工艺模型较少，多数局限于模型的日常维护和二次开发，以至于有些引进的工艺模型难以发挥应有的作用。

国内大规模工程实施，培养较强的自主集成能力

得益于国内制造业发展的巨大需求，自主集成成为国内企业向核心进军的一大利器。从工程引进、协同工程开发到完全自主集成，国内企业走出了一条具有自己特色的创新之路。在实现工程建设的同时，国内企业也充分把握了价值外溢的机会，在诸多环节上强化了大型工程建设中对外商的相对优势。以钢铁为例，基本上实现面向板、卷、管、线、棒、型等多品种，和钢铁制造全流程所有产线的自主集成能力，所有作业线自动化控制系统软件均可以实现自主可控，这一方面有力地支撑了主制造工艺实现基于网络互联的多机组生产过程控制，基本实现

制造管理数据自下而上（有条件）贯通，另一方面也摆脱了对国外技术的依赖，形成“乐凯”效应，通过自主替代大幅降低工程建设和运维服务成本。但在控制装置选择上仍以国外知名品牌为主，且日益呈现出更加集中的垄断趋势，如西门子、Rockwell、施耐德、TMEC、日立、横河等。

综上，全流程各工序控制软件已经基本具备自主能力，并在一定程度上形成了竞争态势；生产控制类国产工业软件的集成仿真能力都很弱；大型、高性能控制装置基本由国外厂商提供；生产控制类工业软件的国内标准少；MES 行业解决方案形成完整的、通用的、权威的 MES 实施方法论方面存在不足。

6.2.3 运营管理类软件——基本自主可控、具有比较优势

运营管理类工业软件的发展深深受益于制造业的发展。用友、金蝶等从财务系统起步，以宝信软件为代表的软件集成商从钢铁信息化做起，形成了完整的企业运营管理系统解决方案，开始向国外软件厂商同类产品发起冲击，开启了行业经营管理软件全面国产化替代之路。

运营管理类工业软件

运营管理类工业软件是按照特定流程设计开发的具有特定功能的软件系统，通过信息化手段解决企业运营过程中，产供销、产销研、人力资源、财务、组织、KPI 绩效等管理需求，以及用于对组织结构、管理模式和业务流程进行优化和重组、穿透式监管等，支撑企业的管理扁平化、运作高效化、盈利能力最大化。

以钢铁为例，钢铁制造过程极为冗长复杂，具有大宗原材料计量与质价结算、三流交叉复杂（信息流、物流、资金流）、质量贯穿产供销全过程、铁前钢后不同的计划和生产模式、销产转换计划排程复杂等特点，是典型的技术密集、资本密集、人力密集、管理面广、生产流程高度复杂的“流程+离散”混合型生产模式。在经营管理层面，同时存在由“集团化管理”转变为“矩阵式管理”、以“产品为中心”转移到“以客户为中心”、由“部门条块管理”优化为“‘多部合一’的面向业务流程端到端集成”等管理特点。

套装软件和定制化开发两种模式的竞争

套装软件以 SAP 为代表，得益于解决方案的完整性，其将国际诸多企业管控模式和实施经验进行标准模式的覆盖，一度占据统治地位。但知名套装软件有其技术框架及产品发展的要求，存在价格贵，服务保障能力薄弱，由于行业适应性不强而衍生出的二次开发工作量巨大、实施和维护总成本高等问题，其在国内市场遇到瓶颈。与套装软件不同，国内软件厂商大多采用定制化开发模式，可以完全迎合用户的运营习惯，满足企业管理流程不断变革的要求。但完全按照用户需求定制化开发的管理软件由于产品化程度不够，其系统结构的稳定性、可扩展

性、可复制性、可移植性比较差以及实施周期方面也存在问题。

近年来，国内外工业软件企业都逐步采用“标准+α”模式，套装软件建立专业实施团队，增强定制化部署实施弹性，国内软件强化了产品化实施的比重，改善开发和交付质量。相比之下，国内同类软件取得了更大的进展，其依托行业中先进企业的先进管理理念吸引力和行业巨大影响力，基于强大的系统集成能力，逐步树立在行业领域的竞争力，建立完善的经营管理软件业务线，通过持续提高，解决方案成为行业应用的优选。在一些转型发展需求明显的行业（如钢铁），出现了国内企业经营管理软件替代国外同类软件的势头。

APS 是极具行业特征专业软件，无一不是定制化模式

APS 用于流程行业，可以实现灵活可变的生产计划、可视化的生产排序、自动的生产作业指示、动态的供应链计划调整，最大限度地利用设备的生产能力。但能够基于算法解决复杂制造过程全流程计划排程的软件产品并不多见，国外以 i2、ORACLE、Quintiq 为代表的 APS 等，对满足大型复杂流程制造过程需求仍显得力不从心。企业所采用的 APS 软件基本上都是定制化模式，满足特定的用户和场景需求。

BI 分析软件兼具通用性和工具性，呈现百花齐放格局

用于 BI 分析的软件工具很多，既有国外大型的商业化软件，如 SAS、Cognos、Tableau、QLK、PowerBI 等，也有国内多个比较有竞争力的小型专业化 BI 软件企业，如 Smartbi、神策、思迈特、帆软等，多数软件工具都有非常多便于分析的可视化工具，简易操作，灵活使用，不需要复杂的产品手册。以 SAS 为代表的数据仓库分析商用软件，功能较强，但其封闭式架构在与企业其他系统集成时多有不适。开源的数据分析软件集成了较多的分析和可视化算法工具，但多数不提供行业应用的案例和基础支撑，需要用户在使用时自行积累，国内 BI 软件在数据处理分析的功能性上，相对于 SAS、MicroStrategy 这些老牌软件略有劣势。

综上，对国内外运营管理类工业软件进行多维度（类型、功能、实施模式、实施难易度、集成难易度、行业贴合度、国内市场占有率）对比分析，可以看到：国内厂商在各条产品线上都有相应的解决方案，也达到了较好的国内市场占有率，国内 ERP、CRM 软件功能不弱于国外同类产品，但 BI 分析工具的功能完善度、技术先进度、使用便利度等方面存在显著不足。未来国内经营管理类软件供应商更应该考虑的是如何在新的形势下进一步优化和深化，并研发适应新需求的功能。

6.2.4 服务保障类软件——内外各具特色、百舸争流之中

服务保障类工业软件涉及更广范围、更新业务领域，主要是与工业互联网、

大数据、云计算等新一代信息技术相伴而行产生的新型工业软件。服务保障类工业软件通常带有创新的特点，不仅是技术创新，而且涉及商业模式创新，如网络化运维、生态协同、数据服务、碳管理与碳交易等。

服务保障类工业软件

服务保障类工业软件包括两大类。

一是为保障企业正常运行所需要的基础保障类工业软件，如安全环保、设备运维、人力资源、绩效管理等，这类软件主要用于为企业运营提供保障。国内有非常多的软件选项，与国外同类软件相比各具优势。

二是企业/行业在转型升级发展中，需要特定形式和功能的软件系统为专业化整合、服务化延伸、网络化运维、集约化管控等新型服务模式提供支撑和服务保障，进而通过产业互通融合，提高集团企业和行业的协同效率。例如：对于大型集团企业，在加工服务、工业品电商、精准配送服务、跨基地制造协同、产业互联网等方面，需要互联互通的网络化协同；面对 3060 双碳战略，碳计量、碳管理、碳交易等方面，需要基于 LCA 的数据贯通服务等。

服务保障类工业软件涉及更广范围、更新业务领域，与国外同类软件差距不大，有机会实现追赶。

服务保障类工业软件呈碎片化，同质化

在比较传统的业务系统方面，如安全环保、设备运维、人力资源、绩效管理等，国内与国外相比有明显的不足：软件处于碎片化状态，不成体系，产品化程度不够，难以获得用户的高度信赖，故市场竞争力和市场占有率都不足；软件产品功能同质化，多数处于基本的流程管理，利用数据分析进行洞察预测的功能太弱；供应商企业规模有限，技术水平参差不齐，多数以工程项目方式运营，知识积累有限，创新能力不足，尚未看到形成系列产品的趋势。

工业互联网战略为国内软件崛起带来机遇

工业互联网平台是发展热点，全国范围内共有 15 家国家级双跨平台，以及数百家平台开发企业，部分已经形成了一定的国内外影响力，虽然在平台各项技术和经济指标上距离国际知名品牌（GE、西门子、PTC 等）还有差距，但在设备智能运维、网络化协同等模式创新方面，呈现出强劲的发展态势和强烈的创新冲动。

借助 5G 加持下移动应用的普及，一大批工业 APP 推出，适应企业管理的需求，开展以数据为核心的设计，软件功能的智能化内涵的不断丰富和拓展，将为企业流程优化重组，实现智慧型制造创造出可期待的美好前景。

6.3 准确把握工业软件发展态势

由于国内企业在过去40年快速工业化过程中，忙于追赶，普遍无暇重视（或不重视）工业技术的积累和工业知识的管理，因此可用于软件化的工业技术/知识积累非常缺乏，工业技术软件化的基础条件和人才储备都很薄弱，加之工业软件成功必备要素条件和社会环境还不完善，因此，中国工业软件注定还要在漫漫长路中艰苦跋涉。

6.3.1 生态薄弱——供需关系不协调

反观中国工业软件的现状，各种问题交织在一起：核心关键技术开发不够难以形成完全自主的产业能力，对引进技术维护和二次开发资源投入不足、过分强调个性化需求制约了专业服务和软件产品的发展，自主工业软件产品的缺乏对行业智能制造形成制约，等等。归结到底，是工业软件的生态薄弱。

需求端既有优势未能充分发挥

从需求侧来看，中国制造业规模庞大、工业企业众多、门类齐全、场景丰富、需求巨大、反哺工业软件知识化的养分极为丰富，几乎所有新工艺、新装备、新需求都会在国内找到场景，这是中国工业软件发展得天独厚的优势所在。这种优势本应可以孕育出强大的工业软件产业，但事实远非如此。中国制造业的既有优势虽然为工业软件从小到大发挥了一定作用，但为国内工业软件从弱到强的支撑作用尚未得到充分发挥。

供给端能力尚不能匹配市场需求

中国相当数量（绝大多数）工业软件企业，多采用项目型商业模式，“以工程养产品”实属无奈之举，并非工业软件发展的最佳方式，研发工业软件产品的初衷最终屈服于市场生存的压力，成为工程属性的集成型公司。而工程集成型公司对软件产品的质量追求参差不齐，在最短时间内、以最低的成本、完成最低限度的功能，只要交付验收即可，这是事实常态。由于忽视过程中知识的不断积累和对成熟产品的借鉴，因此难以培养出大型软件的架构技术。

除了钢铁MES软件具有比较强的竞争力，占据了较大的市场份额外，鲜有具有品牌号召力和质量优势、可以与国际品牌齐名的大型工业软件。部分业务管理软件虽然获得了比较广泛的应用，但在管理理念、技术架构、用户体验和品牌推广等方面与国外同类产品仍有差距，制约了钢铁企业工艺改造、产品创新和结构升级。

政策端发力未能从根本上改变现状

再看政策端，尽管国发〔2000〕18号、〔2011〕4号、〔2020〕8号文体现了支持工业软件发展的国家意志，政策力度不可谓不大，但仍未能根本改变供给侧明显不足的状况。

工业软件是典型的技术和品牌双重要素的产品，用户对品牌的信赖和认可在相当程度上决定了工业软件市场地位，单纯技术开发不是工业软件竞争力的全部。

6.3.2　最大短板——研发工具卡脖子

研发设计类工业软件基本被国外产品垄断

基于数学、物理学、化学反应热力学、动力学、电子学、信息学等基础科学知识，和大量的科学实验和工程应用数据的数据库，是研发设计工具的核心和基础。我国虽然有大量科学实验和工程应用的场景数据，但在数据准确性、完备性、集成性、统一性、可用性等方面，尚存在很大的短板。

依赖有限元分析方法，通过模型构建、模型计算、模型分析等，针对不同的场景，采用不同的方法进行工艺设计与模拟优化，形成完备的模拟计算体系。以美国、法国、德国为代表的软件厂商，已经通过收购和兼并，构建起了完备的商业体系。国内虽然已经有企业在细分领域形成了特定功能的商业化产品，但在体系化发展方面明显落后于国际巨头。

工厂设计包括设计、施工、运营、改扩建等几个阶段，是多专业协同工作的过程，要求相关的数据能够实现有效传递。从工厂规划和设计阶段的流程仿真，到工程图纸的管理和交付，相关软件在已有核心功能的基础上，通过设计功能的不断拓展和跨多专业的延伸集成设计，越来越凸显一体化解决方案的特征，这进一步强化了国外产品实现业务垄断的趋势，在这方面，国内企业与西方巨头差距明显。

补研发设计类工业软件短板尚缺因应之策

产品设计研发所必需的工具软件，是由工程设计专家、IT架构师等在不断总结实际工程经验的基础上，融合了数学、力学、物理学、电子学、信息学等多个学科的知识，科学理论和工程实践经验集成度相当高的软件产品。这类软件产品积累了大量的工程设计经验和数据模型，行业知识高度汇聚，工业产品的设计对其依赖度非常高，失去了专有设计软件的支撑，新产品、新工艺设计开发基本上就寸步难行。研发设计类软件通过不断沉淀积累行业知识，同时在行业数据和经验积累的基础上叠加新技术新理论，如引进新的材料工艺或者导入新的仿真技术，进而构建产品研发的新门槛，建立新的行业优势。

研发设计类软件是知识最为密集的工业软件，不同功能类型的研发设计类软件，呈现出不同的发展趋势。国外软件巨头在全球范围依然牢牢地占据领先的地位，研发设计类工业软件对于整个中国制造业都是极大的短板，部分形成了严峻的“卡脖子”态势，是一个迫切需要攻关解决的问题。国内工业软件企业要在这个领域实现赶超，道路将异常艰辛，靠单打独斗，取得胜算是小概率事件。

6.3.3 双重优势——国际巨头占先机

美、德、英、法等发达国家在全球率先完成了工业化过程。自 20 世纪 80 年代起，伴随着信息技术的发展，欧美的工业企业对于完善改进产品和服务品质的需求日益增强，一大批工业软件企业应运而生。国外工业软件已形成先进制造技术积累和平台产品的长远布局，其优势是强大的品牌影响力和富有弹性的盈利空间。

国内制造业的知识积累成就了国外工业软件的辉煌

基于当时全球最为先进的现代工业体系，像 Autodesk、SAP、西门子、达索系统、Cadence 等这些工业软件企业，除了掌握工业软件领域几乎所有的核心技术和行业标准，其对所在领域的持续投入和全球化的市场布局，无论在产品研发领域，还是生产管理或生产控制领域，均逐步构筑起了较高的行业壁垒，使其市场份额不断扩大，行业竞争力不断增强。

根据赛迪的研究报告，2019 年全球工业软件的市场规模约为 4000 亿美元，自 2013 年以来，工业软件市场规模每年以 5%~6.5%的速度增长，北美和欧洲市场分别占 38.8%和 32.4%，合计占到全球市场份额的 70%以上。据《中国工业软件产业白皮书（2021)》数据；2021 年我国工业软件市场规模约占全球比重 7.95%，达到 2414 亿元。受益于制造业大国优势及工业制造业对信息化需求的提升，我国工业软件市场规模从 2016 年 1194 亿元增长到 2021 年 2414 亿元，年复合增长率为 15.1%，增速远高于全球的 5.3%水平。其中，研发设计类工业软件以及这些市场中的高端部分基本上也都被西门子、Autodesk、达索系统、SAP 等这些工业软件头部企业所占据。

中国制造业巨大需求塑造了国际工业软件品牌优势

国际工业软件巨头适时抓住了中国改革开放带来的巨大市场机遇，利用其在品牌和技术上的双重优势地位，将工业软件触角延伸到工业的每一个角落，形成了事实上的高度垄断，国外工业软件企业具有先发优势和富有弹性的盈利空间，利用长期以来形成的先进技术优势，在维持“可接受成本”的基础上，针对快速变化的市场需求，提供较中国工业软件产品种类更丰富、功能更齐全、性能更稳定、使用更人性化、环境更友好的产品，从而对国内工业软件发展形成遏制。

巨额资本投入迅速重整了国际工业软件体系

依靠敏锐的市场嗅觉和对资本工具的娴熟运用，绝大多数国际工业软件龙头企业经历了多次并购重组，形成了自己的优势领域而发展壮大，重塑了国际工业软件产业体系，树立坚固的产业屏障。以西门子为例，2007 年以 35 亿美元收购了美国的 UGS 软件公司，2013 年以 6.8 亿欧元收购了比利时软件公司 LMS，2017 年以 45 亿美元收购了 Mentor 公司，涉足 EDA 软件市场。1996~2017 年，SAP 大约收购了 56 家软件企业，整合具备了完整的、跨行业应用的 CRM/ERP/APS/BI 产品线。

工业软件长期被国外跨国企业主导和垄断，不断将企业应用场景的知识积累固化在软件系统中，使得其通过标准的主导，改善封装、强制调用方式的专用性和一致性，不断提高技术封锁门槛儿，以进一步强化其已有的垄断地位。

6.3.4 直面挑战——本土企业谋生存

国内工业软件企业起步相对较晚，近 20 年来，得益于我国的工业化进展加快以及制造业对信息化需求的不断增长，以及与制造业融合过程中自身的技术积累，工业软件企业的实力不断增强，市场规模不断增长。[40]

面向产线装备的自动化控制软件基本自主可控

得益于国内大规模工程建设的实施，以及制造装备、产线的升级，与之配套的工业软件开发能力得到了迅速的发展。国产 SCADA、大型实时数据库、通讯中间件、高频数据采集和实时工艺分析软件成为平台的核心，形成了超大规模集控中心平台软件，打破传统自动化控制和信息化管理的界限，实现具有广度、高度、深度的业务集成，并获得了广泛的实践和验证。

将生产控制软件开发的技术成果进一步产品化，并不断迁移适配到自主可控的控制装置平台上，摆脱对国外 DCS/PLC、SCADA 等基础软硬件系统的依赖，是一个重要的话题。

面向工艺模型和优化控制软件不断取得进步

高等院校、行业院所和企业集团中央研究院在基础理论研究和技术开发方法等方面产生了诸多研究成果，凝练了大量的科学问题，在数字孪生建模、智能优化技术应用、数据分析方法工具等方面做了大量的努力实践；开发融入专家经验的生产仿真系统，通过与仿真系统的联动，建立虚拟制造的环境；通过建立工厂模型，进行排产计划的模拟运行、预测生产作业、订单交期、产品质量等。

制造执行系统软件仍保持明显的竞争力

通过 MES 系统，车间生产管理将在一个更加精确的管控指标——实时信息闭环中进行更加精细化的管理与控制。以计划排程为龙头，拉动生产资源和物料的优化配置，从工序做起进行产品质量成本全流程精细化管理，将成熟的生产管理流程、专家经验、成熟制造技术诀窍持续渗透和融入到未来的 MES 系统中，使得新工厂的制造活动具有更加高的技术水平。

从控制层向管理层的延伸，寻求 PCS 与 MES 的深度融合。把生产链上的各个信息孤岛联系起来只是 MES 系统的基本功能，MES 系统最大的价值在于适应生产系统的实时变更，并且将变动信息及时有效地传递到生产链的各组成部分，随时统一调整生产方案。

经营管理类工业软件形成了较为完整的产业链

经营管理软件不仅仅是软件技术，更在于融入其中的管理内涵。与研发设计及生产控制类软件相比，经营管理软件的发展更多需要考虑市场、政策、管理理念等因素的影响。

通过对生产过程中物流的实时监视和数据采集，进行在线工序质量和成本分析和控制，实现生产全过程的动态质量成本控制，需要深入研究生产过程质量成本建模技术、预测技术、实时监控和控制技术等。以产品质量和成本为主线，将事后的产成品质量检测变为制造过程的工序质量实时判定，将成本核算由财务管理层推向现场、工序和产线级，从而使产品制造的核心要素管理由事后变成事中、由离线变成在线、由均摊式变成精细式、由长时间段的静态管理变成短时间段的动态管理。

综上，生产控制类和运营管理类工业软件进步显著，国内工业软件企业已经具备了一定的技术能力与国外巨头展开竞争，并在部分控制管理功能软件上展现了一些比较优势。

6.3.5 数据赋能——工业软件新机遇

总的来说，以新一代信息技术为核心的工业互联网对传统工业软件开发模式和服务模式将产生极大的影响。传统的软件产品 Lisence 模式、定制化开发模式会仍然存在，但新型的云服务模式会对传统模式带来冲击甚至颠覆，这极可能是机会，也更意味着挑战。

从工业互联网起跑，差距相对缩小

随着工业互联网战略推进中，本来差距较大的工业软件产业，在与工业互联网相关的细分技术领域差距明显减小甚至处于相同的水平线上，从差距巨大到差距缩小乃至没有差距，在这一领域呈现出较难得的比较优势，这为国内相关工业软件发展迎来了相对优势和追赶机遇。一方面，尽快将这种优势转化为对工业软件积累不足的弥补，从离线逐步转为在线，形成知识的积累和技术的迭代，这虽不能从根本上解决基础研发设计类软件被“卡脖子”的问题，但可以缩小差距，抬高自己竞争的资本；另一方面，可以基于工业互联网的数据应用，为赋能业务，挖掘新业务价值，从一片成熟业务竞争的红海中开拓出蓝海的细分市场，特别是发挥国内供应商在商业模式灵活创新方面的有利条件，开拓未来工业软件的新形态。

通过工业软件来实现管理变革和创新

国内企业转型发展中涌现出大量的管理变革和创新需求，大量的创新业务场景已经出现。要规范和统一多种工厂 IT 软件的环境，包括产线、工序、基地、企业等，开发标准接口，充分互联，实现工厂（车间）精细化管理与企业级运营流程之间的深度集成；开展以产品质量成本为主线的实时可视化设计，提供工厂的完全可视化环境；将单个或多个工厂系统（基地）纳入制造协同中，基于经济和价值的商业流程优化工厂运营流程和系统；实施跨地域、分布式生产设备管理以及对外包服务型生产运营实行界面统一的“穿透式”管理方式，企业决策支持要涵盖生产生命周期以及价值生命周期的所有应用功能等。场景多元化正在成为工业软件提质升级创造发展良机。

应用新技术催生工业软件新业态、新模式

以工业互联网为代表的新一代信息技术，强调互联互通和数据应用，在工业生态建设、精细化管理、离线和在线业务的融合等方面为经营管理软件的发展提供了新的思路，也为培育大型工业软件的架构设计能力带来了助力。

以数字孪生为主要方向，构建用于研发设计的数据化仿真平台，实现产品性能预报、工业过程优化等。AI 技术正在以前所未有的速度与产品设计、生产、服务等各个环节相融合，宝信软件、大华股份、金恒信息等企业都率先采用机器学习技术用于废钢定级判定和供应链网络管理就是一个明显的案例。

在生产过程中，综合云计算、移动互联、5G、数字孪生、AR/VR 等技术形成的大型集控中心，不仅可以实现生产过程状态的实时监控，还可能做到生产过程动态变化趋势和异常事件诱因的洞察预测和可视化，大大提高生产过程控制的确定性和精确性。

5G 技术以其高速、低延时、大容量等特性加速企业的人机物海量数据互联，并有助于解决新的技术课题，如：在确定性时间片采集大量传感器数据，使工厂的环境监测更加精准；海量高分辨率视频图像的实时传输和识别；产品缺陷实时检测、精细原材料识别、精密测量等场景；还可以实现远程生产设备全生命周期工作状态的实时监测，使生产设备的维护工作突破工厂边界，实现远程故障诊断和维修。

现在已经出现一些国产的模拟仿真云服务平台，虽然平台上的模拟仿真计算软件还是以国外软件为主，但新的平台和技术会对基础研发设计软件的开发和商业推广起到催化作用，缩短各种基础性软件的开发周期，使得国外巨头的针对性替代成为可能。

随着开源理念不断为研发人员所接受，工业软件领域的创新应用越来越得到开源技术的支持。当前大部分自成体系的工业软件都会逐步接受开放性标准，并受益于开源平台日益丰富的算法、组件、引擎和工具，从而大幅降低 IT 成本。

抓住信息化业务系统重构的新一波机会

随着工业互联网实践不断落地，数据孤岛问题得到缓解，未来工业软件将在两个方面逐渐发生变化：（1）功能进化角度，基于大数据、人工智能、数字孪生技术等，建立智能优化决策系统平台与专用工业软件工具，实现生产计划智能排程和实时调整、工艺流程智能优化、运行工况与关键设备状态的远程移动可视化等；（2）功能部署角度，伴随着业务系统功能的重构，传统企业信息化功能会逐步向云端和边缘端两个方向进行迁移，云端将集中大部分企业横向贯通需要的功能与应用，比如全局型、平台型、协同共享型及通用型应用，而边缘侧会承接在线实时型、精准控制型、区域型的应用，同时强化在过程级、基础级的智能化水平。

上述变化最终都会体现在企业工业软件的结构、功能、部署、使用等发生极大的变化和更新，以支撑工业企业数字化转型的进程。

6.4 攻克制造业转型发展路上的坚固堡垒

嵌入工业过程的工业软件“隐藏”在工业之后，当人们意识到工业软件已经成为制造的问题之时，对工业软件的价值的高度认同和极大关注，使得“工业软件是制造业转型发展路上必须攻克的一个坚固堡垒”有了强烈的共识。

6.4.1 攻克工业软件堡垒的艰巨性

尽管中国制造并不十分完美，但在谈到中国制造时，还是有很多值得骄傲的大国重器和中国方案。然而，关于工业软件的讨论，总是一个沉重话题：不能说国家不重视，也不是业界不努力，但工业软件行业总是给人一个“不争气”“不给力”、站不起、立不住的感觉。整个工业软件行业有太多问题令人沮丧，有太多话题不知从何谈起。

行业工业软件图谱绘制

以钢铁行业为例，在对行业工业软件现状有了深刻认识之后，要痛定思痛，对缓解近虑、消除远忧做出安排，力求从根本上消除工业软件受制于人的潜在风险。

为此，要梳理行业工业软件图谱（图 6-4）。结合行业特点和习惯，按照工业软件分类标准，进行分门别类的深入分析，做到胸中有数。在此基础上，尽快明确方向、寻找合作伙伴、整理工作思路、确定工作重点。

工业软件价值变化曲线

工业软件的知识特征日益明显的体现出来，这使得工业软件发展的价值曲线发生变化（图 6-5）。工业软件的价值快速向两端聚集：左端体现在设计，是知识密集的领域，包括工业知识、架构、功能、工具化等；右端体现在服务，是品牌价值的领域，包括使用体验、便捷性、可靠性、服务化等；编程将作为一项技能，从工业软件的技术核心中逐步淡出，其技术价值会逐步降低。

技术是工业软件的内核，深厚的知识积累、精湛的架构设计、完善的功能配置都要求工业软件的技术内核要足够坚实，这需要长期的潜心研究，持续的积累迭代，不是一朝一夕之功，不可能一蹴而就，注定是一个长相守的过程；品牌由技术支撑，是软件技术价值的倍增器。工业软件的使用者并不了解工业软件的技术实现细节，有影响力的品牌能给使用者足够的信心，强化工序供需两者的信赖关系，会自愿去适应品牌软件的技术配置（包括部分并不十分友好的设计）。

工业软件系统的优劣与工业软件的价值度是完全一致的，处于两端高价值区

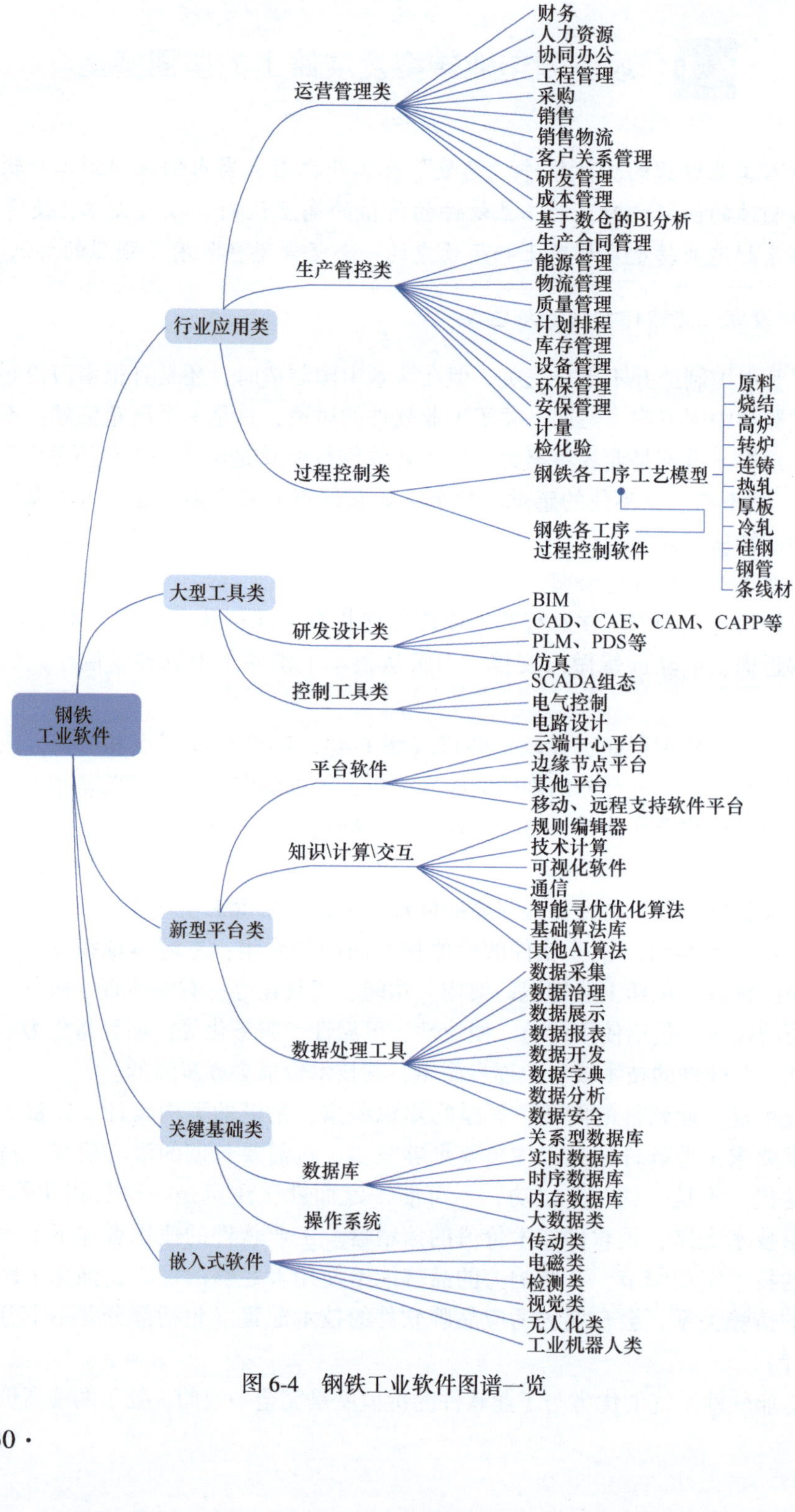

图 6-4　钢铁工业软件图谱一览

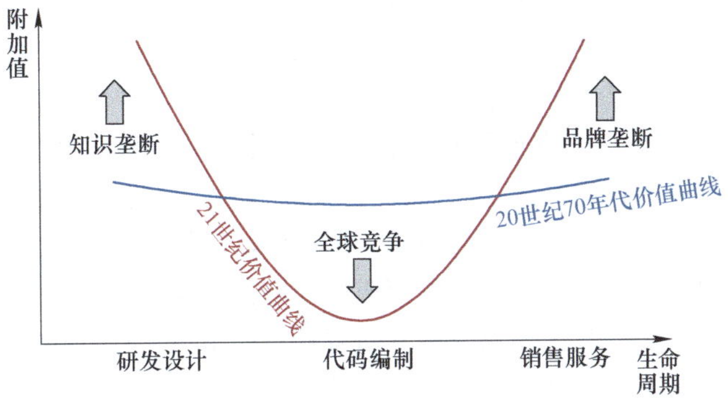

图 6-5 工业软件新型价值曲线

间的要素是评价工业软件优劣的两个维度：一是产品功能对企业的适用性，即知识、设计、功能；二是软件的成熟度，高度产品化水平可以开箱即用，极大地改善使用体验，包括便捷性、可靠性、服务化。

深刻认识工业软件短板弱项的根源

国内工业软件竞争力不强的根源有二：一是积累不够；二是创新不足。无论是着眼历史的积累，还是面向未来的创新，中国工业软件产业的后发劣势都会充分显现出来。

客观上，国内工业软件产业起步较晚、规模较小，在与国外工业软件的竞赛中居于明显劣势，国内软件企业大多面临着极大的生存压力，为了生存而放弃工业软件产品研发的初衷，是无奈的之举。在主观上，工业软件企业在创新欲望和能力上，的确存在主观意愿不足、急功近利、忽视积累的问题。工程属性的集成型公司对软件产品的质量追求不高，在低价竞争中更降低了对质量和能力的追求，更谈不上积累和创新。尽管也引进了 IPD 理念和 CMM/CMMI 等软件过程管理方法用于在软件项目管理和过程质量管理，但在实施中，真正将其精髓贯穿始终的成功企业少之又少。

这种主客观因素的叠加，使得工业软件企业难以关注技术的积累，核心技术和关键技术的缺失难以形成完全自主的产业能力，也培养不出大型软件设计开发的能力，对新技术的研发和二次开发资源投入不足，都最终体现在工业软件产品的市场竞争力上。自主工业软件产品的缺乏制约了制造企业信息化推广和深度应用，又反过来加剧了对自主工业软件的不信任感。

工业软件是智能制造的主战场

就智能制造而言，一刻也离不开工业软件。无论是产品智能化，如现在的汽车由数百个 ECU 来实现各种功能，还是制造过程控制的智能化，如汽车板、手撕钢的精准轧制控制，又或是长流程多工序复杂生产过程的生产组织，如能够对市场不确定性做出预测并实时优化的资源计划，亦或是跨行业跨企业的韧性供应链打造，如钢铁与汽车企业将基于生产计划的制造资源自动匹配等，这些具有智慧内涵的企业实践都是靠软件来保证和实现的。

（1）抓住时下难得的发展机遇和窗口。国外有针对性的禁用无疑会带来暂时的困难，但应用场景的需求并未消失，既然国外放弃了这部分市场，自然会由国内企业来填补空白。因此，预期纠结于国内软件环境不佳、软件无市场的惯性思维中，工业软件企业从管理变革和商业模式创新的高度来看待和思考问题，在组织体制、开发过程、资源投入等多方面有具体的举措，只有静下心来，持之以恒地深耕细琢，从质量和品牌工程做起，扎扎实实地走完这段艰辛的路程，伴随制造业转型过程实现工业软件产业的同步转型。

（2）创新仍然是突破困局的关键钥匙。工业软件有其特殊的发展规律，工业知识的积累，工业模型算法沉淀，是工业软件发展不可省略的必然过程，没有捷径。那么是否意味中国工业软件之路就只能是跟随、照抄、亦步亦趋呢？如果如此，永无追赶超越之时日。从这个而言，工业软件的创新之路会异常艰难。但是也要看到：中国互联网应用的后来居上证明，尊重基本发展规律，还是会找到创新的“腾挪”空间的，尤其是当前国内制造业的强大需求和丰富场景正在向国内工业软件企业敞开胸怀，这与“中国庞大网民成就了互联网 APP”的情景是否有种相似之处！

（3）以非常规方式应对当前形势。这与备受争议的“弯道超车”没有关系。国外多数工业软件巨头通过大量资本投入、兼并重组，形成了庞大完整的工业软件系列，建造坚固的垄断“防洪堤”，这种将“不同时期、以不同技术、由不同的人”开发的软件进行整合过程也异常艰难，经整合的软件在使用效率、使用体验等各方面问题多多，其中也不乏失败的案例。而国内工业软件企业既无相应的资金实力，也无相应的市场环境，但是，国内企业开发的功能较单一，但非常专业的工业软件并不少见。所谓“非常规”方式是指：如果通过构建国内标准整合集成的环境，所有这些专业化软件功能模块的集成就是一个自然的标准连接过程，这既避免了国内软件企业收购与被收购的不适感，也减少了对资金投入高强度和产品整合的高难度的要求。这可以充分发挥国内工业软件企业量大面广的局部优势，又从根本布局上解决了工业软件产业生态的构建问题。

工业软件获得成功的三把钥匙

工业软件始于技术驱动，成长于应用迭代，成功于商业模式。

技术是工业软件成功之父，包括工业知识的深度、架构技术的高度、功能配置的广度。首先要搞清楚在技术上，我们缺什么，才能有针对性地解决工业软件问题。不注重积累或短期内积累不足仍然是技术缺失的首因；对引进技术未下大气力进行消化、理解并加以创新，开发资源投入不足，使得核心技术和关键技术的缺失，难以形成完全自主的产业能力；过度定制化难以培养大型工业软件设计开发的能力，缺少工业软件专业开发队伍和整体规划、系统实施、规范运作的机制等。

应用是工业软件成功之母。只有在应用中不断获得营养、迭代优化，完成一个必经的孕育过程，才是工业软件成功的唯一路径。制造企业自身经验知识的不断积累沉淀催生了全行业自主创新的意识和意愿，国内从来不缺少需求和场景，关键是如何获得场景实践的机会。定制化、低价格、贴身服务等一度成为获得市场合同屡试不爽的手段，但是，对工业软件企业而言，迭代产品、升级产品是本，而靠低价格获得的工程机会是末，如果仅仅忙于（满足于）当下的工程项目而置工业软件本身大局之不顾，就是本末倒置。过去数十年，恰恰如此，中国工业软件错失了成长壮大的大好机会，没有能够涌现出一批大型成功的工业软件企业。

商业模式是工业软件迈向成功之巅的保障。工业软件发展的商业模式应该从两个方面来加以理解。

（1）获得工业知识的途径和方式，需要工业化与信息化深度融合，国内生产控制类和运营管理类工业软件取得较好市场认可的事实证明：贴身用户服务、深耕垂直行业是成功商业模式，在未来仍然适用。

（2）工业软件开发商的商业模式，几乎所有的工业软件开发企业都清晰的意识到：工业软件产品化是方向，要努力提高软件的产品复用率（从代码级到模块级，再到参数可配置），以提高软件的普适性和实施效率，为此软件开发企业也倾注了极大的热情和努力，不能说没有进展，但并不十分理想，还没完全掌握工业软件产品化的核心密钥。原因是多方面的：

1）已经习惯于项目型管理的企业组织不适应产品开发管理规律。

2）工程后墙和当期绩效压力使得技术人员不能完全专注。

3）项目团队以完成最低限度功能需求为第一要务导致知识的积累难以持续。

4）工程人员的自我核心意识和习惯使得其在产品架构能力上无法持续提升。

5）来自用户和前线业务部门的个性化习惯使得个性化和产品化之间难以取得平衡和共识。

总之，企业不能将每一个应用实践变成产品优化迭代的一部分，从而失去诸多产品化提升的机会。

工业软件是实现智能制造国家战略必须要攻克的堡垒，既需要政府政策层面营造“认同软件价值、保护知识产权”的良好软件环境，也需要供需各方相互合作，更需要工业软件企业从管理变革和商业模式创新的高度来看待和思考问题，在组织体制、开发过程、资源投入等多方面有具体的举措。只有静下心来，持之以恒的深耕细琢，从质量和品牌工程做起，扎扎实实的走完这段艰辛的路程，才能伴随制造业转型过程实现工业软件产业的同步转型。

6.4.2 攻克工业软件堡垒的战术安排

研发设计类工业软件——致力“补短板”

高端的仿真设计、分析工具、先进控制等软件已经是巨头的垄断市场，国内同类软件仅在极少的细分领域具备一些成果积累，短板明显是不争的事实。既不可能短期内实现替代，更不存在形成长板的可能，国内工业软件已经不可能通过市场化方式实现赶超或平等竞争。

因此，需要构建全新的模式和机制，致力于“补短板”工作。市场化是其中的要素之一。

“补短板”重点目标是从注重知识积累的基础做起：一方面，现有软件功能要强化，要追求专业化、标准化和工具化；另一方面，通过大量不同专业软件的互联、集成，推进平台化应用，共同打造软件生态，提升国内研发设计工业软件的整体能力和水平。

在此过程中，要充分发挥后发优势，加大溢出效应，重点攻克面向数字孪生方向的基础建模工具平台，推动工具平台与工艺设计、工厂设计的有机结合，使国内制造业的巨大应用需求成为工业软件扎实进步的助推剂而非国外软件进一步垄断的“加分项”。

生产控制类工业软件——协力“促替代”

生产控制类工业软件得益于国内制造业持续数十年蓬勃发展所提供的丰富多彩的场景，验证和积累了大量自主成果应用的案例，很多技术成果处于国际先进水平，这是国内得天独厚的优势。因此，要培育市场环境，强化多方共同协调努力，协力促进以自主可控替代进口依赖。从表象上，国内生产控制类工业软件还存在很多技术不足，本质上是缺少足够的应用场景为国内软件品质提升创造良好的生态环境。软件开发商为了生存把主要精力放在赢得商务合同的机会上，无暇顾及自身产品研发能力提升的资源投入，同时用户对国内软件产品质量存在担忧，两者叠加，相当程度上弱化了国内软件的成果价值，削弱了国内软件品质提升的努力尝试。

“促替代”重点环节：面向制造工序、产线和过程的 HMI 功能再设计；工艺建模与工艺控制协同优化；工序界面控制与跨工序的协同优化；制造过程监控、预警、预测、应急处置；复杂生产过程智能自主控制软件；物料跟踪与在制品状态可视化；能源监控、优化、调度与碳足迹。

以创新“促替代”是主要方向。MES 已经在工业软件竞争中打出了一片天地，需要借助工业互联网发展的契机，加快软件重构的步伐，奋力建长板，包括提高产品化水平、降低定制开发的比重；制定自主可控标准，推进综合集成应用；形成运行稳定、安全高效、接口丰富、界面友好、方便移植的工业软件系统，改善用户体验；利用 AI 技术融入更多智能化内涵；重构出可灵活部署的工业互联网版本，实现 MES 功能在工业互联网架构下的快速敏捷部署应用。

管理运营类工业软件——努力“建长板”

虽然在计划排程、物流优化、财务管理等方面还有诸多研究开发工作有待深入，但国内 ERP 软件厂商在贴近用户需求和使用习惯方面形成了一定优势。因此，依托现有市场机制，进一步增“长板”功能、拓“长板”领域，工业软件企业应该抓住当前难得的机遇期，在政府政策的加持下，努力获得需求方的理解和支持，获取更多的应用场景。

“建长板”重点方向：全程协同的高级计划排程、大数据驱动的产品质量优化和成本控制、对存量软件资产的集成和“延寿”等；开发面向人类经验结构化的规则引擎和知识库，使得一线操作、技术和管理人员方便地将自身的经验结构化、显性化、计算机化，变成企业知识的一部分，以便实现基于规则的系统决策；充分发挥贴近用户的既有优势，将数据融入传统业务功能，补足数据赋能不足；要在开发模式上，形成“项目能力—产品能力—服务能力”的提升；努力推进软件质量工程，提升工业软件质量、丰富工业软件功能，还要推进品牌工程建设，弘扬自主品牌，扩大品牌影响力。

以创新“建长板”需加大力度。在工业互联网平台上，为面向全流程质量的动态分析判定和优化管控提供软件方法和工具；结合数字孪生技术、数据可视化技术、AR/VR 技术、移动互联技术等，为企业实现计划层面的智慧型决策提供支持。

服务保障类工业软件——倾力“求创新”

随着国家工业互联网战略的推进，新一代信息技术加速融入制造业，强力推动了制造型企业的数字化转型，新的服务模式和创新应用正不断刷新我们对传统制造业的认知，这也给工业软件企业带来了新的机遇和挑战。在这些方面，国内与国外技术的差距并不十分巨大，诸多方面国内外处于相同的起跑线上，关键是谁能尽快取得创新突破。因此，需要倾力“求创新”，抓住所剩不多的机会。

“求创新”重点领域：完全无人值守的智能工厂；设备网络化运维和预测式维护；跨地域多制造基地资源平衡和优化配置；工业互联网数据服务技术；供应链的互联与协同；碳足迹、碳分析、碳交易等。

图 6-6 为经分析梳理后所列出的钢铁行业“补短板、促替代、建长板、求创新”重点方向。

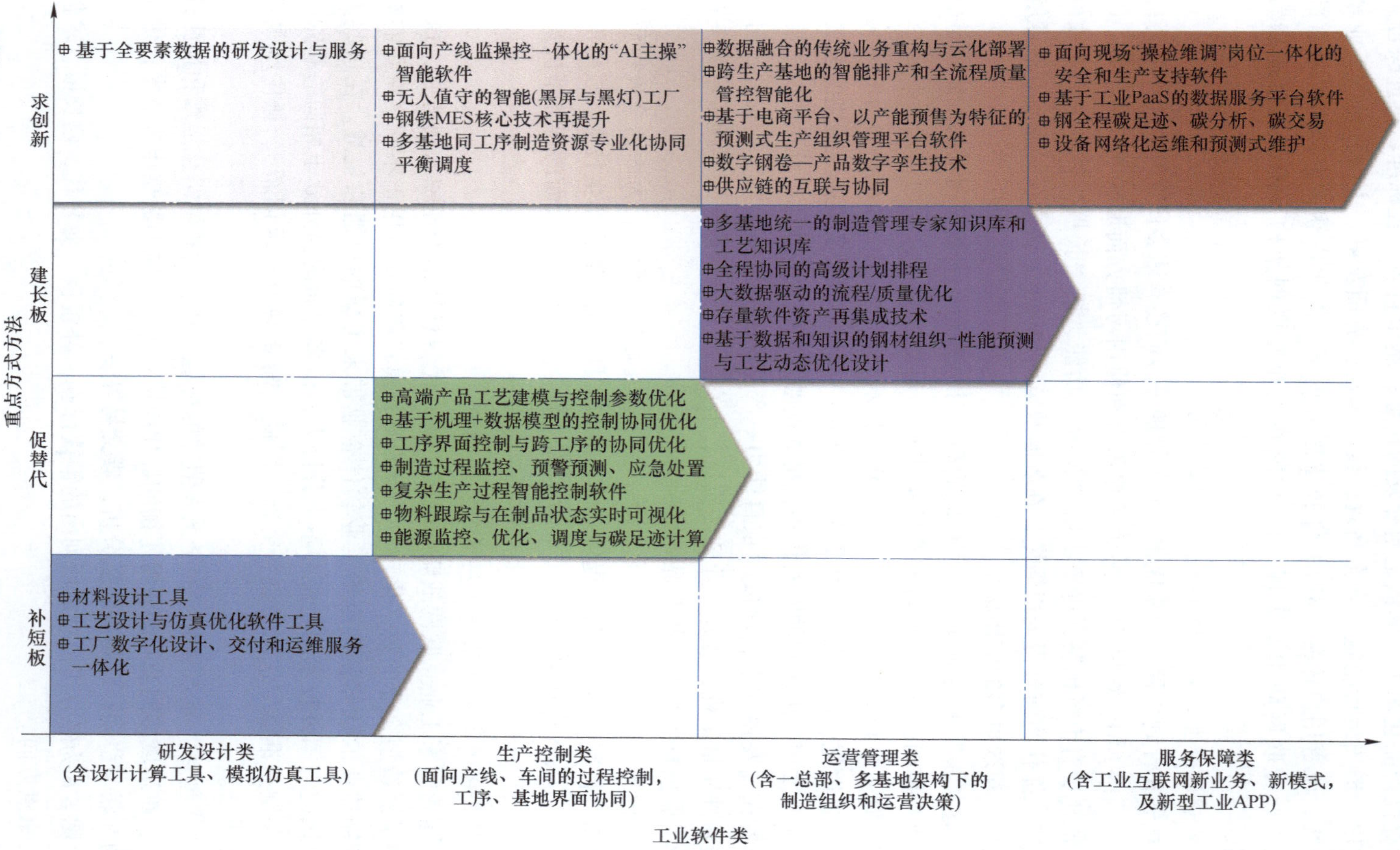

图 6-6 钢铁工业软件重点方向

6.4.3 攻克工业软件堡垒的策略思考

针对中国工业软件现状和发展趋势，我们应该重新做一些思考，检视深层次问题，有针对性的制定发展策略。

当务之急从何做起

毋庸讳言，各类工业软件都有其需要补齐的短板，部分又具有相对优势，迫切需要解决的重点方向均有所差异。

(1) 研发设计类工业软件“补短板”是重中之重。差距是全面性的、系统性的，可以理解为是由太多“量”的差距而导致“质”的差异。虽然也有部分研发设计类软件在坚持中，但都处于萌芽态，只有局部的、点状的、非商业化产品的“毛坯”，在面对国外同类软件竞争时，既不能形成价格钳制，也不具备“替代候选”资格，更谈不上同台竞争。

(2) 工业软件迫切需要在场景实践中打磨。生产控制类软件与研发设计类软件有很大的不同，虽然在高端应用场景（复杂模型、工艺优化和仿真工具等）尚有差距，但国内同类软件已经具备了基本的“替代候选”资格，国内钢铁企业自身经验知识的不断积累沉淀催生了全行业自主创新的意识和意愿，为国内同类软件获得更多的应用场景提供了契机，为实现替代创造了良好的产业环境，现存的短板也可以通过“促替代”过程中大量的场景验证予以补齐，并培育出若干“长版”软件。因此，生产控制类和管理运营类工业软件逐步实现全面替代是可期的。

(3) 新型工业软件还有机会，但窗口期很窄。工业互联网赋能制造的本质属性已经被广泛接受，以平台化、数据化为特征的新的工业软件形态将会不断涌现，其以互联互通、数据赋能为技术内核，以供应链、价值链、生态链的服务化为核心特征，提升行业的整体效率。这类工业软件多体现为服务保障。而这一类工业软件处于发展过程中，国内外并无大的水平差异，基本上处于相同的起跑阶段，随着需求的不断出现，通过“求创新”，来获得市场应用的机会。

需要深度思考

思考之一：消除“弯道超车”的思维方式和“运动式”开发模式。潜心研究，扎实推进，形成若干可量化评价、可市场推广的软件成果。

思考之二：切忌四面出击、全面开花，要面向行业普遍需求，选择具备基础、市场前景广、增值空间大的若干重点环节，挖掘存量技术价值，在尽可能短时间内，形成若干对行业制造效率和产品质量改善有显著贡献，为全行业赋能的工业软件产品。

思考之三：努力将国内制造业独有的规模大、市场化程度高、应用场景极为丰富的优势，扎实转化为工业软件发展的助推器、加速器。

思考之四：严肃对待工业软件的技术和品牌双重挑战。推进工业软件质量工程和品牌工程建设，通过服务“促替代”，发挥优势“建长板”，打造若干自主可控的核心技术并实现产业化、产品化、服务化。

思考之五：回归工业软件发展以知识为核心之本源。以知识积累和知识库构建为基础、以产线（工序）数字孪生系统为重点、基于工业互联网，利用大数据与工业机理相融合，实现对工艺过程和制造流程的动态智能优化，实现钢铁制造自主决策、自主应对制造过程中的不确定性的“超级自动化”过程，显著改善行业/企业的运营效率。

思考之六：社会各阶层、各领域，特别是政府部门，要认认真真检视工业软件发展中市场不给力的环节。在知识产权、标准化、重硬轻软等政策面拿出切实可行的办法和举措，净化和优化市场。

必须精准施策

基于上述思考，要在机制、资源、市场、人才等诸方面，进行系统的设计和周密的筹划，提出有针对性的发展策略。

策略之一：研发设计类软件要面向高端。

我国一些重大产业，如航空、航天、汽车、飞机、高铁等各种装备都严重依赖国外大型软件工具。在高端软件方面，我国与世界先进水平的差距很大，缺乏原创性的技术与跨国公司平等竞争。没有高端市场，就没有行业主导权，国内研发设计软件在设计习惯、设计标准方面具有特色，但是对于高端的应用，限于软件本身的能力，还有一段路要走。

策略之二：政府政策资源加持下，在“促替代、建长板”上做足功课。

这是中国工业软件的存量资产，有现实需求，也是优势所在。以制造业规模巨大的市场和转型发展大变局的机遇助力工业软件的复兴，有着巨大的潜力和合理性。全面实施“替代”战略，充分发挥政府政策资源优势和产业环境布局政策，形成由行业头部企业为“链主”、融合政产学研用资源的创新产业链，在实际应用中迭代循环、优化升级，突破若干重点短板领域的软件，增“长板”功能、拓“长板”领域，是发展工业软件产业的主要部分和模式。

策略之三：要解决部分工业软件开发主体缺失问题。要针对具体目标，改变在某些工业软件领域开发主体“缺位”的现状，融合“政产学研用”资源复合体和创新产业链，弥补工业软件供给侧明显不足的现状。

策略之四：打造产业力量集聚平台，加强产业化、市场化培育。

工业软件是软装备、软实力，是整个行业集成经验的积累和最后锤炼出来的框架，其只有在市场中磨炼，方能产业化发展。要打造有序市场，强调产业协同，使国内工业软件获得更多的应用场景和机会，以强化工业知识技术积累，不断实现软件功能的完善和迭代，避免出现技术空心化现象。

产业化程度低是中国工业软件产业的软肋，也对中国钢铁行业发展形成掣肘。现阶段国产工业软件企业势单力薄，难以靠企业独立开拓市场，只有产业链上下游团结协作产生合力，形成符合我国国情的产业体系和框架，才能产生出巨大的创造力。现有的各类联盟多流于形式，应打造面向产业生态的联盟体系，而不是流于形式的“清谈俱乐部”，以谋求我国工业软件产业发展的破局。

策略之五：制定自主可控工业软件标准。

目前国内生产控制类工业软件市场的事实标准都是由国外大型制造企业主导，国外企业在标准上各自为政，导致国内市场采用国外企业产品时不同厂商产品程序兼容和互联互通存在很大问题。

为弥补标准短板，需要加快制定工业软件的相关标准，推进工业软件的综合集成应用。具体包括：制定工业操作系统相关标准，形成应用运行稳定、安全高效、系统规模大、响应时间小、接口丰富多样、容错能力强、用户界面友好、可移植的工业操作系统标准；制定工业数据库相关标准，形成能支撑工业大数据存储、高并发量连接、查询范式多样、搜索查找高效、技术安全可靠的工业数据库标准；制定工业软件开发平台相关标准，形成能支撑跨平台、应用接口丰富、编译运行高效、程序安全可信、安装部署快捷的工业软件开发平台标准；制定工业软件编程语言标准，形成一套标准、通用、高效、安全、可移植、易学的工业软件编程语言标准。

策略之六：软件重构或许会成为竞争“新赛道”。

技术的进步和管理的优化，使已有工业软件不断进行解构重组有其必然性。一部分功能将被下载到相关设备，从而推动多层级的信息系统架构更加扁平化；一部分功能将被上传并云化部署，与全新的系统架构相融合，其中部分可以采用APP的形式再现；但注定还有一些功能，会保留原有形态运行，在完成其所附有的功能的同时，作为一个数据源存在。工业软件重构将会成为“新赛道”加入到竞争中来。

策略之七：把握工业互联网带来的短暂窗口期。

工业互联网等新兴IT技术的发展，正在改变着人们的生活、工作以及工业各个环节。目前工业软件中的设计研发软件正在呈现出越来越强的协同化和社交化趋势，它给产品开发方式带来很大的变化，使企业实现更多的全球性协作，这无疑为赶超提供了一个难得的机会，但窗口期很窄，也不存在“弯道超车”的可能，工业软件企业唯有抓住机遇，踔厉奋进，扎实推进。

6.5 工业软件发展模式之浅议

软件的制作过程就如同一个“食品工坊”，工业软件的开发和应用与菜肴的制作和消费过程有相似的逻辑。其中，软件开发商就是“厨师”，厨房、炊具、菜肴就等同于软件开发过程中的基础设施、工具、产品，而软件的使用者就是菜肴的消费者。

6.5.1 消费互联网的逻辑

消费互联网“食品工坊”的成功在于商业模式的创新

尽管我国消费互联网发展中还存在各种各样的问题，特别是侵犯个人数据隐私、追逐商业利益中数据被滥用等，但消费互联网已经获得巨大成功是不争的事实。消费互联网应用从规模到水平都走在了世界的前列，这不仅为消费者带来了极大的便利，也开创了商业模式的新赛道，在很多方面都颠覆性的动摇了传统商业模式的根基。其成功的秘诀在于：数据生成与数据应用形成良性的循环。在这个循环中，数据各相关方的角色都有了恰当的定位，有利于循环的持续进行。

消费互联网“食品工坊”中“厨师”岗位先天具有服务性特征

“厨师”（软件开发商）按照自己的理念，快速设计并制作了一道简易菜肴（APP），端上餐桌（APP Store/Android Market），用户品尝（免费试用 APP），先看看用户的反应。

消费者可以免费品尝菜肴，前提是给出品尝的体验和评价（如同免费下载 APP 安装使用，认同软件使用协议意味着用户同意将各种行为数据免费交给 APP 的开发方，并且是随时随地的）；“厨师”拿到了用户的评价后，进一步识别用户的爱好，改善自己的菜肴品质和烹饪方法，并不断把改善后的菜肴端上餐桌。

用户获得了免费服务，且体验不断改善，“厨师”具有极强的创新欲望和内在动力，不断拓展产品空间，丰富产品内涵，也可以更加精准地制作个性化产品。

这种看似免费的品尝（无偿服务）是以交换为前提的（数据），是基于自愿原则的，是一个持续、互动、各取所需、相互促进、不断循环的过程（图 6-7），因此是良性循环的。

图 6-7 消费互联网“食品工坊”

将这种数据与服务自然交换和循环往复的过

程，称为数据生态环境，是驱动模式创新的基础。

消费互联网生态环境中的关键要素和循环逻辑

首先看消费互联网生态环境中的关键要素和循环逻辑：

（1）面向个体。

（2）个体对数据隐私不十分敏感。

（3）免费的 APP 服务交换大量的实时行为特征数据。

（4）数据被全样本收集（无特定的目标限定），可以被用于任何可能的价值挖掘（没有做不到，只有想不到）。

（5）数据获取者有强烈的内在创新动力，使用数据，促使数据在更广范围加快流动、获得更深度的应用，进而产生更多新功能。

（6）新功能又催生更多的数据，从而驱动更多 APP 上线、更新、完善、丰富，并逐步形成生态环境。

消费互联网有两个鲜明的特征：一是重新定义了软件开发和使用的权属关系，即：APP 的所有权和使用权是分离的；二是由于数据和应用的可交换性，使得数据应用不再受到局限（法律约束除外），创新驱动开发是自然的结果，开发者从一系列、不十分明确的潜在需求中寻找机会，软件更关注创新功能，并由此引领和创造相应的需求。

工业互联网关键要素对比差异

工业互联网生态环境中对应的关键要素和循环逻辑：

（1）面向企业主体。

（2）企业对制造数据非常敏感。

（3）制造企业拥有制造数据和 APP，不存在交换行为。

（4）数据被全样本收集（无特定的目标限定），可以被用于任何可能的价值挖掘。

（5）开发者受托，依据需求、按照既定的模式进行开发，内在创新的动力有限，生成预期的 APP 功能。

（6）APP 新功能产生更多数据，但能否驱动更多 APP 上线、更新、完善、丰富，并逐步形成生态环境，未知。

数据生成与数据使用的合一，使得消费互联网得以成功的循环逻辑在工业互联网中是不成立的，因此消费互联网与工业互联网存在巨大差异，这种差异主要不是在技术层面，而是在数据与应用的逻辑关系上。

6.5.2 消费互联网启发之下对工业互联网的思考

显然，照搬消费互联网的商业模式是行不通的。那么，消费互联网的成功给工业互联网带来了什么启示，哪些要素可以在工业互联网中加以借鉴。

第一个重要启示是数据的重要性

数据的重要性毋庸置疑，数据本身蕴藏着深厚的信息和知识，通过挖掘可以大幅增值。消费互联网成功的关键主要不在技术（并不否认技术上的成功应用），而在于对数据价值认识和不懈追求，并找到了一条获取和利用数据的途径。

如前所述，消费互联网如同一个全新设计的“食品工坊”，与工业的百年老店完全不同：思维方式不同（互联网思维）、盈利模式不同（通过免费方法吸引足够的消费者后，将其导流给第三方，从中获利。俗称“羊毛出在狗身上，猪来买单”），更重要的是对数据的执着追求方式不同（达到了不择手段的程度）。正是因为这些不同，才使得消费互联网是一个完全另起炉灶的“食品工坊”，而不是脱胎于传统“饭店”。

数据的重要性更体现在数据流动的重要性，只有流动的数据方能获得充分的应用，数据不流动会迅速贬值而成为“垃圾”。消费互联网的巨大成功来自于数据的流动，在数据流动中对数据价值充分利用，在这里数据应用的模式是真正意义的大数据模式，即多源数据的融合，从海量数据中发现新的价值。

对于工业领域，数据的重要性有过之而无不及。在相当程度上，工业互联网是受到消费互联网的启发而生的。面向物理对象的工业领域，数据量更大，种类更多，如果数据价值得以充分发掘，将会对工业的进步产生极为广泛的影响。

第二个重要启示是工业软件可以采用 APPs 形式

消费互联网应用均采用 APP 方式，这与传统的工业领域软件有着重要的差异。一是技术路线不同，呈现出更加丰富的形式；二是 APP 市场，为用户下载安装使用带来极大的方便；三是 APP 的敏捷开发、频繁升级、不断完善、持续优化，用户在无感中享受服务体验。

而从商业的视角，消费互联网更在于生态完善。对于同类 APP 应用，使用者会有更多的选择机会，APP 的供给能力增加，有利于通过竞争提高软件的水平和质量；“厨师”岗位是先天按照服务的模式来设计的，开发方不是受托开发，而是受内在动力驱使，因此其有强烈的创新欲望开发更多、更好的 APP，以吸引更多用户使用，或增加对用户的黏性，增加对 APP 的依赖。APP 开发与使用之间形成了多对多的关系，即相同或类似的功能，存在多个 APP 供选择使用，而同一 APP 也可以为多个使用者提供服务。

工业 APPs 是工业软件的一种形式，但不是唯一的形式

消费互联网 APP 的特点是工业 APP 开发可供借鉴的重要依据。

关于工业 APP 的讨论很多，其内涵和外延尚未形成统一的认识。目前，比较多的解释更倾向于：“工业 APP 是基于工业互联网，承载工业知识和经验，满足特定需求的工业应用软件，是工业技术软件化的重要成果。它是面向工业产品全生命周期相关业务（设计、生产、实验、使用、保障、交易、服务等）的场

景需求，把工业产品及相关技术过程中的知识、最佳实践及技术诀窍封装成应用软件。其本质是企业知识和技术诀窍的模型化、模块化、标准化和软件化，能够有效促进知识的显性化、公有化、组织化、系统化，极大地便利了知识的应用和复用。”

在这个解释中，一个共识是：工业 APP 与工业互联网是紧密关联的，工业 APP 是“寄生”在工业互联网上的一个软件新“物种”。但其对工业 APP 内涵的定义仍然显得比较牵强，没有讲清楚工业 APP 与传统工业软件的差异。

传统的工业软件完成特定功能的实现，关注业务模型、规则、流程（工业知识）的软件化，将隐性、分散的知识显性化。工业 APPs 本质上也是如此，并没有实质的差异，但又增加了新的内涵，即有助于工业知识的公有化、组织化、系统化，促进知识沉淀、传播与复用，提升知识价值创造，改变知识生产方式。这就决定了工业 APPs 必然是在工业互联网环境下，基于云端环境进行部署，而这个云端环境提供了完备的数据链和数据环境。

事实上，工业 APP 和传统工业软件之间也没有明显的界限。工业 APP 是工业软件的一种新形态，很多传统工业软件（PC 桌面端）可以经过重构以 APP 形式再呈现，以适用于工业互联网，但并非所有的工业软件都适合于采用 APP 的方式，也没有必要。

工业 APP 更适合于移动接入的应用模式。从形式上看，在移动类终端（手机、PAD），与其操作系统、硬件资源、屏幕尺寸、触摸方式等相适应，APP 模式与人们已经习惯的消费互联网应用完全一致，会带来较大的便捷性。而从 APP 内涵上看，数据类应用更易于以 APP 的方式呈现出来，但工业制造过程中极为复杂的流程业务是否可以直接用手机等移动终端实现，需要打一个很大的问号。

工业 APP 的最初形态应该是软件产品，不具有产品特征的软件功能难以形成 APP，因为无法实现“工业知识的公有化、组织化、系统化”。工具类软件产品（如通用设计工具、计算软件等）具有工业 APP 的早期特征，即归开发者所有、版本控制方式、多用户使用等，从技术角度，工具类软件一旦部署在云端就可以轻松地转化成一款 APP，是最容易向工业 APP 转变的一类软件；而从商业角度，软件产品通常是由乙方来推动和实现的，只有乙方（软件开发和服务商）才具有这样的动力去实现；相比之下，制造管理类软件由于其个性化功能、集成化要求，通常要定制化开发，权属关系也属于甲方，是不容易（乃至不可能）APP 化的一类软件。设想：哪一个制造企业可以将自己用于制造管理的软件系统放在 APP store 供其他企业下载应用呢？显然不会。

传统工业软件向工业 APP 转变

对工业 APP 的追求不能采用形式主义做法，如：为了追逐工业 APP 数量，将 PC 系统的一个页面等同视作为一个 APP，仅仅做到了凑数，没有任何意义。

云化部署是工业软件的一种趋势，对已有工业软件不断进行解构重组，生成工业APP软件有其必然性，技术的进步和管理的优化，使得部分功能被下载到相关设备，推动多层级的信息系统架构更加扁平化；部分被上传并云化部署，与全新的系统架构相融合，其中，部分可以采用APP的形式再现。

简单的云化迁移并不能等同于工业APPs，在解构重构过程中，也注定还有一些功能会保留原有的形态运行，在完成其所固有功能的同时，还会作为一个数据源存在。因为功能庞大复杂或有特定的运行要求，不适合于云化部署，或原有设计中功能耦合复杂无法重构上云，或现有形态没有任何不足，没必要上云，等等。

新型工业APP与传统工业软件不是替代关系，是互补关系。是否有必要、有可能将所有的传统形式的工业软件都重构成为工业APP形式，取决于技术的可能性和经济的效益性。如同传统的多层级信息系统架构不会完全消失一样，传统工业软件也不会完全消失，因为它适合于层级架构。例如，长流程制造过程中，需要MES实现全流程的高度一体化集成，从计划、物料、质量、交期均有着深度的信息交互和流程衔接关系，是一个深度耦合的软件系统，对于这种流程明确、有固定数据交互关系，且需要实时流转的软件功能，是否有必要、有可能解构成为多个微模块，用多个APP形式来呈现，值得商榷。

抛开技术的局限不谈，如果没有额外的效益，为什么要将传统工业软件传化成为APP形式，不能将一种潜在的模式创新变成一种劳民伤财形式。

6.5.3 工业软件的商业逻辑

适合于工业互联网数据应用的模式是什么，是否可以从消费互联网中找到适合于工业互联网软件开发可借鉴的要素来启发模式创新。

显然，工业领域数据所有权归属明确，数据所有者对数据有强烈的敏感性，这会使数据使用的灵活性大打折扣，数据与服务自然交互的商业逻辑是不成立的。

照搬消费互联网的商业模式虽行不通，但不意味着消费互联网成功的要素不可借鉴。正如前面将消费互联网比喻成一个创新食品工坊，形成了“数据—服务”的良性数据生态一样，我们如何在工业领域，依托工业互联网形成一个适合于工业领域的“数据—应用”可持续循环的商业逻辑，并对其中的各个角色进行有针对性的定位。

下面仍然以“食品工坊”来模拟工业互联网情景下工业软件这道“菜肴”制作和消费过程。首先从工业软件的发展模式入手。

工业软件产品销售已大获成功

“美味菜肴都在菜单上，快来点单吧！”这是一家百年老店的招牌。

进入饭店，按菜单点菜，按单结算，是最原始、最常见、人们普遍接受的一种餐饮消费模式，买卖关系一清二楚。以久负盛名的品牌菜肴招揽八方来客，菜单上所有当家主菜的秘诀都在大厨脑子里，精湛的厨艺成就了现有的辉煌。食客蜂拥而至，点单付费，满足食欲享受，百年老店也离不开食客的体验。

在工业软件领域，以产品形式营销，也是人们最熟悉的场景。软件产品模式是由开发方发起（图6-8），承载了开发方所有的知识和技能，形成产品（或产品原型），并通过版本迭代持续丰富产品功能，软件产权归开发方所有，以产品（化）形式存在，以光盘交付、便于安装使用，依托产品使用权的出租（销售）来获利。这种软件产品模式适用于一些标准化、工具类、有足够的技术牵引和品牌号召的产品提供商，以软件许可证（License）实现版权和版本控制，以此来保护知识产权的独立占有，具有强烈的排他性和垄断性，同时通过软件持续更新和版本迭代获得经济利益，提升产品品牌，扩大市场份额，乃至在特定领域形成垄断。前述中研发设计类工业软件大多如此。

图6-8 工业软件产品销售模式

工业软件产品模式中，使用权和所有权分离，软件所有者以某种商业模式受让使用权，如使用期限、适用范围、服务方式等。软件的所有权归开发者，开发者需要前期做大量的研发投入，为了赢得更多的用户或增加对已有用户的黏度（回头率），开发者有强烈的内在意愿和商业动力不断完善属于自有产权的产品。而吸收用户使用过程中的经验、感受、习惯和抱怨等，对于改进和丰富产品具有关键价值。

然而，工业软件所涉及的范围之广、形式之多、内容之泛，实在不是仅靠产品形式能够覆盖的。经常会有抱怨：花费巨资购买的工业软件与想象的不同，满足不了需求，需要修改。而一旦要改就会面临一系列问题：一是能不能改，对产品类软件进行修改需要对原代码足够了解；二是如何改，准确的需求是什么，能讲清楚吗；三是谁来改，第三方改是否有能力；四是谁来为人家修改"买单"诸此等。总之，对产品类工业软件功能与需求"不对路"的抱怨由来已久，套装工业软件实施过程中各种技术、管理和商业的争议不断，多源于此。

那么有没有另外的工业软件开发模式来避免这类问题呢？

软件定制化开发更贴近用户个性化需求

"你有什么要求，只要讲清楚，做出来包你满意！"另一家"食品工坊"喊出了这样的口号，尝试一种新模式以提高竞争力。

有别于点餐制的消费，客户提出要求来制作一份特殊的菜肴，厨师接到任务后，略显为难，因为以前没做过，不知道如何配菜和烹饪。客户说：没关系，我来告诉你详细需求，你按照要求来做。了解需求后，厨师开始设计过程：烹饪工艺、确定厨具以及制作时间周期等，过程中也少不了客户的不断参与，以确保如实呈现需求。然后厨师开始准备各种原料，按照所设计的烹饪工序和过程制作菜肴并调味调色，这个过程通常对客户并不完全透明。菜肴制造完成，端上桌，交给客户食用，厨师完成任务。

这就是定制化软件开发的全过程。开发软件是由使用者需求驱动的，委托专业的软件开发商进行设计开发，其中最重要的环节之一是需求分析（图 6-9）。具备一定实力的软件开发方都有一句名言："只要讲清楚，就能做出来。"这话既对又不全对。当需求不变时，是正确的，当需求总是变化的，这话又不完全成立。

软件严格按照功能规格书进行设计开发并验收，按照项目方式管理，经调试后上线运行，并移交给使用方；工程合同是连接开发者和使用者的主要形式，一旦完成，软件将是一个持续运行的系统，不会频繁的进行大的功能变更，直至进行重新开发。

工业软件的定制化开发模式具有鲜明的特色，是后来者参与竞争的利器，成就了非常多的软件企业，也使得用户企业享受到更贴合自身需求的工业软件功能。目前国内形成一定竞争力的工业软件多数是以定制化开发起家，不断扩展定制化的优势。这是一种成功的商业模式。但是，定制化开发的劣势也像优势一样明显，对需求的准确理解是关键，要贴近用户，更关注功能，相对而言对架构要求不高，普适性不强，适用于个性化明显的场景，客观上还存在开发商低成本竞争导致的低质量问题。

用户对数据价值的关注度不断上升，产生了大量的个性化、碎片化的敏态业务需求，菜单上预先制作的产品已经不能满足消费者的心理需求，点单付费模式

图 6-9　工业软件定制化开发模式

不再适用，传统的“委托专职的厨师制造菜肴”的定制化方式，又苦于需求准确表达，开发周期太久而难以承受。

工业软件的服务化模式

“一切都准备好了，快来亲自下厨，体验好极了！”第三家“食品工坊”启动了彻底转型的探索尝试。

“食品工坊”决定改变原有运作模式，厨师打开厨房，请食客亲自下厨，库房中各种蔬菜应有尽有（图 6-10），随便选用。但食客（用户）一头雾水：这些刚从菜地收来的菜（原始裸数据），怎么用，提供的灶台厨具单一，不顺手，体验极差……一个悟性好、反应快的年轻厨师凭借自身技能，将一些清洗干净、作了初步切分处理的半成品原料端过来（经过筛选处理的数据），并开放仓库、厨房（基础设施），提供各种灶台、炊具（分析工具）供选用，食客开始找到了感觉，渐入佳境，尽管菜肴还不尽可口，但可以反复尝试，最后终于制作出可口、创新的菜肴，体验获得了极大的改善，一切尽在不言中。

在这家转型的“食品工坊”，没有菜单，厨师转型为配菜工，他们的工作就是按照标准将食材精细处理、分类加工，做好配菜准备，并改造仓库、厨房、灶台，添置更多厨具，提供一切方便，只待消费者亲自动手“下厨炒菜”。

转型的“食品工坊”，是对传统模式的颠覆。首先，体现在消费端：开创了食客自我发挥的空间，食客既可以突发奇想，任意发挥，也按照自己的设想和预期目标，进行快速尝试，追求创新欲望和良好体验，总之，做什么菜肴取决于消

图 6-10　工业软件数据服务模式

费者的理念和目标。其次，更重要的体现在服务端：一是省去了需求分析、理解需求的环节，降低了跨专业理解需求的技能门槛，避免了误解需求的后续风险；二是只需提供预制原料、灶台工具，厨艺任由食客来发挥；三是岗位重构和服务转型，由原来以“厨艺”论英雄改为服务，这种服务是更加基础性、标准性工作，不再被动等待需求，而是提前做好准备工作：

（1）应该准备什么、准备多少、如何准备。

（2）如何在不确切了解客户个性化需求的情况下准备（数据样本）。

（3）要建立一系列标准和规则（数据基础建模）使准备工作标准化。

（4）不是仅能针对单一特定目的，而是针对多重使用目的开展准备工作。

（5）对使用者认可选用的各种原料（数据）不断收集、分类、梳理，整合进已有的食材清单（数据模型），并不断改进和丰富工具（数据分析工具）。

（6）要从使用者亲自下厨的行为特征中提炼更加细微的需求，丰富已有的食材清单。

（7）工具（数据分析工具）的改进不可或缺，使得使用者更加顺手、高效、快捷。

总之，无形中，一切规矩都变了。既不是“按菜单点菜付款”，也不是“客户提要求、大厨制作”定制模式，而是开放工坊，提供一切必要条件，食客亲自下厨，以自己擅长和喜欢的方式制作菜肴（开发应用）。

为了吸引用户，需要动脑筋，在创新驱动下主动有所作为。这就是工业互联网情景下数据应用类工业软件的创新模式，称之为工业软件服务模式，即：将准备的数据和配置的工具以服务的形式呈现给用户——数据服务能力，并在用户自主开发的良好体验中，形成“数据—应用”相互促进的业务逻辑——建立数据生态环境。需要指出的是：数据交易模式也是数据服务的一种形态，只是提供数据准备服务的一方不同而已。

在传统工业制造这个百年老店，工业互联网语境下的数据服务还需要不断探索和突破，但这是必然的趋势。

6.5.4 工业软件的各种模式的再议论

“项目型运作”还是“产品型运作”，长期以来，在工业软件产业是一个存在争议的话题。

工业软件产品销售是最早出现、最成功的商业模式

软件产品化是指“客户无需为软件添加或调整代码和语句即能完成软件的安装配置、应用初始化、系统管理、用户使用的全过程，并且软件至少能满足 80% 以上的用户某一组应用需求”，这就被业界公认的、也是客户需要的产品化，特别适用于普适、专业、工具类软件。产品型工业软件具有如下特征：

（1）交付结果标准化；

（2）需要持续的版本升级和维护；

（3）以维护费或者 SaaS 形式实现重复性收入；

（4）客户使用价值受产品标准化功能限制。

显然，在工业软件价值曲线上（图 6-5），产品型工业软件的核心能力主要体现在设计、销售、价值体现曲线的两端，而品牌强化了市场销售的竞争能力。

工业软件产品模式需要长期知识积累，开发周期长，不可一蹴而就，开发商要耐得住寂寞，潜心研发。由于产品功能和质量决定了市场成功与否，开发商需要倍加努力，对产品架构设计有极高的追求，技术线路的选择要兼容未来发展等。这一切都是由自身所掌控的，唯有市场端的不确定性风险是最大的挑战。

工业软件定制化开发模式“成也萧何，败也萧何”

在专业工业软件已被高度垄断的情况下，定制化开发模式有其特定的优势，其最大可取之处在于后来者找到了一条可行的路，慢慢切入本已拥挤的赛道。但其也并非十全十美。定制化开发模式具有如下几个特征：

（1）工业软件的所有权与使用权都归属于用户，合同契约连接甲乙方的商业关系，开发方遵循契约约定开展工作，其往往是被动的，而在契约生效后，用户新的需求难以得到及时的完全响应，产生的不满和抱怨难以从根本上左右开发进展。

（2）企业用户将自身的管理理念和流程物化在软件中，具有显著的个性化特征，由某一供应商为单一客户定制开发，软件多数是单一版本，仅为特定用户使用。多数业务管理类工业软件都保留了鲜明的个性化痕迹，即使是宣称工业软件产品，也要在实施阶段做大量的定制化开发，以满足个性化需求。

（3）软件开发结果与需求理解强相关，需求分析本质上是需求方为开发者培训以全面理解用意的过程，理解不深或理解错误将导致产品与需求南辕北辙，为此，需求分析的周期很长。

（4）较大型的业务管理软件往往采用“瀑布”型项目开发方式，开发方更关注功能，相对而言对软件架构没有太高要求，普适性不强。首先进行需求调研，然后是一系列的步骤包括设计、开发、测试、交付上线等，上一步没有完成，原则上不能进行下一步。这不仅导致开发周期较长，而且用户除了在需求阶段有发言权外，在开发过程中只能通过各阶段评审安排来把握方向，而把握开发方向并及时优化调整的手段和环节都非常有限。

（5）“瀑布”型项目开发方式，开发团队在组织和管理上采用“包干到人”的方式，经常因开发速度和成本代价而降低对软件产品化水平的追求，对提高软件产品成熟度形成负效应。

（6）定制化软件能否满足用户的初衷，除了取决于对需求的理解外，还取决于开发者所采用的技术、软件的设计能力，以及广泛借鉴已有的成熟技术成果和稳定的软件产品的集成能力等诸多因素，特别是开发方对于交付给用户的版本是不是那么“上心”。开发者内心倾向于用尽可能简单的方法应对，以最低的成本、最快的速度、尽可能简单的功能、最低的标准完成交付成为开发商的一个消极选项。

工程项目型开发，无论规模大小，都是手工作坊形式，只是档次不同而已，其本质是没有社会化专业分工的产物，是没有严格意义的软件设计的结果，从生产率的角度，项目型软件的性价比远远低于产品型的软件。事实上，长期以来对项目化模式的过度依赖，是国内工业软件产业未能实现高端突破的原因之一。

与产品型工业软件相比，工业软件项目型运作模式表现为定制化开发，具有如下特征：

（1）交付结果个性化；

（2）资源、时间、质量等对交付形成冲突性约束；

（3）交易型的一次性收入；

（4）根据用户需求定制开发而实现特有价值。

显然，项目型工业软件的开发与开发技术人员个体能力和开发过程的管理水平直接相关，在工业软件价值曲线上（图6-5），体现在中间部分。

项目型工业软件模式的转型之路

工业软件的项目型运作方式在国内取得了巨大的成功，证明：在中国这一特定的市场环境下，使得后发优势得到了淋漓尽致的发挥，在一个已经工业软件“列强”林立的市场中抢占了一席之地。但不意味着这是最优的商业模式，面向未来，这种模式的天花板已然出现，转型则是一个必然的选择。

一是向产品型转型。项目开发的目标是针对特定环境、特定客户的特定需求，以最低成本、最短时间交付项目，而很难在项目的可持续发展方向进行研究和构架，完成后的项目很难产品化，造成在客户需求增长时，项目维护服务成本相当高，随着客户数量的增多，公司边际成本增加，而边际收益率递减。而软件产品化的项目由于经过众多用户长期使用，运行稳定、质量较高；快速的项目实施与部署；持续的优化确保每一个版本不断完善，并且不断通过升级给客户带来超乎想象的创新功能和应用，以确保 IT 投入的回报；产品售后服务成本低、效率高，客户满意度高。

工业软件产品的魅力在于一次开发无限次的复制，不断地复制产品和销售不断降低边际成本，是软件企业的主要利润来源。因此，随着技术的发展和对客户需求理解的深入，软件产品化是软件企业可持续发展的关键所在，软件的产品化决定着企业的产业化（工业化生产），是 IT 公司成熟的决定性标志，因此，从项目型软件公司向产品型软件公司演进是发展的必然，而工业化软件生产线（研发平台）建设是重中之重，是从手工作坊式的生产模式向工业自动化的生产模式质的转变。

长期以来，绝大多数工业软件公司项目化开发实施，使得产品化转型之路变得极为艰难。首先是理念的转变，体现在对“需求驱动”的误解，项目型团队对需求的理解是完全被动的，即：“你说什么我做什么”，而产品型工业软件则是主动型的需求分析、挖掘和转化；其次是对当期绩效冲击的承受力，转型最大的代价体现在能否接受对当期已经获得合同“有所为有所不为”，如果不能接受，则转型就是一句空话；最后是人才结构和能力结构的变化，在工业软价值曲线上，产品开发和项目开发的核心能力体现在不同方面，产品开发的核心能力是设计和销售，而项目开发的核心能力是过程管理。

二是向服务化转型。在软件定制化开发项目型管理中，项目复杂度与项目规模成正比，项目越大越复杂，而“项目越大、风险越高”是业界共识。导致大型工业软件项目风险乃至失败的原因是多种多样的：需求变更、项目管理、组织变革、员工能力、技术方案等，管控好这些因素，是控制项目风险的基本抓手。要规避上述风险，需要制定相应的策略。从项目管理方式上，基于典型的传统项目卓越方法（如 IPD 体系），强化项目流程标准化的同时，尽可能采用敏捷式项目开发方式，运用敏捷方法被认为是降低项目风险，提高成功率的举措，将瀑布式和敏捷相结合。

建立长期大客户关系是项目型软件企业转型的一个方向。用长期的客户关系来弥补一次性项目的风险损失，通过为大客户提供持续服务，一方面深度理解战略客户的当前和长远需求，应需提供服务，另一方面通过持续的信赖关系增加客户黏度，将自身业务深度植入客户业务中，成为客户不可或缺的一部分，用项目组合的盈利能力来衡量客户价值、对冲单个项目的风险，这也是一种形态的“集成客户的制造工程”。

工业软件服务模式“理想很丰满、现实很骨感”

流程类业务软件的特征相对稳态的，一旦业务流程确定下来，大概率是不会频繁变化的，对于此类应用，可以规划充足的时间，或购买现有工业软件产品，或通过需求分析委托定制化开发来解决。

随着工业互联网的推进和数据量的不断拓展，数据类业务的比重显著增多，数据产生过程中随时随地都会有业务需求，且数据分析业务的内容、方式可以是千变万化的，如做一张统计报表用于分析、画一条变化曲线用于趋势预测等。这说明：数据应用业务是敏态业务，对于这些随时产生的碎片化数据应用需求（尤其是一些非常简单但时间迫切的需求），无法想象还可以采用从需求梳理、业务理解、商业委托这样一个漫长的过程来解决，不仅时间冗长无法容忍，而且更会使用户创新追求和良好体验受到压抑。

从事数据应用开发的一线技术人员经常会听到来自用户的抱怨：“你们不理解业务，为什么”这种抱怨是真实的、合理的，而且是永远都会存在的，因为与用户相比，你的专业是处理数据，对业务的理解和解释总是用户的优势，即使你已经或正在付出极大的努力试图弥补在业务理解上的不足，更何况用户的业务又是不断变化和进化的，就如同让一个写代码的人去炼钢，结果可想而知。

那么，如何解决这一困境？答案是：专业的人做专业的事。做数据处理准备的 IT 工程师永远都不要越俎代庖，去代替用户做业务分析。当然不是说不需要了解业务，而是要充分发挥自身的专业特长，精确地给自己一个定位：“为用户做业务分析，做好基础数据服务，而不是代替用户做业务分析”，这就是数据服务的必要内涵和业务逻辑。

数据服务模式理论上可以有效应对工业互联网情景下的数据应用需求。

数据收集是数据服务的基础性工作，对数据要应收尽收、应采尽采、应接尽接，将多源、多尺度、多频度数据变成一个时空一致的完整样本。

数据准备是数据服务的基础性工作，是一项核心能力，关键是：要知道如何准备数据，数据准备到什么程度是用户所期望的。所准备的数据要能够尽可能扩大使用频次和范围，而非限于单一目的，这经常要兼顾数据的 IT 特征和 OT 特征，对数据业务逻辑不清，难以提供良好的数据准备。

更高层次的数据服务能力还包括数据模型的提炼和组件化，使用户可以便捷地利用，如无代码化的“托拉拽配”组态方式。虽然产品模式也追求组件化，但它是面向开发者团队自身的，而数据服务中的组件化则是面向使用者的——经常是IT技能并不突出的业务人员，要求更高，需要讲求体验、便捷等。

服务能力更加体现在平台化，无论是业界共识的PaaS还是所谓的“数据中台”，都是在强调以平台化方式将所有模块以API服务模式暴露出来，用户不需要关心其内核是如何实现的，这就要求将所有异构、非标、个性的要素均加以封装，呈现出完全的透明化，一切皆透明是平台化得最高境界。当然，平台服务还会包括数据、系统、平台的治理、维护、升级、安全等一系列工作。

数据服务是一项持续型工作，不适用于工程项目方式来实施，所以，以持续优化的服务形态存在，需要商业模式的设计和创新，服务如何评价？如何将评价结果转化为可量化的商业关系？如何保证服务提供方与被服务方在过程中能够合理的分配商业利益？如何激发服务提供方的内在动力和激情，以形成消费互联网中的创新欲望？等等。

工业软件的服务模式是一种新型的工业软件形态，还有待于进一步探索和磨合，但有一点是非常明确的：其对于数据的价值发挥具有非常重要的意义。

7 积极作为的钢铁实践

——智能制造，中国钢铁顺势而为

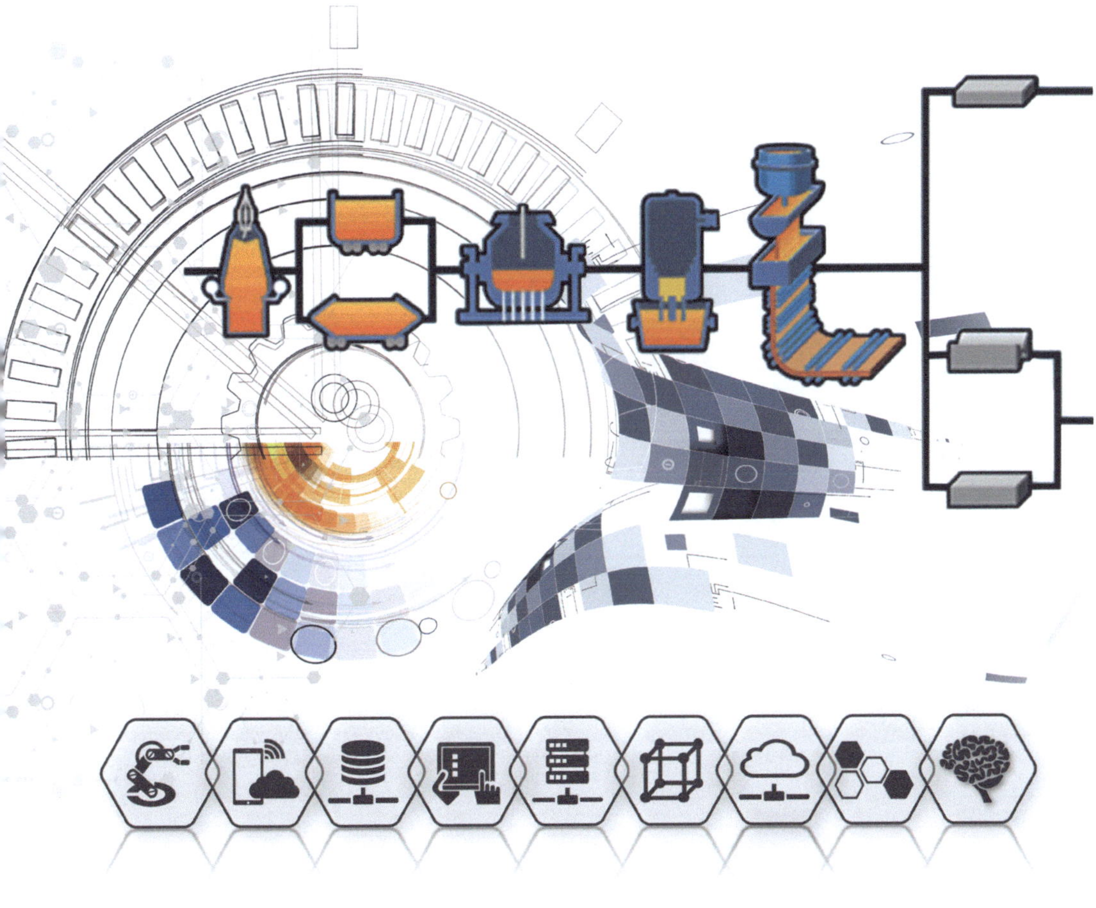

7.1 钢铁行业转型发展的迫切性

钢铁行业是国民经济的支柱产业，是最具代表性的流程行业。钢铁行业是自动化、信息化发展较好的行业，也是对智能制造需求最迫切的行业之一。

7.1.1 钢铁行业的特点

通常将钢铁与石化、有色、建材等并列为大型流程制造行业，即为连续制造过程。流程长是钢铁制造的主要特征之一，钢铁制品需要经过铁、钢、轧等多达数十个工序方能完成如图 7-1 所示。

钢铁制造流程总图

钢铁制造过程由铁、钢、轧等工序构成。铁到钢是单一（唯一）路径，钢到轧则是发散（多选）的多路径。自炼钢工序将液态钢水转化为固态连铸板坯后，所有后续制造工序（轧制、剪切、涂镀等）主要都是改变几何形状和尺寸（维度）的物理形变加工过程，如板、卷、管、棒、线、型等，大量不同的成品通过典型的单一原料生产出来。在每个过程中，产品变式通常都会增长，是一种改变形状尺寸的加工过程。

所以，钢铁制造属于形状尺寸加工制造（Dimension Manufacturing）。

钢铁制造过程的特征

钢铁制造过程流程长、工序多，既包括高温、周期不等的化学变化工艺过程（冶炼），又包括高速、负荷瞬变的物理形变工艺过程（轧钢）。实际上，钢铁制造是一个混合型制造过程（图 7-2），一是钢前是化学过程，钢后是物理过程；二是钢前是连续过程，钢后是间断过程。

其中，炼钢（转炉+精炼）是从化学反应到物理形变、单一工艺路径到多工艺路径、高温液态到中低温固态产品转换的核心工序，是对钢铁产品最终质量起决定作用的关键工序，是质量规范多、工艺参数复杂、时序响应速度高低混杂、检测操控技术手段相对有限的瓶颈工序。

钢铁制造是典型的多相、多层次、串级链式生产制造流程，制造装备种类繁多、工艺过程极为复杂，面临工序内多变量耦合、工序间质量遗传、工艺路径选项有限、生产层级多、边界条件多变等问题，加之制备流程长、质量规范多、时序响应速度高低混杂等特征，因此产品质量指标与工艺制造参数及设备工况之间的关联关系难以进行多尺度的精确描述和估计。

7.1.2 钢铁行业信息化发展沿革

20 世纪 70 年代初期，我国钢铁行业信息化起步于 20 世纪 70 年代初期，从

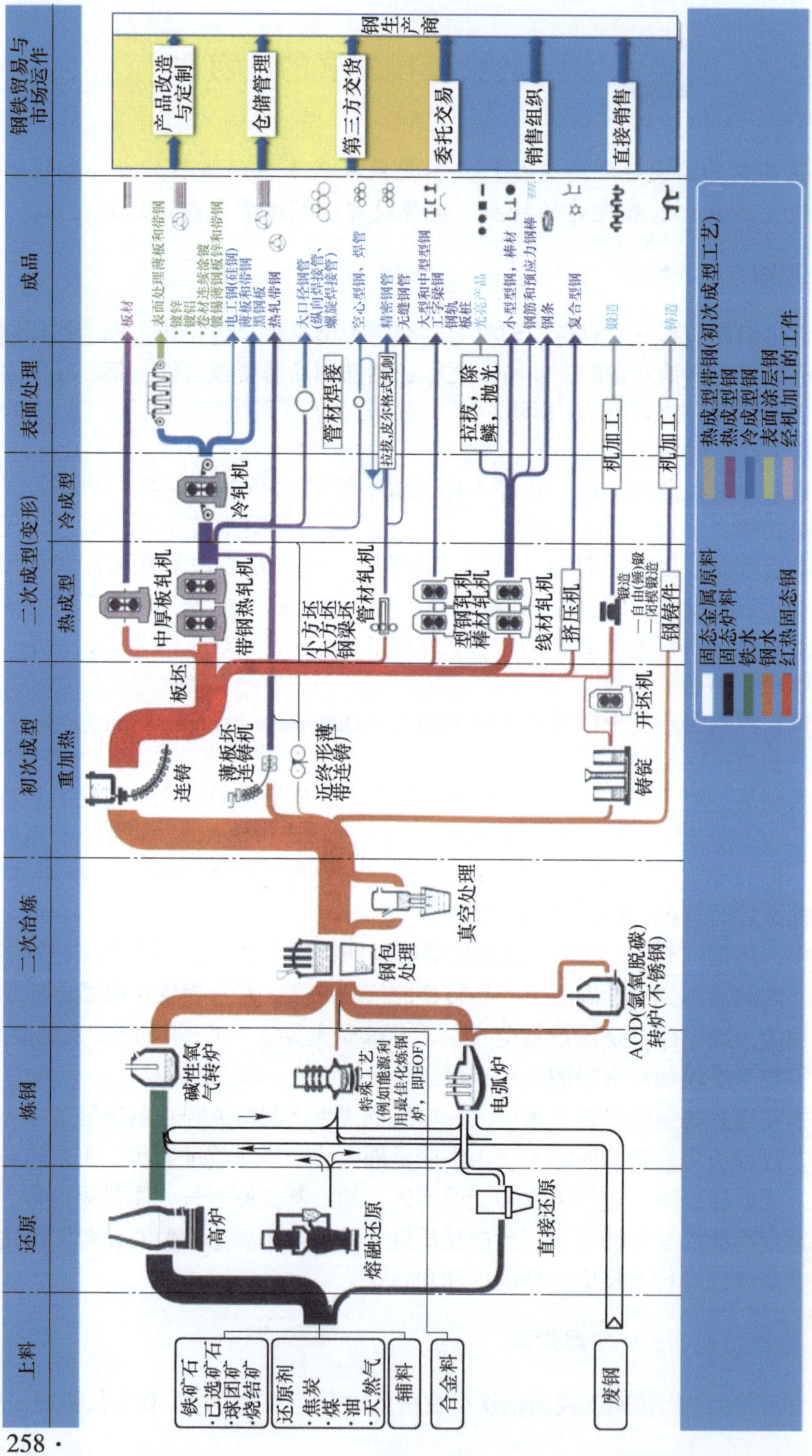

图 7-1 从铁矿石准备到钢产品形成的钢铁制造工艺流程图解

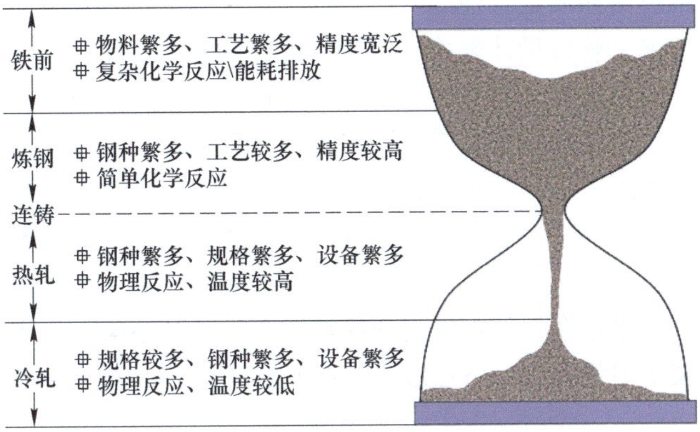

图 7-2 钢铁制造是混合型制造过程

局部工艺上采用计算机。受限于当时的认识深度和技术水平，计算机更多的是面向工艺制造过程的自动化控制，还未形成全厂管理信息系统的全局概念。从武钢1700mm冷轧到宝钢一期的全面引进，计算机仅仅作为自动化控制系统的组成部分。从本质上来说，由计算机来实现工艺实绩的数字化搜集、存储和处理，是企业信息化的开始，但每个系统都是信息孤岛，尚未形成信息域。

企业信息化建设技术路线选择

从总体上看，钢铁企业的信息化建设技术路线上存在三个选项：一是基于商业化套装软件实施部署的技术路线；二是按照用户需求定制化的技术路线；三是套装软件与定制集成的技术路线。

商业化套装软件技术线路以 SAP、Oracle、PSI 等国外企业为代表，吸纳了国际上先进的管理经验，分别在财务管理、设备管理、人力资源管理、项目管理、制造管理等方面具有特色，具有不断采用先进 IT 技术和延伸管理功能的能力，对我国钢铁企业提升管理水平有一定的引导作用。采取这种技术路线，系统稳定性、功能通用性、可配置程度都较好，但主要的难点在于如何使高度产品化的 ERP 系统通过参数配置来适应中国钢铁企业灵活多样的经营特点，特别是在质量设计和生产管理方面。一个显而易见的问题是如果“一个你所购买的系统，同时也可以被其他任何人购买，包括你的竞争者，那它又如何为你创造竞争优势呢？”[6]。同时，商业化套装软件在与上下层级系统集成时，由于不授予对套装软件产品代码级修改权限，应用实施本地也不具有套装软件产品代码级修改权限和相应的能力，往往强势要求其他系统与其配合，这会带来诸多问题。

定制化开发是国内钢铁企业信息化系统建设的主要方法，由多个具有一定规模的软件开发商提供解决方案。其优点是显而易见的：紧贴用户需求，灵活适应企业特点，从代码级开发开始，定制软件系统并交付客户，能够适配每个特定用户的需求，在解决诸如质量管理和生产管理、实现产销一体化方面，表现出较大的比较优势。但限于软件设计架构、应用功能设计的个性化，软件系统的开发效率不高，更重要的是很难全面考虑软件的扩展性、稳定性等因素。

也有部分钢铁企业采用套装软件与定制化开发相结合的方式，构建企业信息化系统，力求发挥两者各自的优势，但是系统集成是一个难点，如接口规范、数据交互等，当套装软件采用自身专用标准时，系统集成就成为一大难题。

钢铁企业信息化建设规划是一个认识不断深化的过程，选择信息化实施的技术路线要考虑的因素很多，如钢铁行业特点、产品品种结构、生产组织方式、资金投入大小、技术力量多少、下层级系统的基础状况，以及本企业的特殊需求等综合因素。

根据钢铁工业协会钢铁企业信息化绩效研究课题组调研结果，中国钢铁企业实施 ERP 时，选择外部咨询公司或者软件厂商进行合作的比例为 75. 87%，依赖内部自主开发的仅占较少部分，很多企业都是在不同阶段，由不同的供应商提供不同的系统功能，在经过后续不断地再集成过程，逐步完善，也有少数企业从套装软件技术线路更改为定制化开发，以更好地适应企业个性化管理模式的需求。

目前，有实力的信息系统提供商逐步由纯定制化开发模式向产品化方向转变，努力提高构件化比重，提高软件复用率，从而有效提高软件的质量和稳定性，降低开发和实施的成本。

宝钢是中国钢铁行业信息化建设的开拓者

宝钢早在 20 世纪 70 年代末筹建伊始，就接受并确立了以管理信息化带动钢铁现代化的理念，这是国内钢铁企业管理观念的重大突破。在与新日铁的引进谈判中，宝钢时任领导要求：在引进计算机控制工艺设备的同时，同步引进管理计算机系统，作为生产管理的重要基础设施。但是由于新日铁在向意大利塔兰多公司输出管理计算机的失败，以及巴黎统筹委员会对中国出口大型计算机的限制，输出方以两国企业文化、管理模式不同，很难取得成功为由，最终拒绝了提供总厂管理计算机系统的要求。自此，宝钢走上了一条自力更生，自主开发具有中国特色的信息化系统之路如图 7-3 所示。

直至 20 世纪末，宝钢信息化既是一个不断采用先进信息技术建立企业信息化基础设施的过程，也是一个国有企业向现代企业制度不断演化和成长的过程。在管理模式的改进上，不断进行业务过程的再造（Business Process Reengineering，BPR），从质量一贯管理开始，持续进行企业资源的整合管理，发展到企业系统创新（Enterprise System Innovation，ESI）。在信息技术的采用上，从引进单项的过程控制机系统，发展成为集中的数据处理——集成制造系统，ERP 和数据仓库形成具有 OLTP 和 OLAP 功能的电子业务架构，进而在网络技术的支持下形成以网络为中心的企业信息化运营系统，用以整合企业内外的供应

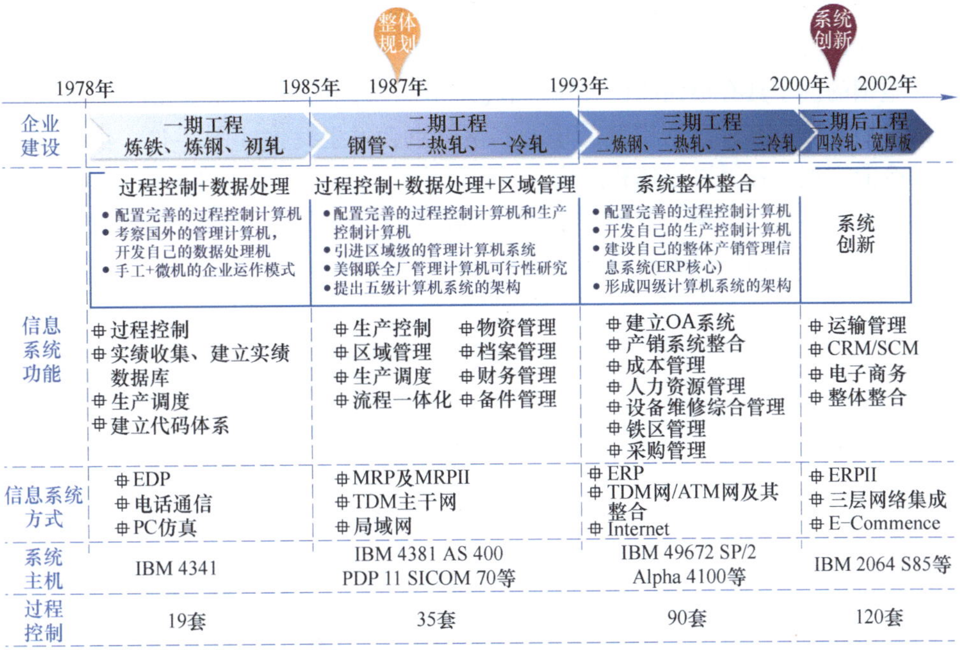

图 7-3　宝钢信息化建设发展沿革

链、工艺链和客户关系链等信息，为公司有效地进行一体化的同步决策创造有利的条件。

“数据不落地”是企业信息化建设的核心理念，对这一理念的追求始终贯穿宝钢的信息化建设全过程。通过提高现场检测设备的可靠性，进行“数据不落地”的自动化数据采集，可以最大限度地保证数据的真实性和实时性，减少非技术因素对数据采集实时性和质量的干扰，为后续贯穿于从客户需求到客户满意的全过程中，应用数据达成质量一贯制管理提供了数据质量的保障。“数据不落地”理念弥足珍贵，即使在数十年后工业互联网建设的今天，其仍然是很多企业补足数据采集短板的基础性工作。

“集中一贯”是宝钢信息化建设的追求目标。“集中”是指信息的集中，即企业的主要管理信息集中到统一的信息平台上，各部门岗位按规定权限进行共享；“一贯”是指对产品和工程全生命周期的贯通，即从接到需求开始到合同完成后服务为止，以客户需求“拉动”业务，实现一贯管理，与端到端集成有异曲同工之妙。“集中一贯”的理念还会进一步拓展到企业外的供应链，从原燃料进厂到产品出厂的各个工序，和客户关系业务的管理，都视作整个企业运作链的一个节点，通过信息平台上数据的贯通，实现全过程的信息资源的共享和优化。

总结宝钢企业信息化运作系统建设的经验，可以得到深刻的启示：随时适应外部环境的变化，对外快速做出响应，对内高效沟通、同步决策，充分体现以客户需求为中心的理念，全面支撑企业管理变革和创新。

钢铁行业信息化建设核心理念的转变

宝钢的例子具有很强的代表性。信息化建设实践的全过程体现出：企业在不同的发展阶段，其管理所围绕的中心和落脚点会发生变化（图 7-4）。信息化系统使企业管理流程得以成熟和固化，要满足管理中心变化带来的新需求，就要尽量降低人为的随意干预，管理的标准化、透明化得到保证，服务一律上线有了可能，信息化管理的手段还使得管理效率获得了大幅提升。

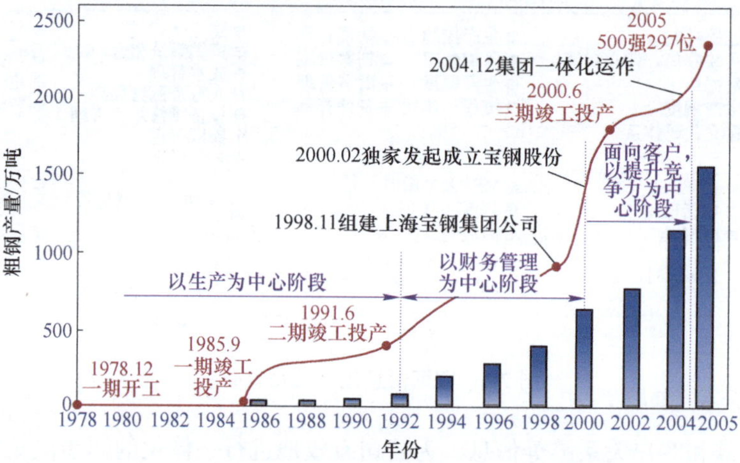

图 7-4　宝钢信息化建设历程中核心理念的转变

20 世纪 90 年代，钢铁企业信息化管理经历了“以财务为中心”的历程阶段。“以财务为中心”是 ERP 建设的最主要功能之一。即使从现在的观察视角，这也是符合发展规律的。企业从“以生产为中心”到“以财务为中心”意味着企业治理的重心在转变，属于体系内化的重要升级发展阶段，目标是企业自身内部能力的塑造和提升，改善固定资产从账务到实务的管理流程，由过去的事后核算为主变为全过程预测、计划、控制、监督和分析、考核，充分发挥财务的监督和管理职能，有效改善财务绩效，有助于强化企业成本控制能力，包括降低原燃材料消耗、降低中间制品的库存、加速库存周转、减少存货、提高设备利用率和优化产品运输过程降低成本等，这是企业生存和参与市场竞争的基础。

21 世纪以来，“以用户为中心”成为钢铁企业运营的核心理念，从“以财务为中心”到“以用户为中心”体现出企业从体系内化到价值外溢发展的必然。ERP 作为信息化手段辅之以管理变革，带动了流程再造，支撑了管理创新，促成了钢铁企业的财务管理、生产指挥、销售和采购的集中化，推动了企业面向市场组织生产，使我国钢铁企业由传统型向现代化转变。

国内钢铁行业的快速发展，在于国民经济发展带来的巨大机遇，更在于钢铁行业的充分准备而稳稳抓住了这一机遇窗口，企业信息化建设为准确把握机遇起到了准备和支撑的作用，同时也为钢铁行业进一步提升两化融合水平，解决当前形势面临的问题奠定了良好的基础。

钢铁行业信息化之纵到底、横到边

传统上钢铁行业业务系统分为自动化和信息化，其功能强调“纵到底、横到边”。纵到底（纵向到底），是指从最底层的生产设备、生产线及物料控制系统，一直向上延伸到企业的最高决策层；横到边（横向到边），是指覆盖供应、生产、销售、设备维护、人力资源、财务管理、项目管理等各业务环节。

上述业务功能分别部署在一个5层架构体系（L1～L5）上（图2-2），即基础自动化、过程计算机、制造执行系统（MES）、企业运营管理（ERP等）、数据仓库（BI）。经过多年的演进，这一5层系统架构已经成为中国钢铁行业信息化系统的事实标准，几乎所有的规模化钢企都基本上遵循这一架构来部署业务功能，只是业务管理功能分担的细节会有所不同。

显然，与其他制造业一样，钢铁行业工业软件在实现和部署方式上，有行业自身的特点，既反映了行业自身的特定需求，也体现了行业发展的历史轨迹和时代烙印。

面向钢铁制造装备的自动化系统配置达到了一个较高水平，与之配套的过程计算机系统也覆盖了绝大部分产线，保障控制模型的运行和制造过程的跟踪（PCS）；制造执行系统（MES）在钢铁行业普遍受到重视，其功能的复杂度、覆盖制造管理的深度等都极具特色，成为钢铁制造管理的核心业务系统，也是在与国外同类工业软件同台竞技中为数不多不落下风的软件系统之一；企业资源计划（ERP）设计的范围非常广泛，包括大宗原燃料采购，产品销售、财务成本等。

目前，我国钢铁行业自动化和信息化整体水平处于制造业前列，这既是受钢铁制造流程的复杂性驱动，又得益于中国制造迅速发展为钢铁行业提供了难得机遇窗口。

科技支撑计划成就了宝信信息化系统集成的竞争力

先进制造是国家高技术研究发展计划（“863”计划）“十五”重大专项的重要内容[50]，获得重大专项支持成就了宝信MES之后近20年的巨大成功。

2002年上半年，按照领导要求，笔者开始接手撰写“863”计划的申报材料，这使我得以有机会从自动化进入信息化知识领域。从开始接受仅几页纸的基础材料（原题目：冶金特殊工况下的智能作业机械），转向冶金工业MES主题，为时整整半年时间，经过与主题专家孙家广院士、褚健老师等多次汇报，最终获得支持，并于2004年再次滚动支持。这一过程是将宝信从宝钢实践中积累的经验升华到理论层面的过程，实现了从感性认识到理性认识的突破，加深了MES对钢铁制造过程的本质内涵和深刻意义的理解。

ERP-MES-PCS 企业信息化系统三层结构，是 1989 年由美国先进制造研究机构 AMR（Advanced Manufacturing Research）提出，并逐步成为企业全局信息化系统架构配置的主要趋势。这种 3 层架构是钢铁企业多层级（L1~L5）架构的一种优化，是扁平化系统架构的一个尝试，其核心是进一步清晰 3 个层次的功能分担，并通过深度集成，强化架构对数据集成的支撑，与目前“以数据为中心”的设计理念是一致的。但是，限于业已形成的多层架构的复杂性，和业务系统在役过程中无法动大的手术，上述理念的落地仅仅体现在一些局部优化上，而真正的全新设计和实现案例并不多见。

有关 MES 的定义和一般功能描述，此处不再赘述。其主要思想是：生产管理与控制信息流起源于整个系统的最顶端，通过市场需求（市场预测和商业合同）制定出相应的生产目标并配置资源，形成综合的生产和管理计划，根据这些计划制订最优的生产调度安排，最后启动生产设备完成全部的生产过程，生产过程的实绩会实时反馈，以清晰监控制造过程的实际状况。

钢铁企业 MES 系统主要功能包括订单管理、生产管理、质量管理、作业计划管理、物料跟踪与实绩管理、工器具与轧辊管理、仓库管理、发货管理、历史数据管理等。核心技术包括高级优化技术、一贯质量管理理念的质量优化控制技术、动态成本优化控制技术等。

典型的钢铁企业的 MES 控制问题可以归结为[51]：在纵向维度，上下连通现场控制设备与企业管理平台，实现数据的无缝连接与信息共享；在横向维度，前后贯通整条产线，实现全过程的一体化产品与质量设计、计划与物流调度、生产控制与管理，从而实现整个企业信息的综合集成。

图 7-5 是钢铁制造 MES 的核心价值的示意图。此图是在 2004 年科技支撑计划项目结题时，经总结绘制而成，最初用于“十五”“863”计划项目（2002AA412010）结题报告，至今仍然可以看到在不同的文献中被引用，堪称经典。它直观诠释了 MES 在钢铁制造中的核心位置和价值，以及在钢铁制造业企业信息化系统中起到的承上启下的作用。

MES 产品化开发，并与 ERP、PCS 的有效集成，形成冶金企业 CIMS 的整体解决方案，至今仍然是钢铁制造管理的最核心部分。

这一核心理念的实现，集中在 MES 软件系统数据流的设计和实现中（图 7-6）。数据的流向，体现了 MES 各功能之间的逻辑关系；而数据的交互，反映了 MES 对数据集成应用的本质内涵。MES 数据流的贯通不仅将制造执行的业务流程逻辑贯通，而且也为进一步将智能优化算法嵌入流程的各环节，实现智慧型 MES 系统功能奠定了良好的基础。

钢铁行业 MES 建设曾经经历了一个高峰期，多数钢铁企业都成功实施了 MES 系统，并与 ERP 进行了紧密的集成，形成了完整的企业信息化系统体系，

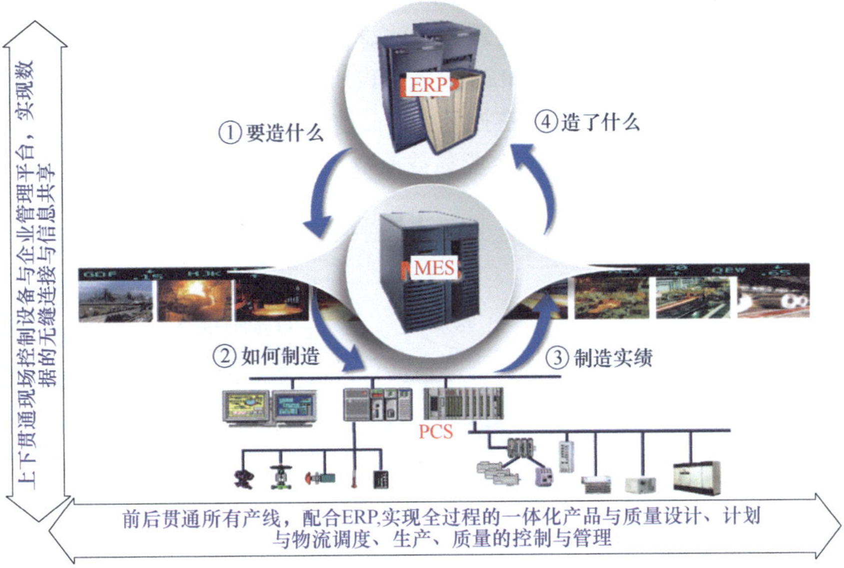

图 7-5　钢铁制造 MES 的核心价值示意——2004 年度科技部科技支撑项目

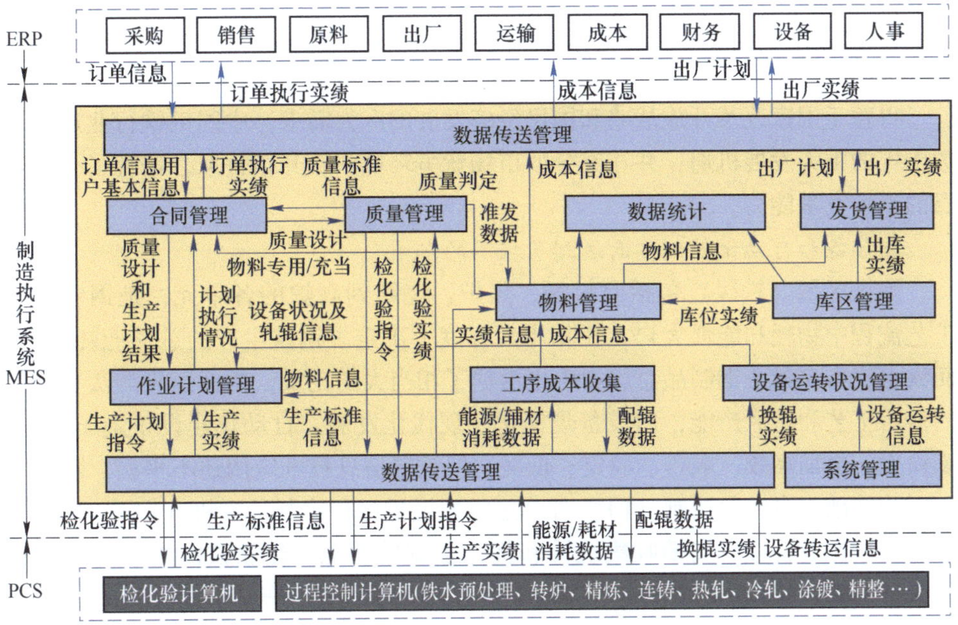

图 7-6　钢铁行业 MES 软件信息流

从而进一步支撑了钢铁全行业装备和生产效率的提升，对产品质量、成本、交期等各项经济技术指标的全面改善做出了显著的贡献。

企业在不同发展阶段投入资源实施 MES 系统所带来的产出效益目标是不同的，初级阶段更着眼于直接的、物理可见效益，如库存成本下降、提高交付能力等；随着企业发展水平的提高，MES 投入建设所带来的效益将更加宏观，涉及面更加广泛，效益产出将逐步从制造挖潜、产品改进向企业全局经营效率、资产回报等转变。图 7-7 为实施 MES 的企业利益模型。

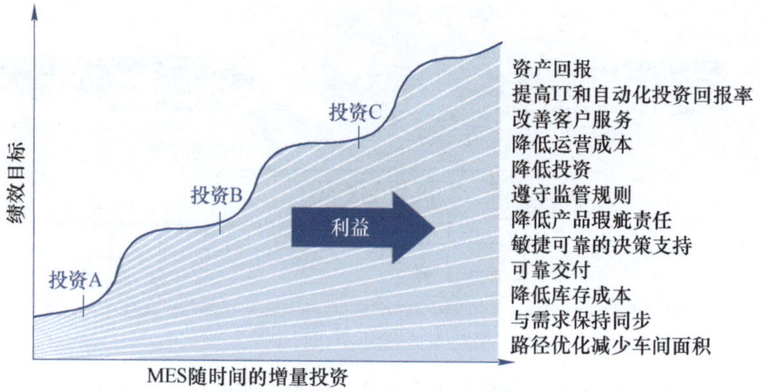

图 7-7 实施 MES 的企业利益模型

7.1.3 钢铁行业业务及信息化现状

得益于国家改革开放战略和国民经济发展的巨大需求，中国钢铁行业迎来了数十年的重大发展机遇，并在充分的市场竞争环境中，开拓进取，培育了企业自身的市场竞争能力。

在装备和自动化控制方面达到了较高的水平

炼铁区域（铁区）包括原料场、焦炉、烧结到高炉的各单元，是钢铁生产工艺流程中物耗和能耗大户，在相当大程度上决定了钢铁生产的总体能耗水平，而铁水成本在整个钢制品总成本中也占据了相当大的比重。铁区逐步淘汰小规模的落后工艺和落后产能，向设备规模化、现代化发展，自动化建设正趋于完善，炼铁生产更加高效、顺行、稳定、低耗。但铁区信息技术应用还不平衡。除了各工序的基础级自动化控制（L1）外，还需要设置过程控制计算机（L2），加强工艺计算、作业管理、实绩收集统计和优化控制的功能，建立铁区生产管理 MES 作为整个铁区信息化的核心；鉴于高炉等工序的大型化、复杂化，需要增强工艺检测手段，为发展工艺设备专有技术和提高数学模型预测精度创造条件，基于大量数据的“一代炉龄”系统对于延长高炉的使用寿命具有极其重要的意义。

转炉炼钢在相当大程度上决定了钢铁产成品的最终质量，是钢铁制造的核心工序。由于涉及传质、传热和复杂化学反应，强非线性和滞后性及不规则的空间分布和不确定性，因此炼钢精准控制一直存在诸多难题，是生产组织的瓶颈工序。转炉炼钢在生产过程控制方面已取得了显著的进步，重点是利用高度自动化控制技术提高产品的质量控制能力和设备的运行性能，以及原材料利用的优化。转炉自动化系统的核心功能是终点控制，转炉吹炼终点控制对人的经验经常有较强的依赖，吹炼终点控制自动化乃至一键炼钢正在追求中。炉外精炼工艺涉及复杂的热传导问题，难以用机理模型准确描述，而数学模型在实际应用过程中，需要及时根据工艺条件不断进行调整优化。

连铸核心设备包括结晶器振动和铸机辊列（铸坯支撑）。数学模型是连铸过程自动化的核心，主要应用的模型包括结晶器漏钢预报模型、动态二冷水模型、动态轻压下模型、优化切割模型、质量判定模型等。

冶—铸—轧工艺衔接一体化管控技术是钢铁生产组织中比较复杂的连续制造形态，包括热送热装（HCR）、直接热送热装（DHCR）甚至直接轧制（DR 或 HDR）等先进工艺，以达到节能降耗降的目标。

轧钢工序是钢铁工艺流程中自动化技术应用成效显著的领域。鉴于轧钢过程高速化、产品质量要求极致化特征，无法依靠人的操作干预来实现，轧钢工序普遍采用了高配、完善的基础自动化（L1）控制系统，以模型为核心的过程控制自动化也达到了相当的水平，世界几乎所有与轧钢相关的先进控制系统、数学模型和控制应用软件都可以在国内找到成功案例。在轧钢领域中，信息化和自动化技术的成熟度由高到低依次是热轧宽带钢生产线、冷轧宽带钢生产线、中厚板生产线、涂镀处理线、高速线材生产线、钢管生产线、棒材生产线等。

钢铁行业是耗能大户，能源成本占总成本的30%~40%以上。能源动力系统大多采用传统的自动化系统来实现能源设施的控制，基于自动化和信息化技术的管控一体化系统——能源管理中心（简称 EMS）被全行业广泛接纳和采用，借助软件技术和模型技术实现对能源主管网的统一调度、优化煤气平衡、减少煤气放散、提高环保质量、降低吨钢能耗和提高劳动生产率的目标；同时，能源管理系统对于能源动力系统事故预案的制定和执行、事故原因的快速分析和及时判断处理、能源供需的合理调整和平衡以及在客观信息基础上的能源实绩分析、能源计划编制、能源质量管理、能源系统的评价分析都十分有效。未来，能源管理将从单纯设备监控向过程综合监控方向发展，引入能源预测模型和平衡模型等，开展优化节能调度和综合平衡方法的研究等，是未来钢铁企业能源管理中心系统的发展方向。

矿山是提供钢铁生产的原料工序。我国矿山企业的信息化和自动化应用的广度和深度尚处于初级阶段，落后国外矿山 15~20 年，致使矿产资源利用水平不高、环境污染严重、竞争力弱。实施企业信息化建设是改变矿山企业现状的必然选择。矿山数字化的实现，集矿山管理、生产调度、开采设计、测绘、地质、采矿于一体，实现信息采集网络化、生产管理自动化。

冶金数学模型在制造各工序被广泛应用

数学模型是集生产工艺、自动控制、数学和计算机软件等于一体的综合性技术，对优化生产过程、提高产品质量起到至关重要的作用。高可用性、高精度的数学模型对于提高产品质量、节约能源、降低成本、开发和生产高附加值钢材品种等不可或缺，是钢铁制造中实现高度自动化的必要条件。

铁区各单元（特别是高炉）因其连续复杂的化学变化过程，需要一系列模型实现对高炉运行机理的描述和控制。大型钢企普遍设置了较完整的基于统计、经验或机理的数学模型，注重炼铁数学模型、专家经验的提炼和研究，部分领先的钢企在大型高炉中开发了基于人工智能、模糊逻辑控制的专家系统和优化控制系统。

以转炉为核心的炼钢工序离不开数学模型。模型对于钢水的质量起着决定性作用，在没有数学模型的条件下，钢水化学成分和温度的命中率只能达到40%~50%；基于静态模型控制，可以提高到60%~80%；而基于动态数学模型控制，可以提高到80%~95%。炼钢重点命中率提高，标志着钢水质量的稳定控制，对后工序连铸、热轧等影响巨大。在新建炼钢产线时，转炉数学模型往往是受到专利知识产权限制较多的关键技术。

轧钢工序（特别是冷热连轧）是应用数学模型技术最广泛、最全面、最成熟并且取得效益最明显的工序，热处理、涂镀处理等所有生产工序中，基本都对应用数学模型有强烈的依赖，从而使得轧钢自动化处于一个较高的应用水平。

模型日益引起了国内钢铁企业的重视，从引进、消化、吸收到改进、创新，将“黑箱”模型“白箱”化，是国内钢铁企业数学模型研发工作的主要模式，也取得了显著的进展。以宝钢为例，目前所有的冶金数学模型基本上都实现了自主可控，但模型创新还有较大的空间。

钢铁制造过程，模型数量众多，应用水平也存在差异。目前国内应用水平较高的代表性模型包括：矿山生产综合管理和控制数学模型，原料场混匀堆积智能模型，焦化、烧结、高炉专家系统，炉外精炼数学模型，连铸控制数学模型，热连轧数学模型。

作为过程控制的核心，冶金数学模型软件将日趋标准化、产品化，对用户给出模型软件的输入和输出接口及其函数调用的标准格式，避免了繁琐的重复编程，简化程序调试工作。数学模型从面向制造过程控制逐步向生产组织、管理运营拓展，数学模型的应用由主要集中在过程控制级（L2），呈现出以L2为基准，向下（基础自动化级L1）、向上（MES、ERP）拓展的发展趋势。

数学模型的研究没有止境，在钢铁智能制造的大背景下，模型又重新回到人们关注点的C位，但数学模型的内涵和标准发生了变化。从发展趋势上看，除了传统上广泛使用的机理、经验模型外，人工智能技术、模糊控制技术、专家系统技术、神经网络技术、数据挖掘技术等会逐步广泛应用于钢铁生产过程，或用于优化现有的机理和经验模型，或作为补充和替代，生成新一代冶金模型。

信息技术应用加速缩小与国际钢铁业差距

近几年，通过新建投产和大规模改造工程，钢铁业产线设备参数、工艺参数、产品质量控制手段均达到或接近国际水平，技术经济指标得到明显改善，产品质量水平得到较大提高。首先，这促进了钢材品种结构的拓展，以高级冷轧硅钢、汽车用钢、造船板等为代表的高等级钢材均实现较大幅度增长，产品结构调整取得了新的进展。其次，计算机控制的坯料加热节能技术促进了先进企业各工序能源消耗指标的改善。热轧工序节能技术主要有连轧、快速轧制、无头和半无头轧制、一火成材、热轧工艺润滑、轧制工艺优化、提高成材率、减少轧制间隙时间和提高轧机效率等。

信息化和自动化技术集成应用，提高了新产品研发能力，按照客户需求进行产品设计、制订产品质量标准和制造作业规范，改善产品生产过程中的动态质量检测活动，服务效率得以提高，在提高设备运行稳定性、减少故障停机时间、完善设备运维流程、改善设备运转率等方面都取得了较大进展。

国产钢材共有282个品种的实物质量达到国际同类产品实物水平，20个产品实物质量达到国际先进实物质量水平。另据中钢协信息，国内钢材市场占有率超过99%，22大类钢材产品中，有19类钢材产品自给率达到100%，一批高端钢材达到国际领先水平，钢铁新材料不断取得产业化突破，保障了重大工程和重点项目的顺利实施。

特别值得一提的是：建设一个千万吨级的钢铁基地已经是司空见惯之事，伴随着大型钢铁建设工程的推进，钢铁全行业自主集成能力获得稳步提升，在有效发挥装备产能，实现效益最大化并有效控制成本方面形成了巨大的群体能力和产业优势，钢铁冶金工程建设中，在人力、资金、土地等生产要素的有效组织，特别是生产管理和成本控制具有显著优势。

企业信息化为两化深度融合奠定了基础

《中国两化融合发展数据地图（2018）》统计显示，2018年钢铁行业两化融合指数达到51.2，关键工序数控化率达到68.7%，应用电子商务的企业比例超过50%，数字化水平在所有行业中处于相对较高水平如图7-8所示。

中国钢铁工业协会《中国钢铁行业企业信息化和工业化融合发展水平评估报告（2020）》数据显示：

（1）基础自动化及生产过程控制系统已基本普及超过80%，但L2系统普及率仍有待提升。

（2）车间级制造执行系统（MES）覆盖的生产线比例平均为74%，而仓库管理环节的信息系统覆盖率达到94%，但产线覆盖率及业务覆盖面有待提高。

（3）运营管理业务系统中，采购、销售已达100%，质量、设备等达70%以上，统一财务管理信息系统以支撑其财务管理业务的企业比例为 87.8%，均达到了较高的水平。

（4）部署研发项目管理信息化系统的企业占比 36.5%，研发设计类工业软件的配置水平仅略高于 30%。

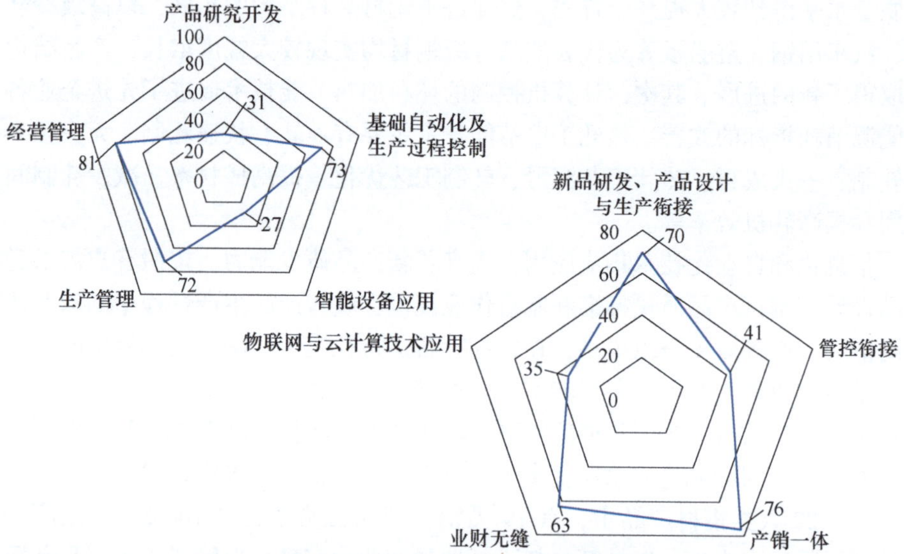

图 7-8　钢铁行业企业集息化和工业化融合发展水平评估综合集成二级指标平均得分

钢铁企业历来重视与先进制造技术和信息技术的结合发展，其通过不懈的资源投入，建设了高度自动化的产线装备和现代化的制造工艺流程，形成了较为完备的自动化、信息化体系架构，ERP、MES 解决方案已经普遍应用于大型钢企等，生产、管理、供应链等流程初步实现了供需衔接和数据贯通，形成了具有中国特色的制造过程管理体系，有效支撑了钢铁行业实现大批量、标准化和成本可控的生产运营。

7.1.4　钢铁行业与工业互联网融合发展需求

钢铁行业业已形成的优势为行业推进智能制造，实现数字化转型、高质量发展打下了良好的基础，而行业普遍存在的一系列问题，也提出了迫切的需求，尤其是国家“‘3060’双碳”战略的推进，钢铁行业进入了全新的发展阶段，面临着新一轮多方面的机遇和挑战。

中国钢铁工业发展所处历史阶段的分析

从产业规律来看，中国钢铁行业发展可概括为“两个时期、五个阶段”：第一个时期是数量时期，包括增量阶段、减量阶段；第二个时期是高质量时期，包括重组阶段、低碳阶段。在两个时期中间有个环保治理的过渡阶段。基于大的发展规律来看，目前中国钢铁行业发展处于数量时期的减量阶段、高质量时期的重组阶段和中间过渡的环保阶段的三期叠加，正是承上启下的重要节点，减量、环保都取得了积极的进展，重组成为关键所在，其将决定钢铁行业能否实现由数量时期向高质量时期的平稳过渡，如图 7-9 所示。

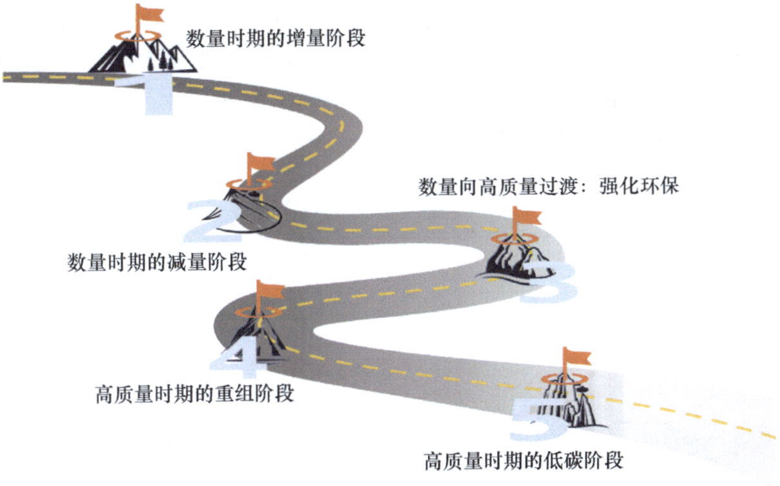

图 7-9　中国钢铁工业发展所处历史阶段的研判

在这个过渡阶段，绿色化、智能化成为钢铁行业发展新方向。绿色化是指从制造全流程、管理全方位、产品全周期等角度，强化绿色发展，加快超低排放改造，建立有效益、可持续的现代化绿色工厂、绿色产业链和产品体系。智能化是指促进工业互联网、云计算、大数据、AI 在钢铁企业研发设计、生产制造、经营管理、销售服务等全流程和全产业链的综合集成应用，提升钢铁全行业的运营效率。

钢铁行业发展之挑战

面对国内外发展的新形势，中国钢铁行业也面临着一系列重大的挑战，主要体现在：全行业产能过剩问题尚未得到根本解决，持续进行供给侧改革、驱动企业转型升级、促进制造资源优化配置的迫切性凸显；产业链全球布局不合理，国际化程度很低，受国际供应链波动影响大，国际贸易摩擦带来巨大不确定性；部分核心工艺和装备技术仍依赖于国外，尚未摆脱关键、核心工艺产品技术追随者的角色，技术创新能力不足等。

“‘3060’双碳”战略的推进，对钢铁行业又提出了新的要求。钢铁生产工艺和特点决定了其高能耗、高排放的特征。2020 年，中国钢铁行业综合能耗 5.8 亿吨标准煤，折合二氧化碳排放量 15.6 亿吨，占当年全国二氧化碳排放总量的

11.6%，占据全国行业碳排放量第二位，仅低于电力行业。以全生命周期（LCA）评价方法，评估产品在其整个生命周期中的碳排放数值，并进行环境影响的量化评价，是一项重要的工作。

工业互联网与钢铁行业融合发展

2020年主笔完成了《原材料工业与工业互联网融合路径研究》报告之钢铁行业部分。2021年4月，工业互联网产业联盟、中国钢铁工业协会和中国金属学会联合发布《工业互联网与钢铁行业融合发展参考指南（2021）》，从多维度深入分析了钢铁行业发展现状态和需求，进而明确了钢铁行业与工业互联网融合发展的具体路径的方向如图7-10所示。

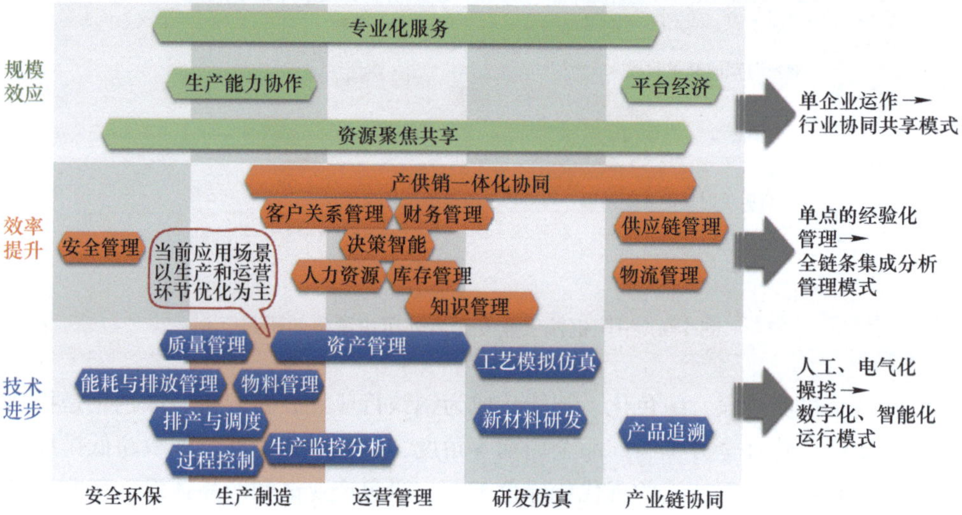

图7-10 钢铁行业与工业互联网融合发展应用视图

（1）提升生产效率。构建一体化生产管控体系，形成以生产计划为主线，贯穿生产制造全过程的业务协同机制，提高各工序、各业务、各基地的生产组织和协同程度，同时提高生产管控智能化水平，形成专家经验与数据相结合的生产操作与生产管理模式。

（2）提升产品质量稳定性。推动产品设计标准化和智能化，实现质量缺陷预分析与报警、工艺参数在线监控、产品质量动态改进等全流程控制和一贯制管理，建立事前预防控制、事中过程控制、事后检验把关和反馈优化的产品质量管理体系。

（3）降低运营成本。打通经营管理系统与生产执行系统的数据链，打造数据驱动、敏捷高效的精益管理体系，提高市场及时响应、成本精细管控、实时精准决策水平，不断优化资源配置效率，降低成本。

(4) 助力绿色生产。提升钢铁生产流程的整体紧凑程度，减少跨工序协同不足导致的能耗物耗，加强能源集成化和智能化管控，实现能源动态平衡和优化利用，改变原来分散式的能源管理模式，助力钢铁行业实现“双碳目标”。

(5) 提高安全水平。提高全要素连接能力和数据采集能力，实现对生产现场、产业园区等区域的全方位监控与高精度识别，助力安全管理模式由事后应急处置向事前分析预警转变。

钢铁行业转型升级需要自身产品、工艺、装备等各领域的发展进步。工业互联网作为新一代信息通信技术与制造技术融合的产物，是钢铁行业实现提质、降本、增效的赋能技术，是支撑钢铁行业实现高质量发展的重要路径，在钢铁行业的数字化、网络化、智能化发展中正逐渐发挥出核心支撑作用。

7.2 钢铁智能制造的现状

工业互联网支撑下的智能制造，是钢铁行业实现高质量发展的重要路径，其最终目标是提高效率。效率改善来自多个视角，包括生产制造、质量成本、运营效率、环境保护和生产安全等。

7.2.1 国内外钢铁智能制造发展状况

世界一流钢铁企业一直致力于发展少人化、准无人化、局部无人化、全无人化技术，通过自动化和智能化技术应用，实现操作规范化，消除人为干预的潜在风险，提升劳动效率。如日本钢铁实现的一人控制出铁过程、使用连铸机器人实现连铸平台无人化，日本川崎钢铁千叶厂热连轧 3 人监控操作，浦项热轧厂的“5+N”操作等，都是成功的实践案例。

韩国浦项基于 PosFrame 平台的智能工厂

POSCO 以 50 年运营的丰富行业知识为基础，灵活应用如物联网、人工智能和大数据等尖端技术，以改进产品质量、优化生产流程、提高生产效率为目标，通过泛在物联，实时收集现场生产现场数据，对连续运行的各工序产生的数据进行管理，解析数据之间的相互关系，以机理和专家经验为基础融合大数据分析，对工艺状态进行预测和预知，构筑最佳智能化生产体系。其 PosFrame 架构见图 7-11。

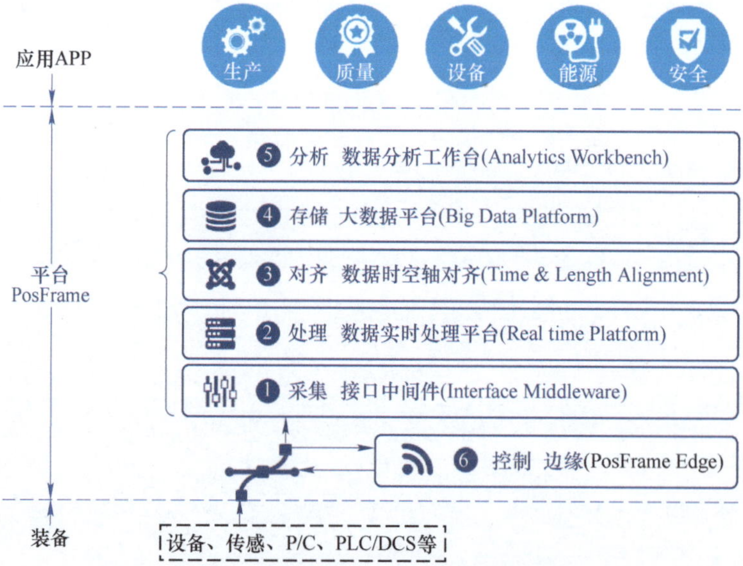

图 7-11 浦项钢铁 PosFrame 平台架构

作为智能工厂平台的 PosFrame 具有工业互联网平台的所有技术特征，构建于 PosFrame 之上的智能化应用，支撑企业运行、预测式维护、虚拟工厂、主动安全，达成各连续生产工序之间协同、交互和改进的效果，提高生产效率，预测产品质量，查找产品缺陷，预防设备故障。

POSCO 积极通过人工智能技术来提高钢铁行业的生产效率和产品质量，通过与学术界、中小企业以及初创企业共同合作，构建自己的智能工厂平台。2019 年 7 月 1 日至 3 日，2019 夏季世界经济论坛（World Economic Forum，达沃斯论坛）在中国大连举行。在此论坛上，POSCO 依托现场使用 AI 技术的智能高炉、基于 AI 的涂层重量控制等应用成果，被评选为世界“灯塔工厂”，同时，POSCO 也是首家获此殊荣的韩国企业。

日本、德国钢铁企业物联网、人工智能技术应用

新日铁住友金属加大物联网、人工智能等技术的研究力度，通过利用机器学习等 AI 技术加速业务改革，聚焦解决质量、物流、原料一贯最佳化、数据整合统一化、生产标准化、现场作业安全、资源技能传承等课题，通过利用高级 IT 技术支撑人的判断，尝试预测未来。

日本 JFE 钢铁利用大数据分析、虚拟现实、机器人技术、人工智能等最新技术，分析庞大数据，使企业内各领域、各部门的技术研发人员形成合力，在作业资源、设备状况监视、品质设计和安全对策等方面加强对人的支撑。

德国蒂森克鲁伯基于工业 CPS，构建曼尼斯曼热轧带钢智能工厂，通过物联技术建立产品生产线和用户之间的系统平台，用户可自行将需求订单、产品规格、质量要求、出货日期等输入系统，系统据此对原料采购、原料配比、订单生产、存储运输进行优化，最大限度地提高生产效率。

德国 SMS、美国 Noodle. ai 与美国大河学习型工厂

德国西马克（SMS）与美国 Noodle. ai 合作，共同打造了美国大河（BRS）学习型工厂（图 7-12）。所谓学习型钢厂，就是时刻收集数据，时刻交换数据，一直分析数据，一直在再教育，了解正发生的事情，知道所有事物的成本。

大河钢厂的吨钢效率和数据实践在国内引起了相关人员和机构的很大兴趣，国内多个钢企单位曾组团到大河参观考察，大河高层也来国内多次交流，并在 2017 年宝钢学术年会上做主旨报告。

BRS 全厂安装有超过 5 万个传感器，通过广泛分布的传感器实时采集生产过程中的温度、压力、金属成分、磨损等信息，将人工智能与机器自学习的算法结合成“The Beast”的工业操作平台，对大量历史数据进行分析以识别预测模式，用于预测设备的故障周期，优化生产和维修，从而避免昂贵和不必要的维修和备件更换，同时对维修时间进行预判预警，避免设备异常故障和停机；预测交货周

期、优化维护计划、生产线调度、物流运营和环境保护等，降低整个供应链的运输和存储费用，以最大限度地提高产量和产品质量，减轻安全风险并最小化成本。

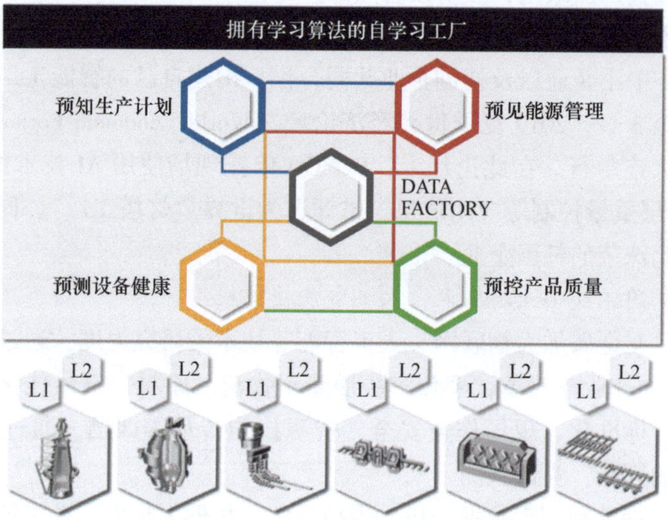

图 7-12 SMS 与 Noodle. ai 合作推进美国大河学习型钢厂

在云端，每个订单都包括温度、钢级、订单完成时间等大量数据，对客户的反馈数据进行识别，通过不断输入数据，形成数据集群，并进一步进行预测，从而得知该客户的订单生产能否如期完成。

人工智能的使用使得 BRS 成为全球第一家学习型钢厂。随着平台获得的数据增多，平台的准确性和精度也会不断提高，很少有预料之外的事情发生，每时每刻都在进步。平台不是简单地把数据取出来，而是要得出精准的预测，做到所有事件都可预测，实现“无随机事件”的生产过程。

普瑞特“打造钢铁的数字化时代”

作为一家知名的钢铁工艺设备专业供应商，普瑞特（PriMetals）的基本思想是：所有设备都要能够应对未来挑战，不断提炼满足未来需要的新型设备集成方案（图 7-13）。为此，需要考虑三个目标：

（1）钢厂的生产质量应当尽可能可靠和稳定。

（2）生产链应当能够根据客户的具体要求、原料条件的变化和其他因素进行调整。

（3）降低生产成本和提高生产能力。

“智能”传感器连续提供需要的信息，先进的互联互通性使不同工厂的信息得到高效利用，先进的工艺优化使所有工艺得到自适应控制，自动功能减轻了工作负担，状态监测保证了工艺透明性并减少了预防性维护的工作量。生产设备的协调有三个核心技术，构成了数字统一体：生产管理系统（PMS）、维护资产技术（MAT）和全流程工艺优化（TPO）的工艺质量优化方案包。三者以多种方式相互配合，保证所有设备完美协调，最大限度发挥能力，显著改善生产人员的工作体验，使制造更加“智能化”。

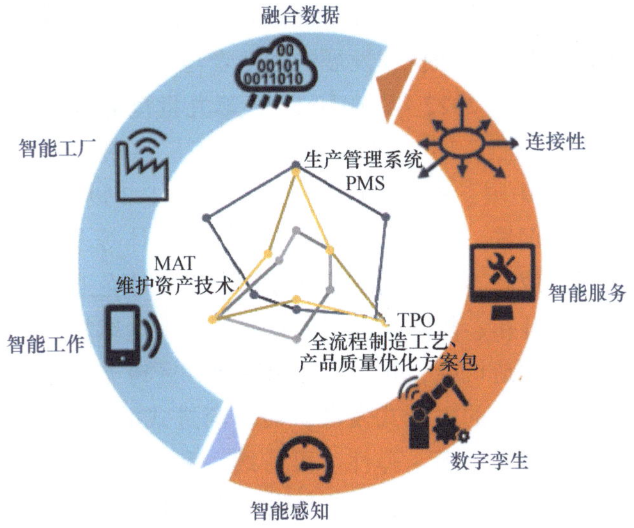

图 7-13　普瑞特互联工厂及数字化核心

普瑞特互联工厂意在创建真实钢厂的“数字孪生体”，以实际工厂的模拟和仿真为基础，既可在线使用以进一步优化生产设施，也可离线使用以模拟和开发新生产工艺或新产品。这使技术人员能够在将新设备或参数修改应用于实际生产工艺前进行充分的模拟。它消除了对当前生产的任何影响，最大限度降低了发生意外的风险，使系统能够更顺利地启动。链接选项可以使技术人员选择共享数据，实时获得普瑞特冶金技术专家的建议，能够在离线环境下，更方便地以一种安全的方式对操作人员进行培训。

中国钢铁行业智能制造实践探索

以鞍钢、河钢、首钢、沙钢、南钢等为代表的中国钢铁企业，在努力推进和布局工业互联网，不断探索智能工厂的建设，如全线普及机器人应用、质量一贯制 TPQC 用于主要产线的质量管控等。

中国宝武在智能制造推进上一直走在国内外前列，率先提出了“四个一律”

“三跨融合”，作为智能制造战略，并提出了构建钢铁生态圈的理念，通过数字化转型打造“数·智钢铁”。在具体推进中，中国宝武确定了支撑“协同生态-智慧运营-智能工厂”的“云-边-端”工业互联网系统架构，布局了“1+N”大数据中心建设，在“云、边”协同下各类数据创新应用的场景实践不断涌现，可谓“繁星点点”。

宝钢股份宝山基地的世界灯塔工厂（Lighthouses）

2017年，由世界经济论坛（WEF）携手麦肯锡公司共同倡议并正式启动了全球“灯塔工厂网络项目”（Light House Network），共同遴选率先应用工业革命4.0技术实现企业盈利和持续发展的创新者与示范者。2018年首次发布9家全球灯塔网络项目，到2022年10月11日第九批世界灯塔工厂发布，全球灯塔网络已有114名成员。图7-14为全球灯塔工厂名单、所在行业及区域分布。其中，42家位于中国，占全球灯塔工厂总数的1/3以上[55]。其中包括31家中国企业，分布于钢铁、家电、汽车、装备、半导体等多个行业。灯塔工厂在应用新技术实现增效降本、节能减排等方面，为全球企业提供了值得借鉴的成功案例。作为一个开拓、复制和推广创新的平台，全球灯塔网络旨在为跨企业的互相学习与协作创造机会，并为全球制造业社区树立新标杆。“灯塔工厂”的遴选更加注重制造企业的飞跃式发展，而非渐进式的变化和持续的小改进，规模大小并非入选的硬性门槛，弹性、可持续性和劳动参与已成为首要任务，从数字化中挖掘新的价值，通过敏捷性和强大的转型治理等推动因素来加速扩展，包括提升资源利用率和生产率、加强敏捷度和响应能力、提高定制化和柔性化水平、获得更好的投资回报率等，同时确保环境可持续性和提高劳动效率与价值。

根据创新模式的不同，世界灯塔工厂分为生产制造灯塔工厂（Four-Wall Factory Lighthouses）和端到端贯通的价值链灯塔工厂（End-to-End Connected Value Chain Lighthouses）两大类型。前者着眼于生产制造本身，利用数字化技术提高生产制造过程的效率、质量和节能环保。其相应的评价指标体系由五大类51小项指标组成，包括数字装配与加工、数字设备维护、数字化绩效管理、数字质量管理、数字化可持续发展。后者侧重端到端价值链的贯通，更注重供应网络连接性、端到端产品开发、端到端规划、端到端交付、客户连接性等方面的价值链打造，也就是利用数字化工具优化采购、研发、供应链、物流、营销和售后等环节，以创造更多价值。其评价指标包括五大类59小项指标，覆盖供应网络连接性、端到端产品开发、端到端规划、端到端交付、客户连接性等。

1

No.	企业	行业	所在地
1	拜尔生物制药	制药	意大利加巴纳特
2	博世	汽车零部件	中国无锡
3	海尔中央空调互联工厂	家用电器	中国青岛
4	强生DePuy Synthes	医疗设备	爱尔兰科克
5	宝洁Rakona	消费品	捷克
6	施耐德电气	电子元件	法国勒沃德勒伊
7	西门子工业自动化产品	工业自动化	中国成都
8	UPS Fast Radius	增材制造	美国芝加哥
9	菲尼克斯电气	工业自动化	德国 特皮尔蒙特和布隆伯格

2

No.	企业	行业	所在地
1	宝马集团雷根斯堡工厂	汽车制造	德国雷根斯堡
2	丹佛斯商用压缩机工厂	工业设备	中国天津
3	富士康	电子设备	中国深圳
4	Rold	电气元件	意大利Cerro Maggiore
5	Sandivik Coromant	工业设备	瑞典Gimo
6	沙特阿美天然气厂	天然气处理	沙特Uthmaniyah
7	塔塔钢铁	钢铁制品	荷兰艾默伊登

3

No.	企业	行业	所在地
1	上海大通C2B定制工厂	汽车制造	中国南京
2	浦项钢铁	钢铁制品	韩国浦项
3	施耐德电气Batam工厂	电气元件	印尼巴淡岛
4	福特奥特桑工厂	汽车制造	土耳其科贾埃利
5	诺基亚5G工厂	电子设备	芬兰奥卢
6	雷诺集团	汽车制造	法国Cleon
7	Zymergen	生物技术	美国爱莫利维尔
8	Arcelik	家用电器	罗马尼亚Ulmi
9	Petrosea	采矿	印尼Tabang
10	塔塔钢铁	钢铁制品	印度卡林加纳加

4

No.	企业	行业	所在地
1	宝山钢铁	钢铁制品	中国上海
2	福田康明斯	汽车	中国北京
3	海尔沈阳冰箱互联工厂	家用电器	中国沈阳
4	强生DePuy	医疗设备	中国苏州
5	宝洁	消费品	中国太仓
6	潍柴	工业机械	中国潍坊
7	雷诺集团	汽车制造	巴西库里提巴
8	MODEC	油气	巴西里约热内卢
9	葛兰素史克	制药	英国韦尔
10	汉高	消费品	德国杜塞尔多夫
11	爱科	农业设备	德国马克托波道夫
12	联合利华	消费品	阿联酋迪拜
13	英飞凌	半导体	新加坡
14	美光	半导体	新加坡
15	Petkim	化学品	土耳其伊兹密尔
16	通用电气医疗	医疗设备	日本
17	日立奥米卡工厂	工业设备	日本奥米卡
18	强生视力健	医疗设备	美国杰克逊维尔

5

No.	企业	行业	所在地
1	阿里巴巴犀牛工厂	汽车制造	中国杭州
2	美光科技(台中)	半导体	中国台湾
3	美的集团广州南沙工厂	家用电器	中国广州
4	联合利华(合肥)	消费品	中国合肥
5	雷诺集团(莫伯日)	汽车	法国莫伯日
6	Janssen Large Molecule	生物制品	爱尔兰科克
7	诺和诺德(希勒勒)	生物制药	丹麦希勒勒
8	沙特阿美(库阿斯)	石油天然气	沙特库阿斯
9	DCP Midstream(丹佛)	石油天然气	美国丹佛
10	施耐德电气(莱克星顿)	电气元件	美国莱克星顿

6

No.	企业	行业	所在地
1	爱立信	电子产品	美国路易斯维尔
2	强生消费品保健	个人护理	瑞典赫尔辛堡
3	惠普	电子产品	新加坡
4	宝洁	消费品	美国莱马
5	STAR炼油厂	油气	土耳其伊兹密尔
6	美的	家用电器	中国顺德
7	宝洁	消费品	法国亚眠
8	ReNew Power	可再生能源	印度胡布利
9	纬创资通	电子产品	中国昆山
10	汉高	消费品	西班牙加泰罗尼亚
11	塔塔钢铁	钢铁制品	印度贾姆谢德布尔
12	青岛啤酒	消费品	中国青岛
13	西门子	工业自动化	德国安贝格
14	富士康	电子产品	中国成都
15	博世	汽车零部件	中国苏州

7

No.	企业	行业	所在地
1	德龙集团	家用电器	意大利特雷维索
2	伟创力	电子产品	奥地利阿尔特霍芬
3	强生视力健	医疗器械	英国伦敦
4	汉高	消费品	墨西哥托卢卡
5	强生旗下骨科公司	医疗器械	美国布里奇沃特
6	Protolabs	增材制造	美国普利茅斯
7	友达光电	光电子	中国台中
8	宁德时代	电子产品	中国宁德
9	中信戴卡	汽车	中国秦皇岛
10	富士康(武汉)	电子产品	中国武汉
11	富士康(郑州)	电子产品	中国郑州
12	海尔(天津)	家用电器	中国天津
13	群创光电	光电子	中国高雄
14	LS电气	电气元件	韩国清州
15	三一(北京)	工业装备	中国北京
16	施耐德电气(无锡)	电气元件	中国无锡
17	联合利华(太仓)	消费品	中国太仓
18	西部数据(槟城)	电子产品	马来西亚槟城
19	西部数据(巴真武里)	电子产品	泰国巴真武里
20	Arcelik	家用电器	土耳其埃斯基谢希尔
21	沙特阿美	石油天然气	沙特布盖格

8

No.	企业	行业	所在地
1	强生杨森制药	制药行业	意大利拉蒂娜
2	赛诺菲	制药行业	法国巴黎
3	Teva梯瓦制药	制药行业	荷兰阿姆斯特丹
4	京东方科技集团	光电子	中国福州
5	博世	汽车	中国长沙
6	海尔	家用电器	中国郑州
7	强生消费品(泰国)	个人护理	泰国曼谷
8	LG电子	电子产品	韩国昌原
9	美的	家用电器	中国荆州
10	美的	家用电器	中国合肥
11	宝洁	消费品	中国广州
12	施耐德电气	电气元件	印度海德巴拉
13	联合利华	消费品	印度达帕达

9

No.	企业	行业	所在地
1	安捷伦科技	仪器	新加坡
2	宁德时代	能源行业	中国宜宾
3	西普拉	制药行业	印度印多尔
4	达能	食品	波兰奥波莱
5	瑞迪博士	仿制药	印度海得拉巴
6	伟创力	电子制造	巴西索罗卡巴
7	海尔	家用电器	中国青岛
8	美的	家用电器	中国顺德
9	亿滋	食品行业	印度斯里城
10	三一重工	工程机械	中国长沙
11	西部数据	电子产品	中国上海

灯塔工厂分为两类：

● 生产为主的灯塔工厂 Four-Wall Factory Lighthouses

● 端到端价值链打通的灯塔工厂 End-to-End Connected Value Chain Lighthouses

图 7-14 全球114家入围世界灯塔工厂网络企业及行业与地域分布
(根据世界经济论坛资料整理)

在2020年3月第四批灯塔工厂中，宝钢股份宝山基地成功入围全球灯塔网络。此前印度塔塔钢铁（Tata Steel）位于荷兰和印度的两家子公司，以及韩国浦项（POSCO）分别入选该名单。

此次评比中，宝钢股份上海宝山基地的五个智慧制造项目获评“灯塔工厂”最佳实践案例，覆盖智慧计划、智慧生产、智慧设备管理、智慧质量管理和智慧物流五大模块，具体包括：

（1）满足个性化定制需求的大数据热轧自动生产计划编制系统。

（2）降低炼钢成本的转炉数字孪生系统与自动出钢专家系统。

（3）实现设备状态智能诊断的数字化工厂平台与智能模型。

（4）代替传统人工经验的AI表面质量线检测系统。

（5）实现实时追踪、无人操作和自动计划的智慧物流系统。

宝钢股份智慧制造，以营销、采购、研发、制造等公司核心业务作为数字化、智能化转型切入点，以精准、实时、高效的数据采集、互联体系为纽带，旨在构建一个“全要素、全业务、全流程”的智能化动态运行系统，持续优化资源配置效率，以自动化提高工作效率，以智能化、智慧化提高决策精准性，实现“作业自动化、管理智能化、决策智慧化”的精细化深度运营。

世界经济论坛发布的白皮书中评价道：“作为一家有着40余年历史的企业，宝钢股份很早就进行了数字化的探索，广泛应用人工智能、高级分析技术，在数字时代里依然保持着引领行业的竞争力，创造了5000万美元的价值。”

经过多年努力，宝钢股份在国家级试点示范、作业无人化、业务模式创新、流程变革等领域取得了显著成效与经验，其中，入选灯塔工厂网络的上海宝山基地建成了炼铁数字化料场、1580智能车间试点示范、一炼钢厚板连铸智能产线、冷轧C008智能车间、硅钢四期智能工厂、出厂物流优化等一批智能化产线和业务，效益效果明显，在智慧制造推进中起到示范作用。图7-15所示为宝钢股份宝山基地灯塔工厂实践与效益。宝钢股份其他各大基地也在现场无人化、工业机器人应用、智能化产线建设等方面持续发力、协同共进，形成了智慧制造的良好发展态势。如今，宝钢股份智慧制造体系日趋完善，形成基于工业互联网体系架构的大数据中心，在数据能力、人工智能等新技术应用上，不断拓宽，实现了部分突破。

宝钢股份宝山基地作为中国首家钢铁领域的“灯塔工厂”，为中国钢铁业的数字化转型升级提供了可复制的经验和成果，成为引领未来钢铁、从“钢铁大国”走向“钢铁强国”的象征之一，践行作为唯一一家中国钢铁行业“灯塔工厂”承担的特殊使命。

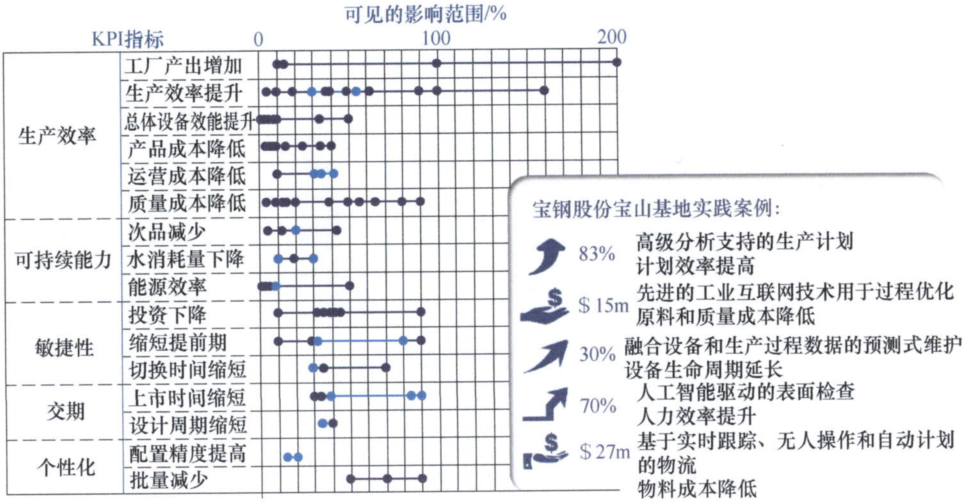

图 7-15 宝钢股份宝山基地灯塔工厂实践与效益

（根据世界经济论坛和麦肯锡公司资料整理）

7.2.2 智能制造供给侧技术能力和产品

国际工业互联网头部企业强势引领

作为工业互联网概念的开创者，GE 的技术文件和市场预测无疑对工业互联网的早期发展起着极大的推动作用。GE 试图通过工业互联网，“打破机器与智慧的边界”，捕捉和分析海量高速运行、类型多样的各种机器产生的数据，打造各个合作伙伴都愿意参与的生态系统。其首推的工业互联网平台——Predix 是工业互联网平台的鼻祖，因其是“全球第一个专为工业数据分析开发的云平台”曾被寄予厚望（图 7-16）。虽然在商业上未取得预想的成功，也无从证明其“到 2020 年，将有 500 亿台设备连接到互联网”的预言是否已经实现，但因其理念的创新性和技术的先进性，仍然使其维持着工业互联网探索者应有的地位，一直是工业互联网平台技术发展的重要借鉴。

西门子基于云端的开放式物联网操作系统 MindSphere。通过将机器设备和实际基础设施连接到数字世界，MindSphere 可提供功能强大的工业应用，包括高级分析服务和数字化服务，将这些数据转换成非常有价值的信息，从而向整个企业释放更大的生产率和生产效率。MindSphere 可提供安全的可扩展工业端到端解决方案（图 7-17），实现优秀的产品、工厂、系统和机器设备连通性，释放物联网数据的巨大潜能。

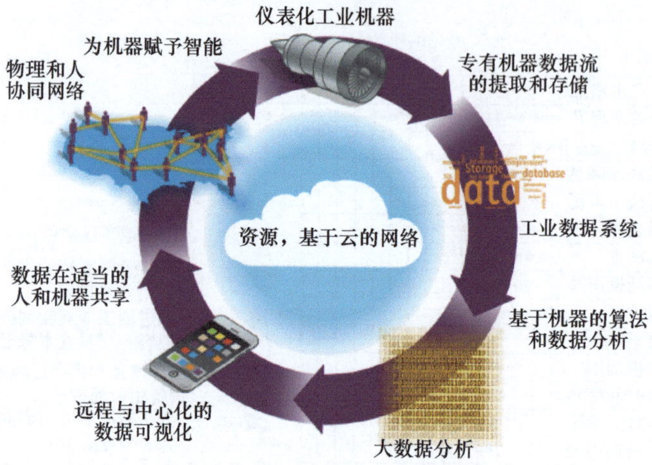

图 7-16 GE 工业互联网数据闭环

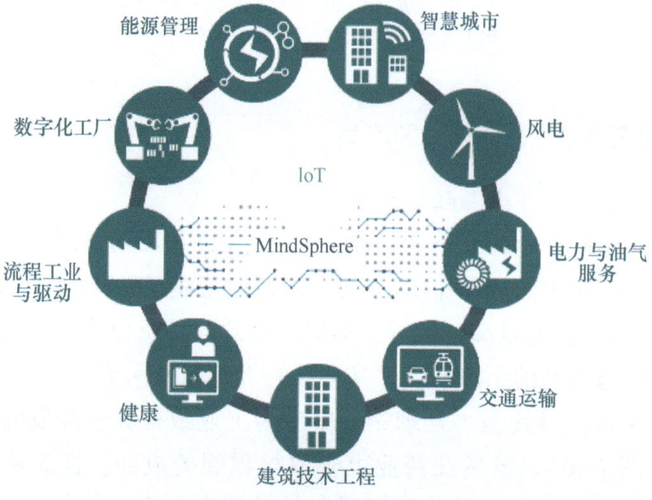

图 7-17 MindSphere 基于云端的开放式物联网操作系统

PTC 工业物联网（IIoT）平台 ThingWorx（图 7-18）。2013 年 12 月 PTC 收购 ThingWorx，把物联网的概念带入工业领域，定义为“一组集成的软件功能，用以改善资产密集型行业中的工厂、基础设施和设备的资产管理决策制定以及运营的可见性和控制力”。PTC 为工业企业提供的价值，是产生数据和定义数据应用模型：从企业产品源头数据，通过 PLM 定义对产品数据价值的应用模型，在 ThingWorx 平台上，利用包括 CAD 在内的工业设计软件，实现从产品设计和制造到创造价值并与客户互动的方式。

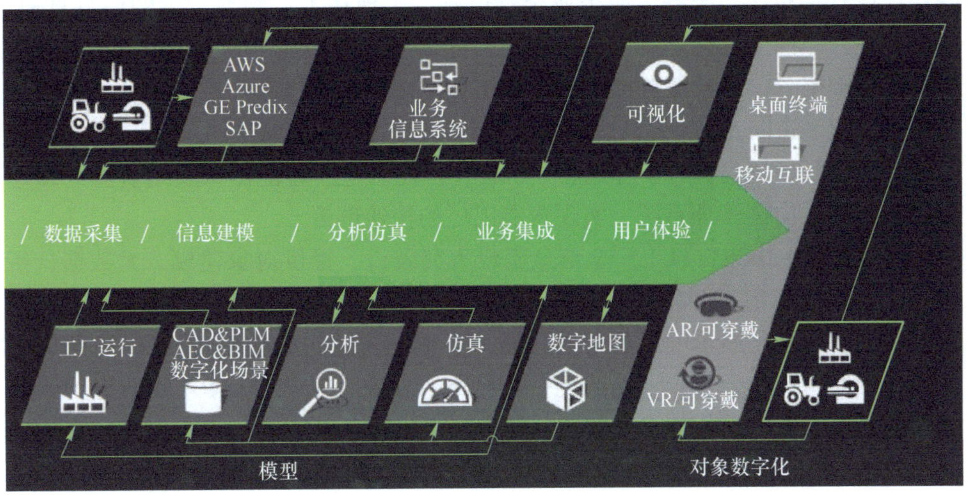

图 7-18 PTC ThingWorx 平台架构

ThingWorx 整合了快速应用开发、连接、高级分析、机器学习和增强现实等技术能力，并与领先的设备实现云集成。通过这一全面的物联网开发工具，客户可以安全地连接资产，快速创建应用和体验，并创造获取价值的新方法。

国内部分工业互联网平台代表型企业实践

海尔 COSMOPlat：实现 IT 和 OT、大规模和个性化融合的互联工厂，将顾客需求、产品订单、合作生产、原料供应、产品设计、生产组装和智能分析等环节互联起来，并进行实时通信和分析，通过大规模、高效率、低成本实现了定制的高精度、高品质。

航天科工 INDICS：提供 INDICS-API 软件接入接口和 SmartIoT 系列智能网关接入产品，支持各类工业设备和工业产品的制造资源/能力的接入。工业应用 APP 层提供商务、研发、管控和以远程监控、智能诊断、售后服务、资产管理为核心的智能服务等全产业链的工业应用服务。

东方国信 Cloudiip：发挥大数据技术能力优势，将大数据应用于高炉远程运行诊断与监测，针对高炉设计、生产、操作特点的多样化，从传热学、炼铁学等机理层面建立合理的预警标准，实现高炉的安全、长寿生产和炼铁智能化。

树根互联 Rootcloud：以面向工业智能设备的智能服务为主要场景，实现产品全寿命周期及端到端流程贯通，依托平台，配合嵌入式智能终端、车载终端、智能手机等硬件设施，借助移动互联技术，构造设备数据采集与分析机制、智能调度机制、服务订单管理机制、业绩可视化报表、关键重要部件追溯等核心服务。

用友精智：以“数字化管理”为核心，向下深度融合 IT/OT，向上泛在产业互联，建立“消费侧-供给侧融通”的可持续发展的工业互联网平台。将工业互联和产业互联对接，服务工业企业全价值链，实现从工厂到消费者的信息直通，支撑工业产品的个性化定制。在制造中台的支撑下，形成 IoT 物联服务、装备后服务、追溯服务、设计服务能力，建成工业互联网生态体系。

富士康 FiiCloud：集设计、制造、销售以及全产业链解决方案于一体的工业互联网平台，通过自设计、零组件、SMT、智能制造、智能测试及出货至终端客户的一整套供应链管理系统，实现智能工厂的快速部署。

中控蓝卓 SupOS：以工厂全信息集成为突破口，提供对象建模、大数据分析 DIY、智能 APP 组态开发、智慧决策和分析服务；平台提供工业大数据集成、分析、挖掘和可视化展示的工具集和模板库，以“平台+工业智能 APPs”的应用模式，帮助企业在云、企、端的统一架构下，实现工业智能 APP 和数据的快速迁移；是首个以自动化技术为起点，从下至上推进、开放的、以企业为核心的工业互联网平台。

阿里 supET：基于“新制造”概念，融合阿里云在云计算、物联网、大数据、人工智能等方面一系列先进的技术，整合在电商、物流、金融等方面一系列的能力，把工厂的设备、产线、产品、供应链、客户紧密地连接协同起来，赋能生态合作伙伴，为企业提供可靠的基础平台和上层丰富的工业应用；已经在小家电、机械、服装、玩具、日化、装备、电子等领域应用，是互联网企业进军工业互联网平台领域的典型代表。

中冶赛迪 CISDigital “轻推”：是一款集即时沟通、办公协同、企业管理、连接集成、智能硬件、领域信息化解决方案等多项能力于一体的智能工作平台。主要面向钢铁企业提供一体化生产、管控、办公协同提供解决方案服务，发挥大量工厂设计和工程总承的优势，凭借平台自身特有的柔性与强大的连接能力，将企业中的人、物、领域、场景连接起来，基于平台打造无人化生产、智慧决策和无边界协同的智能钢厂。

宝信软件 xIn^3Plat：作为国内工业软件的代表性企业，宝信软件是工业互联网战略的重要参与者与主要玩家。基于近 40 年在钢铁领域自动化控制和信息化管理软件开发和系统集成过程的长期积累和体系能力，在智能工厂和智慧制造领域积极探索；通过顶层设计，形成了具有特色的“云、边、端”工业互联网架构，打造满足智慧服务应用场景的云端平台 ePlat 和满足智慧制造应用场景的边缘平台 iPlat，并通过云、边协同，努力构建面向集团生态圈的网络化系统布局和数据生态环境，帮助企业在智数化时代实现“新四化”转型，即能力服务化、业务数字化、企业平台化、管理智能化。

7.2.3 智能制造战略推进需要重视标准体系的设计

标准的重要性毋庸置疑。世界主要发达经济体和跨国企业通过制定标准，在国际竞争中强化其产品、技术和管理的市场主导地位，全面提升产品、企业、产业乃至国家的竞争力，获得了巨大的利益。

智能制造本质上是一种创新活动，发生在大量产品、项目、工作、业务管理和产业发展等企业和社会活动中，是典型的标准化对象体。面向上述活动对象所采用的技术和方案，在一定发展阶段就可以形成相应的标准。

标准先行、规范引领

标准制定是先进性和实用性的统一。严格来讲，标准制定应该走在标准化对象活动之后，因为在技术和产品未经过验证的情况下，制定标准存在一定的困难。但是，标准先行又是创新实践中一个发展的趋势。

强调“标准先行”有其特定的含义：在特定条件下，通过标准的正面作用来促进、引领和规范标准化对象的发展，而不是事先对标准化对象的结果进行统一固化。标准先行的重要意义在于：在一定程度上对标准化对象的发展指定方向，避免犯方向性错误，与此同时，又可以通过标准的先行制定和宣贯实施，对多个标准化对象中相同或相近的工作形成借鉴和指导，避免过多的重复性工作，最大限度地提高标准化对象沿正确方向发展的速度和效率。因此，相对于总结性标准制定相对滞后于或者与标准化对象（产品、产业等）发展同步而言，这类在一定程度上和一定领域内超前于标准化对象发展的标准称为“引领性标准”，这些标准制定、使用和实施领域的“标准先行”，意义匪浅。

标准化对象是标准制定的依据，标准是标准化对象的载体。作为引领性标准，标准需要有一定的超前性才能指导标准化对象和活动的发展。标准适度先行是促进标准化对象发展的一个源泉，但标准不能脱离标准化对象的发展现状和要求，特别是标准化对象的技术现状，二者的互动最终促进标准和标准化对象协同向前发展。

国家智能制造标准体系建设指南。

2021 年 12 月 3 日，工业和信息化部、国家标准化管理委员会发出通知，正式发布《国家智能制造标准体系建设指南（2021 版）》。制定了国家智能制造标准体系架构（图 7-19），提出了近期和中期标准研制的目标。到 2023 年，制修订 100 项以上国家标准、行业标准，不断完善先进适用的智能制造标准体系；支撑智能制造发展迈上新台阶；加快制定：

（1）人机协作系统、工艺装备、检验检测装备等智能装备标准；

（2）智能工厂设计、集成优化等智能工厂标准；

（3）供应链协同、供应链评估等智慧供应链标准；

（4）网络协同制造等智能服务标准；

（5）数字孪生、人工智能应用等智能赋能技术标准；

（6）工业网络融合等工业网络标准等。

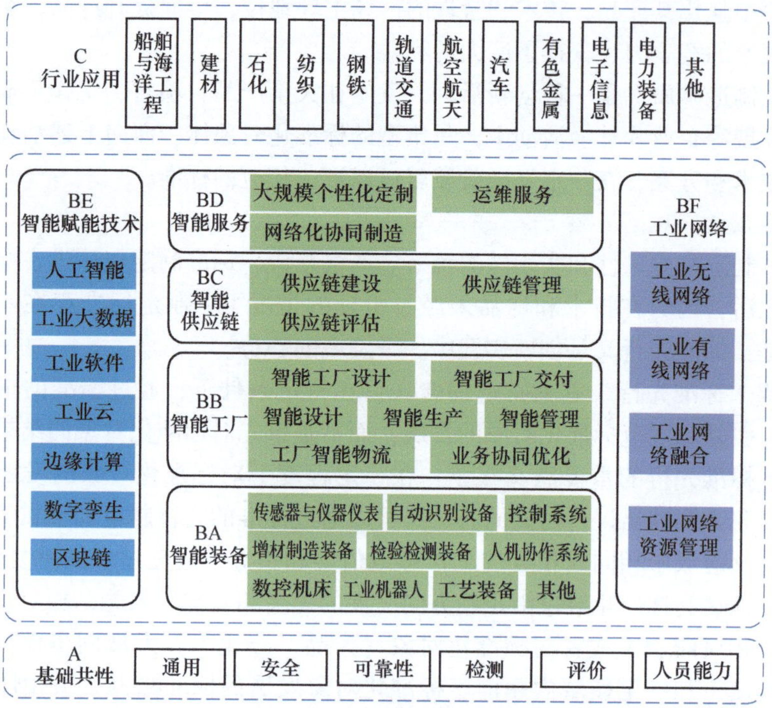

图 7-19　国家智能制造标准体系

到 2025 年，在数字孪生、数据字典、人机协作、智慧供应链、系统可靠性、网络安全与功能安全等方面形成较为完善的标准簇，逐步构建起适应技术创新趋势、满足产业发展需求、对标国际先进水平的智能制造标准体系。

钢铁行业智能制造标准体系建设指南

在国家智能制造标准体系的指导下，各行业均在加快制定行业智能制造的标准体系框架。图 7-20 是钢铁行业智能制造标准体系架构，已经提交国家智能制造标准专家组审议批准。

标准制定相关问题思考

（1）总结性标准和引领性标准。目前发布和在研的标准中，多数都定位于面向智能制造的引领性标准，如棒线材智能车间标准。这些标准都是基于企业实践案例的总结，试图通过标准先行来指导、推进和规范相关的智能制造活动。但是作为引领性标准，总结和提炼的共性特征还需要提高，真正超前于标准化对象的发展，形成指导。

（2）绝大部分纳入计划的标准研制，还处于比较初级的水平和阶段，具体反应在：标准中的“智能”要素并不突出，标准中大量的内容都属于传统制造活动或自动化控制、信息化管理技术，虽然这些工作是智能制造的必要基础，但

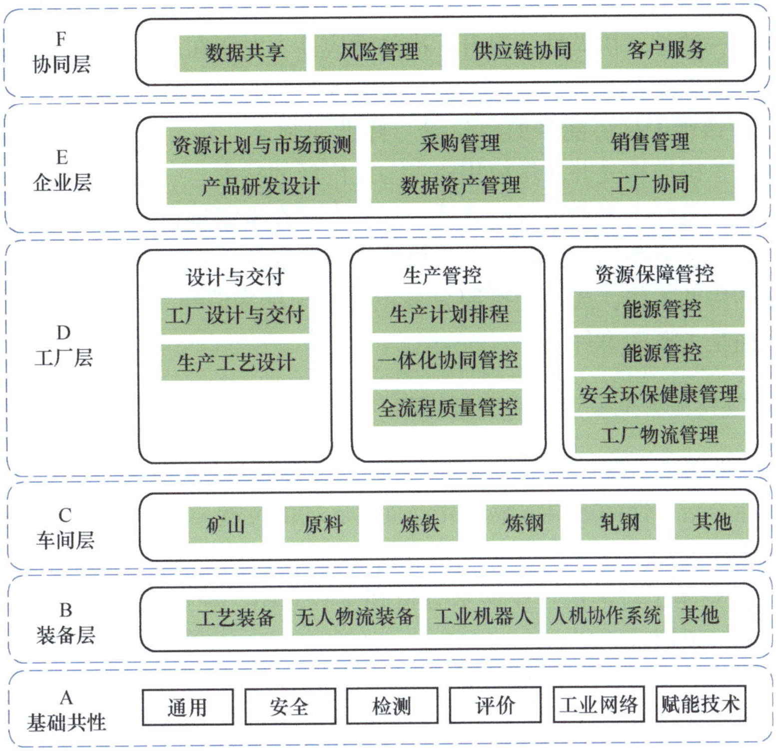

图 7-20　钢铁行业智能制造标准体系

不是智能制造的重点和核心。

（3）标准制定——特别是引领性标准——是一件技术难度较高的工作，要把握好企业经验与行业普适性的关系，不能简单的将企业具体工程实践案例“装扮成”标准。

（4）在标准制定过程中，企业都显示出前所未有的工作热情，提出了大量的标准建议。但是编制过程中一个较为普遍的问题是：未能正确认识标准的企业属性和社会属性的关系，过分强调标准编制中的企业利益，而忽视社会责任。标准编制既是企业市场竞争的一份努力，也具有一定的公益性。

（5）正确处理标准和专利的关系，将专利融入团体标准，可以提高标准的技术含量，激发标准研制的内在积极性，但不应将专利作为人为设限的手段，因为限制标准的使用范围，有违标准制定的初衷。

（6）标准在纳入计划后，转手交给并无实践经验的年轻员工动笔，是一个常见的现象。标准编制本身是一项专业性极强的工作，要求文字简练、语义明确、表述恰当，要做好标准的“八股文”，提高标准编制的质量和专业化水平。

（7）标准体系架构中有大量的“大数据、数字孪生”等新技术概念，但缺少相关的标准研究，需要关注。研究制定基础性技术标准，保证基础共性、关键技术标准的一致性、协调性，提升标准的适应性，对于在广泛的多行业领域引领技术发展至关重要。

（8）应该吸引尽可能多的单位参与标准的制定，只有形成广泛共识的标准才会在更大范围被接受并获得应用。参与度广泛的标准，一是需要妥协以兼顾各方的关切；二是标准更加客观、普适。尽管专家在审定过程中，一直大声呼吁应该尽可能多的企业参加，但事实上，仍然不尽如人意，不参加的主观动机可能是避免复杂的协调工作，或希望按照自身意愿主导标准编制。这样的标准发布后，被束之高阁是大概率事件。

7.2.4 钢铁行业智能制造应用实施框架

钢铁行业智能制造实施已经出现了很多亮眼的案例，呈现出若干具有普适性、领先性、指导性的解决方案，并提炼出不同的模型架构，以不同的形式和方法进行阐述和表达。

图 7-21 是基于对钢铁行业需求分析和实践总结，经提炼而形成的钢铁行业智能制造实施架构。

嵌入制造流程中的工业机器人

需要说明的是：钢铁行业并不是一个大量使用机器人的领域。

钢铁制造过程由一系列大型复杂的制造装备（如高炉、轧机等），按照产品制程组成不同的工艺路径组织生产。通常在工序中和工序间，总会存在一些由人来承担的现场岗位，完成一些特定的操作，以保证制造流程的连续进行。原因是多样的，或受环境、空间、技术等条件限制难以用自动化装备实现，或采用自动化装备成本效益不高，或操作要求简单但难以实现标准化等。随着对员工工作岗位条件改善的需求、对操作岗位工作质量的要求、以及劳动力成本的上升等多种因素的出现，用机器代替人来完成这些岗位功能就成为一项优先的事项。将机器人嵌入制造流程中，就是在不改变制造流程的前提下，实现无人化操作。

将工业机器人嵌入钢铁制造流程中（图 7-22），意味着：采用工业机器人代替人，能够自然融洽的成为钢铁制造流程的一部分，衔接上下游岗位功能，不会对已有钢铁制造工艺过程带来重大调整或影响生产节奏。

初期应用主要是由机器人完全模仿人的操作行为。按照特定时序和功能设计的工业机器人，嵌入现有的钢铁制造流程中，目标就是代替人来完成规定的动作，通常应用场景首选 3D 岗位，即存在危险（Danger）、粉尘严重（Dusty）、动作重复（Duplicate），在这种特定环境下，完成岗位操作，且符合工作节奏的需求。未来，机器人应用会逐步向另一个场景转变，即困难（Difficult），在这种场景，工业机器人应用已经不再是以机器代人完成既定岗位操作为目标的简单模仿

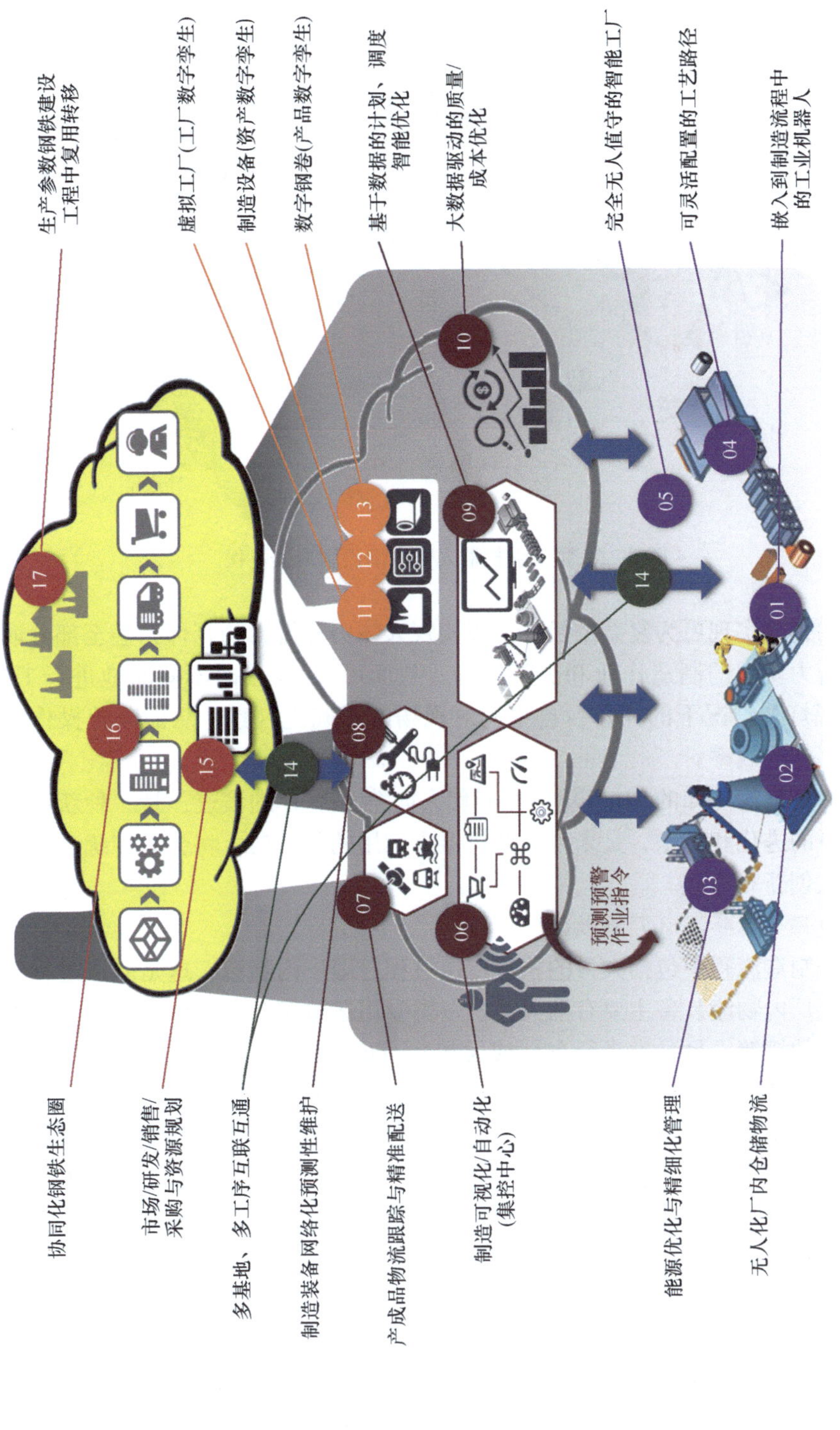

图 7-21 钢铁智能制造应用功能框架

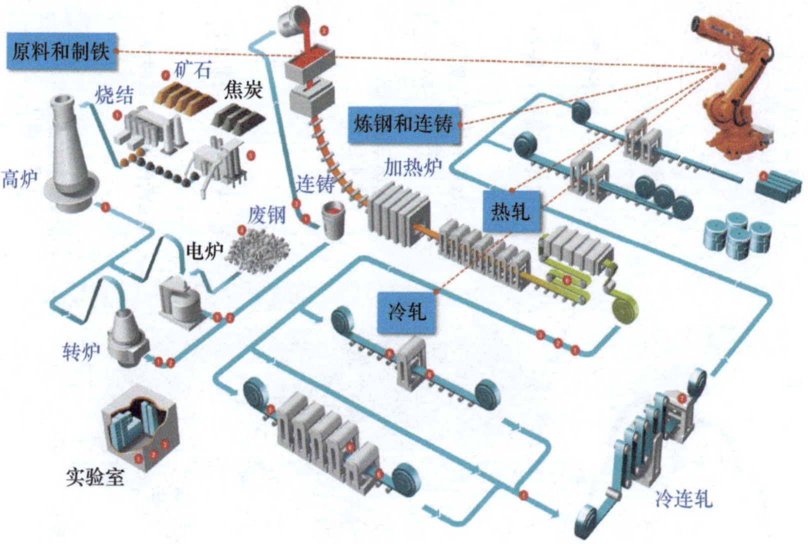

图 7-22　将工业机器人嵌入钢铁制造全过程

作业，而是要实现更为复杂的目标，以实现人体力和智力的延伸，甚至部分取代人类高智力要求的制造作业和决策行为，从而可以 24 小时不间断地进行工作，执行“黑灯”情况下的操作，自主应对现场的不确定因素，从而改善操作安全性，提高作业效率。

这种从常规熟知的 3D 环境下机器代人向第 4 个 D 的演进，是一种新场景设计驱动下的进化和转型，是未来工业机器人应用的新方向，将会对传统制造过程带来重大创新和重塑。

无人化仓储物流（厂内物流）

钢铁制造流程中包括大量的物流传递过程，即厂内物流，这是制造过程的组成部分。厂内物流装备主要有两大类：一类专用运输车辆，如框架车，用于不同库场之间的摆渡；另一类是行车（或天车），即起重设备，用于同一库厂内物品的流转。通常，这些物流设备是由人（司机）进行操作。

这类工作是典型的重复性工作，行车和框架车司机承受着日复一日单调、枯燥和繁重的工作压力。要构建相应的系统，实时感知和处理周边现实环境的信息，在上位指令的指导下，在无人干预的情况下安全地在室内外运行，完成指定的任务，从而大大减轻人工岗位的劳动强度，进而实现仓储作业的完全无人化、自动化。

相关解决方案包括无人驾驶自引导框架车、无人化行车、远程监控的无人化堆取料机等（图 7-23）。目前，行车无人化技术已经成熟，框架车无人驾驶技术也日趋成熟。

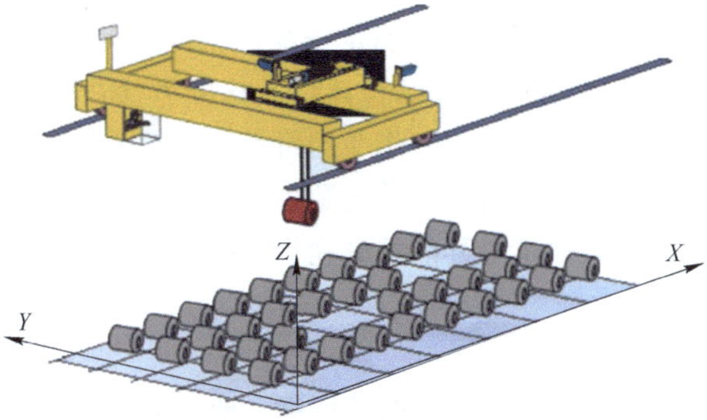

图 7-23 无人化仓储物流（厂内物流）

能源优化与精细化管理

钢铁是能耗大户，钢铁能耗占全国工业总能耗的 15%左右，而能源成本占钢铁生产成本的 40%~50%，因此也是碳排放贡献的主要行业。

钢铁制造对能源介质的需求种类非常多，生产常用能源介质有电、水、重油、各种煤气、蒸汽、氧、氮、氩等，达 17 种之多。所用能源介质中又分为一次能源和二次能源。与一次能源不同，二次能源是指在钢铁生产过程中产生的附加能源产品，主要是三大类煤气，即焦炉煤气（COG）、高炉煤气（BFG）、转炉煤气（LDG）。使用二次能源，既节省一次能源，又减少废气排放（图 7-24），可以大大改善能耗环保水平。

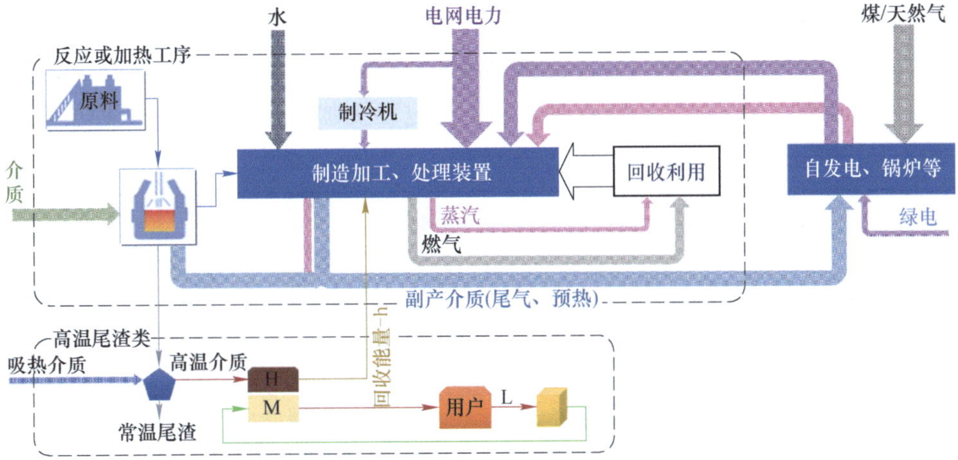

图 7-24 区域能源“微网”能源消耗预测、调度优化

能源优化的重点在于对二次能源的平衡和调度，应尽可能将前工序不断产生的煤气在后续的生产过程中消耗掉。二次能源的有效利用是钢铁生产能源优化和

精细化管理的重要课题。

相关解决方案和技术包括：不再满足于能源主网多种能源介质的总体平衡，探索能源设备、工序及系统的能效综合评估及诊断方法；以可视化作为人机界面，实现能耗、成本、状态、环保、作业的可视化，实现能源环保系统的整体与分层次的可视化管理，并强化后台智慧能源系统功能；建立能效综合评估方法及体系，运用信息技术实现制造过程能效最优化；在制品碳足迹的精确跟踪和计算是一个新课题。

可灵活配置的工艺路径

钢铁制造过程的大规模、标准化的特征极大地约束了流程的柔性化程度。但是，如何应对用户需求的个性化趋势仍然是一个极为重要的话题，需要在装备、产线、工艺路径，以及计划、合同组织等各方面综合应对，以提高产能效率。要采用灵活的、模块化的生产类资产或设备，引入可配置的软件定义技术，对传统生产线进行变革。

提升在线机器人、智能仓储（中间库）等工艺物流装备的参数可配置水平，从而提高生产计划指导下工艺路径可动态配置的能力。工序界面的协同优化技术也有利于对工艺路径的全局优化。

提高核心产线装备控制模型的自适应能力，是实现可灵活配置的工艺路径的重要技术，体现出软件定义制造的核心本质。通过控制模型参数的可配置和自适应，可以极大地改善同一产线装备对各主要工序在制品冶金工艺变化的适应范围和能力，使生产过程变得更具柔性。

完全无人值守的智能工厂

工厂（车间）完全独立运作已经具备了现实的可能性，黑灯工厂不再是遥不可及的事情（图 7-25）。随着装备和制造过程更加稳定、持续，一种所谓的

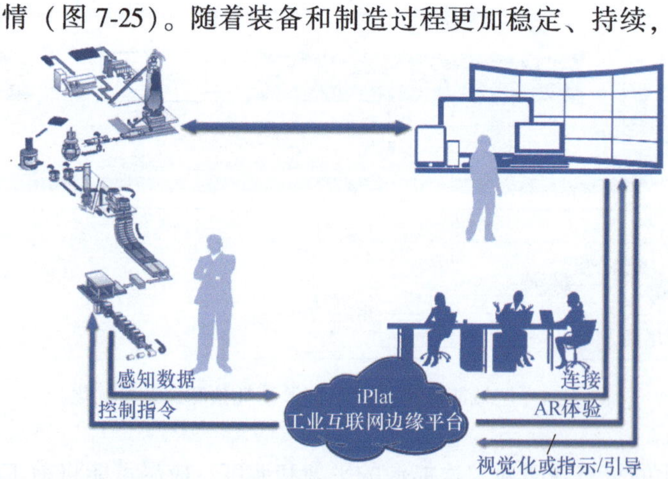

图 7-25　完全无人值守的智能工厂

“黑屏”岗位模式将成为可能，配置在监控中心的员工，不再需要紧盯屏幕，随时准备进行干预。在大多数情况下，制造过程是完全无人化、自动化运行的，画面显示就不再有意义，屏幕可以变“灰”，即黑屏，只有当出现报警或其他告知信息时，屏幕自动变亮，并有针对性地推送信息。

目前主产线大多采用经典模型，其在多数情况下能够满足要求，但是在更换规格或生产状态发生变化时，静态控制参数将不再处于最佳控制状态，导致生产工况和产品质量出现波动，产品质量出现问题的概率大大增加。

提高工艺模型的适应性是核心要义。在云端，采用大数据技术，从历史数据中挖掘相同性态和属性，利用知识推理方法获得最优加工参数，并及时进行模型参数的优化设定，有助于提高经典模型对工况变化的适用性，从而筑牢工厂（车间）独立运作（黑灯运行）的基础。

对生产组织方式的配套调整实现无人值守。由中心型决策和现场支持点构成的新型生产组织模式，使得岗位方式向移动化、巡查式演进，在需要时，人随时介入过程进行必要干预，大多数情况下，工厂完全独立运作（即黑灯工厂/黑屏岗位)，制造过程更加平稳顺畅，提高产能效率，降低制造成本。

制造可视化/自动化（集控中心）

在钢铁制造中，将多机组、多工序、多专业工作紧密融合，在远端完成工序网络化监控作业，已然成为趋势被广为采纳，进而诞生了各种类型的集控中心(图 7-26)。

图 7-26 制造可视化/自动化（集控中心）

集控中心提供一个统一的工作平台，可以在一个“屏幕”对更多的设备、产线进行监控和管控，多个部门、多个专业、多类专家在统一的平台上，在线而不是离线的协同工作，大大提高工作效率。

大型的集中式操业和监控中心，对制造过程中在制品和原材料位置、在制品性态、装备状态、物流合理性等进行准确跟踪；特别是与在制品当前工序相关联

“前后左右”产线状态、在制品目标和实绩，进行更全面、更大范围的监控，让生产流程和库存水平透明化。

产成品物流跟踪与精准配送

效率是成品物流智能化的重要目标。物流可以为企业提供大量直接或间接的利润，是形成企业经营利润的主要活动❶。

由于钢铁产成品从出库到用户端的物流涉及海陆等多种运输方式，大量社会化物流资源的协同组织和高效运作可以带来极为可观的效益价值，精密的物流计划和精准的配送调度是用户服务的重要组成（图 7-27），可以极大地缩短交期，降低物流成本，减少用户库存，改善用户体验，有助于构筑价值共享的生态环境。

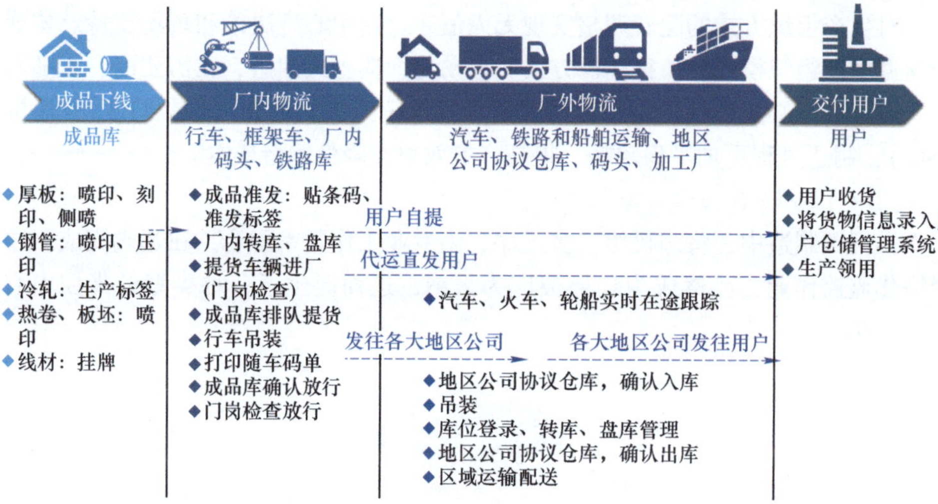

图 7-27 产成品物流跟踪与精准配送

自有物流资源（运输车辆、仓储资源等）与社会物流资源的有机结合和高效调度协同是产成品物流的核心，而实现上述目标的技术要素在于：

（1）全程物流计划的精准性，即基于模型算法，从产品准发到成品出厂的全流程精密的物流计划和精准的配送调度，缩短交期，降低物流成本。

（2）全程物流资源使用的科学性，包括物流搬运、吊装、运输设备的自动化，堆场堆垛分配、仓储发货顺序、制品集批方案的优化以及作业的自动化，多种运输工具间周转衔接的匹配性。

（3）物流过程中所有相关人员管理的信息透明化和端到端流程平台化。

❶ 日本西泽《流通费用——不为人知的第三利润源泉》。

制造装备网络化预测性维护

鉴于制造设备运行状态对产品质量、制造效率、运营效益等有直接影响，钢铁企业在设备运维上都有巨大的投入和较高的要求，常规上核心关键设备采用计划定修模式，即预防式维修。定修计划的制定是基于历史经验，形成企业标准，其中包含了企业知识的凝练和积累。但定修标准仍然是一种基于事后总结和静态模型的、相对保守的过维修模式。

一种基于预测的动态维护模式是需要的，可以延长设备在线时长，提高资源可用性，降低过维护成本，增加制造计划排程中设备可用性的弹性和柔性，优化运维如图 7-28 所示。

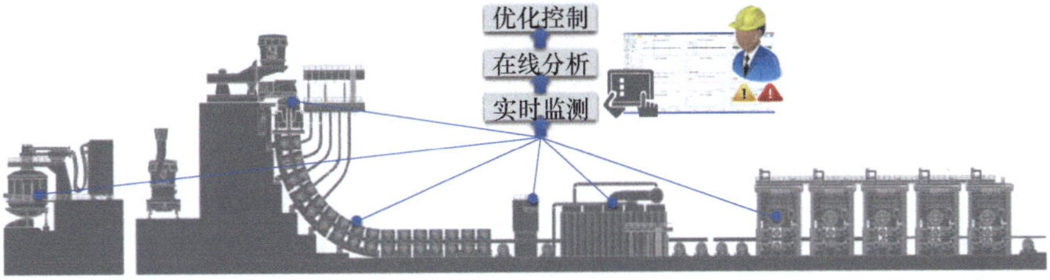

图 7-28　制造装备网络化预测性维护

因此，需要通过已安装传感器或加装智能感知装置，大幅增加设备状态量检测的范围和频度，为数据分析提供更加丰富的信息来源。对数据运用的目标有两个：

（1）通过在线诊断和对大量历史数据、实时数据进行分析，发现异常要因、定位故障源点、构建故障模型、勾勒劣化趋势，并尽可能准确预知设备故障临界点，以便提前行动，进行维修。

（2）通过持续运用设备状态数据，动态优化相关维护规范、标准和分析模型，丰富故障模式库和运行维护体系，包括设备生命周期、产品质量影响等，提前处理设备隐患及优化调整维修计划。在解决设备状态现在如何、将要如何的前提下，结合设备管理知识库体系以及设备与生产、能环、采购等多环节业务相关性研究，形成提供设备维护最优解决方案的能力，从而实现满足智能制造要求的智能设备管理。

基于数据的计划、调度智能优化

大型钢铁企业生产的品种、规格大量增加，使得不少企业不断增加新产线来满足产量和品种的需求。这使钢铁企业生产发生两方面的变化：一方面使生产组织的难度和复杂度大幅增加，传统的单独依靠计划人员编制生产计划的方法越来越难以适应这种要求；另一方面，生产计划优化的空间变得更大。针对同样的用户订单，可以安排出各种各样的生产计划，如何从数以万计的“可行计划”中找出具有某些优化意义的“最优计划”或“优化计划”是一件极具效益的事情。

钢铁企业生产管理的核心问题是基于满足用户要求和生产瓶颈限制下的计划编制。

钢铁制造应对用户个性化需求的关键环节是在计划制定中实现的，将用户的“小批量、多品种”合同订单以最优的方式归并组合成“大规模、标准化”的作业计划，其中需要考虑的可制造性技术要素众多，如冶金规范、钢种归并、机组产能、瓶颈工序、设备状态、加工顺序、余材充当、交货工期等，同时，基于能源约束型制造的理念，还需要兼顾能源配给的最优化，以提高能源效率。基于有限产能进行生产计划优化排程，提高准时交货率，缩短交货周期，提高资源利用率，降低生产成本，实现产能与效益的整体优化如图 7-29 所示。

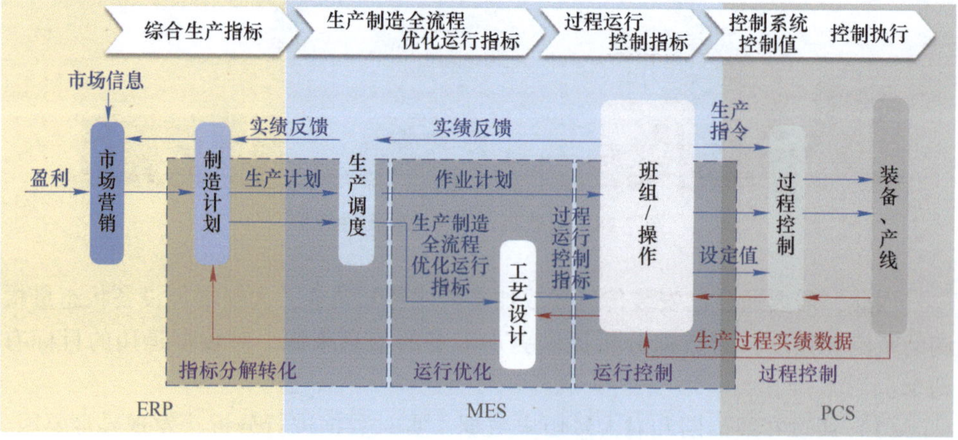

图 7-29　基于数据的计划、调度智能优化

事实上，即使是上述所有因素都不存在不确定性的情况下，这也是一件非常复杂的工作。传统的手工计划编制是通过人工思考分析，以计算机系统的辅助操作界面为载体，将人工思考的结果转化输出的过程，期间涉及多个人工决策环节，编制计划过程需要大量的人工操作，主要是人机交互进行，靠大量的人工经验来制定静态的、可行的、相对优化的计划，没有对所有计划的优化功能，对计划人员的能力要求极高。而任何因素的变化都将带来极大的在线调整工作量。

但对生产计划自动制定和最优排程的追求从未停止，由系统替代烦琐的人工排产是必然选择。构建基于模型的多工序生产协同的智能化排产系统，计划编制人员只需进行少量的参数设定，充分利用计算机的计算和寻优能力，自动生成优化计划，快速地为计划编制人员的各种想法提供决策支持。

大数据驱动的流程/质量优化。

用户行业产品品质的提高，对钢铁制品质量提出了更为严苛的要求。因此，钢铁制品表面和内在结构质量的控制是生产组织另一个极为重要的课题。

高表面、个性化要求的产品规模日益扩大，深化产品表面质量管理，实现产品表面质量缺陷信息的快速分析排查，是质量管理的重要内容。大数据深度应用于产品质量管理，是需求迫切、进展较大的领域。基于数据分析有助于更加实时收集缺陷数据，发现制造过程中产品质量的遗传规律和优化空间，大幅提升分析决策效率，如图 7-30 所示。

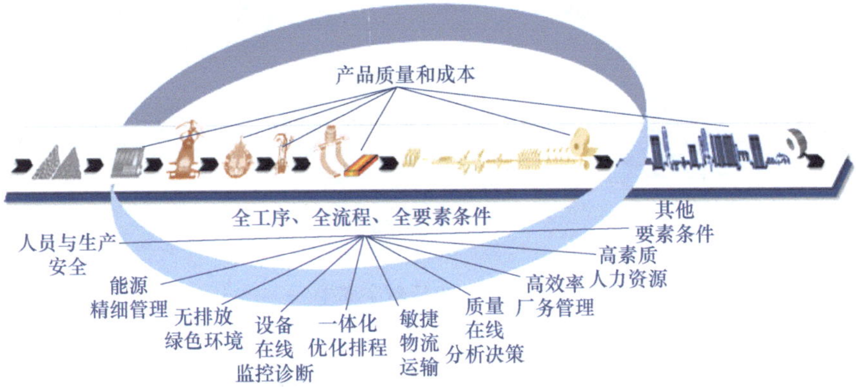

图 7-30 大数据驱动的流程/质量优化

大数据用于产品质量管理和质量缺陷的深度洞察结果：一方面，正向将表面质量缺陷信息快速地传递到加工中心与战略客户，指导使用；另一方面，反向对质量瑕疵进行溯源定位，及时制定补救策略，改善产品质量。

工厂数字孪生

传统工厂工程设计采用以纸介质为主的设计和交付方式，即使是 AutoCAD 等设计工具软件已经普遍使用的情况下，设计结果交付仍然是以纸质图纸交付为主。

基于工业互联网平台，大量的参数化设计软件被开发出来，设计工程师直接输入计算参数，自动生成相应的三维模型，自动导出工程量；系统可以集成并存储相应的设计数据，支持施工单位填报实际工程量，以便在系统中实现预算工程量和实际工程量的比对，进而实现精细化的跟踪和管理，帮助业主和 EPC 方实现合理的工程项目投资控制。

借助各类设计软件工具和数字孪生技术（图 7-31），进行工厂的全虚拟设计并实现全数字化交付，能够协助规划、设计和建设厂房和基础设施，工程数字孪生模型的建立能用于厂房的测试、模拟和试运行。

生产类资产或设备的数字孪生

基于数字化交付的工厂和设备，企业将运营数据动态加载到静态数字孪生模

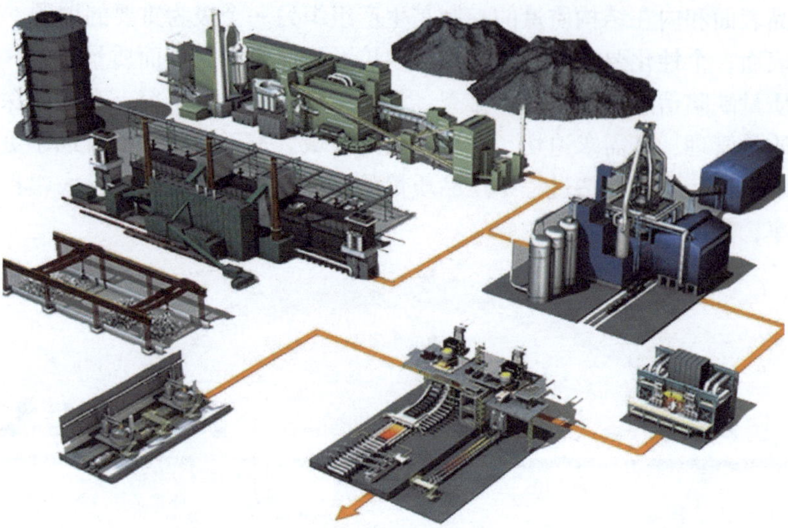

图 7-31 工厂数字孪生

型上，从而获得了一幅直观的、可交互的、数字化表述的全景图像——虚拟工厂。物理工厂正在发生的一切直接映射到虚拟空间，随时掌控工厂的一切，用于设计、模拟启动和持续运转，模拟生产类资产或设备的运转、设定和优化关键参数，实现预防性维护和增强现实等（图 7-32），以便做出实时、科学的决策；与 AR/VR 技术的结合，可以大幅改善用户体验和后续维护的便利。

产品数字孪生

即使对钢卷（钢制品）这种看似笨重、无任何智慧痕迹的物理对象而言，数字化也是一个必然的趋势。数字钢卷是钢铁产品的数字孪生表述，不仅包括钢卷的所有静态信息，如质量、成本等，而且还包括其制造过程中所有动态信息，如制造、碳足迹等，是钢卷全生命周期的数据模型描述。

对于一个物理钢卷，可以从四个维度来完整描述其数据模型，即质量维、成本维、制造工艺维、能耗与碳维，这一四维模型将完整呈现钢铁制品的所有属性信息，从而将产品实物质量与制造过程工艺参数相关联，将钢卷全生命周期数据紧密勾连在一起。

基于钢卷的数字化表述，可以用于更广泛的产品数字化描述，如面向钢种、合同、用户等进行多维度（质量、成本、制造、碳足迹等）数据建模。数字钢卷可以成为对产品质量改善、瑕疵判定、缺陷定位、成本优化、销售策略的可靠依据（图 7-33），也可成为产品研发和用户服务的重要工具。

多基地、多工序互联互通

“一总部、多基地”模式下制造和运营效率的提升，是目前钢铁企业面对的

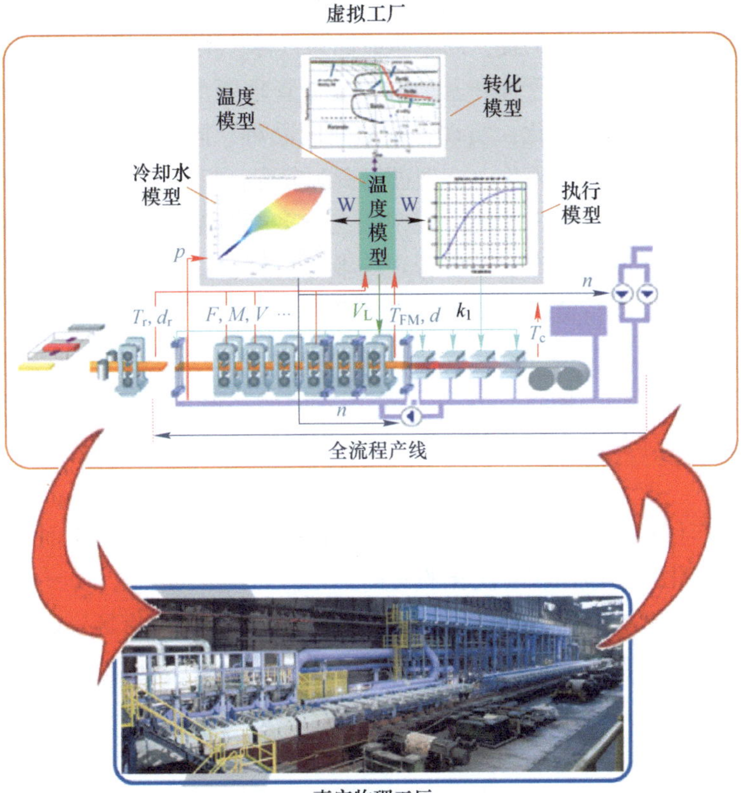

图 7-32　资产数字孪生表述

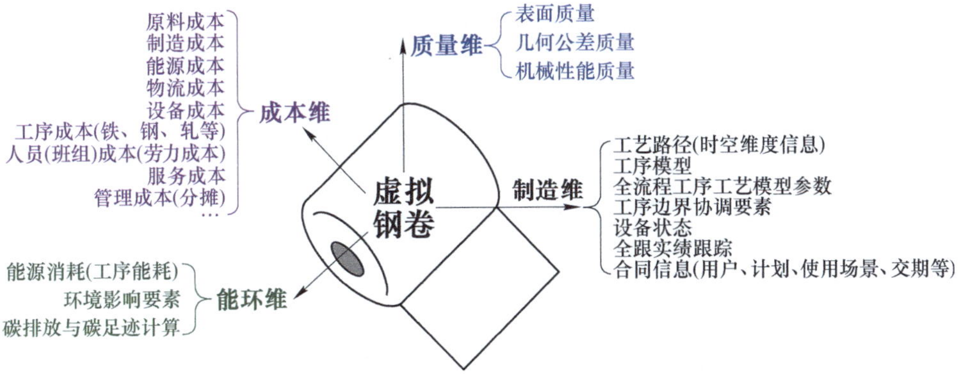

图 7-33　数字钢卷的多维度数据描述

一大挑战。工厂互联按照 One Mill 的理念，将多个工厂、基地连接起来，将基地内资源、设备、工序、运输工具或产品等相关对象连接起来，特别关注市场资源和制造资源的协同和高效配置，以总体最优为目标，实现总部平台化、基地协同化运营，并在工序专业化管理和基地资源服务管理两个维度上实现矩阵式协同，支持多基地协同效益最大化，实现各基地间同品种、同标准、同质量、同价格，有效支撑基地间制造能力评价、合理进行资源分配。

以统一平台、统一语言、统一规则，支持多制造基地统一销售、统一采购、统一研发，支持多基地生产、设备管理等业务协同，这需要对传统 MES 和 ERP 系统进行重构，以支持流程管理变革的实现。

市场/研发/销售/采购供应链协同与资源规划

产供销、产销研一体化都是以"产"为中心，追求业务流程连通和协同。企业内部业务一体化意味着"统一"，统一规划、统一行动，即研发、采销、销售等业务统一。业务协同可以增加业务流程链上各环节彼此之间的信息透明，过滤或降低工作目标（面向服务和市场）的盲目性和不确定性，从而可以为应对各种可能的变化提前做出相对优化的安排。

从 MES 到 ERP，涵盖供应商和客户等外部伙伴，在对市场进行预测的基础上进行资源规划，对资源可用性或需求的变化立即做出反应（图 7-34），并及时制定出全局最优的市场策略。

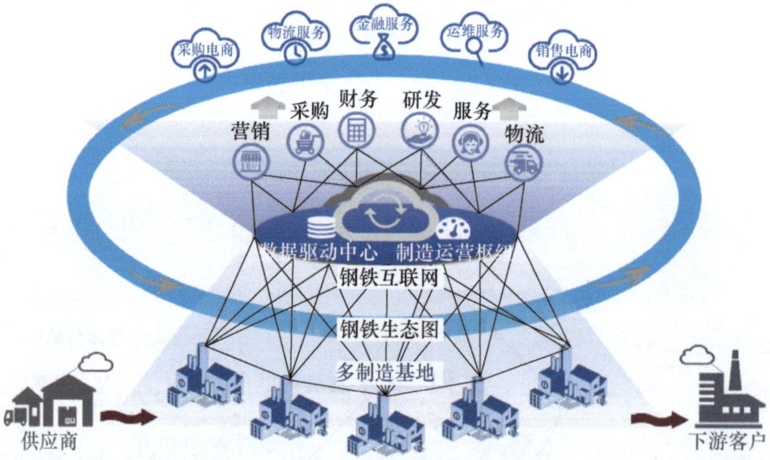

图 7-34　供应链协同与资源优化

协同化钢铁生态圈

对于多元业务结构的超大型企业集团而言，内部各业务板块的规模和复杂度足以呈现出生态圈构建的复杂性，以及业务协同所带来的潜在利益。如果说一体化对内意味着统一，如统一研发、统一采销、统一销售，那么对外意味着协同，在产品研发、采购销售方面实现协同。

生态圈协同绝不仅局限于企业集团内部，还要涵盖企业外部供应商、战略客户、合作伙伴、技术服务商等所有利益相关方。追求供应链流程连通和协同，关乎端到端集成和跨企业的横向集成，彼此互联互通，数据共享，实现基于价值共享的良性生态环境建设，通过协同提供产业效率。

生态圈协同首先从需求开始，包括需求转化、产品协同设计、需求跟踪，到生产协同，包括产能匹配、资源平衡、生产排产、生产跟踪，再到物流协同，包括物流商信息、运输计划、运输安排、运输跟踪等，乃至最终配送到达客户收货地后与客户进行结算协同，包括对账管理、结算方式、结算清单等（图 7-35）。而所有业务协同的前提是数据协同，数据协同起来工作是实现供应链的可视化和智能化的基础。

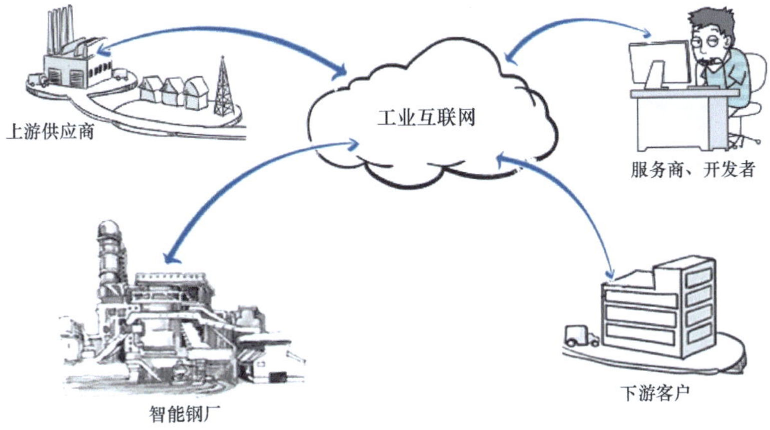

图 7-35　钢铁生态圈

生产参数在钢铁建设工程中复用转移

在全新钢铁工厂建设工程中，将已有钢铁工厂实践检验的制造工艺参数、企业运营流程、资源管理方法等，完全自动地转移到（拷贝/复制/移植）其他工厂，有助于高效完成工程建设，大大缩短乃至消除新产线、新工厂试产、达产、爬坡时间周期。

事实上，近 20 年来，国内钢铁行业大力推进自主集成创新，自主集成能力培育已经达到了一个相当的水平。目前建设一个千万吨级的钢铁基地已经驾轻就熟，从投资规划、工程设计到投产运行，几乎不存在明显短板，规定钢种的功能考核期已经极大缩短，新工厂的爬坡达产进程已经大大加快，体现出极高的工程建设效率，其中，各大钢铁设计院、工程公司、软件公司的经验积累和工程参数转移成为核心能力。

7.3 钢铁智能制造典型实践案例

钢铁行业智能制造正在如火如荼地推进中。各企业结合自身需求现状和经营特点，有针对性地制定智能制造规划，选择最佳场景，融合先进技术，涌现出了一大批成功案例，可谓“繁星点点”。

7.3.1 边缘计算环境建设与配置

边缘是面向实时性的，主要功能是解决数据采集过程中的数据应用问题。实时高效的数据处理技术方案是边缘的核心，且考虑到边缘节点直面生产设备，对可靠性有极高的要求，操作系统、数据库、中间件等基础关键资源宜采用成熟软件。

边缘节点资源配置的技术考量

考虑边缘节点具有一定的数量规模，采用统一的技术架构和标准化解决方案，有利于低成本的快速部署，支撑数据共享和业务协同，降低成本；边缘节点计算资源的配置需要灵活、轻量、稳定、可靠，同时应具有一定的弹性扩展能力，支持未来的平滑扩充；在边缘采用成熟的云计算技术是可行的，包括虚拟化技术、虚机动态漂移等，有利于提升系统资源的利用率，但这不意味着边缘是一个缩小版的云环境。所以，边缘云是否是一个科学合理的解决方案，值得商榷。

针对钢铁制造过程的特点，将边缘节点定位在产线或工序层级是一个合理的选择（但不是唯一的标准）。由此，可以认为：过程计算机（L2）是一个最理想的边缘计算环境，可以在原有过程计算机的功能基础上，通过扩展面向数据的处理功能来构筑边缘计算节点，如图 7-36 所示。

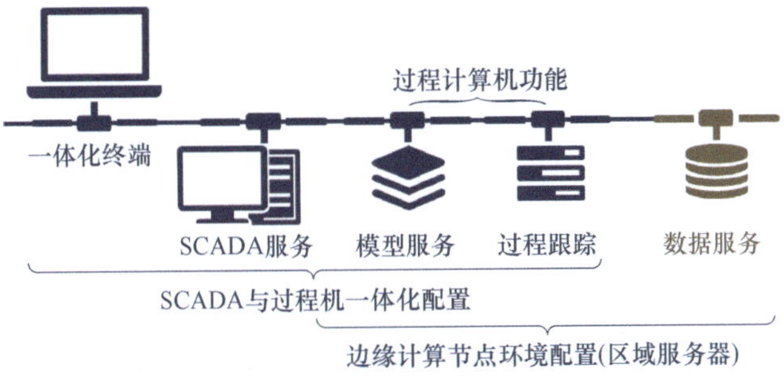

图 7-36　由过程计算机向边缘计算节点服务器的拓展

边缘节点之间应采取隔离措施，保证资源边界的清晰；在某些需要的情况下，可以集约化部署，实现集中运维，降低运维成本，统筹考虑各类安全防护措施。

在钢铁制造过程中，边缘节点内环境的配置要兼顾存量产线的运行，场景部署上要有恰当的解决方案。

对于新建系统（产线、工序、工厂等）：基于传统过程计算机功能进行重构和扩展可以形成理想的边缘计算环境，在完成 SCADA 服务（与监控系统扁平化）、数据采集、模型计算、工序跟踪等功能的基础上，扩展智能网关功能，实现基本的数据服务和边缘智能。

对于存量系统：对于已经投运的产线，由于不可能对运行中的存量过程计算机（L2）系统进行功能改造，故需要一个额外的装置（或系统），从各产线（机组、装备）过程计算机采集数据，实现基本的数据服务和边缘智能，称为数据采集服务器。

考虑到经济性和合理性，数据采集服务器可以视需求做一对多配置，在一个边界清晰的区域范围完成所有数据的采集和服务，从而扩展为区域数据服务器如图 7-37 所示。

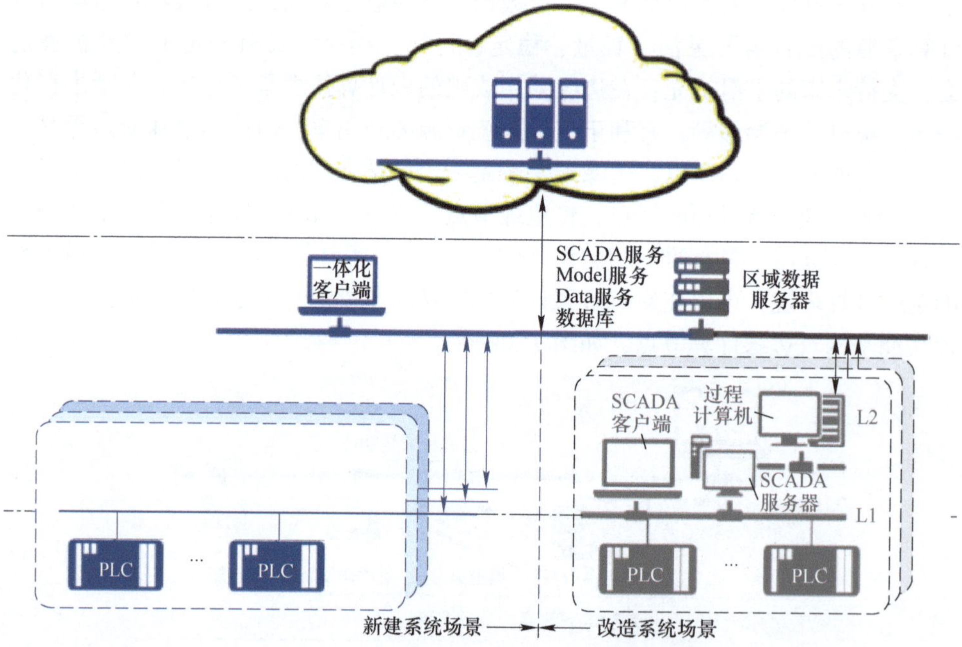

图 7-37 用于新建和改造场景的区域服务器配置

边缘部署规则

要清晰地定义区域的边界，如热轧区域，应消除按照专业（职能）分工设立的垂直数据通道，区域内所有数据统一汇聚到边缘节点，以确保区域服务器可以获得所覆盖区域的完整数据样本，实现数据融合。

在边缘不建议部署大容量的存储资源，由云端解决大量数据的长期存贮是合理的，且更具经济性。边缘平台应以解决实时性数据处理和应用为核心，且应该尽量降低对边缘硬件资源的需求，提供轻量级便捷部署的可行性方案。

除装备（产线）之间必须的工艺联锁信号外，不建议边缘节点之间留有进行大量数据交互的通道，边缘节点之间的数据交互应通过其共享的云中心来协调实现。不建议部署超出数据范围的跨域集成应用。例如：在以产线为对象配置边缘节点的场景中，跨机组产线、跨工序、跨流程进行数据融合的集控开发是不合理的。

边缘计算资源环境，除了完成原有的 L2 功能外，重点是强化数据处理和服务功能。

边缘数据处理与服务

边缘层聚焦数据处理能力，整合并转化为标准的数据格式，重点考虑数据流转和处理，支撑各种数据信息资源的快速集成，为访问集成数据的应用提供统一数据模型和通用接口。

为应对来自现场（端）的数据汇聚和融合需求，边缘需要解决各类数据的存储需求，包括具有时间戳的流式数据存储、过程控制中已经整理好的关系数据、经过数据对齐后的数据以及视频媒体数据。

边缘节点要汇聚数据，必然产生数据治理的相关需求。边缘层聚焦数据采集过程中的数据处理，重在解决数据定义、数据标准化、数据质量管理、数据资源管理、数据基础建模和数据安全等方面的工作。经过处理后所形成的有意义的数据均送到云端大数据中心。

边缘端加载服务与边缘智能

边缘在工业领域的重要性会越来越突出，这不仅是技术进步驱动所致，更是工业现场对实时性、精益化、敏捷性应用数据的需求使然。2019 年工业互联网峰会上，日本政法大学教授西岡靖之介绍了日本工业互联网发展情况，边缘计算数据应用构成了智能制造多个场景，包括：任何人都可用的基于传感器数据的预测性维护和质量控制；每个工人的质量控制到质量关键绩效指标的安全实时管理；基于人工智能改进生产线质量、生产率和自动化；应用人工智能在生产边缘稳定产品质量等。

未来，边缘智能将日益成为工业现场的追求，利用数据（现场数据和云端数据价值）为设备、产线赋能、赋智，为企业带来无尽的价值贡献。例如：在云端对钢铁制造过程的机理（简化或经验）模型实时进行参数寻优，并动态的加载到边缘的工业控制回路中，实现模型实时优化和动态调整，已经在钢铁企业智能制造中有了成功的案例。

7.3.2 5G+工业互联网应用

“5G+工业互联网”是指利用5G的技术优势强化工业企业IT、CT和OT深度融合的工业网络方案，为综合运用云计算、大数据、人工智能、边缘计算等构建坚实的新型基础设施。

5G+在钢铁企业应用场景与部署方式

在工业制造中应用5G技术，应选择能发挥其独特技术优势的场景，而不是简单机械的试图替代原有的成熟技术，特别是在现阶段，需要一个过程，伴随着5G技术更加成熟、设备模组更加丰富、建设成本可以接受、应用示范不断积累，人们的认识和习惯思维发生转变。因此，初期场景设计至关重要。在具体场景中选择5G应用，其前提首先是满足工业控制实时性、精准性、可靠性的需求，这恰恰是5G的优势所在。其次，提供移动性连接是采用5G技术的最大考量，也是5G相较于现有其他无线技术最突出的独特优势，例如WiFi、LaRa、Zigbee、Bluetooth等。

除此之外，采用5G技术，还可以兼顾考虑具有下列需求的场景：

（1）通过软件定义实现某类物理对象的快速物联，避免硬接线工作所衍生的工程量。

（2）有线光缆难以覆盖的接入、布线成本高且施工时间长的复杂场景，或广域分布有线连接不具有经济性的工业场景等。

5G网络在企业应用中部署，有三种可能的模式：完全自建专网、与运营商合作建设专网（共享部分设备）、公网切片。这需要综合考虑企业实际和国家产业政策来选用。

为智能制造增加一个技术新选项

与传统WiFi技术相比，5G因其在技术上的优势，已经产生了诸多应用案例。

在作业现场，利用5G技术，可以避免频段信道冲突，实现跨域自动切换和高可靠连接，为“操作一律机器人”提供确定的、可靠的、无断点的无线连接方式，保障业务连续性；通过5G+PLC和5G+摄像头的双重结合，成功实现四大车联动作业和行车在线远程监控及无人化作业，为现场人员在远端集控室监控作业提供保证。

在集控室建设中，利用5G触摸屏操作代替操作台实体按键功能；对关键区域5G网络摄像头画面进行相邻多路视频画面的无缝拼接，在大屏上实现“一张图”看全局，极大地扩展了信息的范围；灵活部署5G边缘数据采集节点，形成可在全厂范围推广的“5G+数字采集”模板，改善人工点检效率低、作业强度大、危险性高的现状，是一个方案简化、成本下降、状态良好、效率更高的新模式；将移动操作终端嵌入现场设备的视频画面和控制按键，打破位置对操作人员的禁锢等，都是在发挥 5G 技术优势方面的成功应用。

在设备维护和安全管理方面，利用 5G 摄像头开展高危项目专项检查，深化检修协作安全管理；通过设备在线监测诊断平台，实施设备状态远程运维，试点基于预知维修的设备维修工程师体制，5G 海量连接助力设备管理效率提升，节省检修费用。

利用 5G 技术实现建筑物内人员定位服务已经取得了良好的进展，可以利用现有 5G 基站资源，解决移动定位服务需求。

总之，在人员优化、效率提升、故障减少、成本节约等多个方面，5G 为制定全新可靠的解决方案提供了一个新选项。

湛江钢铁打造国内首个独立 5GC 核心网的工业专网

湛江钢铁构建一套独立 5GC 核心网的工业专网，实现厂区任意点之间确定的、可靠的无线网络连接。5GC 核心网整体下沉建设，成为企业内网络的一个部分。在物理传输层面上，将高带宽、低时延、本地化业务下沉到网络边缘，采用无线、承载和核心网的端到端整体解决方案，构建了国内首例采用独立 5GC 核心网的工业专网，专网与运营商网络保持着极高的独立性，专网范围内的信息都在企业内部流动，避免由于外界信号中断或网络攻击影响内部信息系统的正常运行的可能性，整体网络架构如图 7-38 所示。

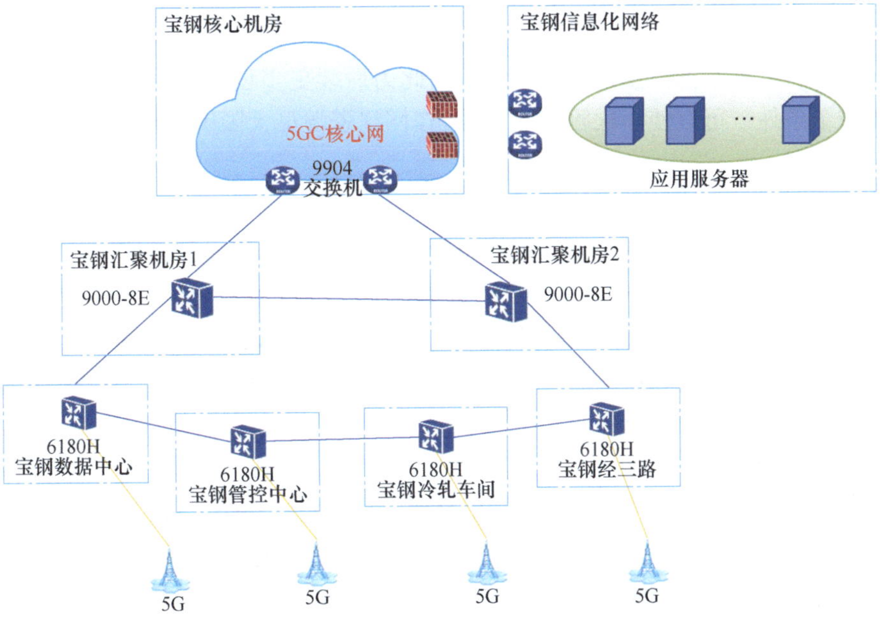

图 7-38　5G 专网端到端整体网络架构

5G专网建成后，专网端到端时延不超过10ms，支持10万级以上用户规模和20Gbps吞吐量，5G固有的低时延、大带宽、广连接特性可以满足厂内多种业务场景的带宽需求。

目前典型应用场景已上线26个，在数据点、终端、关键设备接入方面成效显著，设备联网率大于90%。

攀钢矿山也采用了类似的组网方式

矿山生产场景恶劣、复杂、多变，无人矿山业务建设要求上行大带宽以传输现场高清视频，低时延高可靠传输装备操控指令。基于综合性能、功能与成本分析，基于5G专网构建矿山无线网络是无人矿山最佳选择。

5G专网部署要满足矿山5G专网端到端低时延以及数据不出园区的需求，构建5G边缘数据中心及远程操控中心，在选定作业面区域，实现5G网络覆盖；基于5G无线网络支撑，通过技术改造，实现钻机、电铲的远程控制，矿用自卸车的自动驾驶及远程操控功能，从而实现铁矿采区采运环节，穿孔采掘运输设备远程智能化应用。

5G专网在无人矿山建设中的落地，是“5G+工业互联网”战略的成功实践，有助于降低矿山智能化建设的成本，缩短建设周期，有效促进5G端侧设备的大量应用，提升5G无线侧规划、设计能力。

5G专网部署方式的经济性考量

对企业而言，基础设施建设通常希望一次投资要明细，尽可能避免后续的持续投资。核心网建设下沉，实现专网专用，首先极大地减少了相关通信业务成本，由于不再有数据流量计费的考量，因此为后续更多创新应用场景接入5G网络创造了条件，可以使一次投入建设的5G网络资源最大限度的发挥功效。

7.3.3 炼铁高炉智能化的实践和进展

高炉是炼铁的核心工序，是钢铁企业智能制造中始终受到特别关注的环节。高炉炼铁是在一个巨大的“黑匣子”密闭容器内进行的复杂的冶金物理化学过程，由于原燃料性能等外部条件的变化和干扰很大，因此要用严密的数学模型来表述是困难的，要构成定量的诊断和控制炉况的模型也是困难的，故高炉智能化操作一直是一个重大的难题。

高炉专家系统

传统高炉操作严重依赖操作人员的经验。为了提高高炉冶炼过程的自动控制水平，提高生产效率，20世纪70~80年代以来工业发达国家对高炉数学模型和专家系统进行了大量的研究开发工作。

早在1995年11月，笔者作为团队成员兼翻译，赴芬兰Rautarrukki Raahe钢厂交流高炉专家系统❶。国内外具有代表性的高炉专家系统还有日本川崎 Go-Stop 系统、奥钢联 Vairon 高炉专家系统等，国内院校企业有很多研究和工程应用案例，诸多钢厂都引进了不同的专家系统应用于高炉操作。

宝钢操作平台型高炉专家系统采集了工艺专家几十年的工艺知识积累而演化的专家知识库，基于专家知识库和动态数据库的专家系统演绎推理，包括炉温控制、炉渣性能调整、炉缸侵蚀模型、出铁渣管理、煤气流调整、异常炉况预测、热风炉自动燃烧等七大模块，对高炉悬料、管道、炉凉以及参数异常，炉况异常实时报警并给出操作指导。自 2010 年 9 月智能专家系统在宝钢股份宝山基地一号高炉全面投入使用以来，操炉指令闭环采纳率维持在 95%以上。

高炉专家系统一直是解决高炉智能化控制问题的重要手段。基于冶金热力学、动力学以及传热传质理论，融合业界领先的高炉冶炼技术和高炉先进操炉理念，对高炉炼铁生产过程数据的多粒度、全方位的跟踪分析，将宝贵的高炉操作经验系统化、标准化、程序化、数字化，形成一套高度智能的计算机操炉系统（图 7-39），可以消除各操作者之间的操作误差，大幅提升操炉一致化水平，使炉况更加稳定。即使在追求高炉智能操炉的今天，由一系列数学模型和专家知识规则组成的知识库仍然是高炉智能控制的核心所在。

图 7-39　炼铁高炉炉内可视化

为高炉操炉赋智是工业互联网应用的典型场景

随着工业互联网建设的不断落地，数据技术的不断发展，结合熟练操作者的经验，利用大数据挖掘、人工智能等技术手段开发诊断和控制模型，并运用于高炉操作，已经呈现出明显的趋势，并带来显著的效果。

针对高炉“黑匣子”生产操作的特殊性，目前对高炉的研究更加深入，一个重要的趋势是构建高炉的数字孪生体，深化对高炉内部物理化学变化条件、过程和影响的机理研究。

高炉智能化中，检测感知是难题，自动化是基础，可视化是目标，其需要解决如下几个主要难点。

（1）开发基于检测的炉内各区域状态智能感知技术和装置，如炉顶料面雷

---

❶　芬兰 Rautarrukki 高炉专家系统是当时几个比较有影响力的高炉专家系统之一。以 Advanced-GO-Stop-System 的诀窍为基础，采用 Nextperrt Objecct 专家系统软件开发，根据 Rautarrukki 提供最终规则和经验来控制高炉操作，于 1993 年在 Raahe 钢厂 1033m^3 高炉投入使用，钢厂高炉达到了低能耗、高生产率和炉况稳定的运转，主要指标属于当时世界上最高效率。

达扫描检测、炉顶气流红外成像检测、原燃料颗粒度视频检测、风口成像检测等，用于对炉内料面、气流分布等进行成像处理和监测。

(2) 完善现有高炉炉内软熔带、炉热状态的大周期计算模型，开发基于多源耦合的高炉炉型监视模型，基于大数据的高炉复杂工况规则推理技术，针对高炉多变量、大滞后特征进行状态预测以及操作指导，在模型优化自学习的数据支撑、专家规则等关键技术进行实用化开发等。

(3) AR/VR 等最新虚拟可视化技术用于高炉状态的多维可视化呈现：实现高炉炉型在线可视化，以及高炉炉缸长寿三维空间+时间轴的四维度可视化；高炉内部复杂的化学冶金“黑箱”过程完全透明化：炉料可视化、气流可视化、炉形可视化、炉热可视化、安全可视化、管理可视化。

高炉炉前出铁场无人化作业

高炉出铁作业包括炉前加炮泥、换钎、开堵口等，是目前现代化高炉生产过程中作业强度大、作业风险高、作业环境最恶劣、自动化程度低且实现难度大的工作环节。实现出铁场作业的自动化，可以有效减少人机结合频次，提高系统本质安全性、提升制造流程的稳定性，优化岗位结构，降低运行成本，同时使炉前工作实现标准化、简单化、规范化。

炉前智能化主要包括：

(1) 炉前自动加炮泥设备由装载机器人、机器人行走小车、机器人夹具、炮泥分离机、炮泥输送线、电气控制柜等构成，实现对不规则炮泥来料逐一分离、输送，由装载机器人接取并投放至泥炮加泥口位置，自动完成开盖、加泥、顶泥、关盖等一系列动作。

(2) 开堵铁口的无人化由换钎小车、自动钎架、轨道和液压夹钎装置等组成的自动换钎装置完成，实现一键式安装拆卸钻杆或埋入棒，换钎小车自动在钎库取钎，开铁口机待机位卸钎、装钎等动作，实现一键开堵铁口。

在电气室操作台对炉前泥炮、开口机进行远程遥控作业。为保证安全准确作业，新增视频监测装置、铁口激光标识装置、一键作业控制算法、开堵口过程信息反馈系统、故障诊断报警系统等，实现在 HMI 操作画面一键开堵口、泥炮烤炮、开口机预钻等自动化作业，同时生产数据记录报表记录炉前设备各系统参数及一键开堵口数据，实现炉前操作参数可视化。

目前，全自动化出铁场已经在不同基地的多座高炉投入运行，一些重复性体力劳动和人工生产操作均实现了机器代人作业，践行了现场操作无人化的目标，改善了现场员工的工作环境，降低了劳动负荷，不仅最大限度地提升炉前自动化生产水平，保证炉前作业安全，而且还消除了原来由于操作人员责任心因素、作业熟练度差异、操作习惯不同等而导致的作业准确性差等问题，使炉前作业更加标准化、规范化。

7.3.4 热轧智能工厂

热轧是轧制工艺主要种类之一，围绕这一场景，钢铁企业在工业互联网融合创新应用方面做了很多探索。宝钢股份 1580 热轧智能车间改造入围国家工信部《2015 年智能制造试点示范专项行动实施方案》，是首个钢铁智能工厂的示范项目，目标是搭建一个自动化、无人化、智慧化的平台来实现产品的生产管理。该项目于 2016 年 9 月正式启动，2019 年验收完成。

1580 热轧智能车间是宝钢股份智慧制造的一个具体实践

热轧智慧制造以“自动化、少人化、无人化”为主线，以提高效率、减少中间环节为目的，将 AI 识别算法以及大数据应用等新技术与可靠的装备、长期的操作经验、完善的自动化系统和管理系统相融合，努力探索实践出一套可复制、可移植的传统热连轧机组操控模式——“1+N”生产运行模式。

通过各种检测技术、控制技术、AI 识别算法以及大数据应用等新技术的研发和使用，对粗轧翘扣头、全线镰刀弯、飞剪、单边浪、卷取尾部定位、卷取侧导板火花自动识别、助卷辊折叠缺陷、夹送辊辊面保护等若干单一问题研究形成若干专项检测控制技术，减少或完全消除传统模式中的人工干预，对生产质量或设备异常进行自动识别，降低因人员不能实时监控全线而导致的事故或防止事故扩大化。

将分散在主轧线的多个操作台、多人操作整合为一个操作台的一个岗位，实现 1 人监控操作，N 人辅助（1~3 人辅助各种异常处理）作业的新型生产运行模式。

基于热轧完整工序全要素数据融合，创新开发了全系统融合监控操作集约化辅助技术、简约化工业电视智能化应用技术等，实现“1+N”生产运行模式，现场各区域自动化水平明显提升，与川崎千叶厂热连轧 3 人监控操作、浦项热轧“5+N”操作等模式相比，更加高效化、智能化，大幅提高劳动效率。

热轧智能车间数字创新应用——iPDS（Process Data System）

热轧产线安装了大量智能传感器，形成了完善的数据采集能力，配备了高水平自动化控制系统，带来了实时数据的快速增长，如何充分利用数据对热轧工序进行精细化管理的话题就提上了议程。与此同时，另一个强烈的背景需求也凸显出来，即：传统的企业信息化系统更侧重为专业管理部门提供流程工作平台，而为厂部级管理者进行区域的多要素管理方面缺少工具抓手的考虑和安排。因此，在数据的基础上，湛江基地热轧 iPDS 系统方案策划应运而生。

iPDS 系统有两大目标：一是直接目标，即每一个厂部在清晰知晓某工序生产运行情况的同时，也能够及时准确地了解前后工序的情况；二是间接目标，即利用本区域的数据，为厂部级管理者提供一个透明、实时、准确、精细的数据环境，以实现对计划、物料、质量、成本、能源、人力、安全、厂务的有效管理，辅之一个体验良好的UI框架，使厂部级的管理更有效率，即工厂治理精细化。

iPDS构建的前提是热轧边缘节点的建设，可以汇聚热轧全域的完整数据样本，从而开发丰富的应用功能来支持热轧车间日常管理运营工作。首先，对各类存量系统的集成，包括上位系统的数据、热轧过程计算机（L2）应用和模型工具，以及设备诊断系统的数据集成和应用。其次，开发信息公开与共享的统一平台，面向热轧车间运行与业务管理，开发创新应用，包括各类信息系统集成、自动报表、即时绩效、模型仿真和预测制造、数据自由分析、CP分析和实现等，这些应用功能加载到区域边缘节点，实现热轧全域生产、业务及设备运营状况集中监控，车间级制造、质量、能源等精细化管理，提高车间级管理及维护的效率。

面向对象设计APP功能的实践

iPDS系统平台作为车间运行与业务管理平台，将热轧厂各级人员所需的日常办公应用集成到虚拟桌面，统一交付和管理。

iPDS特别注重移动应用的设计和开发：便捷人性化的导航系统、多分厂数据无缝接入、即时绩效、智能报表、会议系统、故障实时推送、任务关联监控、人员管理、智能图档、现场看板、岗位规程和培训等。

首次提出“面向对象设计功能”的理念，针对热轧车间各类员工智能需求划分出四大类对象，即面向操作人员的操作员工坊、面向工艺技术人员的工程师办公室、面向厂部管理者的管理者秘书以及面向全员的员工信息空间（图7-40）。以桌面和移动APP为主要界面形式，分类设计应用功能，提供特定的管理和数据应用功能，面向各类员工的职责和岗位需求，分类设计，统一交付。

图7-40　面向对象的功能设计

iPDS系统平台作为车间信息公开与共享平台，将成为热轧厂业务高效运转的神经中枢，不仅为厂部管理者提供热轧全域生产、业务及设备运营集中监控、精细管理的手段，而且还提供及时准确的数据查询、分析和维护，支撑不同岗位员工高效履行岗位职责。平台将信息资源在全员中做最广泛的共享和最大范围的应用，提高信息资源利用率，使员工摆脱时间和空间的束缚，高效迅捷地开展工作，对于突发性事件的处理、应急性事件的部署有极为重要的意义，践行“简单、高效、精细化、低成本”的管理理念。

7.3.5 轧机振动控制——边缘智能技术应用

轧机振动是钢铁企业普遍存在的技术难题

轧机是一个复杂的机、电、液耦合的大型系统，其动力学状态与各子系统间的耦合作用密切相关，数以千计的结构部件通过机、电、液等相互作用耦合，在带钢加速和减速过程中，会不可避免地引发一些共振条件，导致系统产生大的振动。

由于轧机机组设备的不同，或者生产钢种、生产工艺的不同，因此各轧机机组振动特性也会有所不同。引起轧机垂直振动的原因有多种，所有对轧机系统造成冲击或引起作用力变化的因素都可能导致轧机振动的发生，如乳化液状态、传动系统、辊系状态、压下系统及张力以及部件相互之间的耦合作用等。轧机振动会给生产带来许多问题，例如：

（1）产生振动纹缺陷，影响带钢表面质量，或造成带钢厚度波动；

（2）振动导致设备磨损加快、辊耗增加，影响设备使用寿命；

（3）振动严重时甚至造成断带堆钢，造成轧机停机、换辊；

（4）影响轧机生产效率，限制产能发挥，成本上升。

所以，轧机振动一直是制约机组产能、影响产品表面质量的一大现场难题，需要找到预判轧机运行状态并及时给出抑振控制策略的有效方法。

轧机振动与抑振应用功能设计

加装加速度传感器采集轧机振动信号是第一步，直接采集轧机主电机的转速、剪切信号等，送到边缘服务器对数据进行处理、计算、分析、存储与报警判断，从而实现轧机振动的监测与报警功能；需要计算出轧制距离、机架线速度、带钢累计轧制距离等，并从 L2 系统获取与钢卷、轧辊等相关的最新状态信息。

当轧机机架表现出共振趋势或振动级别超过一定程度时，及时预警，提醒操作人员，并给出相应的参考控制策略，向轧机控制系统发送控制命令来抑制振动。

（1）轧机振动特性分析。对所监测到的轧机振动数据进行分析整理，发现机组主要振动特性，包括振动机架位置、伴随振动形态、振动频率分布区间、振动最常发生频率等。研究轧机振动发生的规律特点，分析查找可能存在的影响因素。

(2) 轧机振动报警判别技术。结合轧机速度变化对无序杂乱振动信号幅度的影响，设计振动预警模型。基于大量的历史数据设定预警阈值，避免系统误报或漏报，以及其他异常情况出现。

(3) 轧机振动原因分析技术。基于检测振动数据，对导致轧机发生振动的原因追踪分析，包括润滑状态、辊系故障、来料问题以及其他因素等。

(4) 振动抑制策略制定。针对轧机振动的致因，采取不同的抑振措施。抑振策略要结合轧机振动情况分析结果和现场实际生产工艺参数等来制定，并通过采取生产工艺参数调整、轧制负荷分配调整等手段来验证其对消除轧机振动的效果。

实践证明：振动识别、预警和抑振策略所形成的闭环控制，能在一定程度上及时有效消除振动源，并显著降低轧机振动发生的频次，从而消除由振动衍生的危害后果。这一协调解决方案改变了以往由操作工根据个体经验判断、通过降速来规避振动的传统做法，彻底解开了束缚轧机产能发挥的瓶颈，有利于生产提速和产能发挥（图 7-41）。根据所监测到的振动波形特征，可以分析振动原因并采取调整设备机械、工艺、电气等方面的措施，结合轧机振动的实时监测结果来验证消除振动措施的效果。基于数据的分析和监控，避免了由于环境嘈杂对故障判定的滞后和依赖人工经验判定而导致误判和漏判的不确定性，避免缺陷产品流入下道工序或用户。

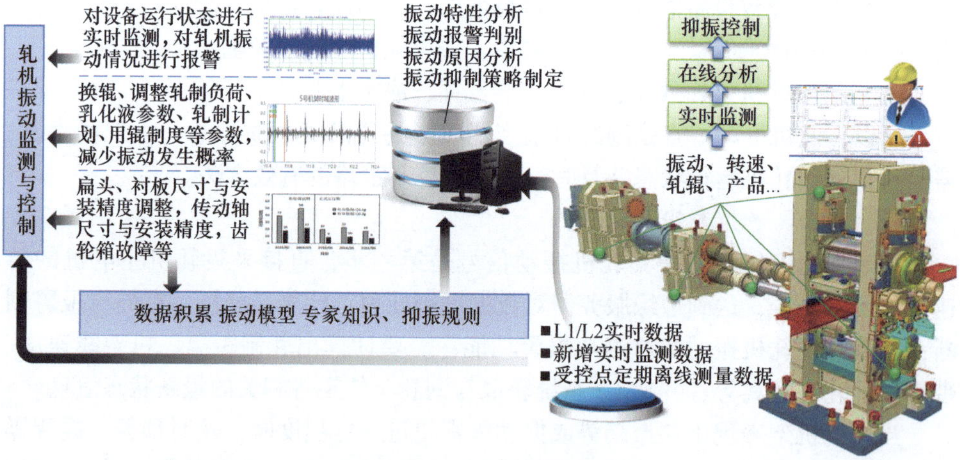

图 7-41　轧机振动控制系统功能

7.3.6　集控中心实践和价值呈现

近年来，集控中心建设在钢铁企业智能制造过程中形成了一波不小的高潮，大有行业普及之势。集控中心的建设并不是理论思考的产物，完全来自朴素的管理需求，需求是隐隐约约、并不十分清晰的。众多集控中心在建成之后，引来了一片反思之声，即：集控中心的价值是什么？什么样的集控中心才是真正有价值的？

集控中心建设的一个直接驱动来自远离现场的直观需求，如现场减人、减少人对制造过程的干预，或许还有安全考虑等等，这些需求是明确存在的，将众多分散在现场的小型操作室集中到一起，直接的效果也的确能满足上述需求。

集控中心的真正意义

从技术上，集控中心可以实现数据的汇聚、融合和集成，数据样本规模的扩大，为数据多要素应用奠定基础。而集控中心为满足管理需求发挥的作用更加明显。

更丰富的数据有助于及时发现问题，在解决问题时，在工作流具体执行上需要协同、交流、形成结论并贯彻执行，协同很可能涉及到多个部门，甚至是外部的咨询专家。协同需要一个统一的平台，不同部门在一个平台上工作，可以直接做交流，提高协同的效率。协同平台的价值就在于大家可以基于统一的在线平台，而不是离线的开展工作。

对于集控中心建设而言，应用画面设计极为重要。对于操控类监控中心，要实现主辅产线界面、工序间界面、多层级系统界面、操作与管理等界面整合；对于管控类集控中心，应实现多维展示，将相关产量、质量、成本、库存、产线状态等 KPI 指标集成展示，便于操作员及基层管理者实时掌控生产全局。

总之，集控中心 HMI 人机界面设计不是简单的物理集中，而是面向多种显示终端和多维信息结构的画面协同设计和再设计。通过界面整合，实现结构化信息展示，使信息更系统、更全局、面向对象与过程、操作与管理界面融合、实现人机融合，提高人机交互的效率，降低人机交互负荷。

集控中心的基本功能设计与分类

钢铁行业传统的产线控制是以机组为单元设置操作室、按业务设置调度中心进行生产操作组织。在推进智能制造过程中，集控中心之所以日益受到重视，是因为希望通过集控中心进行集成化协同管理与操作。

目前，关于集控中心并没有成型的标准，其规模、内涵、方式等完全取决于企业的具体需求，实现形式千差万别，效果水平参差不齐。总结目前比较有代表性的集控中心案例，集控中心可以大概划分为三种类型，一是面向工序和产线级、以操作控制为主要目标的集控中心，即操控中心；二是面向生产组织调度，以制造流程协同管理控制为目标的集控中心，称为管控中心；三是以同类装备数据汇聚和应用为目标的专业型数据中心。

通过总结集控中心建设的大量探索实践，钢铁业界对集控中心的特点、内涵及价值的共同认知在形成中：通过建立集控中心，可助力钢铁企业从以机组为单位的生产控制模式提升为厂部级联合化、整体化的控制模式，提高钢铁行业管控和操控技术水平，减少危险、肮脏和重复劳动的岗位人员，提升劳动效率，推动钢铁企业安全本质化、管理变革与流程优化。集控中心团体标准已经进入研制阶段。

集控中心的建设是企业发展到一定水平后的一个阶段，规划建设集控中心需要基于现状开展设计，下列规则是需要着重加以考虑的（图 7-42）。

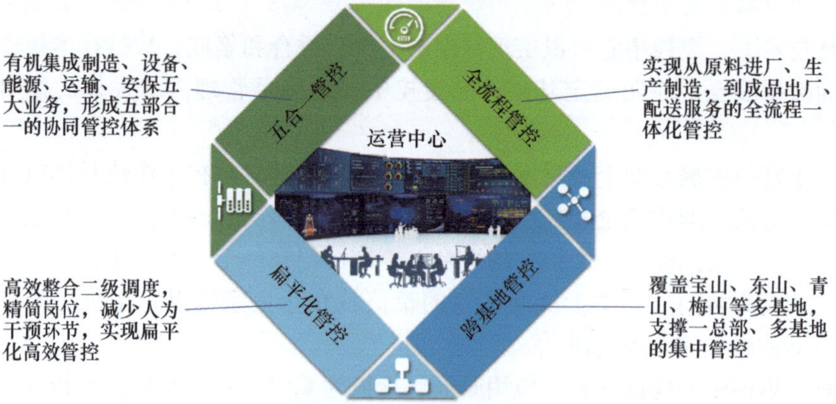

图 7-42　集控中心集约化运营的价值与目标

（1）只有在产线自动化程度较高，操作工很少干预的条件下，才考虑集中操控，例如：现场少人化及无人化、操作一键化、工艺模型智能化等要素，都是实现集控中心的必要条件。

（2）操作人员远离现场后，一切操作都会融入位于“远离”现场的集控中心 HMI 中，要充分考虑远程操控的手段，以及操作与现场之间的沟通协同方式，支持远程、本地快速切换，远程启动、停止等控制功能；在初期要兼顾操作人员的习惯，对原有的“紧停”等操作按键，要有过渡性安排。

（3）应该将工业电视（ITV）与用于安保、现场监控等的摄像头设施统筹设计，综合利用，既减少 ITV 数量，又充分发挥 ITV 的特殊作用。

集控中心建设必然引发管理流程优化和岗位职责重构。

（1）远程操控情况下，要对操检岗位职责重新定义、分配，通过对岗位职责、作业规范、业务边界、监控范围、保障设施进行梳理与分析，结合产线智能装备、自动化功能提升等基础条件，部署操作终端（固定、移动）、对讲、有线通讯、音视频再现等辅助手段，重新定义集控后岗位分布与职责，提升人事效率。

（2）岗位重构后需要作业流程的优化。各产线（机组）横向岗位融合，减少管理维度，提高操作监控集中度，加强各产线（机组）互通共享，利于整体生产水平及效率提升；纵向工艺流程集中，以产线为单位，以小组形式集中各专业人员，减少专业划分细度，快速应对现场变化，提高信息传递时效性。

（3）将促进管理变革与组织体系调整。管理变革与流程再造改变传统金字塔型管理模式，构建矩阵型、网络型组织，追求极致生产效率和管理的一致性与敏捷性，通过集中控制促进生产力的发展，带动生产关系的调整。

代表性集控中心的经典案例

（1）韵钢铁区集控中心以“安全、协同、高效”为目标，将原本分布在4平方公里范围内的8大工序、30个系统、42个中控室，全部整合融入占地1600m^2的智慧中心，集成100多个模型，对现场采集的30多万点数据进行采集和关联，支撑铁区和能源介质全部单元的控制与决策，400多名员工从涉煤气等重大危险区域撤出。以高炉为中心的铁区一体化协同，实现跨工序、跨区域、远距离、大规模集控，无边界协同和大数据决策。

将铁区从原料、烧结、炼焦到高炉、能源等所有工序都纳入一个统一规划建设的集控中心，实现以高炉为中心的铁区一体化协同。

（2）鄂钢全厂操业中心。集控中心连接258个自动化系统、33万余个监控点、282个现场操作台，将114个操作室集中成1个，实现钢铁全工序操作集控——操业中心。秉持“专业集中管理、工序高效协同”的理念，基于过程自动化与制造执行系统的数据融合，在一个统一平台框架下，对操作画面和操作台进行整合，对制造管理流程进行梳理和优化，实现操业导航、区域指示、全局概览。

（3）湛江热轧区域集控中心。以热轧厂为对象规划，目标是构建最具特色的区域性服务节点，并基于完整的区域数据打造智能工厂，搭建一个全员协同工作的共享平台；在厂部级面向多工序规划集控中心的建设，通过面向不同使用者创新性的数据应用功能的开发，实现信息的共享、管理流程的优化、异常特征的洞察和智能工厂全域、全要素的实时性、精细化管理，实现以产品质量成本为主线的全面可视化。

（4）宝山基地“五合一”管控中心。构建公司级“统一、高效、集中、专业”的平台，集“调度、管控、指挥、发布”于一体，实时展示制造管理的全貌，包括原料进厂、生产运行、成品出厂、运输管理、能源环保五个专业模块（即五合一）。

该管控中心作为信息中枢，充分体现信息的及时性和准确性；负责生产运行的监控、协调和调整，充分体现制造管理的敏捷性；作为基地应急的最高指挥平台，充分体现管制指令的权威性；是传统钢铁制造模式的重大突破。

（5）宝钢集团高炉物联智控中心。某大型钢铁集团下辖各制造基地中共有

39 座高炉在役运行，规划建设将所有高炉接入上海总部，实现集中监控。如图 7-43 所示。利用 5G 等 ICT 技术，实现全国广域范围的高炉运行实景的互联互通，实现炉况远程实时监控、智能诊断，对高炉进行“画像”，基于数据解析高炉内部熔炼机理，降低炼铁生产过程中，炉况判定和操炉生产对人的经验的过度依赖。

通过汇聚多个数据样本，进而在生产运行寻优、高炉指标预测、铁水动态成本、长寿智能诊断等方面开展有益的探索（图 7-43）。

图 7-43　典型集控中心案例

7.3.7　产品全流程质量管控

由于钢制品生产工序多、流程长、路径交叉、工艺复杂，最终产品的质量需要制造流程每个工序、每个参数、每项操作来保证，因此钢铁企业所秉承的产品质量管理理念是“集中一贯”。从原料入库到成品出厂、从合同接收到成品交付服务全过程，产品质量要受控，且质量业绩是稳定而一致的。质量在过程中受控，意味着在生产各环节，要实时评判质量水平、检出产品缺陷、给出后续的控制策略。因此，钢制品质量管理的内容非常丰富，包括质量标准管理、质量评估和判定、返修及改判充当管理、产品质量缺陷管理、质量问题追溯、质量可视化监测及分析等。

产品质量要从事后判定转向事中控制

钢厂的检化验工序是产成品出厂前对产品质量判定的最后环节，由此出具的产品质保书是用户对产品信赖的权威文件。但是，这种事后的质量检验方法只能判定产品有无瑕疵，而无法弥补已经存在的瑕疵，也无助于适时地控制产品质量。事后的产品质量管控要向前移，变成事中行动甚至是事前行为，即对制造过程中影响产品质量变化的要素采取行动。

目前，企业都在基于全流程制造数据，以不同的实现方式，积极探索产品质量管理的全新模式，基本思路是：实时建立物料、设备、人员、工具、能源、半成品、成品之间的关联关系，动态判定、准确定位、及时弥补，并发现规律，改进流程。

在全新的质量管理模式下，事前做出必要安排，对事中和事后的工作内涵有了全新的定位和设计。从多角度对将要生产的材料进行质量预分析，分析封锁历史、轧制规程、遗传系数等数据，提前对规避质量缺陷发生做出安排。在事中即为制造过程中，对每个工序、单个机组在制品质量过程严格监控，体现 CP（控制计划）设计、下发、在线监控、在线判定、CP 符合率、综合判定，全过程贯穿；对生产过程中的工艺曲线特征要在线识别与分析，将事后分析得来的规律固化为规则，用于生产过程中的预测和监测；对跨工序工艺过程监控、相关性分析、缺陷分析及剪切模型，达成全过程工艺监控与相关性分析。与之对应，事后即为产品实物制造过程完成后，要针对实物缺陷成因，按照物料跟踪路径，跨工序进行物料缺陷分布分析，提取缺陷分布特征，并结合工艺曲线的规律，应用算法模型等技术，分析缺陷发生的原因；根据用户询单的要求，融合客户需求、客户历史订单、制造历史数据、研发数据等，依托算法模型，快速准确评估客户需求的可满足性和风险性。

显然，"事中"的工作与制造流程是同步、同向的，即正向过程，需要根据要素关联关系，动态判定质量、准确定位问题、及时弥补策略、发现相关规律、改进制造流程；而"事后"的工作则与制造过程是逆向的，是反向追溯的过程，及时追溯产品质量偏差的原因，给出消除偏差的策略。

以产品质量为主线的可视化设计

产品质量是企业的生命线，要树立主线思维，即以合同订单为主轴，开展以产品质量为主线的全面实时可视化设计，构建面向全体系质量人员、从用户需求识别到产品交付和使用的全流程智能化质量管控模式，实现质量管理从定性向定量、从点线向全面、从人工向自动、从事后向事中的转变。主要体现如下（图7-44）。

（1）质量先期策划：产品质量首先是策划出来的，根据用户需求进行产品质量先期策划，将用户的需求转化为企业内部的质量控制计划，完整记录质量策划过程及结果，并推送至操作岗位，确保策划与执行保持一致。

（2）质量信息结果呈现的实时性、准确性和透明化：通过工艺处理过程和

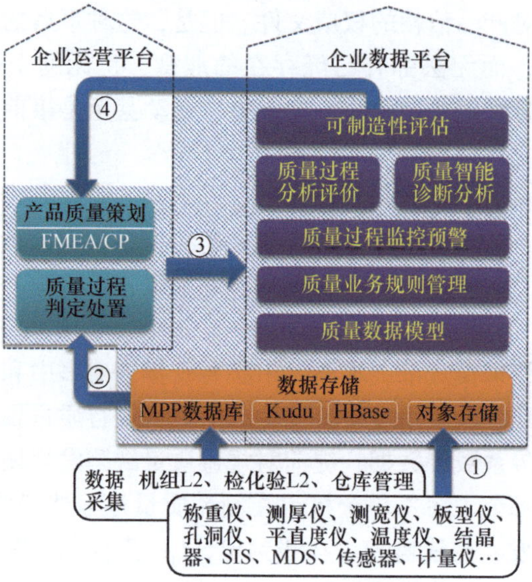

图 7-44 基于全要素数据分析的产品质量全面可视化设计

设备运行状态的高频数据、实绩数据的接入，构建全流程的数据模型，完整、准确地获取制造过程的每一工序环节中产品质量相关信息，并实时、适时地推送到所有相关人员，实现全流程质量一贯数据信息透明化、共享化、可视化，使得制造过程知道下一步该做什么、如何做。

(3) 过程一贯质量分析与控制：全过程质量信息实时收集，过程质量异常及时报警，工艺参数趋势监控、符合性统计、异常趋势报警，异常质量工序间协同及时处置。

(4) 在质量判定和处置等关键业务环节，实现业务运作的在线化、自动化和智能化：根据炼钢、热轧、冷轧等各产线工序的工艺和控制参数特点，建立工序生产质量控制计划及判定依据，支持基于 AI 技术的在线质量自动判定，并结合判定信息进行材料的自动处置与质量信息传递，提高劳动生产率，降低错判漏判率。

(5) 质量评价和分析、动态工艺调整智能化：通过模型算法的应用，在产品全流程质量评价、质量异议分析、动态取样优化、工艺调整和优化等环节，实现面向产品数据智能分析、可视化展现，提升质量工程师的工作效率。

全样本全要素全流程产品质量一贯管理

在产品质量管控上应用企业大数据，已经成为钢厂的普遍共识，且被认为是最可能首先取得突破并产生价值的领域，没有之一。因此，在钢厂大数据中心建设中，以质量为主题的数据域构建往往是企业数据治理和应用的首个落地项目。

以产品质量为主线的可视化系统聚集了多种资源投入，如加装更多的感知手段、坯材的实时判定和放行、卷材机械成分和性能质量的预测、配置表面检测仪对表面质量在线判定、轧钢机组配置毫秒级高频数据实时采集和分析的软件系统等，这些都是在事中对产品质量管控所采取的技术手段。另外，工序间质量信息实时准确传递成为工序界面协调控制的优先事项，意味着前道工序产品质量信息及时传递到下一工序，以便迅即采取相应的控制策略以补救前道工序的任何质量瑕疵，以尽可能阻断质量缺陷的基因遗传链，图 7-45 为通过工序界面的信息传递和实时控制，降低产品质量缺陷向下游延伸遗传的示意图。

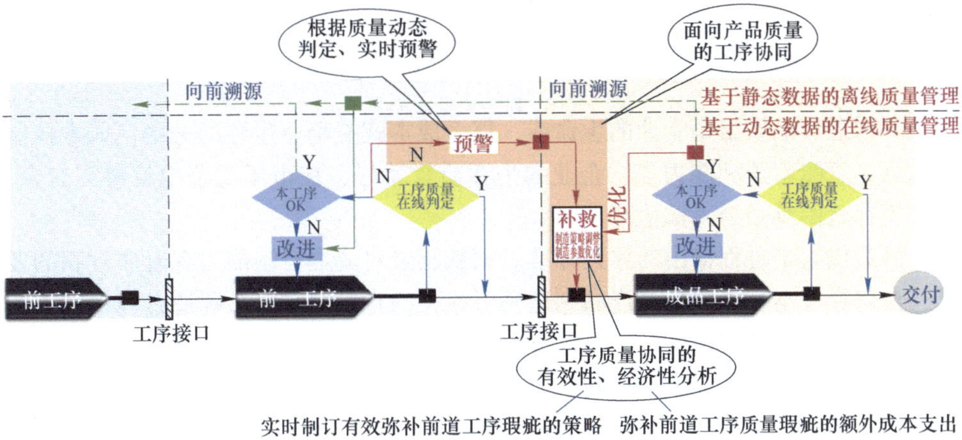

图 7-45　工序界面协同中的产品质量控制方法示意图

建立工序一贯质量信息传递与分析利用体系，是工序一贯缺陷管理具有特色的管理内容，如缺陷形貌及外观规律分析、缺陷发生位置确认、工序制造过程调查、缺陷的微观及成分分析、缺陷验证及跟踪试验等，并形成具体的缺陷分析思路和方法，建立快速、准确确定缺陷的能力和机制，是钢铁产品质量全流程管控的工作重点。这些工作都是在大数据技术的支撑下来完成的。

为此，要收集大量直接影响产品质量的高频次数据，以及各种结构化及非结构化的质量相关数据，按照材料树、长宽对应进行整合串接、实时关联、深度融合；在每个工序环节，对数据进行实时分析，通过检测得到的高频质量信息（表面检测、工序工艺高频检测信息等），指导本工序、下工序作业，防止缺陷批量流向下工序；快速分析缺陷成因，快速实现产品生产工艺参数的调整来弥补缺陷。

基于全要素管理数据，建立面向单变量、高维变量过程统计及非线性预测等多种方法并用的生产前质量预分析模型、全流程质量策划模型、制造全流程物质流演化过程的质量在线监控模型、产品跟踪模型、质量自动判定模型、异常诊断模型等，形成以数据质量评价模型为代表的质量数据、工艺标准、质量规则、质量缺陷等多种类型工业机理模型库。基于工艺模型、经验知识和过程数据统计分析的混合质量模型集群，实现不同工序间物质流关联、递阶查询和回溯匹配，全流程缺陷查询、追溯、比对、分析和案例知识传承共享。

进一步按产品、合同、用户、产品分段、时间和事件等不同时空维度，实现对钢铁产品质量全流程的精准管控与质量溯源，进一步提升产品质量。

为操作者和质量工程师提供质量自助式分析、产品质量综合评价等智能应用，是实现产品全流程跨工序质量一贯制管理的重要一环。实现事前预判预警、事中实时监控和动态优化、事后分析改进。

7.3.8 质量成本控制是工序成本管理的核心内容

如果说产品质量是企业的生命线，那么成本就是企业生存的关键。成本控制能力强，意味着盈利能力强，企业的生存质量就好，在市场竞争中就游刃有余，反之生存就困难乃至无法生存。

制造成本是过程输出的评判标准。钢铁制造对成本控制能力有着非常高的要求，全口径成本应该包括与产品制造销售相关的直接成本以及制造过程中发生的动态成本。成本是管出来的，不是算出来的，而管理成本要从更加精细、更小粒度着手，如此方能压实成本控制能力，在工序级进行成本管理是企业成本管理的必然，既可以足够精细化，又具有可行性。

质量成本带有不确定性

这里所讲的质量成本不是质量和成本，而是企业为了保证产品达到质量标准而支出的一切费用，以及因未达到产品质量标准，不能满足用户或消费者的需要而产生的一切额外损失（包括质量异议、现场服务、返厂维修再制、退货赔偿等）。

质量成本是企业成本总构成的重要组成部分（图 7-46），包括预防成本、鉴定成本、内部损失成本、外部损失成本和外部质量保证成本。制造过程的任何异常都会波及产品质量，必须采取相应的额外措施来保证最终产品质量是可交付的，那么这种额外措施带来的成本就构成了变动的质量成本，带有随机性和不确定性。所以，由产品质量问题衍生出来的无谓成本是无效和不必要的，是企业管理中需要消除或至少要尽可能最小化的那部分成本。

质量成本通常是财务无法统计的

很多人认为：成本管理是财务的事情。传统的财务报表更多反映的是结果，而不能显示成本发生的来源或原因，更不是为了降低成本来设计的，所以也就很难通过传统的财务报表看出成本发生的背后原因。因此，作为企业非常重要的一个成本——质量成本，很容易被企业忽视（图 7-47）。例如：产品瑕疵导致客户产品质量受损，公司高层或专家要亲自拜访客户赔礼道歉，总经理工作时间上的

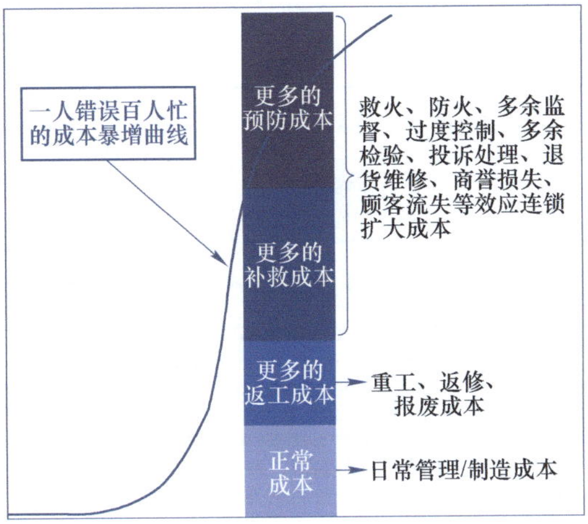

图 7-46　质量成本构成曲线

损失如何计算，客户的信心降低导致供货份额降低的损失又如何计算，混乱的生产现场导致人心浮动生产效率降低的损失又如何统计，修复这些问题，使企业回到正常轨道，还需额外花费时间与金钱，这又如何计算。

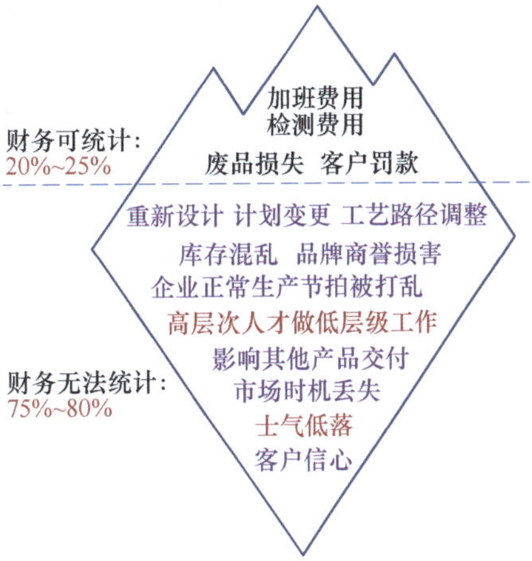

图 7-47　财务可统计的质量成本示意图

质量成本要通过质量管理和成本管理共同来解决

成本是管出来的，不是算出来的，不是事后的统计数据或分摊数据。分摊归集成本的方式太过原始，分摊方法不能体现随机发生的成本要素，如果不能准确定位问题，不能准确及时发现无谓成本的根源和“出血点”，那么也就无法针对问题及时加以弥补。

质量成本管理需要从质量管理和成本管理两个维度来实现，在管理目标上两者是矛盾的，需要平衡。首先，成本计算单位要尽可能细，只有将成本对象细化到每一个最小单元，才能够实现明晰的、全口径动态成本管理，如以钢卷、钢种、合同、机组、班组等为单位计算成本，都是成本可评价的维度，为全口径总成本提供足够精细化粒度的成本数据支撑（图 7-48），当然，这需要在质和量上与之匹配的数据来保证。其次，成本是动态的，完全按照成本标准值计算成本，是一种静态的方法，不能反映过程中人为因素、异常因素、不必要因素、随意因

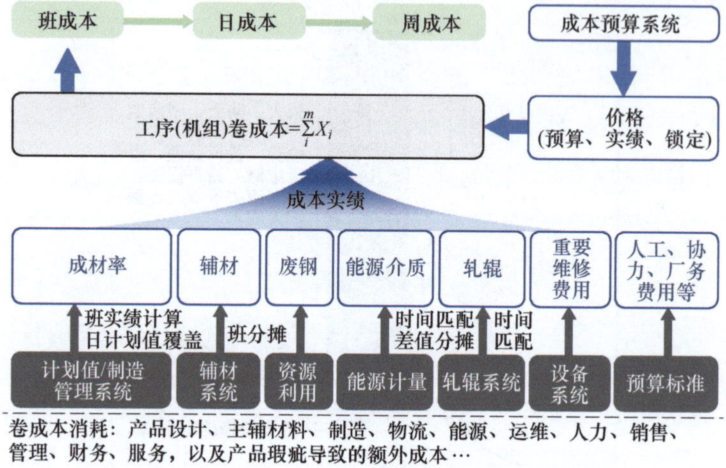

图 7-48　工序成本是成本精细化管理的基础

素等导致的变动成本，例如：不同工艺路径、不同班组、基于不同经验的操作，导致工艺加工时长、物料消耗不同的成本差异。变动成本还包括处置随机事件的附加成本、弥补前道工序瑕疵的额外成本支出（返工、修磨、再加工等）、用户质量异议处理产生的服务成本等（如人力、技术）、环境污染的社会成本等。而这些因素带来的成本变动，本质上都是无谓成本，都需要在制造过程中通过质量管控手段来加以抑制和消除。

因此，内部从降低不合格品率着手，外部以降低客户投诉为突破口，质量成本应围绕两个重点项进行管控和优化。

7.3.9　钢制品物流效率提升

在讨论钢铁行业智能制造时，大多数注意力都会首先集中在制造过程，因为制造过程决定了产品的质量、成本，以及由此带来的市场竞争力。其实，与制造过程同样重要且复杂的还有另外一个过程——钢制品物流过程。该过程对整个供应链的成本和效率至关重要，通常大型钢铁企业都建设有功能强大的销售物流管理系统如图 7-49 所示。

钢铁成品物流的特点

产成品物流是直接对应到用户企业，具有衔接整合企业内外物流资源、涉及多种运输工具交叉组合、用户需求数量和形式的时空变化等特征，覆盖的范围越大、涉及的领域越广，不确定性就越多，需要企业内和社会面物流资源管理和协同。通常销售物流的现状普遍落后于制造过程，表现在：人工制定的出厂计划，粗放、不平衡；运输工具的装货配载依赖于人工经验，难以统筹考虑；运输车辆

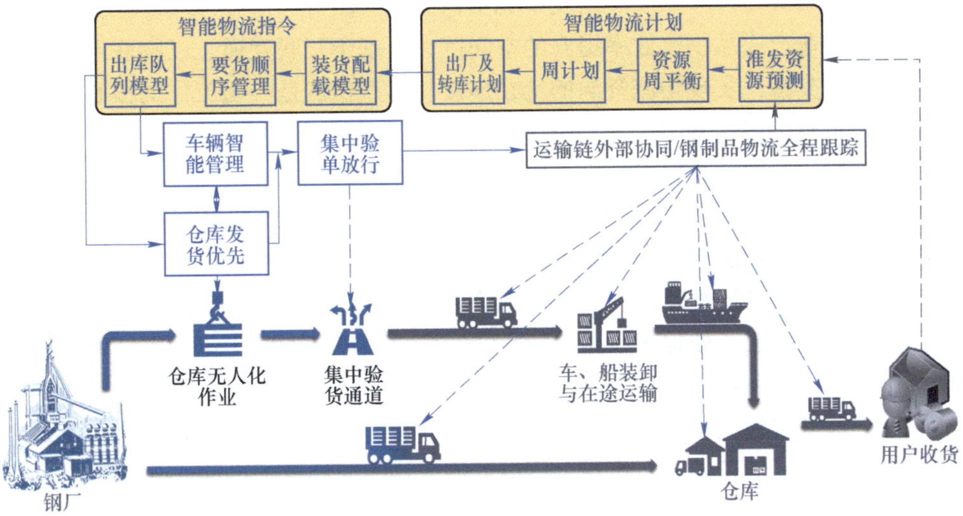

图 7-49　钢铁成品物流效率提升

运作不稳定，由人工调度；仓库作业无配载图，基本上是人工协调；汽运提货计划性不强，精细度不高，集中排队，纸质提单；等等。总之，钢铁产成品物流整体水平明显落后于产品制造过程。

面向效率的钢制品智慧物流

钢铁产成品物流过程的智能化要解决两方面的问题：一是与钢厂制造过程有机衔接；二是物流过程的高效作业。

基于钢厂制造合同计划、产能资源、机组状态、生产计划构建准发资源预测模型，依此制定物流周计划（包括船舶、汽运、车皮、转库计划），实现出厂资源与运能资源的周平衡，并根据实际情况进行在线调整，与日计划（靠泊、转库、出厂）无缝衔接，强化物流计划的策划与管控、提升物流效率。

根据日计划要求，以车皮、船舶装载要求和自提要求拉动仓库出货，实现多船（车、车皮）、多码头（站点）、多仓库之间的要货平衡，形成材料出库队列，确保现场发货有序高效。

根据材料出库队列以及发货通道车位占用情况，按照一定的管理原则自动分配车辆，实现框架车智能调度。

通过移动 APP 实现和承运商的协同，分配发货任务、指挥车辆排队等。

实行无纸化验单、车辆配载和下游信息协同、行车无人化或自动化，提升各库区智能化水平，进一步实现库区无人化，从而提升总体作业效率。

针对出厂货物集中验单放行，优化工作流程，提高劳动效率。

集成相关信息，支持厂内物流能力平衡，协同路企和关企信息建设，加强运输质量管控，提升运输链通行效率，降低运输成本，提高对用户的服务能力。

钢制品物流过程工业互联网发挥优势的重要领域

钢铁行业产成品物流效率提升的空间巨大，基于互联互通，以物联网、移动应用等技术支持，实现物流资源的泛在连接。模型仍然是一切工作的核心，要摆脱对人工经验的过度依赖，首先要构建模型，包括物流计划模型、物流调度模型、库存优化模型、仓库发货模型等，基于出库队列模型实现统一自动排程、基于装货配载模型进行装船/火车自动配载、基于车辆调度模型发布框架车自动调度指令，实现从产品准发到成品出厂的全流程计划与调度。同时，在平台上开展物流商评估、集批计划管理，出厂计划管理、作业计划、协同应用、库存统计分析、单据处理、账务处理等应用功能，实时监控物流状态、优化供应链库存、实现费用在线结算和物流全程跟踪。

基于模型的物流计划和智能调度，与车辆智能管理和无人化装备结合，改变了发货现场人工信息录入、找卷，厂内运输车辆人工调度的局面，平衡仓库发货能力、解决车辆排队问题，车辆累计运输距离显著减少，提升劳动效率，节约运输成本。以宝钢股份湛江钢铁为例，2018 年 7 月一期功能（冷轧产线部分仓库）上线后，出厂周期缩短 10%，框架车运输能力提升 10%，现场提货车辆排队时间缩短 70%。

7.3.10 设备管理系统

近年来，国内外各类优秀钢企都加快了设备智能化管理的行动步伐。美国大河钢厂通过安装各类传感器实时采集生产过程中的信息，利用大量历史数据预测各种潜在的故障模式，致力于“无随机事件”的制造过程，打造学习型钢厂的实践，极大地激励了钢铁行业致力于设备运维服务登上智慧化台阶的热情和努力。

钢铁制造对设备运行维护有着不同寻常的高要求

与离散装配型制造竞争力主要由产品设计来驱动不同，钢铁制造竞争是由制造过程来保证的，因此，钢铁制造对于过程设备运行维护有着极高的要求。一方面，根据机组产能能力、工艺路径的优化组合、机组设备的良好运行、工艺参数的优化以及操作管理人员的技术素质来制定生产计划，并及时向用户交付质量稳定、一致的产品，是钢铁企业每天要完成的“功课”。显然，制造装备的状态对按时保质地履行订单至关重要。另一方面，钢铁企业庞大的设备资产分散在多个基地，存在诸多状态感知盲区，导致突发故障时有发生、备件库存居高不下、设备寿命无法预期、运维人员四处奔波，产生了无谓的成本。

事实上，对于多个订单合同，即使是相同的装备、一致的冶金规范和工艺路径，制造相同规格的钢铁制品，最终产成品的质量仍然会有波动和差异，如果差异超出了允许的范围，就会产生质量问题，或报废废品、或降级处理，造成巨量的经济损失，这在钢铁企业时有发生。

智能制造战略下的设备运维内涵非常丰富。首先，使制造装备始终运行在一个良好水平是应有之义。设备状态直接影响产品质量、产能发挥、作业计划的制定、装备资源的最佳配置等，维持设备状态在良好水平，包括对设备故障提前预知、在设备故障临界点保证备件到位并及时更换，同时又要避免设备的过维护以降低成本、提高开工率等，这些都是钢厂设备管理智能化要追求的目标。利用新一代信息技术，基于制造过程的大量实时数据（大数据）进行在线的建模、诊断、分析、预测是工业互联网应用的一个关键领域，是所有制造企业首先尝试解决的一个领域。

设备“操检维调”与现场安全管理

在一个长服役周期内，制造装备工况会不断发生变化，排除那些偶发的异常事故，缓慢的渐进变化一直在进行中。为了使装备始终处在一个健康的状态水平，会在现场配置诸多“操检维调”岗位，对设备进行日常维护，这些工作是带有强烈的经验驱动特征，依靠经验可以解决相当多现场问题。但这又会带来很多由于个体经验差异而产生的不确定性，随着对员工安全和成本控制的考量，现场人工岗位逐步减少，会加大现场“操检维调”岗位互通融合的力度和进度。岗位减少，人的知识和能力结构变化又会成为一个新的挑战。

所以，在对设备进行运行维护时，经验很重要，但经验应该是标准化的、带有普世特征，不希望受到过多个性化经验因素所带来的不确定性干扰，这是设备智能化维护的另一个重要话题。

设备在线监控和预测式运维

要改变以人为核心的“五感”点检、经验判断、人工诊断，以及人工排产、手工派单、定期维修更换的传统运维方式，要充分发掘数据的价值，利用大数据和人工智能技术，促进设备维修从被动处理到主动管控、从单一数据专项分析到大数据综合分析、从基于经验的预防性维修到基于数据的预知性维修、从单纯反馈设备状态到提供整体最优解决方案的四个转变，从而实现设备状态可视、变化可预知，以及运行维护方案最优化的预测性设备管理（图 7-50）。

从“云、边、端”三个层面共同构建预测式维护设备管理体系。在“端”的层面，力求装备智能化，智能装备具有自我诊断和故障预知功能，同时利用智能传感网络，实现感知端的数据预处理和故障预判，将相关信息汇聚到边缘节点，用于诊断和分析。在“边”的层面，各单元结合智能工厂应用，构建区域设备状态数据采集及信息集中操控架构，结合生产工艺数据共同完成设备现场端的采集、监控、诊断等功能，并进一步探索与生产控制系统进行联动，基于设备状态动态调整生产工艺。在“云”层面，构建设备智慧管理体系，以设备业务管控、设备状态监控、设备变化分析、设备移动应用协同运作的智慧设备管理架

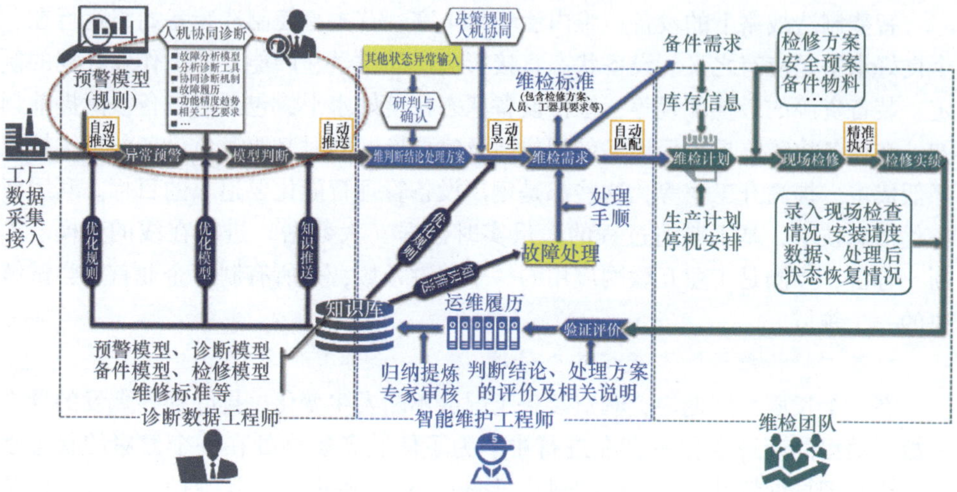

图 7-50　基于数据的设备智慧运维平台

构，实现维护作业的“精准”以及业务管理“智慧”。

7.3.11　集成客户的制造工程

钢铁企业制造流程长，下游的供应链更长，从传统的供需合同方式到基于互联网的电子商务交易平台，供应链效率获得提升，但仍然是你买我卖的传统销售模式，供应链的本质并未发生变化，上游企业的生产和下游用户的需求链并没有打通，下游企业为了保证生产，需要采购部门或贸易单位等提前采购保证库存。

供应链上下游企业的业务协同的需求

由于上下游企业间的数据壁垒导致信息不对称，因此厂内制造与厂外渠道在供应链协同上存在诸多盲区：厂内制造关注品种结构、订货稳定性，重心是集批、瓶颈工序、小炉次需求，催交订单紧急程度和优化排序；而厂外渠道关注订单交付时点的不确定性，紧急催交缺乏保障，技改、年修影响无预判，彼此关注点和重心不同。无论用户计划波动经渠道加工中心向上游制造单元传递，还是钢铁制造变更经渠道向下游客户制造过程传递，均为串行传递方式，沟通协同和风险应对效率低下；合同订单交付采用二段式管理，系统环节多，未实现全程信息实时共享、可视；订单交付模式单一，全程供应链周期超长，渠道库存超高，市场响应速度及供应链抗风险能力弱化。因此，迫切需要建立企业间的数据交换标准与规范，真正实现跨业务界面、跨信息系统的互联互通，支撑全程供应链业务流程、管理职责的标准化，以及全程供应链分段目标周期标准化、断点管理标准化。

何为“集成客户的制造工程”

将钢铁企业的制造过程向下游客户拓展，通过个性化服务实现与下游客户制造过程紧密集成，将原本截然分开的不同制造过程进行端到端的贯通，形成跨行业、跨企业、跨专业过程的统一制造过程，将下游用户的制造变成自身制造过程的自然延伸。客户需求驱动的制造是这种制造模式的起点，如图 7-51 所示。

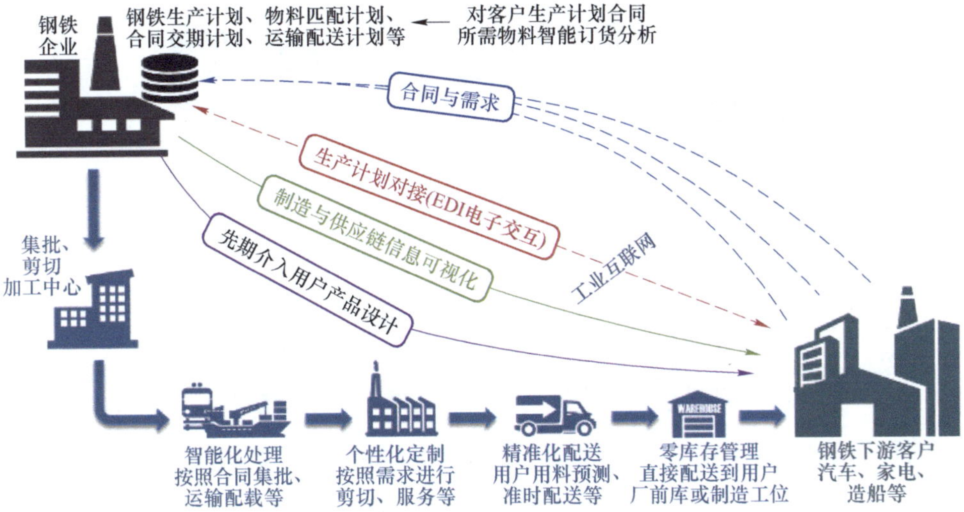

图 7-51 集成客户的制造工程

作为多个行业工业原材料的重要提供商，钢铁行业与下游用户企业（汽车、造船、家电等）的供应链紧密集成已经探索实践了多年，这种产业协同完全基于价值共享的横向集成理念，最终用户企业与钢铁企业进行生产计划直接对接，钢铁企业由以产定销变为以销定产，实现即时生产，提高钢铁产业链的整体协同制造效率，形成基于工业互联的集成客户制造工程。

从钢铁产品制造向下游用户延伸，直至与用户厂前库或前端工位无缝衔接，钢铁制造与下游企业（汽车、家电、造船等）制造过程的集成，其本质是跨行业、跨企业的供应链协同，既满足下游用户个性化的需求，又使钢铁企业实现集约化生产，使资源分配更合理，制造企业与用户之间效率最高、成本最优的产业链协同，从而与下游用户分享供应链增值。体现在钢铁企业的服务端，就是在钢卷到达用户场前或工位之前，存在一系列服务活动：按照合同集批、运输配载的智能化处理，按照需求进行剪切服务的个性化定制，以及按照用户用料进度预测、准时配送的精准化配送，甚至直接配送到工位的零库存管理服务，乃至“按照用料面积结算”的结算方式，这些都是带有新型商业模式的典型特征。

新商业模式理念实践中的智能化要素

钢铁企业与下游用户企业通过EDI实现计划信息的自然衔接，是一种完全跨企业、跨行业的集成，实现了用户制造计划到钢铁制造计划的无缝衔接和转换，其中，信息流和物质流都同步实现了贯通和集成，如图7-52所示。

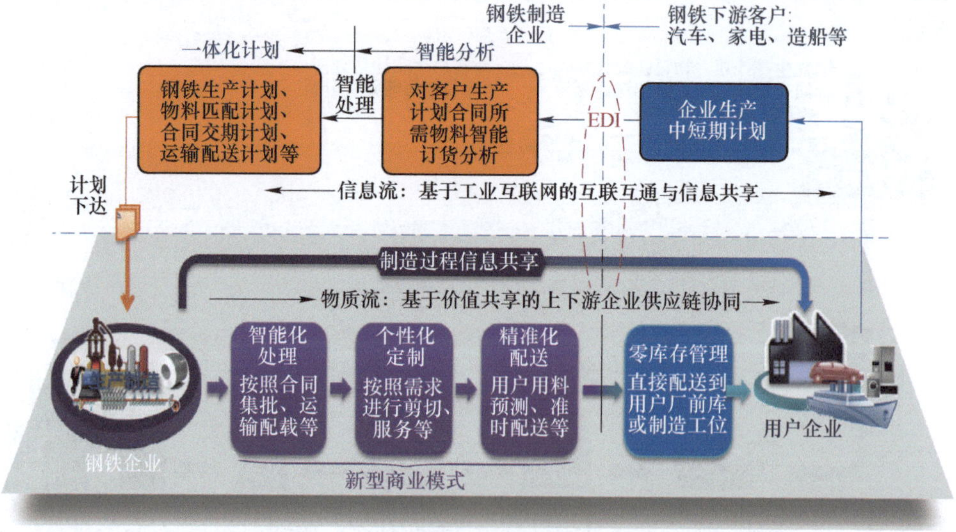

图7-52　新商业模式理念在钢铁与下游客户企业供应链协同中的实践

这些商业模式创新的经典案例来自宝钢与下游汽车整车企业的全程供应链协同，其中双方生产计划的自动对接和协同是核心，基于宝钢制造单元内部按周交货、合同全程跟踪管理，打破传统客户按月订货、交货模式，按客户需求进行拉动式订货管理，预知客户连续生产计划及后续用钢需求，结合厂内生产组织优化，合理安排订单集批节奏，最大限度地缩短产品周期，快速响应客户需求，降低供应链库存，实现定制加工和精准配送，全供应链周期压缩与库存降低，全供应链信息实时共享、可视。

（1）EVI（Early Vendor Involvement）是钢铁供应商为汽车厂提供从设计到量产全过程技术支持。EVI是指材料制造商介入下游用户的早期产品研发阶段，充分了解用户对原材料性能的要求，便于上游产业先行研发相关产品，从而为客户提供更高性能的材料和个性化的服务。

通过EVI项目，钢厂与下游用户零距离接触，明确用户的个性化消费需求，研发个性化产品，进而有机会承接下游厂商部分零部件的加工生产工作，为客户提供更加个性化的服务。

（2）协同的理念体现在全过程的每一个环节。打破传统客户按月订交货模式，按客户需求进行拉动式订货管理：

1）需求协同。从客户的产品及计划信息出发，分解计算，得出产品物料需求，为客户进行订货备料。

2）订货协同。根据物料需求和库存情况及安全系数，预测订货量，生成并下发订单到制造，启动制造过程。

3）生产协同。通过产能分配，资源平衡，排产进行运作，成品通过厂内物流运输进入成品仓库，客户通过数据协同跟踪生产进度。

4）运输协同。根据实际情况委托物流承运商运输，进入加工配送中心，并全程跟踪运输情况。

5）配送协同。客户提出具体的要货计划，加工配送中心制定送货计划，承运商根据配送计划进行配送，达到客户场前或工位。

6）结算协同。与客户高效、准确、及时对账。

在厂内按周交货精度保障、全程库存/周期管控的前提下，实现供应链全程低库存、短周期、高效率的滚动供货和快速响应，保证用户供料。

（3）关键环节业务自动化过程凸显了智慧的要素。

1）需求自动预测。钢铁生产企业要对客户月度用钢需求量做出准确预测，需要建立高效可靠的用钢量需求预测模型，并结合客户定期发布的生产计划，得出最终的预测结果，进而进行钢铁企业生产计划的编排和对理论订货量等的计算。这是保证客户正常稳定生产的首要条件。

2）智能分析。对客户生产计划合同所需物料智能订货分析、分解，并自动转化成为钢厂的一体化生产计划，包括钢铁生产计划、物料匹配计划、合同交期计划、运输配送计划等，将客户的制造计划与钢厂的制造计划自动对接，是真正意义的集成工程。

3）对过程关键业务节点进行监控与智能告警。实时获取车型所有库存信息，结合产量计划，自动计算断料日期；自动查询其对应的合同进程信息便于进行催货，或推荐可用于替代的材料信息；根据用户的要货计划结合当下成品库存量及物流运输时间，自动测算成品断料时间，并进行分级预警；对于发生警报的零部件自动安排加工中心的生产计划进行补料，并实时监控剪切工厂生产情况。对供应链库存动态监控和多级预警响应，通过移动互联将供应链库存变化和多级预警及应对建议智能推送至相关方。

4）物料的智能配送。钢厂交付原卷到加工配送中心，并按照客户的拉动计划自动生成物流配送计划，根据用户生产计划安排、在途材料、现场库存等动态信息，计算用户产品使用计划（即要货计划）；根据要货计划，系统智能配卷，并自动生成第二日发货清单；建立车辆调度模型，以月台调度智能排序为目标，针对车辆和仓库量大影响因素，制定最优装车方案，提高仓库货物配送率，缩短装车时间；使物料能够以最合适的时间，最准确的数量交付到客户的制造车间。

5）物流资源的智能管控——移动可视化。对物流资源的智能管理，包括物流商资质管理、运输资源管理、仓储资源管理。面向承运商，采用手机移动终端、PDA 扫码器等移动手段，对运输过程分阶段、分模块、分角色进行分析，从事后管理向过程管理转变，进行大数据收集、分析，并将跟踪发现运输过程中质量、安全、系统中存在的问题实时快速解决，保障运输过程安全稳定顺行。面向物流计划人员，通过移动智能终端的方式向用户提供便捷的物流（产成品）信息获取窗口，减少用户物流信息获取环节，避免信息流转过程中滞后问题，及时掌握最新物流事件，提升服务战略用户的能力，提高用户满意度。

（4）业务协同和智慧处理的基础来自数据的协同。基于 EDI 数据集成技术、高级计划排程技术、物联网络和移动应用技术、制造云平台技术、供应链计划协同技术、精准物流配送和定制服务技术等，实现钢厂与大客户间订单设计、质量设计、材料设计、生产计划、物流信息的贯通对接，以客户需求直接驱动钢企制造、物流和服务全过程（如图 7-53 所示）。

钢企与下游用户基于统一的数据通信与数据传输标准，实现用户需求与钢企生产系统的对接，用户生产计划的调整、钢企生产订单兑现的进程都可以及时交互，大幅提高彼此的协作水平，提高效率。

EDI 数据交互供应链 EDI 功能模块主要包括采购订单模块、采购合同模块、合同变更模块、合同执行状态模块、发票模块、生产状态模块、出厂状态模块、发运信息模块等多个模块。

虽然这种产业协同模式在工业互联网概念出现之前就已经付诸实践，但工业互联网可以从理论上非常好的诠释这种商业模式中互联互通的价值，和工业互联网的支撑作用，也是工业互联网催生商业模式创新的最佳案例。

7.3.12 业务流与商务流智能化

企业业务流和商务流的自动化是提升供应链效率的重要技术，鉴于业务流和商务流过程非常复杂，受到跨企业市场因素的不确定性影响，必须在业务（商务）过程的不同环节融入坚实的智慧化内涵，以实现系统自主应对过程不确定性问题的决策过程。

订单智能订货分析

根据用户周滚动计划和供应链库存，智能订货模型自动对原卷采购进行评估，自动计算出需要的订货量，并自动生成订货信息，提交钢厂完成订货（图 7-54）。

首先，收集来自客户车型生产计划、零件单耗、用钢产品转换等信息，基于模型智能分析，准确计算出用户滚动用钢需求，滚动预测客户分周订货需求，一旦获取各零件对不同钢种具体需求量，就会自动转换成母材期货订单，并以此计

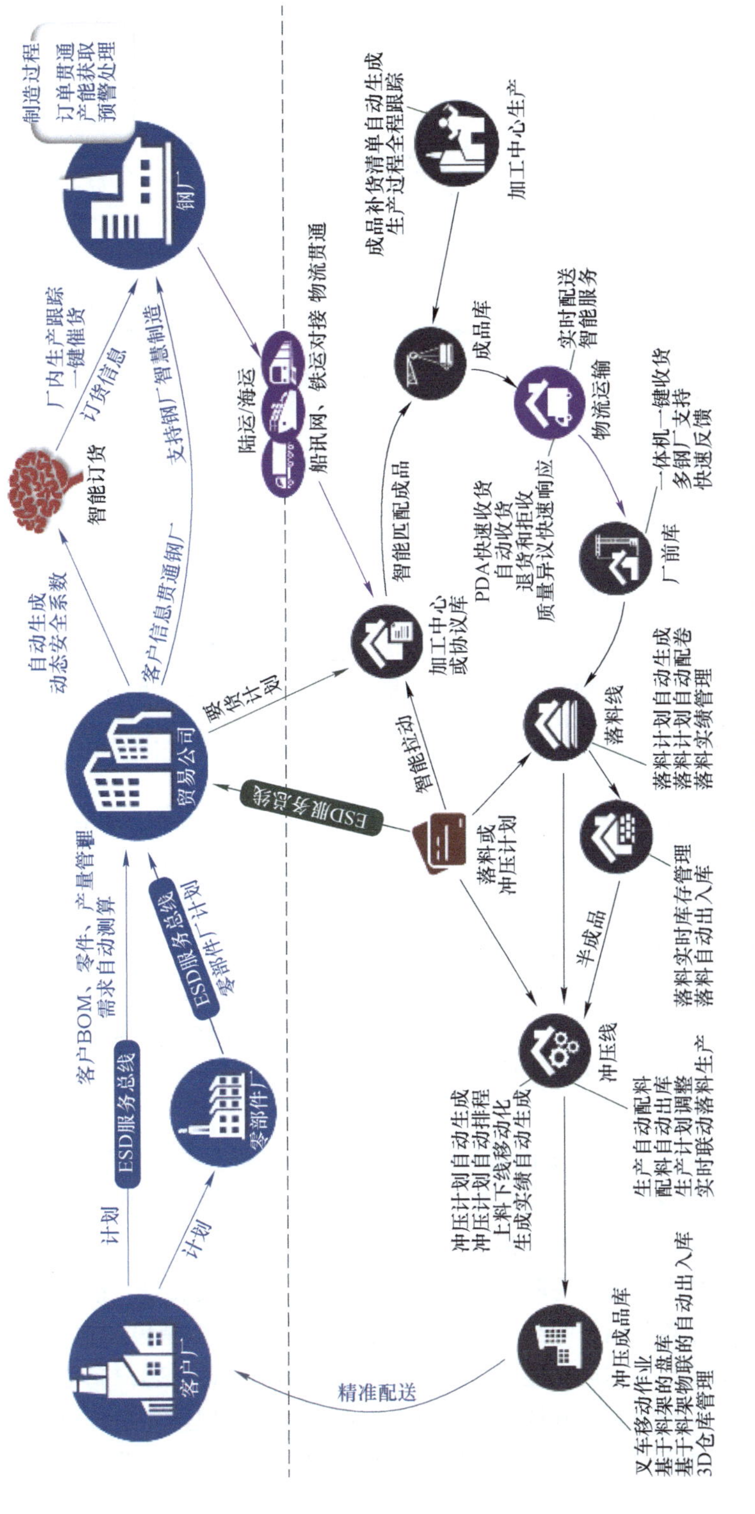

图 7-53 钢铁成品订货与剪切配送服务流程

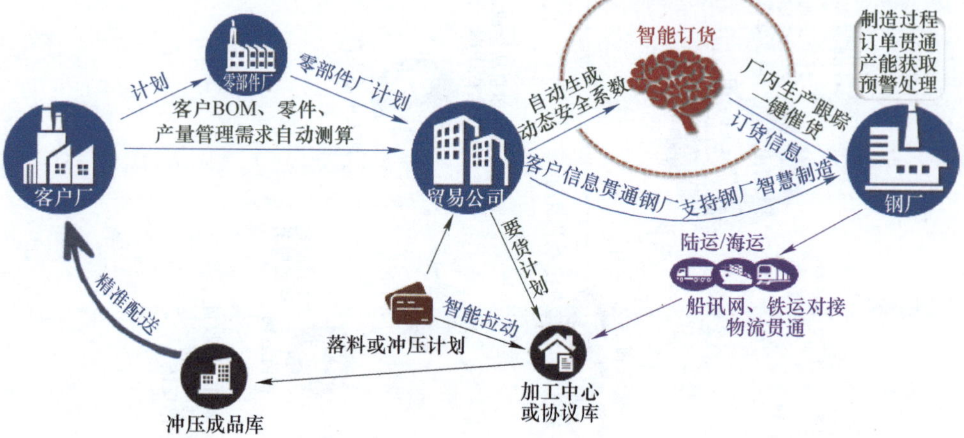

图 7-54　从客户订单到钢厂合同的智能订单分析和计划生成

算用钢量及倒推预测订货的时间点。

另外，根据用户分周用钢量、供应链库存，参考目标安全库存周期预测出分周订货量，订货需求计划经剪切中心调整、确认后，生成订单并下发属地制造，同时支持根据历史订单规模、预测需求规模测算分周订货量，同时将全流程节点计划下发至相关系统。

上述智能订货分析模型的基本原理同样适用于诸如汽车、家电等行业客户。商务智能模型主要包括客户 BOM 库存补充模型、BOM 物料的自适应库存预警、BOM 变更管理方法、钢厂供应链的钢材货物处理模型、钢材板料自动配送系统模型、零部件用钢按面积自动结算模型等。

基于模型的智能订货分析实现订货流程的智能化和自动化，提高了订货效率和订单预测的准确性，缩短了订货响应时间，免除了母材订货信息的人工转化和录入过程，以及由此带来的出错几率和风险。

钢材网售智能议价

在钢材电子交易平台实现钢材网上交易智能议价，有助于提高客户服务水平，增加服务响应度。智能议价是买卖双方之间的一种双向博弈，其目标是同时追求企业利润和客户满意度的最大化。

智能议价技术综合考虑降价限额、降幅比率、资源投放量、钢种属性、资源关注度、资源库龄及用户等级等多重因素，建立钢材网上销售的智能议价模型。智能议价模型综合考虑成交比率、资源关注度、钢种属性、客户属性、库存时间和随机概率等多种因素，并针对上述要素设定自动议价规则。系统根据自动议价规则、一定的概率，通过计算机程序与客户的拟人化交互，自动将结果反馈回复客户，实现了钢材销售过程中的智能议价。

在技术实现上，对以往议价往来回复进行汇总，梳理成一套区分同意或拒绝的大类，按照拒绝、同意程度深浅，细分进入“用语”库，在之后的自动议价中，根据客户议价程度及用语使用概率，在用语库中进行挑选自动匹配回复，在用语库具备一定“网络交谈错别字”识别和匹配功能，使自动议价过程更具拟人化效果，提高机器交谈的智能性。

电子交易智能定价

价格通常是影响交易成败的重要因素，同时又是市场营销组合中最难确定的因素。这要求企业既要考虑成本因素，又要考虑消费者对价格的接受能力，从而使定价策略具有买卖双方双向决策的特征。因此，价格又是市场营销组合中最灵活的因素，可以灵敏地反映市场状况。

平台运营商总结多年现货销售经验，并结合经典的成本导向定价法、需求价格弹性定价法、市场导向定价法等开发了一套独有的、涵盖钢材销售多维度、全要素智能定价模型——BGCM。

BGCM 模型的要素组成包括：

(1) 考虑产品供应商期货价格（Base Price)，结合经典的成本定价策略，建立钢材产品归并库。

(2) 为了更好地细分定位从而确定符合市场走势的价格，模型中设置了产品实物质量水平（Goods）这一判断逻辑，使得定价模型能够融合产品质量因素实现准确定价。

(3) 引入客户行为分析（Customer）来作为定价环节中的重要参考依据，建立客户行为分析机制，准确把握客户行为对价格的影响。

(4) 市场因素分析（Marketing)，实现价格市场联动。

智能定价模型的关键在于：根据用户浏览某品种牌号的资源并议价成功之后生成订单的行为数据，对模型进行充分的数据测算与反复调试，确定合理的加减价幅度，并不断动态优化，使智能定价水准能够与市场价格相匹配。

商流货款发票智能匹配

将商业智能技术应用于面向行业客户的钢材集中供应业务管理中，包括基于供应预测模型，快速精准地预测客户的用钢需求，确保合理、稳定的钢材供应。其中，货款和发票智能匹配模型实现业务的智能化运作。

发票智能匹配是指：由系统自动匹配成品发货明细与用户实际接收货物明细，并根据核对一致的货物明细自动生成开票申请，从而完成供需双方往来收发实物账的自动核对，并且实现快速开票与结算，加快双方的账务处理。整个过程由系统自动完成，减少了大量的人工干预。

建立货款智能匹配模型，免除了传统的由供方进行配款所需的大量线下沟通确认、款项关联和利息核算等工作，消除了过程中因沟通信息传递失真所导致的错配款、漏配款的情况。而由客户主动参与合同款项分配，实现货款的智能化匹配，提高了交易双方整体的业务执行效率和资金使用效率，加快了供方的货款回笼速度。

成品物流智能备库

供应链过程中，库存是普遍存在的。在精准配送供应链中，库存量充足有利于保持供应链的高度衔接性和韧性，保障精准配送，但是，库存量高会抬升供应链成本，因此确定最优的配送库存备货量是供应链库存智能优化是重要课题。

针对备货库存的影响因素多、高度不规律的非线性特征，运用混沌神经网络算法，将影响库存控制的因素抽象出来，使用相关历史数据作为训练样本，训练成型的混沌神经网络模型，并基于模型对库存及库存率进行有效预测，确定后期的补货量，保证库存处于一个相对合理的水平，依据业务波动动态调整库存系数，实现备货库存的最优化。

通过对整个供应链环节中各项因素的分析，影响库存需求量的 8 项因素分别为用户要货计划、整车厂生产计划、配送运输距离、节假日、季节、运输车辆年限、不同品种、设备产能等。模型将上述各因素的历史和实际数据进行比对，不断学习和预测出最优的权值，针对用户的不同零件、不同车型、不同牌号、不同规格、输出对应的零件库存系数，解决以往采用传统线性回归预测备货库存方法准确性不足的问题。

库存余材智能化充当

余材充当操作难度很大，充当规则与材料实施工艺、合同路径、产线特征甚至用户特定要求息息相关，呈现出多样化、个性化的突出特征。

解决余材自动充当问题面临着诸多技术难点：（1）充当规则复杂、碎片化，充当难度大；（2）物流结构复杂、交叉产线多、动态需求多，优化策略不再单一；（3）动态多层次、持续性优化要求成为冷热卷优化体系的突出特征，难以实现；（4）材料携带工艺多，充当范围和优化范围日益变窄，工序间需求冲突，抢占资源现象严重，难以协调。

库存材整体优化涉及余材充当、库存协调优化、封闭材智能处置等多方面问题，传统的依赖人工经验设计充当方案，已经不能满足要求，需要开发基于智能决策模型的在线充当系统，实现余材与合同的大规模高效优化充当，如图 7-55 所示。

图 7-55　库存余材智能处置的要素

产品工程师的知识和经验数字化、计算机可识别是基础性工作，使工艺规则可传承、可灵活配置、可在线生效、可智能分析，建立通用规则配置引擎与充当规则库，实现工艺知识的传承与积累。开发基于动态优先级的跨工序余材充当优化模型，以交期优先、直线物流优先、工艺一致性优先等作为转用优化准则，实现合同与材料的多目标全局优化匹配，以及整体高质量的超量材转用操作。通过人机交互的方式，定义、配置合同与材料的优先级，并与优化模型衔接，使模型具备接收外部灵活设置的优先级信息，从而提高模型的多场景适应能力。

从“减少余材产生”和“有效消化余材”两点着手，利用全流程工艺大数据，有效兼顾协调多工位的优化需求，实现性能不合材料的放行、复验、返修和降级等处置的自动化，极大程度提升处置效率，科学有效的降低库存。

商业票据集约化智能管理

在集团型企业内部，针对财务票据信息流、实物流离散的现状，以提高“安全性、流动性、收益性”为目标，打通银行与企业的数据直联通道，对企业的票据要素进行计算、分析和规律总结，通过流动性管理以及价值分析等多项集约化管理技术，进行多维度的票据分析，包括票据存量结构分析、业务发生分析、资金预报分析及价值贡献分析，提高票据使用效益、降低票据风险，为票据合理使用及供应链融资拓展提供决策依据，如图 7-56 所示。

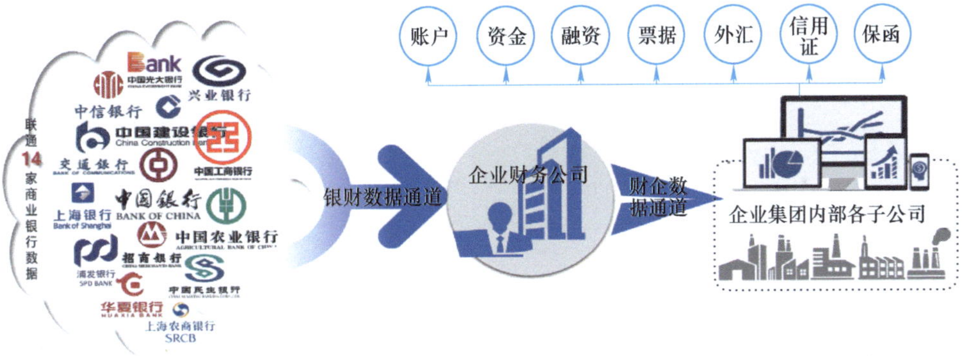

图 7-56　商业票据集约化智能管理

开发“智能配票”功能，匹配票据期限、金额，动态调整结算政策，开立远期限票据；建立票据风险预报分析群，根据双向票据的到期情况，形成票据缺口预测，形成策略预报，形成现金流的管理策略，为管理者提供决策依据，从而提高票据使用效益、降低票据风险，充分发挥票据的潜在效益。

同时，从应收、应付票据维度，甄选出最有效、最直观的分析评价指标，直接在系统中嵌入价值分析表格，动态跟踪管理效益，实时推送给各子公司、各业务部门的基层管理者与业务操作人员。

8 场景驱动的创新探索

——中国宝武智慧制造战略与视角

8.1 场景是什么

俗话说:“做事要应景”。“应景”就是针对特定的事件和事件所处背景，确定具体的目标、为各相关方安排角色，并依照角色的定位来推动做事议程。这种应景做事的设计安排就称为“场景设计”，由所规划的场景推动工作进程就称为“场景驱动”。

8.1.1 场景驱动成为创新活动的重要方式

场景驱动是基于问题的创新解决方案

解决企业面临问题要有内在的驱动力，转型发展、智能制造都是如此，不是赶时髦、追概念，而是由企业持续发展所决定的。

首先是问题驱动：问题是什么？行业和企业的效率包括资产效率、运行效率、人员效率、决策效率等。企业运行效率不高，拉升了企业成本，影响企业的效益，降低了企业的市场竞争力。

存在问题就有解决问题的需求，所以要需求驱动。面对企业效率问题，企业需要有强烈的欲望追求效率的提升，追求极致效率。一个共性的问题是：企业运营过程中多专业、多主体、多部门、多业务的协同与协作，降低人为协调的时间成本和资源成本。

为了解决上述需求，需要新的技术手段，从新技术应用中找到正确的解决方案，所以技术驱动很重要。这是解决企业需求的具体方法、路径的设计，例如：实现现场无人化，需要工业机器人技术的应用；实现“三跨融合”，需要互联互通的技术和平台体系来支撑业务流程变革。

而场景驱动则是推进具体工作的新型方法论。提升效率的工作有多种，有很多切入点，这取决于企业对自身需求轻重缓急顺序的判断和技术储备与实施能力的积累。所谓场景驱动，就体现了从问题到需求、从需求再到具体实施技术和目标的安排这一整体逻辑设计。例如：宝武集团“三跨融合”战略就是将协同和协作提升效率的需求具体场景化，以便在“跨产业、跨空间、跨岗位”三个维度上，有针对性地进行协同工作，就是要通过工业互联网技术来实现“多元产业、多个基地、多种岗位”之间的互通融合，使得信息是流通的、流程是贯通的、管理是顺畅的、岗位是合理的。

与以往以需求为核心的方法不同，场景设计中不仅要囊括需求，还要设计出解决需求的具体方向和实施方法。场景驱动的方法是敏捷创新的动态方法论，有别于企业信息化建设的思路方法，场景驱动强调专注聚焦主线思维，在战略规划框架下的一对一重点突破。

场景驱动实践，就是通过场景推进建模、解耦、复用、协同开发、产业数据打通等实践。其意义在于：随着一个个新构场景实践的落地，可以持续积累重点示范场景成功案例，总结场景落地路线图，通过实践积累和价值叠加，逐步清晰明了数据资源的应用方法和价值所在，提炼智慧制造相关方法论，将示范场景推广复用，形成以点带面的工作格局，加快工作进程。

场景设计不仅激发了企业创新的想象力和内在意愿，而且在场景实践中也加速了技术的持续迭代与突破。与传统先研发后转化的科技成果转化模式不同，在场景创新模式中，创新动力从研发人员的好奇心转向商业需求倒逼的技术创新；企业战略从纸面文件和会议讨论走向真实的制造和市场环境；创新过程浓缩在真实的市场验证环境中，从过去的先研发后转化的历时性创新走向技术研发与商业转化同时发生的共时性创新。

在当前数字化转型发展的大格局下，利用场景驱动企业转型和业务创新，是一种重要的方法和形式，体现了管理意志对于推动企业主动思变求变的创新思维逻辑和巨大努力（图 8-1）。

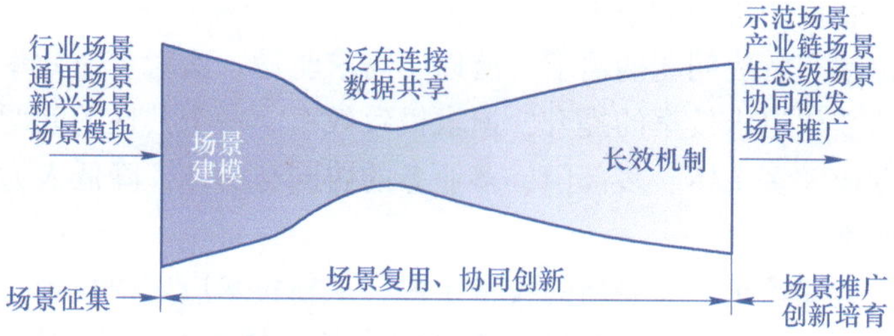

图 8-1　场景在创新中的加速器作用

场景设计要符合企业自身发展实际

场景设计体现了基于企业发展实际的具体考量。

企业发展有两个共同点：一是“差异”。企业之间最大的共同点就是“不同”，企业一定是“千人千面”，没有两家企业是完全相同的。企业在不同阶段，需求不同，企业的昨天与今天不同，明天会更不同。企业之间的差异是由企业本质决定的，即使是生产产品完全相同、规模也差不多的企业，管理者每天在思索的事情就是在做出自己的特色，做出差异化（包括产品、经营模式、生产方式等），找到适合自己发展的生存空间。二是“变化”。企业始终处于不断变化中，公司会重组、生产方式会变、部门职责会变、产品构成会变、班组形式会变、激励方式会变、人员岗位会变、工艺参数会变、产品检验标准会变、原料来源会变等，企业的变化是永恒的主题，体现了企业发展在不同阶段，水平不同、追求不同、要优先解决的问题不同，以及企业如何做出特色以强化差异化竞争优势等方方面面，所以，变化既是企业被动适应市场变化的一种“无奈”，也是企业主动作为所采取的举措。

8.1.2 场景设计方法

场景设计的要素考量

场景不同于工程建设项目。场景设计是顶层框架型设计，其创新探索的内涵更多，具有比较大的不确定性；而工程项目则是场景完全具象化后的具体实施安排，以确定性为主。

在进行场景设计时，需要持续思考：

（1）提炼什么理念可以使场景变得简单明了；

（2）采取什么行动可以解决企业运营中的痛点问题；

（3）在多大范围内开展工作是切合实际的；

（4）用什么方法可以更深入探究系统中各个利益相关者的需求；

（5）采用什么技术有助于将各种设计、设想、憧憬、理念变成现实；

（6）如何将场景框架转化分解成具体项目，并制定可行的实施路线图；

（7）通过整体框架的构建和各关键环节的沉浸式设计，可以创造哪些更好的体验和价值。

所以，场景设计不是一个简单的项目可研报告，其要素考量是全面的、多维的，应该包括下列 10 个方面：

（1）问题需求导向。场景的来源一定是企业实际需求，是解决具体需求的落脚点，不是仅凭想象勾勒出来的，所以，场景设计的起点是对需求的分析，特别是企业最迫切要解决的问题所在，如企业效率问题，增强运营效率、提高制造效率、改善劳动效率等。

（2）战略规划指引。场景设计一定是在企业的战略规划框架内来呈现和实施的，离不开规划的指引，场景是验证企业规划的试金石，这就决定了任何一个场景都具有足够的高度和广度，要具有普适性。

（3）理念顶天立地。场景设计要有一个好的理念，理念就像企业的一种追求，理念深入人心有助于时刻围绕理念开展具体工作，而一个好的理念一定是上有高度（顶天）、下有深度（立地），不能是虚无缥缈的游荡在空中。

（4）内涵外延分明。内涵和外延的明确，是企业场景设计中特别要注意的问题。场景不能“新瓶装旧酒”，不能成为一个“大框”，将场景内涵无限扩大化无益于场景的设计，一定要区分场景的核心内涵，并将外延逻辑梳理清楚，对场景实践落地时要做什么形成足够共识，不能各说各话。

（5）愿景目标清晰。既然场景不仅仅是项目，所以明确场景实现的愿景目标就非常重要，由于场景设计是具有创新意涵的工作，必然带有一定的不确定性，其会对愿景目标的制定带来困扰，需要基于需求，在总体愿景之下不断动态迭代，逐步清晰明确。

（6）技术储备到位。场景设计总是要伴随实践展开，最终要落实到具体的项目中（无论是新建还是改造），具体的技术储备是场景实践的支撑，没有技术可行性的场景方案是不切实际的，相当的技术储备对于场景落地至关重要。

（7）实施路径明了。场景设计必然要分别落实到具体的项目中，这对于复杂场景往往需要比较长的过程。要设计具体的实施路径，按照科学合理的步骤加以落实，而不能是“脚踩西瓜皮”，走到哪儿算哪儿。

（8）组织资源配套。通常场景是企业推进工作的重要事项，涉及企业发展和生存的要务，必须要配套相应的资源，包括管理资源、人力资源、财务资源以及组织资源，要设计相应的项目机制，如揭榜挂帅形式，安排具体的责任人（榜主）和项目团队，有具体的推进计划和步骤。

（9）评价指标量化。对实施项目的评价是场景设计的重要方面，要紧密结合需求，建立量化的评价体系，明确主要的评价指标。场景实践的价值是什么，是否与企业的规划和愿景目标相一致，都应该通过评价体系予以明确。

（10）各方角色适配。企业大型的场景会涉及方方面面的人力资源和组织资源，企业管理者要到位，深度介入场景设计和实践的过程，协调各方利益、落实开发资源、动态调整细节、决策重要事项等；此外具体日常管理机制要到位，责任清晰、各司其职。

场景设计方法论

以场景驱动企业智能制造战略，就是要聚焦业务核心流程，将企业千头万绪的工作根据轻重缓急进行梳理、拆解形成若干面向具体需求问题的场景目标，依据场景目标进行相应的场景设计，进而规划企业转型最短路径和最佳实施路线图，形成一套行之有效、自洽，并不断演进的框架。场景驱动的内涵包括需求驱动、问题驱动、价值驱动和技术驱动的理念，由各种要素结合而成。场景是解决具体需求的落脚点，是验证企业规划与目标的试金石。

场景设计并无一定之规，但可以遵循共性的方法逻辑来展开，从而提高场景实施的可行性和高效率。

（1）通过各类调研发现企业场景现状与问题，对相关场景下的业务需求进行分析，并针对各类需求制定对应的转型目标，发现并尽量明确和细化场景价值。

（2）对场景涉及的业务流程进行技术与业务融合的创新设计，努力寻求通过技术改造和业务流程再造、管理变革升级等途径形成创新场景。

（3）构建以场景为核心，多维度、多视角、供需能力结合的场景生态，拉通供给侧与需求侧，形成特色的生态解决能力提供场景服务。

（4）将场景设计建设成效及其未来的运营机制进行相关设计，通过场景运营建立场景的长效培育机制，解决场景相关能力上线后的目标效果评估、目标场景迭代等相关问题，形成场景能力的长效运营，使场景节点目标得到持续的能力升级和价值叠加。

（5）将场景涉及的角色、组织、平台、装备等一系列相关方进行组织变革、能力中心建设设计，形成场景能力建设完成后的组织文化保障，培育企业和部门组织长效服务及建设相关场景能力。

8.2 机器代人场景："四个一律"

中国宝武智慧制造的推进是一种典型的场景驱动模式。"四个一律"于2015年提出并逐步清晰化，被定义为中国宝武智慧制造1.0。

8.2.1 "四个一律"是在做什么

2015年，中国宝武首先提出了"四个一律"，即操作一律机器人、操作室一律集中、运维一律远程、服务一律上线。随着集团内部逐渐形成共识，战略逐步清晰化，"四个一律"被上升到中国宝武智慧制造1.0的高度，成为2018年前推进智慧制造的主旋律，并明确要求：要尽快实现"四个一律"，应上尽上、能上快上，完成智慧制造基础性的工作。

钢铁行业为什么"四个一律"

钢铁制造过程中还存在一些刚性人工岗位，虽然这些岗位多数都是一些由人来辅助操作的环节，但人工操作所带来的不确定性仍然会对制造过程产生潜在的影响，尤其是对数据实时采集和数据治理产生影响。而在人力成本高企的今天，尽量减少这些人工岗位还会成为改善企业成本的一个重要事项。

所以，"四个一律"是面向问题导向的，其目标直接或间接的实现现场减人，由此显著改善劳动人事效率。人工操作岗位被机器人替代；集控可以将分布在现场的多个小型操作室的人员集中到一个多功能的物理环境，提高监控效率；远程运维作业方式能减少现场人员的作业量，增强高端专家人才的使用效率；服务上线则是在供应链上下游上所做出的业务协同努力，破解人工的效率瓶颈。

"四个一律"的本质

"四个一律"的目标是直接或间接地实现现场减人，但如果仅仅将其理解为减人，那么只是看到了其表象，其本质是显著改善劳动人事效率。人少了，劳动人事效率自然会提高，但这还不是全部，将释放出来的人员简单推向社会，不应是企业的唯一目标，从最大限度发挥人的潜能视角，将释放出来的人员纳入更高层次、更富劳动技能和知识内涵的岗位系列，也是改善和提高劳动人事效率的重要方向。

从长远来讲，现场无人化是钢铁行业的必然趋势，但对此形成共识还是经过了一个广泛讨论的过程。首先，从当下安全、健康的视角，现场无人化/少人化有助于降低安全风险，实现对产品质量、数据质量、自动化水平、降低成本等多方面的追求；从长远看，随着中国人口结构的不断变化，年青一代对生活方式的个性化追求，钢铁行业对年轻劳动力的吸引力下降是不争的事实，在未来劳动力供给总量减少的大背景下，未雨绸缪，优先做好“人尽可能远离现场”的技术储备和管理安排，可以消除未来对劳动力供给不足的隐忧，显然是一项正确的抉择。

“四个一律”举措是符合技术发展规律的，从机械化、电气化到自动化、智能化，工业 4.0 所呈现出的发展路径表明：自动化技术的发展势必指向不仅减轻和替代人的体力，而且还减轻人的脑力活动乃至扩展人的智能。

8.2.2 “四个一律”的实践

操作岗位一律机器人

前面章节已经有很多关于现场操作一律机器人的叙述，目标是现场操作无人化。

操作岗位一律机器人的核心内涵，就是以机旁作业无人化为目标，通过自动化设备、数学模型或者机器人等手段强化人机协同，减少或者替代生产人员在机旁的人工作业，提升本质化安全水平，如图 8-2 所示。

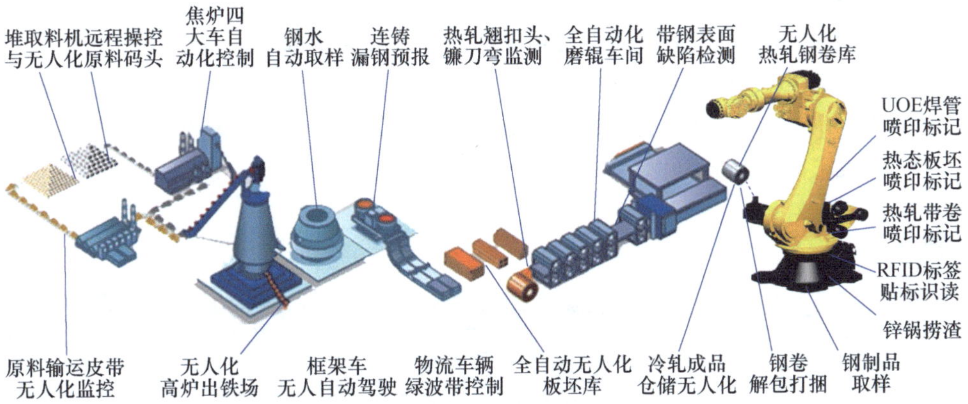

图 8-2　现场一律机器人

实现机器代人，消除环境恶劣（Dirty 或 Dusty）、重复性操作（Duplicate）、具有潜在危险（Danger）的现场人工岗位，即“3D”岗位。3D 岗位替代就是解决目前面临的迫切问题，包括安全、恶劣、重复等，实现方法就是用机器人来模拟人的动作，如锌锅捞渣，从而进一步提高自动化水平。其潜在利益在于解决安全担忧、改善员工工作环境、降低劳动强度，并改善数据质量。但这种简单替代仅仅是机器人应用的较低水平，仅仅代替了人的体力劳动，脑力替代部分体现不够，这是目前机器人应用现状。

当前，机器对人的简单替代是智能制造初级阶段。事实上，钢铁制造流程的一些环节，简单模仿人的动作是不能够满足替代要求的，如锌锅捞渣，人在做捞渣动作时是需要手眼协同，准确判断渣层形状、位置，并控制捞渣动作，以达到最佳的捞渣效果。因此，未来更多、更复杂的机器人应用需求应该聚焦于另一个替代场景，即困难（Difficult），用机器人实现由人难以承担的岗位功能。机器人应用需要从3D到向第4个D迈进，体现出机器智慧水平的提高，不仅能搬运大型、更重的物件，代替人的体力劳动，而且更要能自主完成人难以胜任的极为精密的加工和组装任务，这需要工业机器人更敏感的环境感知、更灵活的“肌体控制”、更高的智能水平，来部分替代人的脑力劳动。只有这样，才能真正实现现场刚性作业岗位人员的完全释放。综上所述，工业机器人的应用不仅要能减轻和替代人的体力，还要能减轻人的脑力活动乃至扩展人的智能；不仅要有形的机器或装置，而且还需要某种无形的东西——工业智能。

操作岗位一律机器人，很大程度上依赖技术进步和工艺创新，是“硬实力”的体现，要重点突破。目前推进的万台机器人计划中，就体现了这一努力。

操作室一律集中

钢铁制造实践证明：降低人对过程的干预，特别是随机的个性化、经验型干预，有助于提高操作集约化、标准化水平，从而改进生产过程的持续稳定性和一致性。操作室多，人工干预的入口和环节就多，频繁干预和随意介入会导致生产集中化水平降低。因此，操作室一律集中，就是通过配置尽量少的操作室，完成生产区域的操控，倒逼各工序管理变革和技术能力提升，以达到生产操控集中化的目标，如图8-3所示。

图8-3 操作室一律集中

按照“同类工序操作监控室合并”的原则，将众多分布在现场的各种各样操作室集中，不仅可以大幅减少操作室数量，减少人工现场岗位数量，而且更可以合并冗余岗位、整合重复功能，智力资源集中，有助于推进系统的扁平化，实现平台化运营，提升产线整体技术经济指标。

集控中心着力解决可视化和协同的问题。高水平的大屏系统成为集控中心的一个亮点，但由于其投入成本高，且非日常所需，因此受到较多的诟病。大屏幕有助于展示更加广泛和综合的信息，更重要的意义在于对信息的实时把握，通过对接入集控中心各系统的集成，实现数据的更大规模的汇聚，并以集控中心为统一的平台，实现应用功能的协同，和更丰富信息的综合发布展示。需要指出的是：虽然大屏是集控中心的标配，在显示综合性信息时可以给人以比较强烈的冲击感，但大屏规模不应无限扩张，要更重视移动应用。

运维一律远程

运维一律远程的核心内涵，是通过智能传感、信息通信等新技术，代替设备运维中的人工“五感”点检，提升点检效率，实现设备精准维护，如图 8-4 所示。

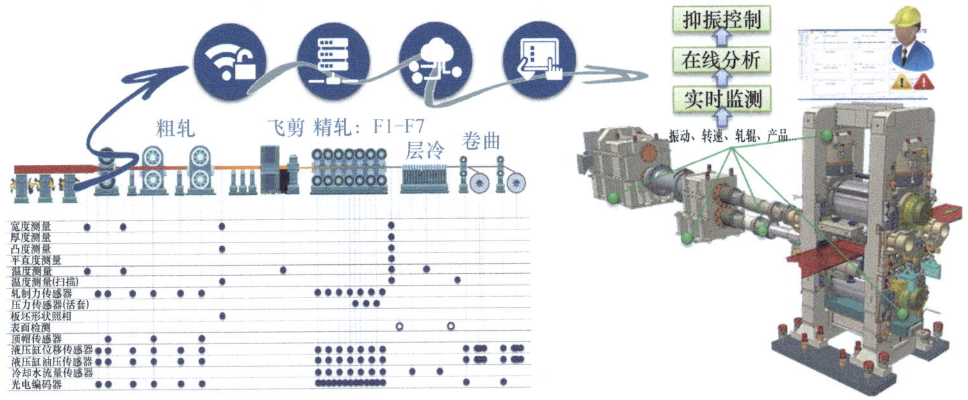

图 8-4 运维一律远程

装备运行维护需要大量的技术经济资源，传统的点检定修模式对经验的依赖过多，动态优化的努力不够及时，过维修的成本高企，未能发挥新技术的优势，使得高端智力资源被低效占用，也影响装备使用效率。

远程运维看似从现场转到网上，但会使传统点检定修模式发生巨大变化。一是运维可以随时随地在移动中不受时空限制进行；二是很多功能可以通过系统自感知自主实现；三是充分发挥运维专家等高端智力资源的覆盖面和利用率；四是由网络化、移动化、知识化、实时化逐步走向基于模型的设备状态在线诊断和基于知识的设备生命周期预测。

当然，运维一律远程是一个长期的过程。各制造基地现状不同，反映了基础管理存在不平衡，远程运维的可行性、目标效果可视性有待进一步加深认识，并建立一致的标准。

服务环节一律上线

关于“服务环节一律上线”有不同的诠释，主要源自如何定义“服务”。如果将“服务”定义为广义的管理和运营业务，那么“服务一律上线”就意味着业务要“跑”在系统中，业务流程均在平台上完成，不允许存在系统外的运营行为，这有助于流程的标准化、数字化，为平台化运营打下基础。另一个对“服务”的理解是交易型服务业务，“服务环节一律上线”的内涵就是相对聚焦于智慧物流和智慧交易，即企业内产业协同中服务对接，企业外面向供应链通过线上模式实现业务流程的对接，以提高效率（图 8-5）。

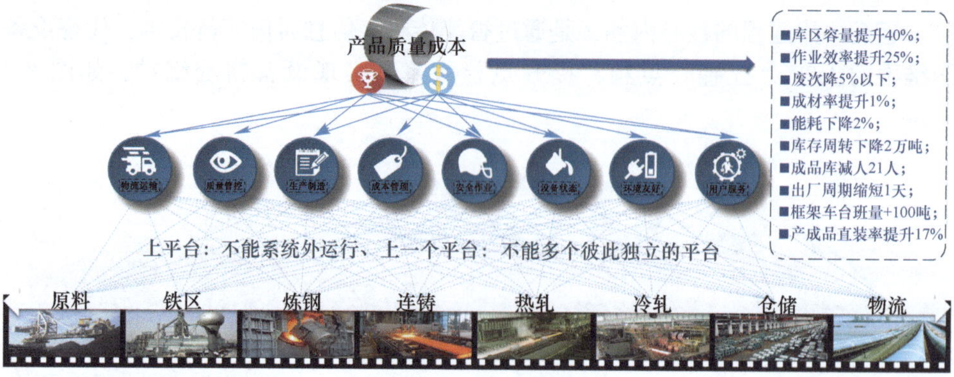

图 8-5　服务一律上线

当前“服务上线”的适用范围进一步拓展，因为这是工业 4.0“三个集成”中横向集成在钢铁行业应用的典型场景。

“服务一律上线”作为“四个一律”之一被提上日程，其重要性变得更迫切了。“一律”意味着必须、不能有例外，从这个意义来讲，进一步强化了“服务上线”对于智慧制造战略实施的重要性和不可或缺性，由此，变成了一个新的理念。因为，在具体实施过程中，总有一些业务游离在系统之外，其原因是多种多样的，有技术实现的原因，有企业管理业务过分个性化、不成熟、不规范的原因，也有业务不受重视、不受约束等原因，这些都是影响供应链效率的重要原因。

8.2.3　“四个一律”的评价与潜在利益

“四个一律”评价（4A 指数）

“四个一律”是基础工作，力争在两到三年的时间内，实现“四个一律”，这是一个非常高的要求，凸显了宝武推进智能制造任务和目标的一致性，“四个一律”成为宝武各制造基地推进智能制造的重要抓手。

随着“四个一律”不断推进和成功案例的总结，“四个一律”的内涵不断清晰和丰富。从一个个具体的工程实践上升到对理念特征和愿景目标的高度加以清晰地阐述，并使其与宝武钢铁生态圈建设相融合，有助于不断深化“四个一律”的进程，并逐步形成中国宝武智慧制造更高层次的发展要求，从而推动智慧制造战略的升级设计，在钢铁行业实现引领。

在明确“四个一律”内涵的基础上，明确制定各阶段的目标，并提出明确的评价指标（4A 指数），是场景驱动实践的重要组成部分，是推进工作的重要举措（图 8-6）。

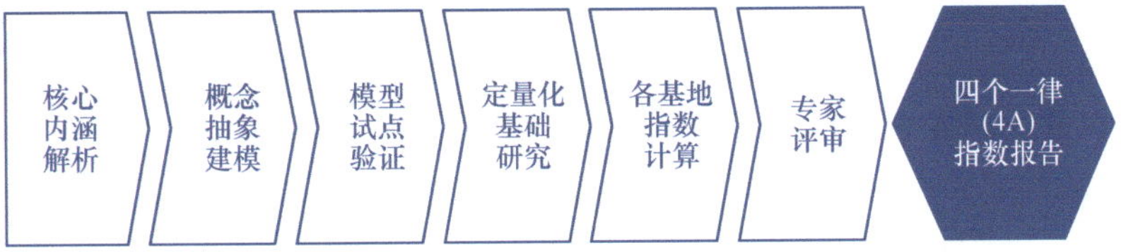

图 8-6　四个一律（4A）评价指数体系

（1）形成中国宝武智慧制造“四个一律”指数体系；

（2）全面梳理各钢铁基地智慧制造“四个一律”家底；

（3）积累一批“四个一律”示范性项目；

（4）推动智慧制造与智慧服务的对接；

（5）推动各单位自我审视和横向对标，提出工作目标。

“四个一律”实施行动评价过程折射出在管理意识、技术能力、管理水平、变革决心、资源配置上的差异。采用指数方式，实现考核评价标准化，能够简单、直观、定量反映智能制造落实的情况，便于自我找差和横向对标，形成倒逼机制；定期发布指数报告，树立标杆，在全集团形成比学赶帮氛围，确立努力方向和目标。

“四个一律”的潜在利益

“四个一律”首先是基于现状的场景设计，其实施过程对中国宝武具有重要的意义，其现实和潜在的利益可以总结如下：

（1）作为一个抓手，“四个一律”为智慧制造战略落地提供了一个具体的、现实的、可操作的、目标和价值可见的场景，从而开始将规划从纸面落到地面。

（2）作为一项基础性工作，“四个一律”可以机器代人，降低劳动强度、提高稳定性和产品质量，实现高端制造。

（3）“四个一律”带来了显著的劳动人事效率的提升和改善，可以产生即时的经济效益，降低成本。

减人是表象，其背后产生的深远影响，将会对钢铁管理模式带来巨大的冲击，加速钢铁智者管理流程的变革和创新；更进一步，为未来解决劳动力供给不足提前探索布局、消除隐忧找到了一个可行路径，有利于实现可持续发展。

8.3 业务协同场景："三跨融合"

自2015年，中国宝武大张旗鼓地推进"四个一律"的实践，出现了很多成功的案例。2018年，集团领导适时提出了"三跨"互通融合的理念，即"三跨融合"，深入推进智慧制造涉深水、上台阶。

8.3.1 "三跨融合"在做什么

2018年，中国宝武集团领导适时提出通过跨产业、跨基地、跨界面互通融合——"三跨融合"，并倾向于定义为继"四个一律"之后的智慧制造的升级版——中国宝武智慧制造2.0，着力解决全集团面临的人事效率、制造效率、运营效率、资产效率等效率提升问题和需求。以"三跨融合"来推进智慧制造战略的升级，按照数智化规划确定的架构和平台要求，在统一的工业互联网体系架构下，推动各个层面的互联互通。

对"三跨"互通融合的诠释和解读

(1)"三"是面向产业协同、基地协同和岗位协同的三个业务领域所出现的重大需求，拟定的三个业务场景。

(2)"跨"是在上述三个业务场景中所呈现的共性跨界协同需求，强调在三个层面的管理业务上实现"跨越"，其深层次的内涵和本质是：要跨越惯性思维方式，跨越已经成功应用多年（习以为常）的管理模式，跨越传统工业企业多部门、多基地、多岗位分工所形成的边界和流程断点，跨越职能部门分工所带来的壁垒等，显然，这些跨越都意味着是对传统习惯和模式的改变，是属于流程再造和管理变革的范畴。

(3) 互通是解决上述问题需求的技术路径，通过互通（数据共享、流程互连、业务互通等），从信息透明的角度打破已经存在的障碍和壁垒。

(4) 融合是互通的目标和结果，融合的本质是协作、协力和协同，彼此融合在一起开展工作，消除摩擦、减少内耗、避免重复、消除盲区和断点；在数据互通融合的基础上，实现业务流程和系统的融合，所以，为支撑"三跨融合"，系统重构是自然的需求。

实现"三跨融合"的关键与工业互联网核心精髓的一致性

(1) 互通以连接数据。互联互通、泛在连接，这是工业互联网物理层面必须首先要做的工作，是一切工作的基础。互通将使得数据得以联通和分享，数据的流动是工业互联网要解决的首要问题。

(2) 跨越以消除壁垒。数据贯通将部分打破和消除因数据隔离所造成的管理壁垒，数据流动带来透明化的信息分享，可以用技术手段部分解决管理难题，流程端到端集成，跨越岗位、部门、企业、行业的界限，形成无边界协同的格局。

（3）融合以生成智慧。大数据蕴藏着智慧，大范围、多要素数据融会贯通的应用将生成更多的智慧，数据成为生产要素使得传统制造向智慧型制造转型升级，意味着更大的价值创造空间。

8.3.2 “三跨融合”的目标

极致效率是企业生存的根本

“与民营钢企相比，我们的相对盈利和效率指标仍然存在显著差距，没有体现出引领者应有的水平。宝武的资产效率、人事效率以传统的方式来和民营企业竞争，我认为很难。如果利用互联网手段，创新商业模式，创新管理体制，那就可以建立起我们的优势；通过极致的专业化分工和管理提升、技术创新，既有钢铁基地要大幅增产提效。”（陈德荣董事长讲话摘要）这是对宝武效率水平的清晰分析和认识。

“三跨融合”的目的和目标是什么？从互通、跨越到融合，可以实现业务协同，业务协同不直接产生额外价值，协同的潜在经济利益是改善和提高效率，可以降低人为协调的成本和内卷的浪费，可以过滤或降低市场的盲目性和不确定性，增加彼此的信息透明，有利于提前做出最优的安排，从而降低企业运营的成本和难度。

一切围绕效率、为了效率，以追求极致效率的原则来设计集团企业的运营标准。效率提升体现在企业管理的方方面面：

（1）总部运营效率，大力创新“一总部、多基地”管理模式，以高效总部示范引领人事效率提升；

（2）产业服务效率，以智慧制造的全面升级带动人事效率大幅提升；

（3）专业管理效率，在专业化整合中同步开展组织机构变革、业务流程再造，全面提升管理、技术、业务等各类人才配置效率；

（4）劳动岗位效率，系统优化协力管理，消除插入式混岗用工，打通“操、检、维、调”管理界面，变主从式协力关系为伙伴式协作关系，培育战略协作供应商，提升全口径劳动效率。

“三跨融合”的特征

“三跨融合”作为一个新的场景设计，体现出多维的完整特征。

（1）整体性——自上而下，从钢铁生态圈的产业协同到现场“操检维调”岗位协同，既体现了集团“一基五元”产业架构的规划，也关注了现场具体岗位的变革，充分展示了方案的整体性和完整性。

(2) 创新性——从硬到软，不再局限于现场装备级的更新和改造，而是更加关注流程再造、管理变革的需求，这是集团实现行业引领的探索，体现出智慧制造实践已经踏入企业转型发展的深水区。

(3) 具体性——不再是一个宏观的纸面规划或泛泛工作要求，已经细化到了具体的管理流程、具体的管理层级、具体的工作岗位，需要在集团、总部、基地、工序、岗位等不同的层面加以落实。

(4) 复杂性——对过去多年钢铁行业已经成熟运用的成功管理运营模式开始动手术，涉及面很广，包括组织结构、制造流程、管理周界、岗位职责的深度变革，需要放弃一些传统的行为模式，同时又要探索新的解决方案，重塑传统钢铁制造组织模式。

(5) 经济性——其核心是非常明确的，技术上泛在的互联互通，管理上极致的专业化分工、流程上跨业务边界的协同，最终目标是显著提高资产和人事整体效率，是企业运营最根本的目标所在。

“三跨融合”的总体架构

“三跨融合”所面对的问题需求不同，是彼此不直接关联的三种业务场景，场景设计中，由两条主线将三个业务场景串在一起，从而构成了中国宝武智慧制造 2.0 的框架。

第一条线是价值线，即改善效率，所有工作都是为了提高效率，这是中国宝武未来发展中的挑战，也是智慧制造 2.0 要着力解决的问题。

第二条线是技术线，即工业互联网。包括平台构建、业务创新、数据赋能，“三跨”场景中各自不同的问题都是要基于工业互联网构建的“互联互通、数据赋能”加以解决。

图 8-7 的总体架构体现了以“极致效率”为核心，以工业互联网相关技术（平台构建、数据应用、模式创新）为支撑的系统框架，在三个不同业务场景中加以落地的意涵。

当然，也可以用其他形态来表征这一架构，如图 8-8 所示。

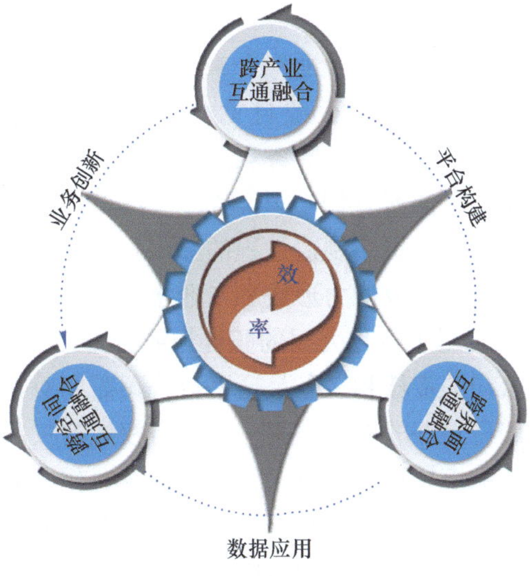

图 8-7 “三跨融合”的两主线架构

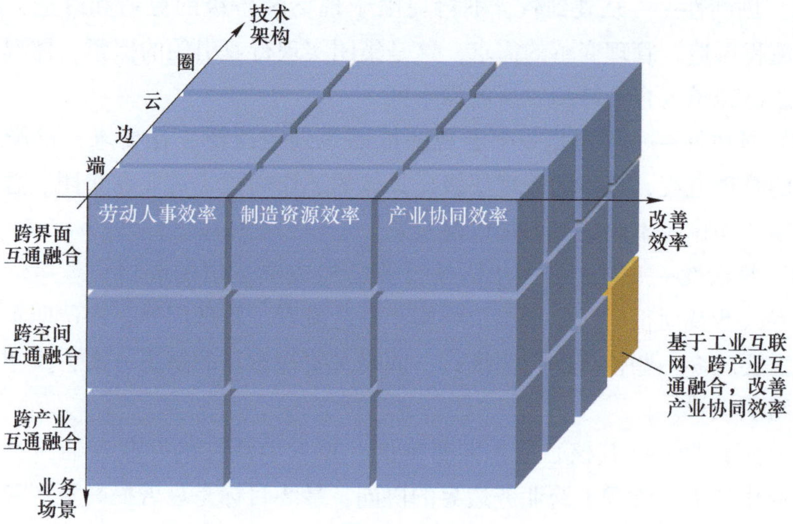

图 8-8 “三跨融合”的三维总体架构

8.3.3 “三跨融合”的实践

跨产业互通融合

要在统一的平台上，实现跨产业互通融合。集团内部专业化整合将派生出一批平台型的专业化公司，其作用是为宝武生态圈建设构建若干核心节点，提供共性的专业化服务，目标是：服务专业化，资源利用效率最大化，避免资源的重复投入和“内卷”。

因此，跨产业互通融合来自以下两个方面相辅相成的要求。

(1) 各钢铁单元要自觉、主动地将业务与这些专业化平台企业进行对接，这意味着要将共性的业务剥离出来纳入专业平台公司来运行。最具代表性的是设备运维，面向所有制造基地的设备运维专业服务平台，可以汇聚更多的数据样本，聚集来自更多制造过程的知识积累，使资源利用的效率更高，同时这也会助推平台公司专业能力形成和专业水平提升。

(2) 对平台化公司的职责和能力要求。当钢铁单元已经有意愿主动对接时，平台公司的责任和义务是：平台公司需要对自身的责任和义务有清晰的认识并培养和储备足够的能力。第一，获得权威授权的业务分工不应带来业务的垄断而弱化服务的市场意识；第二，共性的专业化服务要能够体现出钢铁单元的个性化服务需求；第三，需要专业化平台企业的服务模式。这些问题都是专业化整合中所衍生出的问题，需要深入思考并找到破解的方法。

集团产业布局已经按照专业划分培育了一批平台型企业，如设备运维、工程设计、电商交易、工业品采购、信息服务等，以服务的方式将相关企业链接、融合在一起，在一个特定的专业领域提供高效的服务。这些平台型公司在“三跨融合”中类似于 HUB（图 8-9），输入的是数据、输出的是服务，与工业 4.0 中所大力倡导的物联网和服务网有异曲同工之妙。

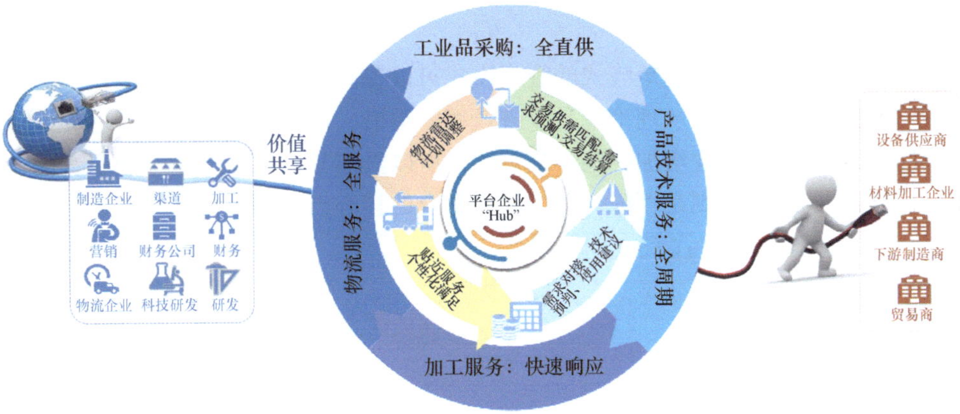

图 8-9 跨空间融合平台型企业的 HUB 功能

目前，在推进跨产业互通融合过程中，要持续推进钢铁成品交易、物流、原料、工业品、设备等平台与钢铁单元业务对接互通，明确平台功能建设、平台应用推广覆盖、接口应接尽接和数据服务能力建设等四个方面建设内容，并建立相应的工作推进机制以及评价办法。

随着跨产业互通融合的深入推进，会出现更多的专业化平台服务的需求，也会出现本身是制造单元又为他人提供专业服务的双重属性的专业性企业，需要不断的深入思考。但核心目标是“专业的事由专业的人来做”，这样才会展现出效率。

跨空间互通融合

目前的“一总部、多基地”框架下，管理线条是清楚的，也是成熟的，存在两个管理枢纽：（1）总部在运营和制造管理方面，通过资源计划、合同计划形成方案；（2）合同计划下到基地，在基地层面形成作业计划，所依托的仅限于本基地内部的资源。

跨空间（跨基地）的互通融合是在“一总部、多基地”框架下，推动多个基地之间同工序专业化整合和管理，实现专业化管理和原有区域化管理的协同，最大管理变革来自由原来传统的自上而下单“线程”刚性对接关系的管理模式转换成一种网络化、矩阵式、柔性关系的管理模式。

在“跨空间”互通融合的要求下，“一总部、多基地”框架下新增了一个枢纽环节，即专业管理（同工序专业化管理），这就产生了三个不同的管理域：(1) 总部（制造部）通过一体化资源计划、合同计划等，进行制造全过程（跨工序域）的集控管理；(2)（大）工序管理部（事业部）通过同工序技术管理服务的一体化，实现“跨空间域”制造资源的专业化整合管理；(3) 基地内部按照合同计划或作业计划组织生产资源，实现工序衔接和物流调度的制造执行管理。

为什么这种网络化、矩阵式的管理模式可以提高管理效率？如何实现？专业化整合提高了集约度，从理论上是改进效率的举措，但是增加了专业管理和区域管理的协调界面，又会增加一些不确定性，所以具体分工界面的划分和职责的设计以及两者的协同原则是“跨空间”互通融合的核心点（图 8-10）。

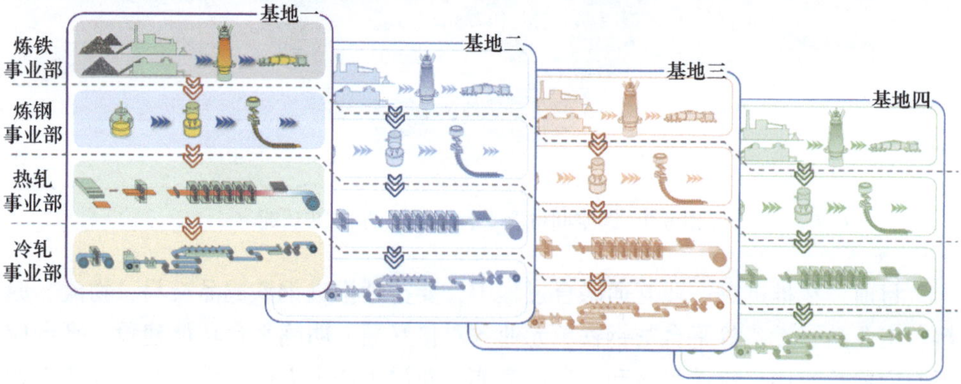

图 8-10 跨基地、矩阵式管理示意图

总部要在资源和合同计划制定的基础上，将工序专业管理纳入作业计划制定的要素条件，依托多个基地的制造资源而非单基地的制造资源，形成更为科学、合理、高效的作业计划，这样的作业计划可以实现资源配置更加弹性，效率更高，成本更低。

首先，跨基地专业化管理应属于总部管理职能；它将横跨在多个基地之上，覆盖同类工序，进行制造资源的统筹配置和优化，其所纳入的制造资源更多、弹性空间更大，但要考虑的要素约束条件也更多，难度和复杂度更高，实现全局目标最优更符合企业的运营价值追求。其次，要考虑跨基地（跨空间）的专业化（工序）管理的技术特征，是从技术维度对不同基地的相同工序进行横向评估，挖掘技术经济指标差异，寻找差距，补足短板，提高工序作业水平的一致性，提高整体作业水平和产能效率。同时，由于汇聚了不同基地的相同工序数据，因此数据样本数扩大，有助于挖掘制造工艺知识，形成标准，指导同工序制造作业。

由于在总部运营和基地制造之间增加了专业化管理的枢纽环节，因此部分原属于总部和基地的职能需要重构，进而形成专业化管理的内涵。其中基地的职能将会有比较大的变更空间，基地管理将只负责完成本基地的资源维护、配置、制造执行以及安全、环境等保障性的具体工作，成为真正意义的制铁所。

提出跨基地互通融合问题并不难理解，但具体实现还需要解决若干具体问题，有一定的难度。其原因之一是："跨产业"融合虽然也存在对原有业务的重构，但主要的聚焦点是新业务，而"跨基地"融合则完全是对既有成熟业务动手术，会带来诸多对未知风险、业务利益重新划分等问题的担忧。另一个原因来自：业务重构必然涉及组织结构的变化以及岗位的调整，要平衡专业管理和区域管理的职责划分，且不影响正常的制造管理过程。

截至现在，对于"跨空间"互通融合，已经进行了很多有益的研讨并开始付诸实践。宝钢股份硅钢事业部实施了以"产销研实体化，基地一体化"为核心的硅钢事业部变革，实践过程中取得了良好的反响。集团的高炉物联智控中心也是一个与专业化整合相关的实践案例，可以从中吸取有益的要素。对于"跨空间"互通融合，集团领导给出了一个形象的比喻："跨基地"融合后的基地管理"就等于是小区物业经理，你就是把门卫管好，安全管好，厂内清洁卫生搞搞好，还有就是把工序之间的矛盾（邻里之间的纠纷）解决好，剩下的由专业的团队给你提供服务，比如采购服务、物流服务、设备服务、备件服务、营销平台服务。"

总之，一总部、多基地的矩阵式管理的具体落地还需要逐步探索、细化，形成可操作的解决方案，要能够真正实现提高制造资源效率的目标，否则就没有意义。

跨界面互通融合

对这一"跨"内涵和外延的理解是多样化的。共性理解是："操检维调"的整合一定是针对现场岗位；而差异化理解来自：如何理解"跨界面""跨人机界面"？

宝钢股份通过率先探索，提出：从基层组织变革和打通界面增效两个维度开展策划。按"人机、人人、机机"等进行界面分层分类设计。其中，"跨人人"界面是指现场"操检维调"岗位职责调整和生产管理方式变革；"跨人机、机机"界面则可以理解为主操方式变革（如热轧 1+N 制造模式）、铁钢界面调度（如铁钢调度）、工序界面优化（铁钢、钢轧工序界面协同优化）等。

首先，"四个一律"的落地和普及，将"操检维调"岗位整合的需求和可能清晰地展现在管理者的视野中，这为企业提升劳动人事效率提供了一个现实可行的抓手和维度。其次，"操检维调"岗位整合比矩阵式管理机制更容易实施，因为它仅涉及部分员工个体岗位调整，只要做出合理的安排，不会引发太多的争议。第三，由于仅涉及现场具体岗位配置，涉及面较小，其风险范围有限，不会带来大的不确定性。可以预见："跨界面"互通融合将是"三跨融合"中比较容易、最快落地实施并率先达成目标的一个业务场景。事实上，宝钢股份硅钢事业部以集中操控结合"多工位柔性布局和操检维调岗位复合归一"的现场维调点的布局方案替代传统作业区制模式，已经是一个落地的先行实践。

由于对"跨界面"融合理解的不一致性，因此更要深入认识其本质内涵，而不必太过关注其所涉及的范围，实践中可以采用更加多元化的方案。

总体思路上，随着现场机器代人的不断普及，原来现场很多必须由人来完成的工作，被机器人替代自动完成，并且制造过程对人工干预的需求也逐步减少，现场出现的冗员问题需要解决，现场员工的岗位功能需要调整。但是，现场人员减少、工作量减少，而现场工作的专业种类并未消失（减少），调整的目标是：用较少的人员数量应对已经减少的工作量，还要以不同的工作方式承担多专业种类的工作。原来按照专业高度精细化分工、承担"操检维调"不同岗位职能的劳动力管理方式，需要作出适当的变革安排，即需要将多种专业内涵工作复合叠加在一起，设计复合型的工作岗位功能，加载到少量个体或更小的群体来承担。所以，岗位职责和功能重构以及岗位数量合理配置是变革的核心议题，如图 8-11 所示。

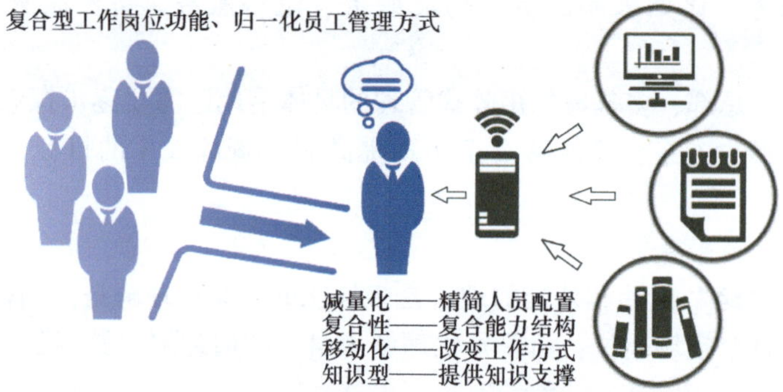

图 8-11　跨界面融合中岗位职能重构

与此同时，现场人员中相当比例的协力或插入式外协员工，与企业自有员工一起从事相同或类似的工作。传统上，对"在册"员工和"协力"员工采用不同的管理模式，管理方式不同经常会衍生出很多安全和质量管理的隐患。为强化协力管理，需要打破"在册"和"协力"员工的管理界面，消除插入式混岗用工，变主从式协力关系为伙伴式协作关系。在系统层面，要贯通不同系统信息，统一协同管理流程和工作界面，按照工作岗位要求，为所有员工提供必要的知识支撑和共享信息，按照统一的标准（工作质量、考核标准）进行统一的管理。

综上，"跨界面"融合中有两个主要的界面需要打破：一是集多专业工作职责于一体，进行复合型的工作岗位功能设计，这是“跨岗位界面”的岗位功能重构；二是打破自有与协力员工管理的界限，实行归一化的员工管理方式，这是“跨管理界面”的管理方式变革。

8.3.4 “三跨融合”的再讨论

支撑“三跨融合”流程变革的系统技术

“三跨融合”是面向效率的企业流程再造和管理变革，涉及的面很广，需要理念引导、措施得当、管理意志，还需要支撑手段。在场景设计中，一个非常重要的要素考量就是支撑变革的系统技术。用什么技术手段来支撑这种变革需求，以达成效率目标，对推进“三跨融合”场景实践具有关键意义。

以工业互联网为代表的一系列技术就是支撑“三跨融合”流程变革的系统技术。

(1) 在企业集团工业互联网总体架构设计中，“端、边、云”之上的“圈”是生态圈构建的网状形态，用于构建集团内“跨产业”互通融合的基础技术。而以网状形态呈现的生态圈中，多个物理或逻辑数据中心（1+N）构成生态圈网络的节点。其中，物理节点主要是钢铁主业单元的数据中心，以生成数据为第一特征；而产业型平台公司则主要构建以主题域为特征的逻辑数据中心，以汇聚数据为第一特征。两者首先在数据上实现互通，在数据互通的基础上，通过数据的关联，实现业务的融合。

(2) 在“跨空间”融合场景，以“一总部、多基地”形成的“总部+属地”的集中、分布式数据中心部署在集团工业互联网的云端层。从数据的视角，总部与属地数据中心是一个整体，构成完整的数据中心；但是从业务功能视角，总部管理业务集中部署在总部，而基地业务管理功能则部署在基地侧，形成的是两级系统架构。由于“跨空间”融合主要是对基地管理功能的重构，因此系统功能的变化主要是发生在部署在基地侧的业务系统，即按照工序事业部专业管理（总部功能）和基地的属地管理职责划分，重新定义管理界面，对现有的基地业务系统功能进行重构和开发、再部署。特别重要的是：将两者的业务融合逻辑深度集成到系统中来，而不是构建出两个分离的“竖井”式系统，总部所授予工序事业部的专业管理与分属基地的属地管理功能的协同不能是由人（领导）来协调的，而是由系统按照融合协同的逻辑规则和流程自动实现的，这是系统重构的主要挑战。

(3) 如果说前二“跨”场景中系统支撑技术的难点来自业务设计的话，那么“跨界面”融合场景的系统难点则主要来自技术。岗位职责重构后，形成复合型的岗位需求，员工能力结构要发生变化以适应新的岗位，培训新技术、新技能是必须的，但不是唯一的，不能要求一个员工面对诸多不同专业技术问题时都能够以丰富的经验来从容应对，一则员工在专业技术领域兼顾广时难以同时做到深，二则现场故障事故少之又少，无法使员工在短期内积累足够丰富的个体经验，所以传统上员工靠经验的“独门绝技”来解决自己专业细分领域问题的年代将不复存在，需要全新的管理思路和模式，这就是知识系统的支撑。

因此，面对“跨界面”融合场景，在系统支撑技术上，需要一个全新的系统设计，一个包括下列功能的完整知识支撑系统是必需的：

（1）知识库的建设。包括操作数据、工艺、技术、设备等方面的经验、规则、数据、算法、规程、标准等，员工的经验主要不是来自亲临现场应急处理故障的过程，而是来自经验的继承性积累。

（2）岗位工作状态探测和需求感知。岗位工作状态探测可以来自定检修计划；需求感知则要借助管理系统信息结合现场实时感知信息融合获取，随时感知现场岗位时空状态和工作需求。

（3）应用推荐引擎。在准确感知工作状态和需求情况下，系统会从知识库中智能地筛选出最合适的知识、在适当时间、将适当信息推送到适当的人。推荐引擎是系统智能的核心枢纽，首先信息是满足复合型工作岗位需要，其次是信息找人，而非人找信息。

（4）面向所有岗位的统一信息分享界面是必需的，统一的人机界面，为员工提供统一的信息交互渠道，对员工进行无“户籍”差异（在册与协力）的统一化、标准化管理。

（5）更关注的是移动终端的应用，这与工作方式的改变紧密相关。

上述由后端（云端）知识库和推荐引擎，前端集智能感知、实绩收集、统一信息界面于一体，基于移动互联而构建的工业互联网系统，是制造组织模式变革实践成功的关键一环和重要支撑。在目前业已存在的业务管理系统中，这类面向现场岗位知识积累和智能推荐的系统还不多见，是一个全新的系统设计，具有极大的创新意义。这就是集团领导在阐述“跨人机界面”管理时所憧憬的一幅情景：定制现场管理的手机，将所有 APP 集成，包括操作数据、工艺、技术、设备等，每个员工上下班都用这个手机，形成人机融合的 24 小时利益共同体，所有的操作工艺、技术都可以和设备融为一体。

“跨界面”互通融合带来工作方式的改变

实现“操、检、维、调”的跨界面的互通融合，除了统一工作界面外，对岗位职责、能力结构提出了全新的要求，工作模式必然会发生极大的改变。体现为以下几方面。

（1）减量化——精简人数配置。大量现场刚性工作由机器完成，员工从现场刚性工作岗位被释放出来，人员数量大幅缩减，用较少的人员来完成宽泛的专业技能工作，从而提高现场人力资源效率。

(2) 复合性——复合能力结构。虽然现场工作总量小，但仍然需要覆盖各专业的工作，要将多种专业内涵的工作复合后叠加归一到一个（或少数个）个体来承担，因此对员工的能力需求不再仅限于单一操作或单一专业技能要求，而应该是具备专业复合型的员工能力结构。

(3) 移动化——改变工作方式。人不会再被刚性约束在一个固定的空间，复合归一的工作性质，要求人必须在更大的空间范围非常灵活地（不受空间约束的）应对和处理问题，移动化是满足岗位需求的必然要求。

(4) 知识型——提供知识支撑。工作内涵的泛化决定了依赖个体经验不足以应对更加泛化的专业工作，需要随时随地获得系统知识的支撑，一部手机“走遍天下”成为事实，这体现在“信息找人”，而非“人找信息”，系统可以在需要的时间、地点，对需要的人提供所需的知识支撑。

总之，未来企业只需要具备两类技能的员工：一类是严格按照系统指令进行工作，这就是复合归一岗位重构后员工的工作要求；另一类是告诉系统完成更复杂的工作，这是对现场释放出的冗余员工进入新岗位的能力需求。

“三跨融合”的实施路径和特别关注点

“三跨融合”涉及广泛的企业流程再造和管理变革，决不能一蹴而就，需要一个长期的过程，但又极具迫切性，所以，需要设计清晰的路径。特别要关注系统技术对企业管理意志深度贯彻的支撑和牵引作用，如果由于技术短板导致管理难以施行，那么将会拖累战略推进的进程，甚至丧失企业变革的难得机遇。

在技术路径设计上，工业互联网战略作为“新基建”仍然是最核心的基础设施，严格遵循集团业已确立的工业互联网“端、边、云、网”顶层框架，以大数据中心布局建设为抓手，合理设计以主题域为特征的逻辑数据中心布局，在数据有效治理的基础上，保证数据的互联互通，这是一项基础性的工作。

需要特别强调的是：“三跨融合”是面向业务的变革，业务是核心，这些业务变革的需求都明显指向一个问题焦点，即跨界协同。解决协同问题首先要从信息共享做起，信息协同是业务协同的基础，实现信息协同对于业务跨界协同具有事半功倍的效果。数据互联互通对“三跨融合”实现的重要性说明，技术方案可以在一定程度上解决（或缓解）管理难题。这一结论在“三跨融合”场景实现中具有重要实践意义。

当然，大数据中心还仅仅是基础，并不能取代“三跨融合”的业务变革，而数据应用是业务重构后，自动“跑”在系统中的关键，如果业务重构消除了旧的界面，但又产生新的壁垒，那么业务重构就没有意义。通过数据应用真正为业务赋能、赋智，形成 RPA（机器人流程自动化）式的业务流程过程，真正达到改善效率的目标，才是“三跨融合”的初衷和使命。为此，需要持续推进以下几项工作：

（1）继续推进“四个一律”，驱动现场岗位变革、操维一体等，利用移动技术丰富工作手段。

（2）平台型企业的能力打造是关键，平台型枢纽实体要培育足够的服务能力，要具备强烈的服务意识和内在动力，要设计合理可持续的服务模式，切不可将集团专业化整合作为垄断业务资源的一种手段。

（3）生态化协同对数据的自由流动提出了更高的要求，在集团内要改变数据“私有化”的传统思维，降低乃至消除对数据人为设限的任何冲动，数据安全问题交由数据治理机制来解决，而不是设置太多的数据关卡。

（4）当然，数据应用仍然是最大短板，这不仅需要提升平台能力、数据质量，更需要打造全体员工都是数据应用主体的氛围。如果数据应用只是某些专业人士的特殊技能，数据赋能的理念就差得太远，数据价值的发挥就大打折扣。

（5）一个当务之急要解决的问题是：要降低数据应用的技术门槛，这是全体员工都用数据的前提。数据服务不能角色缺位和错位、不能低能，要使专业的人做专业的事，其重要性无论如何强调都不过分。

8.3.5 “三跨融合”的潜在利益

“三跨融合”场景的内涵是协同，目标是效率

“三跨融合”的潜在利益必然体现在其实施后效率的改善和效益的增量上。

从效率和效益的视角，可以梳理出下列（不是全部）可量化和不可量化的潜在利益。

（1）“跨界面”融合潜在利益：直接效益是现场减人，由此产生的价值在于降低人工成本，提高劳动人事效率（可量化）；间接效益是消除安全风险，避免人工干预对制造过程不稳定、不连续的潜在效益，以及在知识系统支撑下，“操检维调”归一岗位作业水平提高而产生的效益（不可量化）。

（2）“跨空间”融合潜在利益：专业管理和属地管理的协同有助于实现制造资源效率最大化，其直接效益体现在专业管理效率改善（可量化），设备利用合理化、参数最优化的效益（可参照量化）；在基地管理中，设备寿命延长化的效益，避免安全、事故、员工风险的间接效益；能源供给与制造过程最优化保障配置的效益，以及连续精准执行计划对产品质量成本改善的贡献效益（可量化）。

（3）“跨产业”融合潜在利益：在产业协同层面，由于专业化整合对人员、组织简化的效益（可量化）；由于各钢铁单元享受平台服务产生的业务协同效率改善（不可量化）；平台型公司专业化服务能力提升和服务水平改进产生的质量提升和快速响应效益（可参照计算）；由平台型企业集成上下游供应链的效益（可量化），以及提高市场影响力、拓展市场、增加用户吸引力、扩大生态朋友圈等产生的生态效益（不可量化）。

“三跨融合”中需要深入研讨的问题

（1）为什么反复强调“极致的专业化分工”，专业化分工（产业分工、工序专业、岗位）是如何提升效率的？

（2）“一总部、多基地”模式下，大工序事业部在专业化服务方面的工作内涵是什么？实现专业服务的系统抓手是什么？如何构建制度化的矩阵管理模式？

（3）用什么样的系统技术支撑“一总部、多基地”的矩阵式的管理需求，对现有系统的重构难度和程度如何？

（4）通过“操检维调”整合实现“跨界面”互通融合，对现场组织结构和管理流程带来哪些变革？是否存在预想之外的不确定性风险？

（5）平台型企业在集团钢铁生态圈网络中的位置和作用是什么，集团内平台型企业合理的服务模式是什么？

（6）平台型企业的能力结构要求是什么，核心竞争力体现在哪些方面？

（7）平台型企业（信息技术、远程运维、工程技术、大宗商品共享服务、工业品采购、金属再生资源等）都要建设自己独立的数据中心吗？

（8）工业互联网系统能否适应企业流程再造过程中管理业务和流程的变化要求？

（9）从产业生态层面，大数据中心在物理上和逻辑上布局形式？

（10）大数据中心是面向基地（法人）进行物理部署（投资主体）的，其如何为专业服务提供数据支撑？

8.4 智能决策场景："工业大脑"

自动化的发展势必指向：不仅要减轻和替代人的体力活动，还要减轻人的脑力活动强度乃至扩展人的智能；不仅需要有形的机器或装置，还需要某种无形的东西——工业智能。对一个工业系统智能化能力的判断，本质上就是工业系统对外部环境变化所导致的不确定性的自主应对能力。

8.4.1 "工业大脑"要做什么

"工业大脑"提出的背景

一个自动系统的输入输出工作方式、路径、目标等都是确定的，当误差在允许的范围内时，系统会自动运行。所有的自动线、自动机器，其工艺流程是确定的，运动轨迹是确定的，控制对象的目标是确定的。但是，在物理世界中，存在着更多复杂的对象或事物，难以用自动化技术来实现控制。例如：物理系统经常变化存在太多不确定性、人类认识还比较肤浅的复杂工程系统、涉及人类活动具有社会属性的人机系统等，都无法靠自动化技术来控制。

企业内存在大量的此类系统：大量不确定性问题、大量人类习惯经验涉足的领域、大量非结构化表述的形态特征、大量交织关系难以结构化表达的复杂过程等，企业信息化系统就是为解决上述问题而应运而生的，因为信息化系统设计本身就留出了人介入的空间，借助人类大脑智力（先验知识、经验积累等）来解决企业管理中的问题。

但是，对人类经验的过度依赖，又会衍生很多问题，如随意性、个性化、不稳定性、知识局限性等，这不是人们所期待的。我们希望摆脱对人的依赖而由系统自主完成，自主控制和驾驭系统中的不确定性、非结构化和非固定模式问题，这对技术提出了高要求。好在目前的技术发展（物联网、大数据、人工智能等先进技术）提供了一定的可能性，逐步的、部分的朝这个方向演进。通过构建工业大脑来赋予系统智能的设想就体现了这种努力，从自动化到数字化、进而到智能化是发展的必然。

需要适度界定内涵和外延

我们还是从人脑来看工业大脑。人的智力中枢有大脑和小脑之分，小脑负责身体的准确定位和控制，身体动作的时机、平衡和精巧，没有小脑就不可能有动作的准确性、协调性，所有动作都会变得笨拙。小脑控制的动作几乎是不必思考就能自动进行的，譬如当人手触摸到高温物体时，立即反应，人手缩回，脱离物体，是人的"本能"反应，不需经过"大脑"思考决策再做反应，不需要时时想到为控制运动所必须详细计划的肌肉动作，所以，小脑可被视为一台“自动机”，通常称之为“小脑”反应性动作而不认为是大脑的功能。

在工业系统中，产线、装备的控制是利用传统自动化技术解决结构化、确定性问题，处理问题均有其固定的模式，针对问题是局部的，旨在完成人类手脚的释放，而无需复杂的计算，例如：阀门的开闭和水泵的启停是基于一套预定的确定性机电逻辑，由PID控制器构成的闭环温度控制回路是常见的反馈控制系统等，都是以自动化技术为基础的，即使我们在传统的自动化控制基础上，引入一些带有智能内涵的技术要素，如用视频图像实现智能感知、开发某种参数自适应模型以扩大模型的适应范围等，也都是解决传统技术解决不了的点状问题，最终结果仍然是归结于一个确定性的闭环控制策略，有什么输入，就会产生相应的输出，这同样不属于工业大脑的范畴。所以，产线、装备的智能控制功能是否归纳于“工业大脑”决策范畴？这是首先需要回答的问题。

总之，对工业大脑的内涵和外延要进行认真周密的设计和界定，不宜包罗万象。因为，“工业大脑”覆盖范围过大会冲淡核心问题的思考。例如：提供算力的基础设施是工业大脑计算能力所必需的，但是否应该包括在工业大脑的研究和构建中？如果包括，会否会弱化对工业大脑本质问题的关注和研究？

“工业大脑”的本质内涵

对人而言，计算1+1=2是大脑完成的，但这不是大脑的主要工作。大脑是用于决策的，决策是反复思考而非本能反应那么简单，工业过程也是一样。

在工业过程中，决策是有针对性综合引用各类知识进行分析、研究、预判，从而形成最终结论的过程，其中必然伴随思考过程。从技术的视角，计算过程就是综合使用知识进行决策筛选、平衡、剔除、弥补等一系列动作，并输出最终结果的逻辑过程和机制流程！

规划建设一个具有“大脑”的工业系统，如同“幼儿长大成人”的过程，从一个“低智”的“幼儿”逐步成长为一个具有足够高智能水平的“成人”，就是从无智、意智，到情智，再到理智的过程，也即从本能到智能的过程，需要培养学习能力。所以，构建工业大脑的第一项重要工作：是工业系统具备不断提升智能的能力和机制，而不是永远停留在“弱智儿”层级。如果工业智能的形成机制问题没有解决，那么即使投入再多的资源、建设再庞大的算力，工业系统也仍然是一个四肢发达、头脑简单的“智障儿”。

当时、当期的现场数据采集是大脑决策的输入，是工业大脑决策的直接驱动，但支撑决策的信息未必全部来自当期即时信息。在相当多情况下，支撑决策的绝大部分信息都不是来自当期即时的信息采集。工业系统决策时，经常面对不断变化的不确定性所导致的信息不完整，在特定约束条件下，判断决策更依赖于既往知识，即模型（规则、经验，以及设想、憧憬等非结构化知识）。这些以往积累的经验和知识，如同人在决策时先验知识一样重要性。人之所以能够极为快速高效地做出决定，就在于人决策时对经验的依赖，也特别证明：有丰富阅历和工作经验的人比一般人决策更快、更准确，工业大脑也是如此。

事实上，对既往知识的依赖深度是体现智慧水平的一个重要指标。对既往知识依赖越深，一方面表明系统的知识积累越深厚，另一方面也使得决策更加全面、客观、准确、及时。

8.4.2 “工业大脑”的核心特征

机器智能/工业智能相对于人类智能的优势

人类是这个星球上具有最高智慧的生物，但这并不意味人类的所有能力都是最高水平的。与动物相比，人的肌体能力相差太远。与机器相比，也不是所有能力都占优势。

以计算智能、感知智能和认知智能为不同发展阶段的工业智能技术，已经出现了部分较人类智能有明显优势的技术领域。

（1）计算智能强于人类——在一些有固定数学优化模型、需要大量计算、但无需进行知识推理的地方，机器比人展现出更大的优势，例如：设计结果的工程分析、高级计划排产、模式识别等，机器能更快地给出寻优的方案。因此，智能优化技术有助于提高设计与生产效率、降低成本，并提高能源利用率。

（2）主动感知和自动控制高于人类——对于制造过程的动态变化特征，需要及时检测和感知，从而自适应调整工艺参数，进行反馈闭环控制。但人类感知这些变化都是定性的，要及时定量感知和分析这些变化，非常困难，需要借助技术手段来智能传感对象和环境，并能够实时动态地控制。

（3）对海量数据的处理人所不及——制造企业拥有的产品全生命周期数据可能是海量的，处理大量的数据计算问题，是机器的强项。工业互联网和大数据分析等技术的发展为企业带来更快的响应速度、更高的效率和更深远的洞察力，这是凭借人的经验和直觉判断的传统方法无可比拟的。

当面对逻辑推理、学习思考、运用多种知识综合分析问题时，特别是在信息不全情况下进行决策等认知智能方面，工业系统的智力水平还是一个“低能儿”，人类智能则是机器所远远不及的，需要人来教授知识，培养系统从数据中自学的能力，从而形成有一定智力，且具备不断提升智力的自我完善的工业系统。

“工业大脑”的核心特征

在 3.1 节中，我们归纳了类似于人类智慧的工业系统四大智能，其中思考、学习、决策是工业智能的最高形式。构建的工业大脑，要首先考虑“大脑”应具备的核心特征（图 8-12）。

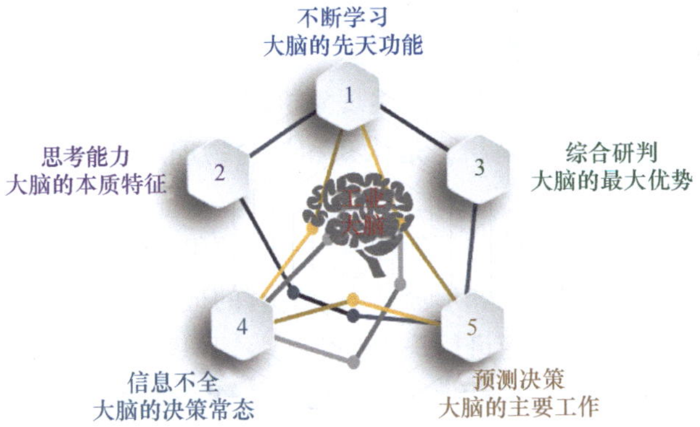

图 8-12 工业大脑的固有特征

(1) 不断学习是工业大脑的先天功能。具有发现知识、不断丰富积累知识的能力，是“智慧体”的本质特征，具有学习能力意味着系统智能水平会不断提升，系统学习的结果是知识库的建立和不断丰富完善，工业系统的智慧水平直接取决于知识积累的厚度。

(2) 思考能力是工业大脑的本质特征。思考是综合当期动态信息与历史静态规律做出预判、决策的过程，思考可能反复，包括构思、犹豫、否定、预判和决策，只有具备一定思考能力进行预判和决策的工业系统，才能称得上工业智能系统。

(3) 综合研判是工业大脑的最大优势。工业大脑所处理的事物更加复杂，要考虑的要素和约束条件更加多元，所以决策所依据知识必然是多元的。综合多元知识，做出判断是工业大脑的独特优势。

(4) 信息不全是工业大脑的决策常态。驱动决策的当期事件信息经常是表面的、不全面的，乃至是曲解的，信息不完整下做出决策是常态，需要先验知识加以弥补。

(5) 预测决策是工业大脑的主要工作。决策是一个过程，不是本能反应。决策是综合利用即时数据（表象）和知识综合判断的结果，是对不确定性的预测和预知基础上给出确切的结论。

8.4.3 “工业大脑”的工作机制

工业知识库为基础

支撑决策的基础是知识。知识是以往大量实践中所积累下来、具有普适特征的规律性信息。机理模型是工业系统中最常用、最可靠的一种知识结构。知识还可以呈现出多种形式，如规则、参数、算法、关系、逻辑等。一旦成为知识，会以相对静态的方式存在、可供后续反复使用，是决策的基本依据，就如同人的先验知识在决策中起到的决定性作用一样。

现代科学技术研究致力于对大自然现象机理的理解，并模型化。嵌入行业知识的机理模型是知识库中的精华，是认知和控制物理对象时反应事物本质机理、最可靠的知识来源。

先验知识是人类对大自然的理解和认识的重要组成部分，特别是专家经验是非常宝贵的，先验知识的积累和形成是人所具有的最不可思议的部分，所以，制造过程经常严重依赖人的参与进行决策。但先验知识是非结构化的知识体系，呈现出个性化、碎片化、非系统性、非定量化，且经常会存在相互不容、彼此矛盾的情况。因此，将人的先验知识用于决策过程，必须首先将先验知识结构化，转化为计算机可识别的规则，极大拓宽决策可供借鉴的知识领域。

无论是机理模型还是专家经验，都仅仅是人类认识物理世界的一小部分，还有太多客观事物规律有待人类去不断认识和发现，这是现代科学工程所承担的使命。限于人的认知深度和广度，在短期内难以获得清晰的机理认识或比较准确的解析性描述情况下，数据加算力形成数据规律就成为一种新的、广泛用来寻找变化规律的现实选择。这在相当程度上能够弥补由于机理模型局限而导致的困难，部分解决物理对象的认识并可以支撑决策。

如果说机理模型是近现代科学工程学成就的长期积累，那么数据规律则是近年来数据加算力技术突破并日益普及应用的新方法。人类经验知识历史更加悠久长远，将其显性化、结构化、机器可识别化，是建设工业知识库的重点。

工业知识库对于决策的重要性不仅体现在决策准确性的支撑上，而且也体现在决策的实时性上，几乎所有的决策过程都或多或少是基于知识做出的，这保证了决策的实时性和快速性。设想：如果每次决策都需要研究事件的机理，得出模型结论后再进入决策计算过程，这对实际过程是不可接受的。

“三大引擎”构成工业大脑的工作机制

工业大脑决策时，对事件、对象、环境、现象等的当期感知检测数据是动态输入，而更多的输入来自静态数据，如模型、参数、规则、曲线、图标、公式、关系等。这些以往大量实践中所积累下来具有普适特征的规律性信息，以相对静态形式留存、在系统数据库中记录、可供后续反复持续使用。如果放在更长的时间周期内，它的内容和形态也会发生变化，这个变化过程体现在知识的不断自我完善和丰富。

工业大脑的设计开发必须首先理解决策过程和决策指令形成的机制，这是一项非常复杂的工作，具有创新探索性。在设计决策机制时，下列问题是必须要回答的：

（1）工业大脑决策的前期条件输入来自哪里？

（2）工业经验是如何被发现、发掘并以何种形式存在的？

（3）机器（系统）是如何基于多元知识体进行决策计算的？

（4）如何在需要时准确快速地检索到相关知识并应用于工业大脑的决策机制中？

业界坊间有一些关于工业大脑架构功能的技术文件和白皮书，但研究结果过于表面，停留在泛泛的大数据和算力层面，对核心问题的研究尚不够深入和聚焦，尤其对工业智能决策的机制设计鲜有涉及。构建软硬件算力基础设施、部署平台软件等都属于工业大脑的必备组成部分，但不是工业大脑研究的核心，至少在目前云算力资源成本大幅下降、技术相对成熟的情况下，构筑云基础设施已经不再构成瓶颈。

工业大脑的核心机理是决策，其需要三个最核心的机制（图 8-13），即知识生成、决策制定、指令发布。从技术实现的视角，这三个机制可以理解为三个引擎或枢机，用熟悉的 IT 术语分别表征为（不一定完全对应）：搜索引擎、计算引擎、推荐引擎。

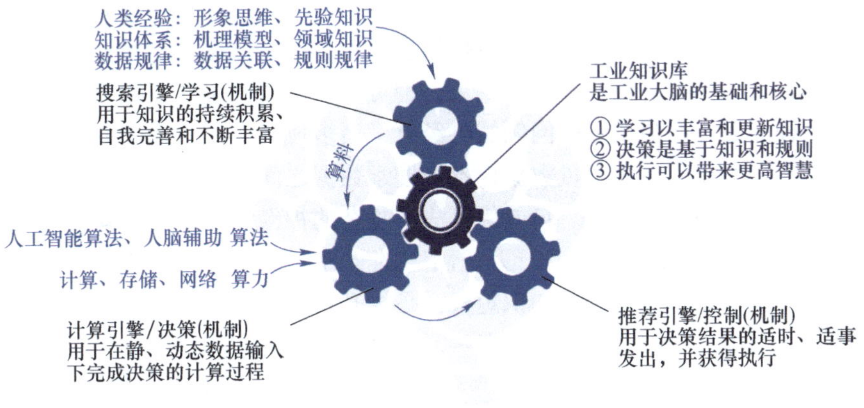

图 8-13　工业大脑工作的核心机理

（1）搜索引擎或学习引擎：用于知识不断生成，包括由人类喂养（植入、培育、开发等）知识的被动学习和从数据中自主搜索知识的主动学习，都是要不断获取、丰富和自我完善知识体系。

（2）计算引擎或决策引擎：在多重静、动态数据输入下进行计算，并得出结果，就是基于知识和规则来决策，结果可以是最优的，也可能是次优的，甚至是最不坏的可行结果。所以，决策不仅是计算，还包括平衡取舍的过程，尤其是相关的知识规则产生矛盾冲突时，要具有按优先级排除冲突的逻辑设计，随场景不同而变化的约束条件是影响决策的重大变量。

（3）推荐引擎或控制引擎：用于决策结果的适时、适事发出，精准实时发布并经过预设的机制得以执行，实现对象的控制。

这“一库+三引擎”就是一部精密啮合的智能机器，以知识库为核心，完成进行工业系统的决策过程。

系统“学习”就是要构建和丰富知识库

工业系统不断学习的方式分为主动和被动。对系统而言，人类传授是一种被动学习，将人的经验知识传授给系统，包括植入、培育、开发等，成为系统可识别、可使用的结构化知识，专家系统、机理模型、规则等都属于此类。事实上，在开发工业智能系统的初期，由人来植入知识到系统是建设知识库的主要形式，绝大部分工作都聚焦于系统被动学习。巨量的制造实践形成了无数的工艺经验，虽然尚未显性化、系统化，但专家脑子里的知识仍然是工业系统智能的最佳来源，将其植入系统是最高效的方式，目前广泛开发应用的规则引擎就是将人类专家的先验知识物化、显性化、可表达化、系统化的工具。经过结构化处理的人类专家经验与各种机理模型相结合，构成了工业智能系统知识库的最重要组成部分。

主动学习是系统获取知识的另一种方式，最典型的是搜索，在大数据时代，主动学习将日益成为系统知识积累的重要形式，尽管系统主动搜索知识并不容易。目前庞大的算力资源和海量的数据信息，为系统从数据中自我搜索、发现和提炼知识，自主学习、获取知识提供了一种可能。数据关系模型是系统自主学习结果的一种形态，在消费互联网领域已经有了诸多成功应用。在工业领域，人工智能的机器学习技术利用海量数据样本，搜索数据之间的关联、解析非结构化问题，是系统自学的一个途径。自寻优算法、复杂的神经元网络模型就包含了系统自主学习的成分。“读万卷书，行万里路”的哲理同样适用于工业系统，利用大数据分析不断丰富知识、弥补知识短板，是提升系统智慧的永恒途径。

人类学习中，最重要的是忽略那些非关键数据，忘记那些不重要的信息，从而在诸多事物及其之间发生的各种关系中找到核心特征、关联存在、变化情境、统计规则、把握因果，但要赋予机器学会“忽略”和“忘记”，并不容易。

系统学习需要一个平台环境，在平台上构筑类似规则引擎之类的学习机制或数据算法工具，即为学习引擎。

基于知识的计算机制是“决策”的核心

决策是有针对性综合引用各类知识进行分析、研究、预判，从而形成最终结论的过程。其必然伴随思考过程，思考意味着存在不确定性，需要权衡、犹豫、筛选、判断。对于确定性输入产生确定性输出的场景，不需要思考，也就不是决策。从技术视角，计算过程就是综合使用知识进行筛选、平衡、剔除、弥补、递进、迭代等一系列动作，并输出最终结果的逻辑过程和机制流程。

具体说来，系统的“思考”体现在：

(1) 决策时要引入哪些知识（常识、模型、经验、规则等）；

（2）如何使用这些知识；

（3）不同知识点所占有的权重；

（4）是否有相互冲突的知识；

（5）如何处理相互矛盾的知识；

（6）基于知识如何进行综合预测；

（7）如何进行多个结论的优劣判断和取舍；

（8）在对未来预测基础上的决策结论是什么。

完成这一过程是将“算力、算法、算料”进行综合运用的过程，其中“算料”既包括动态感知数据，更包括静态知识信息，这需要一个复杂的机制，即计算引擎。

系统决策的目的是及时执行

对于“工业大脑”决策指令的发布和执行，有两类目标对象：一是设备(如产线、系统等)，控制指令直接下达到设备控制端，与设备控制系统紧密集成，形成完整的闭环控制，通过实时执行决策指令，达到预设的控制结果；二是面向由人组成的部门、组织、团队，这种情况下的决策指令发布主要是通过管理流程和人机界面实现，将决策指令变成行动，收获预期的执行效果。

面向人的发布和执行机制主要通过人机交互来实现。交互方式有多种，可视化仍然是当前人机交互的主要形式，各类可视化设备构成“屏化”空间，传统SCADA、各类图表以及VR/AR/XR等技术均可用于人机界面表达，视具体需求构成多种类型人机信息交互控制方式，如“黑屏”工厂。除桌面PC、中心大屏，移动终端因其不受时空限制的便捷性，将成为最主要的界面形式。

面向设备的指令发布是实时的、精确的，保证控制指令不折不扣地执行；面向人的指令发布则强调适时性，要靶向精准：在适当的时间、适当的地点、以适当的方式、将适用的指令发布给适当的岗位，以获得正确的执行结果。

显然，面向人的指令发布更加复杂，需要在技术上解决一系列问题。

（1）系统要理解岗位工作容，从事什么工作、有什么工作标准要求。

（2）系统能感知当前人所在位置、工作进展到什么步骤。

（3）系统能识别岗位需求，并准确匹配工作所需知识，及时提取工作所需要的程序性、知识性、指标性指导知识来支撑工作的开展。

（4）做到与工作节奏完全同步的信息发布，既不要超前，也不要滞后，真正做到“信息找人”。

（5）完整回收工作实绩，对工作过程状态和结果信息实时采集，及时进行工作KPI评价，并启动后台的知识发现和凝练过程，形成完整的闭环。

追求“信息找人”而不是“人找信息”，具备适时性特征的决策指令发布和执行机制称之为推荐引擎。

8.4.4 “工业大脑”的建设难点

如何塑造（培育）工业系统的智能

智能制造区别于传统制造的根本在于：数据成为生产要素。关于工业智能的所有提法、概念、目标，都是基于这个基本的前提，没有数据，妄谈智能。以机器智能代替人脑，可以摆脱对人（个体）经验的过度依赖，并对变化做出及时响应，构筑工业大脑的目标和要求，就是自主、及时、准确的应对工业过程中始终存在的不确定性，也就是为工业系统赋予一定的智能。

在工业大脑建设中，要将“知识驱动”与“数据驱动”两个方法结合起来，数据驱动——由数据信息形成知识的归纳过程，优点是从高维连续数据中提取模型；知识驱动——由知识产生智能的演绎过程，长处是用低维离散的符号表示事物。前者是从无知到有知的知识积累和学习过程，后者则是利用知识表达、预测和判断事物的决策过程，两种方法是互补的，相互沟通结合，是构建工业大脑框架的核心机制。

按照“算力+算法+算料=智能”的逻辑，要逐一解决三大要素的技术供给问题：首先，需要有强大的计算能力来解读数据，要构建计算和存储资源基础设施，满足算力需求，目前已经技术成熟，除了资金，不再有瓶颈；其次，要将巨量的数据演绎成为可用的模型，需要相应的算法以及工具化软件，大量的开源和商用软件可供使用，选项很多；最后，数据包含了过程变化的动态信息，是算料，所以数据采集、连接、存储、传输吸引了大量的开发资源。

对数据作为“算料”的理解包括两个方面：（1）面向物理对象的动态数据的采集，数据不落地、应采尽采是解决这一问题的原则和目标；（2）广泛存在的工业知识作为一种数据，如何采集进入系统，并成为“算料”最重要的组成部分，这在目前确实是一个令人头疼的问题，且方法手段有限。

从（大）数据中获得以前无法获得的知识和能力，工业数据应用是关键、是瓶颈。而工业数据的应用不仅是现场采集的实时数据，更在于长期积累的工艺经验信息，后者就是工业大脑设计开发中必须要解决的学习机制，以及由学习而不断丰富完善的工业知识库。

所以，在“算力、算法、算料”三要素中，需要重新认识算料的重要性，其作为工业系统决策过程的资源输入，越丰富完善，决策越准确可靠，这是塑造（培育）工业系统的智能的关键所在。

工业智能的功能模型

工业智能的功能架构可以用一个三维空间模型来描述（图 8-14）。

第一个维度：实体空间维度，主要是实体对象的空间大小，表征其外延边界

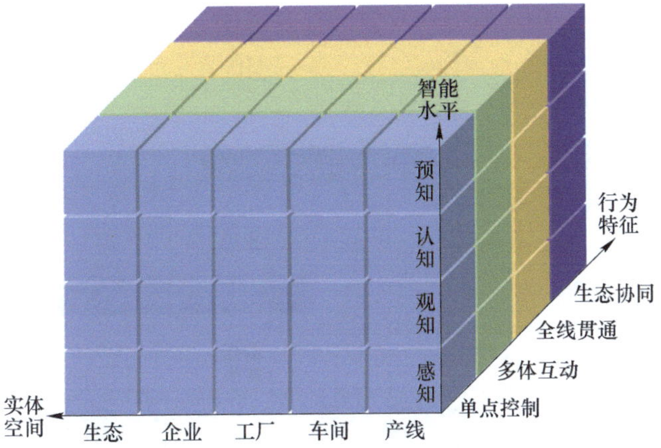

图 8-14　工业智能三维模型

以及边界内所关联行为的量级，分别定义为产线（装备）、车间（工序）、工厂（基地）、企业、生态（行业/产业）。

第二个维度：行为特征维度，主要是实体对象的行为特征复杂性表述。其中，单点控制是指单一产线或装备的控制，主要是传统自动化技术应用；多体互动是指多行为体的互联和互动，不仅涉及设备之间的工艺联锁，更关乎彼此之间的工艺节奏协同；全线贯通是通过计划、调度和服务对制造过程全程贯通，实现端到端集成；生态协同是企业融入到一个良性的生态环境中，实现跨企业/产业/行业的互通融合，协同工作。

第三个维度：智能水平维度，用于描述某一特定物理对象，在其内涵行为过程中智能水平的层级和高度。其中，感知是环境和对象的感知能力（传感与检测）；观知是对象状态变化的观测能力（状态监视）；认知是对象动态变化规律的认知能力（建模与学习）；预知是预测对象未来趋势并决策控制的能力。

面向工序的工业大脑应用方案

2021 年，中国宝武发布了工业大脑计划，启动面向钢铁行业的工业大脑研究与开发，并同步启动了 14 个项目，以“揭榜挂帅”形式推进项目。图 8-15 所示为一个面向工序级的工业大脑解决方案中关于知识库构建与决策优化机制设计的案例。

从现有技术方案的构成，可以看到：

人机协同是不可或缺的组成部分。也就是说，目前机器的自主认知水平还非常有限，无论是知识发现还是决策都离不开人类经验的支持，所以，人在工业大脑系统中还处于举足轻重的地位，从人机协同到系统自主是一个渐进而必然的过程。

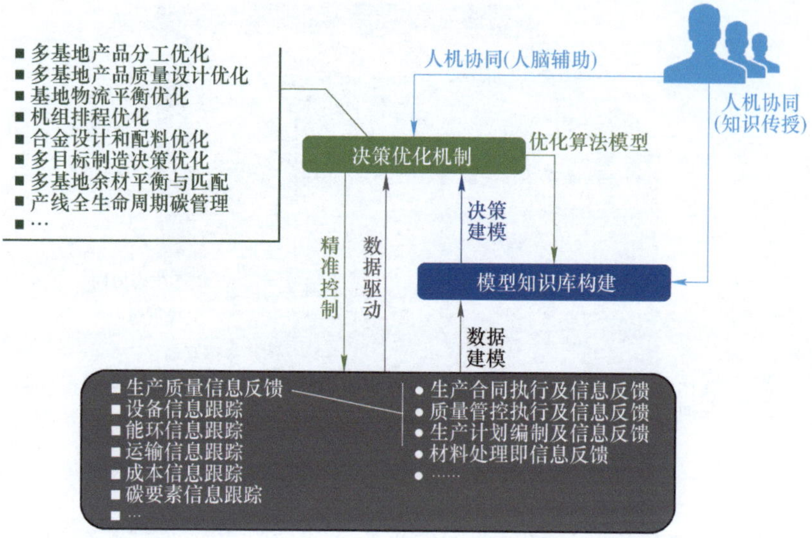

图 8-15 基于知识库面向工序的工业大脑解决方案示意图

系统被动学习仍然是知识库建设的主要方法，从人直接进行决策转型为知识传授是人机协同的一大进步，人从决策的主角转变为辅助角色，转而从事既有经验的转化、新的智能算法开发、系统自主学习能力的培养等。从所总结列出的一系列知识库建设来看，长期大生产反复验证的机理模型和规范是工业大脑知识最容易获取的知识来源，包括用户需求、产品规范、冶金规范、工艺规程、质量标准、缺陷样本等各种类型的知识库，以及包括制造、质量判定、缺陷遗传、物流平衡、余材匹配、钢种性能、碳足迹等多个模型等。

8.5 任重道远的智慧制造

从“四个一律”到“三跨融合”，再到工业大脑计划，每一步并不构成完整的理论框架，却清晰展现了中国宝武智慧制造战略推进的步骤和逐步深入的过程。

8.5.1 场景设计之议论

无论是“四个一律”，还是“三跨融合”，用场景来形容，凸显了企业工作来自需求、面向问题、突出实践的价值取向和工作方法。

“四个一律”是基础性工作

“四个一律”重点是解决与设备有关或人机关系的一系列问题，不论是操作室集中、机器人替代、远程化服务还是线上跑业务，本质都是让系统多干事，减轻人的负担，这是人机关系的调整，是应对人力资源效率提升的迫切需求。这在企业是量大面广、显而易见的需求，处于解决问题的优先位置，是基础性工作。

“四个一律”项目要达成的目标是清晰化的——减人（从现场减人），更多体现在硬件、流程的数字化。目标清晰就可以设计效益目标和评判标准，可以从可研报告、项目概算等方面，量化项目投入产出，决策也相对容易。“四个一律”项目是物理上可见、指标上可定量评价、可工程项目化管理的，推进方式方法是成熟的。

“四个一律”带来最直接的变化是人对制造流程的干预度降低，装备自动化运行改善了现场制造的稳定性，减少现场岗位，改善员工工作条件，缓解未来年轻劳动力供给不足的问题，也符合钢铁智能制造的发展趋势。

在“四个一律”项目中，人机关系的处理难度相对较低，在人机关系体中，设备作为矛盾体的一方没有诉求，只需要关注人（现场操作岗位员工）的诉求，通过预先进行合理的设计就可以解决问题。现场工作量减少，并不是现场工作内涵消失，专业种类的工作内涵仍然需要，这就需要较少的人员数量来完成原来分属于不同专业人员所做的工作。人员数量减少，工作内涵不变，对人的能力结构提出了新要求，工作方式也需要与时俱进。

“三跨融合”是升级版

“四个一律”是“三跨融合”的基础和必要的物理准备，“三跨融合”是提升性工作，是“四个一律”基本到位后的新要求和必然趋势。“三跨融合”的主旨是业务协同，通过协同以提高效率。

相较于“四个一律”基础性工作，“三跨融合”属于软能力的提升，重在管理流程优化，需要模式变革，是创新性工作。任何创新努力都会伴随风险，不仅是失败的风险，还有对现有运营习惯和模式调整过程中的组织和人的适应性风险，所以需要做更周密的筹划。

“三跨融合”实施难度更高，是进入企业转型变革的深水区，本质上是处理关系的对象发生了变化（见图 8-16）。在“四个一律”中，涉及的主要是“人-机”关系，机器是没有利益诉求的，只需要兼顾一方的利益即可，而“三跨融合”中，更多涉及与人相关，是对人与人、组织与组织、部门与部门、企业之间、产业之间关系的变革，这不仅需要兼顾双方的利益诉求，还要照顾利益群体面的大小，波及范围以及引发的潜在影响程度和范围。任何与人相关的事都不能仅靠技术手段或行政手段来解决的，需要合理的利益分配才能取得共识，组织与组织、部门与部门的流程优化、业务再造本质上都是处理人的关系，是更大群体之间的关系，更加复杂。当然，企业、产业之间更是如此。

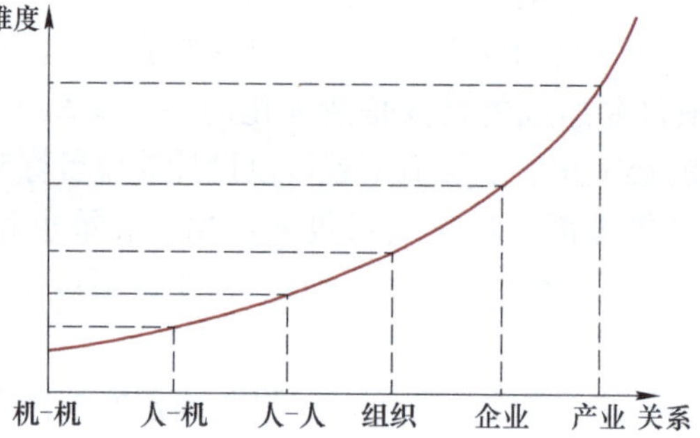

图 8-16　关系与难度相关图示

所以，“三跨融合”场景设计需要更周密的规划安排，要在更多层次、更广范围、更多利益群体中进行更深入的讨论，以形成共识，辅之以行政管理意志进行推进。

工业大脑是实现智慧型制造的更高追求

运用大数据、人工智能等技术，将百年来的钢铁人工经验与 AI 技术结合，努力突破人工限制，实现超大规模、超级复杂场景下的智慧制造决策，这是一个极为宏大的远景目标。

工业大脑的核心是决策智能，仍然是与人、组织和企业管理紧密相关的流程变革问题，其对技术的要求更高，难度更大，也是企业管理运营的更高追求，如图 8-17所示。

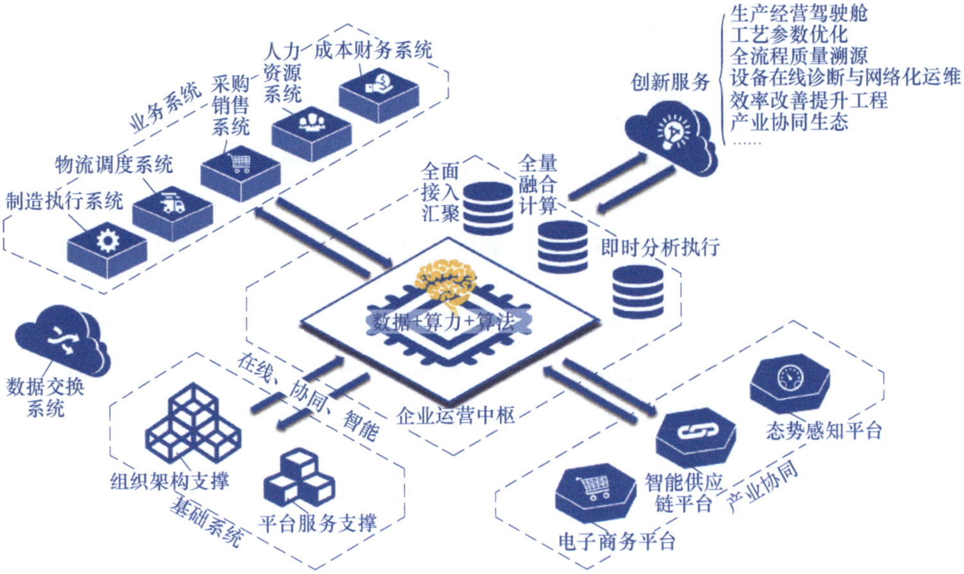

图 8-17　打造“头脑发达”的企业运营工业大脑

8.5.2　真正实现钢铁智慧制造任重道远

构建工业大脑还要更具想象力

工业大脑毕竟是一个更具挑战的话题。首先，学术界针对工业大脑的研究并不多，尚未出现成型的理论框架，难以对企业实践形成指导；其次，对工业大脑的现实需求并不像“四个一律”那么明显和迫切，对工业大脑的认识和理解还处于非常初级的阶段，这就使工业大脑行动落地具有很大的不确定性。就如同“三个范式”的发展逻辑一样，在数字化、网络化条件不具备、基础尚未打牢之时，智能化是谈不清楚的。

如果说“四个一律”“三跨融合”是由现实需求直接驱动而产生的企业行为的话，那么对工业大脑的需求却没有那么直接和明显，对其本质内涵的认识还处于朦胧状态，对这一概念要解决什么问题、能够解决什么问题、如何解决问题，尚未形成深刻的共识性认知，或者说，概念更加超前，人们对其内涵和外延的认识还不足以形成清晰的轮廓，以制定明确的目标方向行为策略。因此，基于现有认知来解释和定义工业大脑，极有可能导致用新概念包装老问题，难免呈现出“新瓶装旧酒”的情景。

所以，工业大脑的愿景目标值得追求，要积极开展深入研究，探求其本质特征以及对企业的长远利益和价值，或许不是一个现实需求，至少不是一个短期行为，至于大规模地开展工业大脑开发，尚不具备基本的认知共识、聚焦重点，也缺乏足够的技术储备，这也是为什么在工业大脑方案中，算力基础设施会占用较大篇幅，而决策机制研究却着笔较少的重要原因。

实现工业大脑方向不错，但需要研究积累

工业大脑的开发研究，是钢铁行业乃至整个工业领域共同面对的共性问题和长远需求。需要首先在下列问题上想明白。

（1）哪些原来由人介入和干预完成的工作，需要逐步改由系统自主来做？这可以理解为需求。

（2）智能从何而来？人来传授、系统自学，要设计开发什么样的机制来帮助系统获得智能？机制包括技术和管理，需要企业投入资源，进行管理变革。

（3）人被释放出来去做哪些工作来为系统赋能、赋智？需要对人的能力结构做出什么样的前期规划，以获得相应的能力需求？这与人相关，是万万不可忽视的。

从技术上要开展研发和储备工作：

（1）系统一旦掌握了自主学习方法，可以从数据挖掘知识，生成智慧！数据资产的利用是核心。

（2）对企业知识系统的重要性有了深刻的认识，但缺少对知识库建设机制的方法研究。

（3）对共性的计算引擎研究不够，对推荐引擎机制的设计能力不足。

（4）人需要不断加深对物理对象的理解！不仅是表象的可视，更是本质的可视化；看懂了事物的本质规律方能自主进行决策——工业大脑。

AI 自主智能——一个参考框架研究

Yann LeCun 设想的 AI 自主智能[61]（Autonomous Machine Intelligence），可以模拟世界运作的人工智能。

尽管人工智能的研究取得了不少进展，但离创造出一个能真正像人类一样思考和学习的 AI 还差得远。如何解决这一问题？AI 自主智能的研究者认为：“世界模型（World Model）”（世界事物如何运作的内部模型）的学习能力是关键。

人类总是通过观察和少量互动，就能以无监督方式学习到大量关于世间万物如何运转的背景知识。这些知识就是常识，构成“世界模型”的基础。常识可以帮人类填补信息在时间和空间上的缺失，使得人类在不熟悉的场景下也能开展行动。

需要设计一个学习范式和体系架构，让机器能够以无监督方式（无需标注数据）学习“世界模型”，然后用这个模型去进行预测、推理和行动。

通过组合认知科学、系统神经科学、最优控制、强化学习和“传统”人工智能等技术，并与机器学习中的新概念相结合，提出了一个由六个独立模块组成的自主智能架构（图 8-18）。

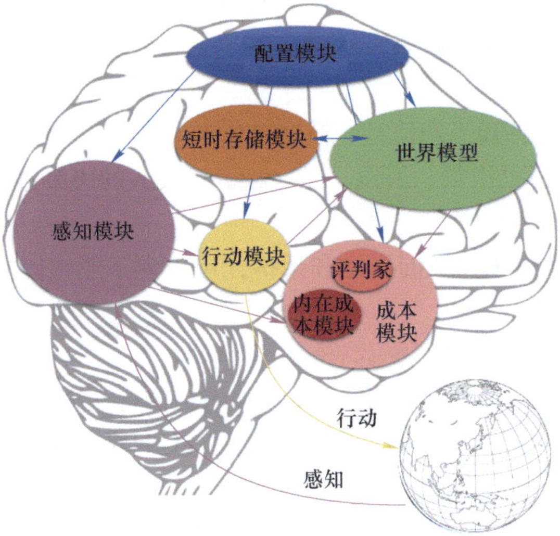

图 8-18 AI 自主智能架构

（1）感知模块（Perception）：接收来自传感器的信号并估计世界的当前状态。

（2）世界模型模块（World Model）：一是估计感知模块无法提供的关于世界状态缺失的信息；二是预测未来可能的状态。这是这个架构中最复杂的部分。

（3）配置模块（Configurator）：为任务预先配置感知模块、世界模块、成本模块的值，通过调节参数，给定要执行的任务。

（4）成本模块（Cost）：用来计算标量的输出，预测智能体的不适程度，如智能体受到的损害、违反硬编码的行为约束等。其中，内在成本模块（Intrinsic Cost）用来即时计算“不适感”，评判家（critic）预测内在成本模块的未来值。

（5）行动模块（Actor）：用来计算要实现的动作序列，可以找到一个未来成本最小的最优动作序列。

（6）短期内存模块（Short-term Memory）：跟踪当前和预测的世界状态以及相关成本。

上述自主 AI 架构中，“世界”涵盖了形形色色的物理对象，当然包括工业过程。

“世界模型”是核心，是最复杂的部分，是预测物理对象发展规律的基础，这符合我们对工业过程的认识和判断。对“世界模型”功能的设计，不仅是预测未来可能的状态（模型），而且在客观事物即时感知无法提供足够信息时，要对状态缺失信息进行估计，这意味着在“信息不完整”情况下进行决策是常态，基于状态缺失信息进行估计，就需要其他信息来填补“不完整信息”感知的真空，其他信息即经验和知识，从而使其能够表示出多个合理的预测（决策选项）。另外，在学习事物的抽象表示时，要学会忽略不相关的信息，只保留最有用的细节。

“配置模块”在感知当期信息、模型提供的“常识”信息以及平衡成本可行性的基础上，做出行动决策，所以，是一种真正类人的决策过程和综合利用各种信息进行决策的机制设计。

显然，上述AI自主智能的概念和架构，可以为工业大脑工程实践提供理论指导。

需求驱动与技术牵引相结合

(1)“四个一律”主要与没有“诉求”的机器打交道，并且能够惠及员工，带来改善工作环境、降低劳动强度等实在利益，且目标和价值都是非常直观而现实的。

(2)“三跨融合”阶段涉及部门、基地、组织、流程，推进难度之大是显而易见的。虽然面对与人相关的利益诉求更复杂和多元，但兼顾人的诉求将会大大缓解由流程和岗位变化而带来的不确定性劳动关系，激发劳动者主动接受变革和适应变革的内在积极性。行政意志是变革的主导力量，而且会为企业效率的提高直接赋予正能量。

(3)工业大脑在概念上是真正为制造赋予智慧的更高阶段，方向和目标是正确的。但是，工业大脑的实施，面临两个方面的巨大挑战，一是认识，什么样的解决方案是被认为满足企业需求的“工业大脑”？现在共识并不多，这说明需求尚不十分明确，工业大脑的直接驱动力或许还不是来自一个现实需求。由此就带来了第二个难点挑战，企业对有明确需求的事项有成功的解决方法和套路，只要需求明确，问题就解决了一半；而需求不十分明确时，需要技术牵引型创新活动，就暴露出前期研究不足、积累不够的弱点，无法形成一个清晰的理论架构来指导实践活动，所以，大量技术难点限制了我们的想象力。

创新型工作从构建“元机制”开始

企业在面对需求尚未充分释放的创新问题时，常有无所适从之感。一方面，创新需求是企业的必做功课，尤其是已经发展到相当水平的企业，要引领行业发展，提升自身的竞争力，仅靠跟随是不可持续的，必须创新；另一方面，需求不明确时，提不出问题，算不清效益，又缺乏相应的技术储备，这为企业创新带来了两难的困境。

因此，“元机制”的构建是头部企业实现引领创新的重要环节。所谓“元机制”(Meta-mechanism)，就是设计一个框架，在解决创新性问题的基本原则上形成一些基本的共识（包括技术和管理），防止问题的讨论由于过度发散而陷入细枝末节的无休止争议中，或各说各话、各行其是的行动中。

工业大脑是在一系列变革之后真正为制造赋予智慧的更高阶段，是对传统制造模式的颠覆。随着认识的不断深入，更多的需求、更高的要求会使难点更富挑战。特别是在系统性积累不足的情况下，工业大脑的实现需要长期的过程。当前，迫切需要建立一个“元机制”，作为引导过程的工具，通过这一过程，寻求对工业大脑核心机理的共识、妥协和平衡，并针对工业大脑逐步完成场景设计。

总之，如果说工业大脑是智慧制造中最核心的那一部分功能，就需要更富有想象力，需要建立相应的机制，需要更深厚的技术积累，更需要在漫漫长路中艰难跋涉和反复探索。

参考文献

[1] Liqun Cong，P. H. Landers. Robust control for MIMO nonlinear systems with mismatched uncertainty [J]. Int. J. of Control，1995，62（4）：961-981.

[2] Liqun Cong，P. H. Landers. Robust stabilization control design for multivariable nonlinear uncertain systems [J]. IMA Journal of Mathematical Control & Information，1994（11）：43-61.

[3] 乌尔里希·森德勒. 工业 4.0 即将来袭的第四次工业革命 [M]. 邓敏，李现民，译. 北京：机械工业出版社，2014.

[4] 王罗汉，王伟楠. 德国工业 4.0 十年发展回顾与对中国的启示 [J]. 中国科学技术发展战略研究院，2022.

[5]《国家统计局关于执行新国民经济行业分类国家标准的通知》（国统字 [2011] 69 号）新《国民经济行业分类》（GB/T 4754—2011）.

[6] R·比克·莱瑟. 智能制造 全球工业大趋势、管理变革和精益流程再造 [M]. 霍春辉，袁少锋，译. 北京：人民邮电出版社，2016.

[7] 丛力群. 工业互联网：中国制造业的生存之道 [J]. 上海信息化，2016（7）：18-22.

[8] 张燃，孙玉波. ERP 应用成功率低的原因分析与对策 [J/OL]. 人人文库，2021. https：//www. renrendoc. com/paper/130862566. html.

[9] Paul Kenneth Wright，David Alan Bourne. Manufacturing Intelligence [M]. Addison-Wesley Publishing Company Inc，Massachusetts，USA，1988.

[10] e-Works Research. 智能制造应用白皮书（2018）[R/OL]. 2018. https：//www. e-works. net. cn/report/whitepaper/im. html#bps.

[11] 工业互联网体系架构（2.0）[R/OL]. 工业互联网产业联盟，2020. http：//www. aii-alliance. org/index/attactentFiles.

[12] 钟义信. 漫话“人工智能” [N]. 科学通报，2017-07-28. https：//blog. sciencenet. cn/blog-528739-1068477. html.

[13] 陈敏刚. 从“三次人机对弈”读懂人工智能的过去、现在与未来 [J]. 百度文库 [2017-09-29]. https：//wenku. baidu. com/view/475978d50142a8956bec0975f46527d3240ca6f0. html.

[14] 潘云鹤，李未，高文，等. Artificial Intelligence 2.0 [J]. 信息与电子工程前沿（英文），2017，18（1）.

[15] 丛力群. 工业 4.0：一场顺势而为的制造变革 [R]. 宝钢经济与管理，2014（4）：1-10.

[16] 工业智能白皮书 [R/OL]. 工业互联网产业联盟，2020. http：//www. aii-alliance. org/index/attactentFiles.

[17] 蔡自兴. 中国智能控制 40 年 [J]. 科技导报，2018，36（17）：23-39.

[18] 王顺晃，舒迪前. 智能控制系统及其应用 [M]. 北京：机械工业出版社，1995.

[19] 安舒可·甘道，卡门·玛卡，罗杰·罗伯斯，等. 7 大技术应对产品定制化浪潮 [M]. 董立阳，译. CXOtoday. com（美国），2014.

[20] 丛力群. 基于工业互联的企业数据系统架构设计与实践 [J]. 冶金自动化，2018，42

(3)：6-16.

[21] Industrie 4.0 Working Group. Recommendations for implementing the strategic initiative INDUSTRIE 4.0 [R/OL]. 2013.

[22] Peter C. Evans, Marco Annunziata. Industrial Internet：Pushing the Boundaries of Minds and Machines [R/OL]（中文译名：工业互联网打破机器和智慧的边界）. GE, 2012.

[23] 埃里克・谢佛尔，吴琪，黄伟强. 工业 X.0 实现工业领域数字价值 [M]. 贺琳，曹心羽，译. 上海：上海交通大学出版社，2017.

[24] 工业互联网体系架构（版本 1.0）[R/OL]. 工业互联网产业联盟，2016. http：//www. aii-alliance. org/index/attactentFiles.

[25] Openstack. Cloud Edge Computing：Beyond the Data Center [R/OL]. 2018. https：//www. openstack. org/use-cases/edge-computing/cloud-edge-computing-beyond-the-data-center/？lang=en _ US.

[26] 从力群. 钢铁工业互联网实践的边缘计算技术 [J]. 自动化博览，2021，38（2）：12-16.

[27] 从力群. 智能制造的本质追求是提高效率 [J]. 自动化仪表，2020，41（11）：1-5.

[28] 中国宝武工业互联网研究院. 中国宝武工业互联网架构 1.0 [R]. 2020. 12.

[29] 许海峰，靳静，从力群. 冶金行业工业控制信息安全系统浅析 [J]. 自动化仪表，2015，36（9）：1-5.

[30] 维克托・梅耶-舍恩伯格，肯尼思・库克耶. 大数据时代——生活、工作与思维的大变革 [M]. 盛杨燕，周涛，译. 杭州：浙江人民出版社，2013.

[31] 吴军. 智能时代——大数据与智能革命重新定义未来 [M]. 北京：中信出版社，2016.

[32] David Reinsel，武连峰，John F. Gantz，等. 2025 年中国将拥有全球最大的数据圈 [R/OL]. IDC 白皮书，百度文库，2019. https：//wenku. baidu. com/view/ccda3ce586868762caaedd3383c4bb4cf6ecb740. html.

[33] 晓晓. 为什么说元数据是数据治理的核心要素 [Z]. 商业新知：数据驱动智能（公众号），2022. https：//www. shangyexinzhi. com/article/4770829. html.

[34] 吴恩达. 未来十年，人工智能将向以数据为中心转变 [J]. 人工智能学家，2022.

[35] 中国工业软件产业白皮书 [R/OL]. 中国工业技术软件化产业联盟，2021.

[36] 王健君，余蕊，宫超，等. 工业软件之忧：“大而不强”的制造业背后，是工业软件弱小和受制于人 [J]. 瞭望，2019.

[37] 从力群. 以工业软件支撑“两化融合”的实现 [J]. 信息技术与标准化，2009（12）：17-21.

[38] 从力群. 浅谈工业软件的危机 [J]. 自动化博览，2019（8）：24-25.

[39] 王永谦. 中国工业管理软件如何突围？[J]. 云质信息，2019. 11.

[40] 从力群. 工业 4.0 时代的工业软件 [J]. 冶金自动化，2016，40（1）：1-7.

[41] 黄培. 融资热潮下，我国工业软件产业发展尚需解决的七大难题 [J]. e-Works 2022. https：//blog. e-works. net. cn/6399/articles/1364647. html.

[42] 林雪萍. 深不可测，工业软件之谜 [J]. 知识自动化，2020.

[43] 从力群，张云贵，刘强，等．钢铁工业软件发展战略研究［J］. 中国工程科学，2022.
[44] 从力群．攻克制造业转型发展的最后一座堡垒——工业软件［J］. 智能制造，2022（3）：11-13.
[45] 郭朝先，苗雨菲．产业竞争力报告⑥中国核心工业软件的进口依赖与追赶之路［2022-01-30］. https：//www. thepaper. cn/newsDetail _ forward _ 16528827.
[46] 张国宝．我国钢铁工业的发展历程与思考［N］. 中国冶金报，2015-08-27.
[47] 全球主要钢企数字化转型进程（上篇）［J］. 世界金属导报，2022.
[48] 李新创．中国钢铁未来发展之路——减量、创新、转型［M］. 北京：冶金工业出版社，2018.
[49] 世界钢铁工业发展的新趋势新特征［J］. 社科院专刊，2020. http：//gjs. cssn. cn/ztzl/ztzl _ views/202011/t20201103 _ 5210904. shtml.
[50] 孙家广．先进制造与自动化技术发展战略的思考［J］. 中国制造业信息化，2002（增刊）：3-7.
[51] 从力群，何浩然，毕英杰，等．BS-MESware 冶金企业 MES 技术架构与产品开发，世界仪表与自动化，2004（4）：34-37.
[52] MindSphere the cloud-based，open IoT operating system for digital transformation［R/OL］. 2018. 4. https：//www. plm. automation. siemens. com/media/global/en/Siemens _ MindSphere _ Whitepaper _ tcm27-8639. pdf.
[53] 垂直行业工业互联网实施架构白皮书［R/OL］. 工业互联网产业联盟，2018. http：//www. aii-alliance. org/index/attactentFiles.
[54] 工业互联网垂直行业应用报告（2019 版）［R/OL］. 工业互联网产业联盟，2019. http：//www. aii-alliance. org/index/attactentFiles .
[55] The Global Lighthouse Network Playbook for Responsible Industry Transformation，WHITE PAPER，MARCH 2022. https：//www3. weforum. org/docs/WEF _ The _ Global _ Lighthouse _ Network _ Playbook _ for _ Responsible _ Industry _ Transformation _ 2022. pdf.
[56] 从力群．工业互联网中边缘计算的实现方法［J］. 自动化博览，2018（5）：48-52.
[57] 陈孝明，王康健，金基哲，等．轧机振动监测系统在冷连轧机上的应用［J］. 宝钢技术，2017（2）：56-64.
[58] 韶钢智慧中心“点亮”高质量发展之路［N］. 世界金属导报，2019-07-23，https：//www. sohu. com/a/328814485 _ 313737.
[59] 王磊．黑灯工厂，点亮钢铁制造智慧之光［Z］. 友爱的宝武（公众号），2019.
[60] 从力群，吴瑞珉，李尚春．试水工业环境下行业供应链应用［J］. 中国制造业信息化，2010（7）：16-17.
[61] Yann LeCun. A Path Towards Autonomous Machine Intelligence［J/OL］. Openreview. net，June 27，2022. https：//openreview. net/pdf?id=BZ5a1r-kVsf.

图片索引

后　记

2022年春夏之交，一场始料未及的新冠肺炎疫情迅速在上海蔓延开来，城市的一切都旋即改换频道，进入防疫抗疫模式，居家防疫成为上海人民生活的主轴，我和家人自不例外，用严格居家的实际行动来履行市民应尽的责任和义务。

由正常的上下班转为居家办公，正常的生活秩序和工作节奏被打乱，出差取消了、会议减少了，在我满50年工龄的履历中，从未出现过如此之多的闲暇时光。与其每天刷刷手机、看看段子，不如利用好这一大段难得的空闲时间，静下心来思考一些问题，做点儿平日无暇、无条件做的事。

我经常自嘲是“单线程”大脑。一段工作经历结束后，会主动将其忘却，尽快进入新的工作频道，不再与过去发生任何纠缠，因为关注过去不能改变什么，只会分散本已有限的精力。自2014年卸下企业管理岗位责任伊始，我心无旁骛地开始了关于“工业4.0、工业互联网是什么”的思考和研究，并与自己所从事和熟悉的钢铁行业智能制造工作紧密联系起来。多年来，我参加了无数次研讨、论坛、沙龙等活动，积累了大量的资料，在与业界诸多专家、同行的广泛交流中，受益匪浅，并自身逐步形成了比较完整、系统的理解和认识，也形成了自我独有的一些见解。

我一直有做笔记的习惯，在阅读、研讨中，对一些新颖的观点随时记录。这些观点要么与本人的观点完全一致，形成共识；要么会对自己尚不成熟的观点产生启迪，深化体会；或者与自己的认知不一致而引发反复思考，进而强化自己对结论的坚定性。无论哪种情况，这些随手记录的杂谈随笔都是非常有价值的，或多或少会成为本书的要素和组成部分。

居家两个多月，除了防疫要求的抗原和核酸检测外，从书稿框架的构思到每一幅图表的仔细推敲，我在一个全然不同的工作频道中忙碌着，丝毫没有无聊之感，不觉间初步完成了几十万字的手稿。

著书立说需要深厚的学术造诣和较强的笔下功力，一直都未在自己的工作计划之列。直到本稿接近完成，才萌生了这一念头，有点唐突。因此，本书绝不是一本严谨的学术著作，仅仅是近十年来本人学习、思考心得的一份表达，是若干年参加业界研讨、论坛、沙龙、授课文稿的堆砌和梳理，其中提到的理念、论点、方法也并非都能一一找到充分的理论和实践加以佐证。

本书的目的不是为读者建立一个指南，而是意在与同行分享体会，作为学习工作笔记的汇总和体会的总结，能以某种方式与人分享，相互启发思考，应该是一件令人愉悦之事，倒也释然！

丛力群

2022 年 8 月于上海